The GOOD FUNERAL - Death, Grief, and the Community of Care

좋은 장례

죽음, 슬픔, 그리고 돌봄 공동체

토마스 G. 롱 · 토마스 린치 지음
황 빈 옮김

기독교문서선교회

기독교문서선교회(Christian Literature Center: 약칭 CLC)는 1941년 영국 콜체스터에서 켄 아담스에 의해 시작되었으며 국제 본부는 영국의 쉐필드에 있습니다.

국제 CLC는 59개 나라에서 180개의 본부를 두고, 약 650여 명의 선교사들이 이동도서차량 40대를 이용하여 문서 보급에 힘쓰고 있으며 이메일 주문을 통해 130여 국으로 책을 공급하고 있습니다.

한국 CLC는 청교도적 복음주의 신학과 신앙서적을 출판하는 문서선교기관으로서, 한 영혼이라도 구원되길 소망하면서 주님이 오시는 그날까지 최선을 다할 것입니다.

The GOOD FUNERAL

: Death, Grief, and the Community of Care

Written by
Thomas G. Long, Thomas Lynch

Translated by
Bin Hwang

Copyright © 2013 by Thomas G. Long and Thomas Lynch
Originally published in English under the title as
The GOOD FUNERAL: Death, Grief, and the Community of Care
by John Westminster John Knox Press,
Translated and used by the permission of
Westminster John Knox Press,
100 Witherspoon Street, Louisville, Kentucky 40202-1396

All rights reserved.

Korean Edition
Copyright © 2016 by Christian Literature Center
Seoul, Korea

추천사 1

김순환 박사
서울신학대학교 예배학 교수

    이 책의 공동저자인 린치와 롱은 죽음과 장례에 관한 주제의 책으로는 가장 유명하다고 할 수 있는 두 명의 여류 작가들에게 이유 있는 반론을 편다. 한 명은 한국에는 잘 소개되지 않았지만 영어권 독자들에게 큰 영향을 준 『죽음에 관한 미국적 방식』(The American Way of Death)의 저자 제시카 미트포드(Jessica Mitford)이고, 다른 한 명은 『상실수업』(On Grief and Grieving : Finding the Meaning of Grief Through the Five Stages of Loss), 『인생수업』(Life Lessons), 『죽음과 죽어감』(On Death and Dying) 등의 책으로 한국 독자들에게도 잘 알려진 엘리자베스 퀴블러 로스(Elizabeth Kübler-Ross)이다. 퀴블러 로스가 제시한 슬픔의 다섯 단계, 곧 부정, 분노, 타협, 우울, 수용 이론에 관해 독자 중 상당수는 익히 들어 알고 있을 것이다.
    린치와 롱은 이 두 작가의 견해가 일견 타당하고 많은 사람들이 수용하고 있음도 인정하지만 비판받아야 할 점 또한 있다고 지적한다. 미트포드는 장례예식과 관련하여 지출하는 비용 중 상당 부분이 장의사들의 상술에 의해 왜곡되고 부풀려졌다는 의견을 피력하여 장례식의 허례허식을 철폐하는 일에 기여했다고 평가되어 왔다. 그러나 린치와 롱은 미트포드의 책이 출판된 후로 장례문화에 찾아온 가장 큰 변화는 합리적 장례문화

정착이라기보다는 오히려 장례문화의 변질과 왜곡이었다고 말한다.

린치와 롱에 따르면 장례예식의 가장 중심이자 본질은 죽은 자의 육체, 즉 시신이어야 하는데 오늘날 많은 사람들이 간소함과 합리성이라는 미명하에 시신 없는 장례를 당연한 것으로 받아들이고 있다는 것이다. 다시 말하면 퀴블러 로스가 말하는 것처럼 상실의 슬픔에 빠진 남겨진 사람을 위한 돌봄과 심리적 치유도 중요하고, 미트포드가 말하는 것처럼 장의사들의 상술에 넘어가서 벌이는 허례허식을 멀리하기 위한 노력과 비용절감도 중요하지만, 그렇다고 그것을 장례의 본질로 보거나 혹은 최선으로 이해해서는 안 된다는 것이다.

저자들은 인류 역사 이래로 장례라고 하는 예식의 본질은 산 자가 죽은 자의 육체를 정성껏 수습하고, 그 육체를 부여잡고 마지막 가는 길을 끝까지 함께 가다가, 더 이상 함께할 수 없는 이별의 지점에서 절대자의 손에 죽은 자를 맡겨 드리고, 그런 후에 진심으로 안도하고 안심하며 다시금 자신의 삶의 자리로 돌아가는 것이라고 말한다. 이 모든 과정에서 가장 중요하고 본질적인 것은 죽은 자의 육체라는 것이다.

천주교 신앙을 가진, 시인이자 장의사인 토마스 린치와 개신교 신학을 가르치는 교수이자 설교가인 토마스 롱의 공저 『좋은 장례』는 한 가족공동체 혹은 지역공동체 안에 발생한 장례에 관한 실천적 지침서라기보다는 철학적이고 사색적인 에세이에 가깝다.

혹시 책을 다 읽고 "그래서 어떻게 해야 한다는 건가?" 하고, 질문하는 이도 적지 않을 것 같다. 그렇지만 공동 저자들은 "어떻게"(How)라는 측면보다 "무엇"(What)이라는, 보다 본질적 질문에 집요하리만치 집중하고 있다. 그래서 그들은 그 실현된 죽음과 관련하여 "어떻게" 할 것인가를 묻고 답하기 전에, 과연 죽음이란 '무엇'이며 그 죽음과 밀접하게 연결되어 있는 장례란 '무엇'인가에 대한 근본적이고 철학적이며 신학적인 질문을 던지고 있다.

따라서 이 책이 장례의 실제 집전 기술과 요령에 대한 논의이길 기대했던 일부 독자에게는 아쉬움을 줄지 모르나 이 책이 관심한 심도 있는 장례의 본질 논의는 오히려 장례예식의 실제에 관한 더 많은 가능성을 열어놓고 있다고 본다. 특히 죽음과 장례에 대한 실무적이고 기술적인 지침서 이상의 이야기를 누군가 진지하게 다뤄주기를 기대해 왔던 독자들이라면 이번에 황 빈 박사의 정성스런 번역을 통해 한국에 소개되는 토마스 린치와 토마스 롱의 공저,『좋은 장례』는 더할 나위 없는 선물이요 축복이 될 것이라 믿는다.

추천사 2

김 창 훈 박사
총신대학교 신학대학원 교수

　장례예식을 집례하고, 장례예식에서 하나님 말씀을 전하는 일은 모든 목회자가 필수적으로 감당해야 할 사역 가운데 하나이다. 혹자는 죽음 앞에서는 모든 사람이 진지해지고 숙연해질 수밖에 없기에 장례예식은 목회에서 최선을 다해 승부를 걸어야 할 가장 중요한 시간이요 기회라고 의미를 부여하기도 한다. 실제로 장례예식은 불신자들에게 효과적으로 복음을 전하고, 신자들에게는 설득력 있게 신앙과 삶을 점검하게 하고 결단하게 하는 기회이며, 또한 사랑하는 사람을 먼저 보낸 가족들과 지인들을 깊은 감동으로 위로하는 시간이다. 하지만, 안타깝게도 장례예식과 설교에 대한 좋은 지침서가 많지 않은 것이 오늘의 현실이다.

　이 책은 장례예식과 설교에 대한 모든 부분을 언급하지는 않지만, "좋은 장례"(저자들은 "'좋은 장례'란 예식이 마땅히 수행해야 할 일을 수행하고, 그 예식이 합당한 목적을 달성하는 것을 의미한다"고 하였다)를 위해 목회자들이 꼭 알아야 할 죽음과 장례에 관한 중요한 개념들을 설명하고 있다. 왜냐하면 저자들은 좋은 장례는 죽음과 장례에 대한 바르고 온전한 이해가 있을 때 가능하다고 판단했기 때문이다.

특히 공동 저자로서 토마스 롱은 신학자요 목사이고, 토마스 린치는 이론과 실제를 갖춘 전문 장의사이다. 이들은 좋은 장례를 위해 목회자와 장의사의 위치와 역할 그리고 해야 할 일 등에 대한 나름대로의 구체적이고 실제적인 제안들을 제시한다. 또한 좋은 장례의 특징들이 무엇인지도 언급한다. 물론 서양과 우리나라의 장례 문화와 예식에 차이가 없는 것은 아니지만, 그럼에도 불구하고 이들의 제안은 오늘날 한국 교회 목회자들에게도 장례예식과 설교에 대한 깊은 통찰력과 바람직한 방향을 제시한고 생각한다.

모든 인간은 언젠가 이 땅을 떠나야 한다. 죽음은 어느 누구도 피할 수 없는 일이다. 본서는 좋은 죽음을 맞이하기 위해 묵상하고 고려해야 할 중요한 부분들을 언급하고 있기 때문에 장례예식을 집례하는 목회자나 장의사들뿐 아니라 좋은 장례를 원하는 모든 사람이 일독해야 할 필독서라고 생각한다.

머리말 1

패트릭 린치(Patrick Lynch)
미국장의사협회 회장

나와 나의 형 톰(이 책의 공동 저자 중 한 명인 토마스 린치 – 역주)은 우리 부모님 로즈마리 오하라(Rosemary O'Hara)와 에드워드 린치(Edward Lynch) 슬하에서 자랐다. 심각한 주제들에 대해 토론하는 것이 우리 가족들에게는 일상적인 일이었다. 이를 테면, 죽음과 죽어감의 불가피성, 슬픔과 애곡의 의미, 예전(liturgy)과 의식(ritual)과 예식(ceremony)의 가치, 인간들이 이 땅에서 살아가는 동안 하나님이 늘 함께하신다는 근본적인 믿음 등과 같은 묵직한 주제들 말이다.

장의사라는 직업에 종사하는 분을 아버지로 둔 것은 우리 형제에게는 축복이었다. 아버지는 자신의 직업적 특수성 덕분에, 죽음과 죽어감의 슬픔 속을 헤쳐나가는 사람들을 보면서 각종 신앙체계들의 고유한 가치를 볼 수 있었다. 교회일치운동(ecumenism)이 유행하기도 전에, 아버지는 우리 형제가 통합적으로(ecumenically) 생각하도록 가르치셨다.

내가 성콜럼번가톨릭학교(St. Columban Catholic School) 3학년 아니면 4학년 때 있었던 일이 좋은 예가 될 것이다. 어느 수녀가 집 근처에 있는 아우어셰퍼드루터교회(Our Shepherd Lutheran)는 절대 가서는 안 되는 곳이라고 한 말을 그대로 전했더니, 아버지는 그 수녀는 좋은 분이지만 그녀가 한 말은 틀렸다고 말씀하셨다. 하나님께 기도하기 위해 언제든 아우어셰퍼드루터교회에 갈 수 있고, 하나님은 내 기도를 들으실 것이라고 아버지는 나를 확신시켰다. 한 술 더 뜨셔서, 그 교회의 목회자인 하워드 올워트(Howard Allwardt) 목사에게 기도를 부탁해도 좋겠다고 말씀하셨다.

올워트 목사와 아버지는 목회자와 장의사 사이의 관계를 훨씬 뛰어넘는 그 이상의 관계를 유지하고 계셨다. 그들은 친구였다. 비슷한 얘기지만, 침례교든, 가톨릭이든, 회중교회든, 감독교회든, 감리교든, 정교회든, 장로교든, 유니테리언이든 상관없이, 우리 지역의 모든 성직자들이 아버지의 친구였고, 우리 집에 정기적으로 찾아오는 손님들이었다. 그들의 차이점들에 대해 알고 있었지만, 나와 톰을 비롯한 우리 형제들의 흥미를 끈 것은 손님들의 차이점들보다는 그들 사이의 비슷한 점들이었다. 우리 아버지도 그랬지만, 우리 형제들은 이 거룩한 일을 감당하는 분들 덕분에 축복을 누렸다.

따라서 1992년 2월 아버지의 기독교식 장례 미사가 있기 하루 전날, 모든 교파의 성직자들이 아버지의 시신 위에 기도한 것은 하나도 이상할 것이 없는 일이었다. 아마도 이 기도들 중에서 가장 감동적인 기도는 우리들에게 가족과도 같은 친구였던 로렌스 라자르(Lawrence Lazar) 신부의 기도였을 것인데, 그는 성조지루마니아정교회대성당(St. George Romanian Orthodox Cathedral)의 수석사제였다.

"주여, 긍휼을 베푸소서"(Lord, Have Mercy) 그리고 "영원한 기억"(Memory Eternal)과 같은 아름다운 고전적 후렴구들을 포함하고 있는 트리사기온 예배(Trisagion Service, "거룩하다"라는 의미의 그리스어 "하기오스" [Ἅγιος]가 3번 나오는 찬송을 부르는 예배 – 역주)의 전통을 따라, 로렌스 신부는 다음과 같이 읽어 내려갔다.

성부와 성자와 성령의 이름으로.
주님 안에서 한 가족 된 형제와 자매들이여.

당신들의 아버지 에드워드는 그의 일을 하는 가운데, 이 지역에 거주하는 수천 명의 최종적 필요를 위해 섬겼습니다. 그리고 그는 하나님께서 복을 주셔서 서로 다른 믿음의 체계를 가진 많은 교구들을 돕고 지원하였습니다. 그러나 감사하게도 여러분들께서 성조지루마니아정교회대성당 소속인 우리들을 불러서 오늘 밤 여러분 가족들과 함께 있을 수 있도록, 그리고 여러분의 아버지에게 드리는 마지막 작별의 인사를 여러분들과 함께 나눌 수 있도록 특별히 초대해 주셨다는 사실! 바로 이 사실은 고인이 우리와 나누었고, 우리가 고인과 그의 가족들과 함께 나누었던 관계와 친분을 언제나 기억나게 해 줄 것입니다.

또한, 대성당 사제단과 우리 교구민들을 대표하여 삼가 깊은 위로의 말씀을 드립니다. 이 위로의 말씀을 드림에 있어, 우리는 여러분의 아버지께서 지난 수십 년간 우리 교구민들, 그리고 그 외에도 수많은 사람들에게 보냈던 바로 그 궁휼의 손을 들어 위로의 말씀을 드립니다. 끝으로, 사도 바울이 일렀듯이 "너희는 마치 소망이 없는 것처럼 슬퍼하지 말라"(살전 4:13)는 그 기도로 위로의 말씀을 대신하려 합니다. 왜냐하면 우리가 "예수께서 죽으셨다가 다시 살아나심을 믿을진대 이와 같이 예수 안에서 자는 자들도 하나님이 그와 함께 데리고 오실"(살전 4:14) 것을 믿기 때문입니다.

하나님께서 그를 용서하시고, 그에게 안식을 주시길 기원합니다. 아멘.

우리 아버지가 지역의 성직자들과 수년간 쌓아 왔던 관계가 어떠했는지 이 편지가 말해주고 있다. 감독관 아래에서 일하고 있는 젊은 장의사로서, 나와 톰은 장의사와 성직자 사이에 공유되는 동반자적 관계란 무엇인지 극명하게 깨달을 수 있었다. 우리 형제는 죽어가는 자, 죽은 자, 그리고 남겨진 자들을 돌보는 데 이 두 당사자 모두가 중요하다는 것을 배웠다. 또한 죽은 자를 보살피는 동시에 산 자를 위해 봉사함으로써 우리가 생명 그 자체를 더욱 존귀하게 여길 수 있다는 것도 배울 수 있었다. 장의사들과 성직자들뿐 아니라, 이제 호스피스 사역자들, 사회복지사들, 그리고 또 다른 형태의 돌봄을 주는 사람들까지로 확대된 이러한 동반자적 관계는 우리와 같은 직종에 종사하는 사람들에게 큰 선물이 되었다.

지난 몇 년 동안, 아버지는 톰에게 입버릇처럼 이렇게 묻곤 하셨다.

"너, 언제쯤 우리들이 하는 일에 대해 글을 쓸 예정이니?"

물론 아버지는 장례에 대해 말씀하신 것이다. 톰은 이미 시집 몇 권을 출판한 상태였지만, 그는 단 한 차례도 자신이 장례 관련 업종에 종사한다는 사실을 직접적으로 언급한 적이 없었다. 아버지의 질문에 톰은 언젠가는 그 일에 착수하겠노라고 약속했었다. 그런 일이 있은 후 아버지께서 돌아가신 것이다.

약속을 꼭 지키겠다고 굳게 마음을 먹은 톰은 그의 생각들을 모으기 시작했고, 1997년에 『청부: 음울한 직업을 통해 배우게 된 인생 연구』(*The Undertaking: Life Studies from the Dismal Trade*)라는 책이 탄생하기에 이른다. 이 책이 아메리칸북어워드(American Book Award) 수상작 및 내셔널북어워드(National Book Award) 최우수상 수상작이 되면서, 톰은 일약 국제적 관심을 받게 되었다. 그는 곧 전 세계 장의사들, 성직자들, 건강 관련 종사자들로부터 가장 많이 초청되는 강연자들 중 한 명이 되었다. 예전 같으면 만날 수 없었을 사람들을 만나고 그들과 함께 이야기를 나누면서, 톰은 우리 문화의 죽음, 죽어감, 슬픔, 그리고 장례에 대해 생각하는 방식에 자신이 엄청난 영향을 미칠 수도 있을 것이라는 사실을 곧 인식하게 되었다. 톰은 장의사라는 그의 일에 대해 매우 열정적이지만, 그는 작가와 강연자로서의 그의 삶에도 동일하게 헌신되어 있다. 매우 드물고, 때로는 감당하기 어렵기도 한 그의 이러한 직업의 조합은, 톰 자신이 알고 있는 것보다 더 많은 열매들을 맺게 될 것이라고 나는 믿는다.

『청부: 음울한 직업을 통해 배우게 된 인생 연구』가 출판된 후 톰은 계속해서 여행하며 강연 활동을 펼쳤는데, 그 즈음에 또 다른 유능한 톰, 그러니까 신학자이자 장로교 목사인 토마스 롱 박사도 동일한 주제들에 대해 광범위한 저술활동을 하고 있었다. 이 두 명의 톰(The Toms)이 서로의 책을 읽기 시작했고, 동일한 청중들에게 강연하기 시작했다는 것은 결코 놀라운 일이 아닐 것이다. 이 두 사람은 곧 만나게 되었고, 서로에게서 친밀한 감정을 느꼈으며, 규칙적으로 서신을 교환하는 사이가 되었다. 내 형은 많은 대화들을 나눈 뒤 알게 된 사실이 있었다. 그가 좋은 장례를 지역 공동체라는 신성한 극장에서 펼쳐지는 연극으로 간주한다는 것과 편의만을 추구하며 영적으로는 껍데기뿐인 "삶의 경축"(the celebration of life, 축 처지고 슬픈 분위기의 전통적 장례예식을 대신하여, 고인과 함께 했던 긍정적인 기억에 초점을 맞추는 새로운 형태의 의식 – 역주)으로 장례예식을 변질시키는 일에 거리낌이 없어지는 장의사들이나 성직자들과는 사뭇 다른 신학적 목소리를 내고 있다는 사실이었다.

그의 주장은 내 형이 말하려는 메시지의 내용과 거의 동일한 것이었다. 형은 장례라는 것이 죽은 사람, 그 죽음이 자신에게 중요하다고 생각하는 사람, 그리고 그들 사이에서 메시지를 중개하는 사람과 같은 기본적인 요소들을 포함하는 어떤 실존적 경험이 되어야 함에도 불구하고 대부분의 장의사들과 성직자들과 문화들은 장례예식을 그보다 못한 어떤 것이 되도록 허용하고 있다며 공개적으로 비판해왔다. 어떤 행사가 이러한 근본적인 요소들을 결여하고 있다면 그 행사는 죽은 자는 가야 할 곳으로 가게 하고, 산 자는 있어야 할 곳에 있게 한다는 장례의 진짜 책무를 이행하지 못한다는 것이 형의 주장이다.

나와 내 형은 몇 년 전, 슬픔은 불가피하고, 공개적 애곡은 건강한 것이며, 적절히 행해진 장례는 유족들에게 측량할 수 없을 만큼 귀중한 것이라는 우리의 믿음을 가능하면 더 많은 사람들과 함께 나누기로 결정했다. 우리는 톰이 장의사일 뿐 아니라 잘 알려진 작가이기 때문에 그의 저술과 강의를 통해 다양한 사람들에게 영향을 끼칠 수 있을 것이라고 예상했다. 톰은 독립적이며, 신뢰할 수 있고, 명확한 목소리를 지녔고, 그가 어떤 특정 그룹이나 단체에 얽매여 있지 않았기 때문에 방송 매체들로부터 그의 의견을 구하는 일이 더 많을 것이라고 믿었다. 그리고 그런 우리의 예상은 적중했다. 전 세계의 신문, 잡지, 웹사이트들이 그에게 접촉해 왔다. 모든 사람들이 이 작은 지역의 장례업자가 하려는 말이 무엇인지 알고 싶어 했다.

톰은 계속해서 글을 쓰고 강연을 하는 한편, 만약 내가 우리 주에서, 그리고 전국 단위의 장의사협회에서 임원 자리를 차지하게 된다면 더할 나위 없이 좋겠다는 것에 우리 둘의 뜻이 모아졌다. 그렇게 된다면 자신들이 하고 있는 일을 최선의 방법으로 하고 있거나 혹은 그렇지 못한 수천 명의 장례 전문가들에게 직접적으로 영향을 끼칠 수 있기 때문이다. 협회 관련 일을 하는 동안, 나는 우리가 좋은 장례에 대해 무엇을 말하려고 하는가를 정확히 이해하는 많은 전문가들을 만날 수 있었다. 또한 나는 끔찍하게도 잘못 알고 있는 사람들도 만날 수 있었다. 톰은 우리와 같은 직종에 있지 않은 사람들에게 영향을 끼쳤다면, 나는 같은 직업군 내에 속한 사람들에게 영향을 끼치고자 최선을 다했다.

나와 톰 모두에게 이런 노력은 시간이 소요되고, 지루하며, 때로는 누구도 감사해 하지 않는 일이기도 했다. 그러나 우리 형제는 한 소년에 관한, 그러니까 1936년 당시 사제였던 삼촌의 죽은 육신에 조용히 옷을 입혀 관에 넣는 장의사들을 지켜본 후, 바로 그 자리에서 평생 그러한 일을 할 것을 결심한 12살 소년에 관한 추억으로 인해 적잖이 고무되었다. 그 12살 소년은 바로 우리 아버지이다.

그는 전쟁에서 돌아오자마자 장의사가 되었다. 첫 25년 동안은 피고용인으로 그 일을 했다. 하지만 50대가 되어서는, 아들들과 함께 '린치앤선즈장의사'(Lynch & Sons Funeral Directors)를 설립했는데, 지금은 7개 지역에서 매년 약 1,500가정에게 봉사하는 중이다. 우리 형제는 우리가 하고 있는 이 일을 하면서, 그 12살 소년이 보았던 것과 그가 남긴 유산에 대해 언제나 감사하면서 살아왔다.

2003년이 되자 우리의 노력은 결실을 맺기 시작했다. 그해에 나는 미시간장의사협회(Michigan Funeral Directors Association)의 회장이 되었고, 정기 총회를 위한 기획조정업무를 관장하고 있었다. 우리 형제는 참석자들을 위해 어떤 프로그램을 마련할까 토론하게 되었는데, 그때 곧장 생각난 사람이 바로 토마스 롱 박사였다. 내 형 톰과 롱 박사는 오늘날의 장례 트렌드에 대한 패널토의를 인도했는데, 그들은 그날 두 사람 사이에서뿐 아니라 청중들과의 사이에서 매우 능수능란한 의사소통의 능력을 보여주었다.

나는 이 두 사람의 통찰력이 합쳐진다면 더 많은 사람들에게 유익을 끼칠 수 있을 것이라는 사실을 즉각적으로 알 수 있었다. 2003년 10월말부터 12월초 사이에 6차례에 걸친 학제간(學際間) 세미나가 계획된 것은 그런 연유에서였다.

세미나는 "좋은 죽음, 좋은 슬픔, 좋은 장례: 돌봄의 연속선 상에서 우리의 자리를 찾아서"(The Good Death, Good Grief, Good Funerals: Finding Our Place on the Continuum of Care)라고 이름 붙여졌는데, 전국 단위의 이 행사에 장의사, 성직자, 호스피스 사역자, 사회복지사, 학생 등 1,500명 이상의 사람들이 참석해 주었다. 그리고 그들의 반응은 믿을 수 없을 정도로 긍정적이었다.

그로부터 몇 년 후, 나는 전 세계에 있는 장의사협회들 가운데 선도적이며 가장 대규모인 미국장의사협회(National Funeral Directors Association, NFDA)의 회장으로 선출되었다. 그때 내가 바랐던 것들 중 하나는, 우리가 미시간 주에서 가졌던 바로 그 프로그램을 전국 단위 청중들에게 제공하는 것이었다. 그러한 프로그램의 가치를 알아본 미국장의사협회 이사진들은, 성직자/장의사 지역 세미나를 10년 이상 후원하기로 결정해 주었다. 좋은 죽음, 좋은 슬픔, 좋은 장례(The Good Death, Good Grief, Good Funerals) 프로그램은 십여 개 주 이상의 장의사협회들의 협조 속에 펜실베이니아 주, 매사추세츠 주, 인디애나 주, 그리고 조지아 주에서 개최되었다. 거기서의 반응도 똑같았다. 죽음, 죽어감, 슬픔, 그리고 장례에 관한 한, 롱과 린치는 세계 최고의 학식을 보여주었다.

이 책은 톰 린치와 톰 롱 이 두 사람이 위와 같은 프로그램들 혹은 다른 모임들을 통해 만난 수천 명의 장의사들, 성직자들, 그리고 건강관리업계 종사자들에게 강연을 하거나 혹은 그들의 말을 청취하면서 보냈던 수많은 시간들의 축적물이다. 우리 삶에서 죽음, 죽어감, 슬픔, 그리고 장례가 갖는 의미를 추적해 왔던 나로서는 이 책이 갖는 중요성을 아무리 강조해도 지나치지 않다고 본다. 이 책은 다가오는 세대들을 위한 기록의 책이 될 것이다.

머리말 2

바바라 브라운 테일러(Barbara Brown Talor)
피드만트대학(Piedmont college) 종교철학 교수

    교구 사역 중에서 무엇이 가장 그립냐고 사람들이 물어볼 때 나의 대답은 간단하다. 나는 세례와 장례가 가장 그립다. 태어남을 죽음으로, 죽음을 다시 새로운 삶으로 연결시켜주는 이 북엔드(bookend, 책들이 넘어지지 않도록 양쪽에서 붙잡아 주는 받침대 – 역주)와 같은 예식들에서는 삶과 죽음이 서로를 가리키고 있기 때문이다. 예스럽고 신성한 방식을 따라 물과 육체와 기름과 흙을 다루면서 내가 무언가를 말해야 할 때 나에게 장엄한 언어들을 제공해주는 기도서를 읽으며, 물이 들어찬 돌그릇들과 흙으로 채워진 열린 무덤들 옆에 서 있는 것, 그런 것들이 그립다.
    심지어 나는 지금 당장이라도 그 페이지들을 펼칠 수가 있다. 그 기도서에서 가장 많이 구깃구깃해진 바로 그 페이지들, 마치 곰보 자국이 난 것처럼 마른 물자국과 기름 묻은 엄지자국으로 얼룩진 세례에 관련된 페이지들, 그리고 비와 눈물과 진흙으로 문질러진 장례에 관련된 페이지들 말이다. 내가 속한 미국감독교회(Episcopal) 전통에서 두 예식은 모두 성례이다. 그 예식들 안에 담긴 영적 진리와 육적 진리를 구별할 수 없기 때문이다. 장엄한 언어들과 신성한 예식집행, 이 둘 모두가 인간의 육신을 필요로 한다. 육신을 통하지 않고 인간의 영혼을 향해 말을 걸 수 있는 다른

방법은 없다.

 이 책에서 톰 롱과 톰 린치는 바로 그 점을 너무 잘 말해주고 있기 때문에 내가 지금 머리말을 쓰면서 가장 힘든 일이 있다면, 그것은 그들이 한 말을 쉬지 않고 계속하여 인용하고 싶은 충동을 자제하는 것이다. 책의 앞부분에서 저자들은 실체(reality)에 이름을 붙이고 그것을 변화시켜 내는 언어의 힘에 대해 말하는데, 바로 그것이 이 책이 가진 최고의 장점들 중 하나이다.

 저자들은 우리 대부분이 손쉽게 들어갈 수 있는 수준보다 훨씬 더 깊은 곳까지 이 주제 속으로 침잠하여 들어가 그것에 대해 수십 년을 생각해 왔던 이들이다. 게다가 그들은 죽은 자의 육신을 묻는 일에 지난 수십 년 간 직접 자신들의 몸으로 참여해 왔던 사람들이다. 때문에 그들이 이 책에서 말하는 것들은 그들의 오랜 경험으로부터 우러나오는 것들이다.

 한 페이지, 또 한 페이지마다 자신들이 알고 있는 것들을 너무나도 아름답게 표현해 놓은 저자들의 말이 마치 징처럼 우리의 마음을 울려준다. 사랑하는 사람을 묻어본 적이 있다면 저자들이 말하는 진실을 알고 있을 것이다. 다른 점이 있다면, 그저 우리는 그것을 어떻게 말해야 하는지 그들의 절반도 알지 못한다는 것뿐이다.

 이 책을 돋보이게 하는 또 하나의 장점은 저자들이 어떤 진리를 말할 때 풍부한 이야기들로 그 진리를 구체화해낸다는 점이다. 저자들이 자신들의 실제 삶 속에서 찾아낸 이야기들은 독자들로 하여금 자신들의 삶의 이야기를 떠올리게 해 준다. 톰 린치가 유명한 텔레비전 프로그램 "씩스 핏 언더"(*Six Feet Under*)에서 어떤 성공회 사제가 죽은 자의 관 위에 흙을 뿌리는 예식용 통을 사용하는 장면이 나오는 대목이 방영되었을 때, 나는 내가 생전 처음으로 집례했던 바로 그 장례식 현장으로 곧장 되돌아간 것만 같았다. 교회의 예배는 끝났고, 가족과 수많은 친구들이 영구차를 따라 묘지로 향했다. 그리고 그곳에서 주차한 후 무덤가에 이르기까지 관을 따라 행진했다.

나는 그 어떤 품위를 떨어뜨리는 돌출적인 실수가 없도록 열 번도 넘게 작은 부분까지 예행연습을 했다. 하지만 하관식을 거행한 후에 장의사가 나에게 건넨 모래가 담긴 유리병까지 미리 확인하지는 못했다. 내가 이제 말해야 할 문구에는 "흙은 흙으로, 재는 재로, 먼지는 먼지로"와 같은 말들이 포함되어 있었는데, 그 유리병에 들어있는 모래는 아무래도 이런 것들과는 거리가 멀어 보였다. 그것은 어린 아이들이 가지고 노는 모래놀이 통 속에 담겨진 것이나 플로리다의 멋진 해변에서 가져온 것처럼 보였다. 장례예식을 위한 이 성례를 위해서는 뭔가 그 이상의 것이 필요했다.

나는 재빨리 진짜 흙을 찾기 위해 묘지 주변을 샅샅이 살폈지만, 그곳은 온통 인조잔디로 덮여 있었다. 지체할 시간이 없었기에 나는 가장 가까운 길모퉁이로 가서 플라스틱 인조잔디 더미를 들어올리고, 붉은 흙을 조금 얻기 위해 그 밑을 샅샅이 뒤졌다. 마지막 기도를 할 때 즈음에는 축축한 흙 한 덩이가 내 손 위에 놓여 있었다.

마침내 흙덩이를 구덩이 밑바닥에 안치된 아름다운 관 위로 뿌리자 흙은 구덩이 아래에서 보기 흉한 난장판을 만들어내며 커다란 소리를 냈다. 우리들 중 누구도 예행연습에서 이 부분을 예상하지 못했던지라, 우리는 잠시 조용히 앉아 방금 일어난 일의 부조화에 대해 곰곰이 생각하게 되었다. 그런데 한편으로 그 부조화는 방금 일어난 일의 실체이기도 했다. "흙은 흙으로, 재는 재로, 먼지는 먼지로"의 실체 말이다. 그 장의사와 내가 함께 그 다음번 하관식을 주관했을 때, 그는 나를 위해 흙 한 줌을 준비해주었다. 그 후로 나는 다시는 모래가 담긴 유리병을 보지 못했다.

이런 책을 쓰는 데에는 유능한 이야기꾼 한 명이면 충분하겠지만, 이 책의 경우 두 명이 함께하고 있다. 톰 롱이 쓰나미에 쓸려간 희생자들의 시신을 수습하는 불교를 믿는 장의사의 얘기를 할 때, 나는 내 아버지를 화장했던 장례식장으로 돌아간 것만 같았다. 아버지의 임종을 지킨 사람이 바로 나였기 때문에, 그의 유품을 집으로 가지고 돌아가는 일 또한 내가 하고자 했다. 때문에 화장한 재가 식는 세 시간 동안 할 무엇인가를 찾아야 했다.

　장례식장은 애틀랜타 시에서 가장 오래된 곳 중 하나였으며, 주택비가 저렴해서 수많은 신규 이민자들이 모여 사는 구역에 위치하고 있었다. 그 장례식장을 소유한 가족은 가급적 차분한 분위기의 가구를 들여 놓는 트렌드를 무시했다. 장례식장은 오래된 할아버지 세대의 시계들, 나무로 깎아 만든 벽난로 장식들, 그리고 너무 크고 어두운 색깔이어서 마치 잠든 들소처럼 생긴 가구들로 가득 채워져 있었다. 천정에서 내려오는 침침한 조명이 그런 시각적 효과를 한층 높여 주었는데, 오래된 양식의 천정 부착물에는 페인트칠을 한 유리등들이 달려 있었다.

　남편 에드(Ed)와 함께 아버지 시신을 확인하고 필요한 모든 서류에 서명을 마친 후, 우리는 로비 이곳저곳을 돌아다니며 문상을 위해 준비된 방들 곁을 거닐었다. 그런 방들 중 두 군데는 열린 관이 놓여 있었지만 아직 문상객들은 오지 않은 상태였다. 마지막 방 입구 테이블 위에 단지 하나가 놓여 있었는데 그곳에 향 세 개가 피워져 있었다. 안에 있는 모든 사람들은 하얀 옷을 입고 있었다.

　고인의 이름을 보기 위해 한 발 물러서서 보니, 고인은 소승불교 신자거나 적어도 그 전통이 우세한 지역에서 이주해 온 사람인 것 같았다. 나 혼자만의 상실감이라 생각했던 것이, 사실은 지구상에 다른 모든 사람들과의 공고한 결속이라는 사실을 이보다 더 잘 일깨워 줄 수 있는 것은 없을 것이리라. 죽음의 원인이 암 때문이든 쓰나미 때문이든, 슬픔이란 우리 모두의 만국 공통 언어이다.

　시간이 아직 더 남아 있었기 때문에, 남편과 나는 밖으로 나가 흐린 12월의 거리를 거닐었다. 나는 점심을 먹을 만한 장소를 찾기 위해 인도를 따라 걷자고 했지만, 남편은 장례식장 주변을 돌아보자고 했다. 건물 첫 번째 모퉁이를 돌자마자 나는 남편이 왜 그러자고 했는지 알 수 있었다. 장례식장 뒤편에 붙어 있는 부속건물 위로 높은 세 개의 굴뚝이 있었는데, 그중 가운데 굴뚝에서 연기가 뿜어져 나오고 있었다. 아래쪽 화덕에서 올라오는 열기의 소용돌이를 따라 붉은색 꼬리를 가진 매 한 마리가 위로 날아올랐다. 공기가 잔물결을 내며 출렁거리는 것을 멈추고 그 매가 다른 곳으로 날아갈 때까지 우리는 가만히 서서 그 광경을 지켜보았다. 조금 있다가 우리는 아버지의 분골이 담긴 상자를 수령하기 위해 서명을 했는데, 그때까지도 상자에서 따뜻한 온기를 느낄 수 있었다.

턱시도를 입히고 관 뚜껑은 열어 놓은 채로 장례예식을 치러 달라는 등 아버지의 바람들이 있었지만, 우리는 그 모든 것들을 다 이뤄드리지는 못했다. 하지만 그 유골함을 가지고 감독교회에서 할 수 있는 최선을 다했다. 내가 회중석 장의자에 앉아 흐느껴 울 수 있도록 장례 절차를 위해 발 벗고 나서 준 동료 사제들에게 나는 깊은 감사를 느끼고 있다. 이 책을 읽고 나니, 나는 우리가 그 모든 것을 다시 할 수 있으면 좋겠다는 생각이 든다. 기회가 다시 주어진다면, 턱시도는 못 입혀 드리더라도 이번에는 꼭 시신이 있는 장례예식을 치를 것이다.

그렇지만 우리가 그것을 다시 할 수 없기 때문에 차선에 해당하는 일 하나를 하고자 한다. 즉, 이 책을 통해 배운 것을 사용하여 나는 내 주변의 친척들에게 몇 가지 제안을 할 것이다. 내가 짊어진 부담 중 그들이 질 수 있을 만큼을 감당하면서 나와 함께 장례식의 마지막 순서까지 함께 참여한다면, 그들이 그것을 알든 모르든 그들은 그 경험으로부터 유익을 누리게 될 것이다. 왜냐하면 두 저자가 이 책에서 여러 차례 말한 바와 같이, 산 자들을 그들이 있어야 할 곳에 있게 해주는 것은 바로 죽은 자를 그가 가야 할 곳으로 보내줌을 통해서이기 때문이다.

저자들은 이 책이 목회자들과 장의사들을 위해, 즉 그들의 직업이 진정 무엇인가를 기억하는 데에 도움을 주고자 쓴 책이라고 말한다. 나는 이 책이 그런 사람들을 위해 도움이 될 것이라 믿어 의심치 않는다. 내가 이 책을 읽고 이해한 방식이 하나의 지표는 될 수 있겠지만, 이 책에서 저자들이 묻고 있는 질문들과 그들이 제공하고 있는 조언은 사실 훨씬 더 깊은 곳을 건드리고 있다.

이 책은 몸을 가진 모든 사람들에게 그 몸이라는 것이 얼마나 놀라운 은혜의 수단인지, 그리고 육신에 행하는 성례를 집행함에 있어 존경의 마음을 갖고 마지막 순간까지 온전히 시행하는 것이 얼마나 중요한가를 일깨워 주고 있다. 우리 손이 더러워져야 한다면 더러워지게 하자. 누군가의 영혼을 만지는 데 그것보다 더 나은 방법은 그 어디에도 없으니까.

저자 서문

토마스 G. 롱(Thomas G. Long)
에모리대학교 캔들러신학부 설교학 교수

토마스 린치(Thomas Lynch)
장의사, 작가

　몇 년 전에 우리 두 사람은 미시간장의사협회의 친절한 초대를 받아 미시간 주의 멋진 반도들을 마치 음유시인이 된 것 마냥 몇 주간에 걸쳐 여행하며 돌아다녔다. 우리에게 맡겨진 일은 미시간주의 다양한 장소들에서 "좋은 장례"라는 주제로 장의사들과 성직자들로 구성된 청중들에게 강연을 하는 것이었다.
　여러 측면에서 우리 두 사람은 묘한 짝이었다. 한 사람은 장의사, 다른 한 사람은 신학교 교수이자 안수받은 목회자이다. 한 사람이 가톨릭 신자인데 반해, 다른 한 사람은 개신교에 속한 사람이다. 한 사람은 시, 소설, 희곡을 쓰는 사람인 반면, 다른 한 사람은 신학교 교재들을 집필하고 교회에서 사용할 설교문을 작성하는 사람이다. 하지만 여행을 하는 동안 이야기를 나누면 나눌수록, 우리는 많은 일들에 대해서, 특별히 장례와 관련한 문제에 있어서 서로의 마음이 잘 통한다는 사실을 더욱 더 분명하게 알게 되었다.
　우리가 발견한 사실 하나는, 우리 두 사람 모두 죽음을 둘러싼 의식과 관습이 한 문화의 혼을 들여다 볼 수 있는 창과 같은 것이라고 확신하고 있었다는 사실이다. 우리가 발견한 또 하나의 사실은, 우리 문화의 혼이 바로 이 문제로 인해 어찌할 바를 몰라 하고 있는 오늘날의 모습에 대해 두 사람 다 우려하고 있다는 사실이다.

죽은 자를 돌보는 방법에 확신이 없고 슬픔과 상실에 대해 무엇을 해야 할지 혼란스러워 하는 사회가 있다면, 그런 사회는 삶에 대해서도 확신이 없는 사회이다. 우리는 죽음의 문제를 다루는 현명한 방법들을 발굴하는 일에 두 사람 모두 열정을 갖고 있음을 발견했다. 죽음의 문제를 다루는 것 자체가 목적이기도 했지만, 인간으로서 더 잘 살아가기 위한 현명한 방법들을 회복하는 수단으로서 죽음의 문제를 연구하였다.

미시간에서 함께 했던 그때 이후로 우리는 다른 많은 기회들을 통해 함께 일하고 함께 강연하였다. 그러면서 우리는 성직자와 장의사에 관한 이야기와 농담들을 주고받으면서 두 직업의 약점과 장점에 대해서 살펴보았다. 이야기하고 연구하고 공동 작업을 하는 동안, 쇳덩이에 부딪힌 부싯돌처럼 우리의 생각들은 불꽃을 튀겼고, 어느 정도 시간이 흐르면서 무엇이 좋은 장례예식을 이루는 데에 도움이 되는가에 대한 우리의 생각이 다듬어져 갔다. 대화를 통해 주제에 대한 우리의 이해가 깊어지고 서로의 생각이 가까워지면서, 이따금 우리는 어느 생각이 누구 것이었는지 분간을 하지 못하게 되곤 했다.

이 책은 그런 대화들의 표현이자 결과물이다. 죽음, 슬픔, 장례는 결코 비인격적 주제가 될 수 없으며 그것들을 바라보는 관점은 불가피하게 각자의 경험을 통해 형성되기 때문에, 우리는 각자의 자전적 내용을 담은 두 개의 장을 책의 도입부로 삼았다. 우리 중 한 사람은 자라서 장의사가 되었고, 다른 한 사람은 신학자가 되었다. 이것은 단순히 우리의 직업이 아니다. 이것은 우리 각자의 삶의 여정 가운데 현재 도달해 있는 지점이다. 따라서 우리는 우리가 어떻게 이 지점에 이르게 되었는지를 자세히 얘기하는 일에 몇 페이지를 할애하였다. 우리는 이 몇 페이지를 읽으면서 독자들 또한 각자의 여정에 대해 곰곰이 생각해 보기를 원한다.

나머지 장들에서 우리는 죽음, 시신, 장례의 본질, 화장, 슬픔, 장의사와 종교 지도자의 적절한 역할, 그리고 이러한 문제들에 대해 우리 문화가 갖고 있는 혼란에 대해 살펴볼 것이다. 우리는 성직자와 장의사라는 각자의 관점에서 이 글을 쓰고 있기 때문에, 우리는 각 장의 저자가 누구인지 명확히 밝히고 있다.

오늘날 많은 사람들이 장례와 죽음의 예식들에 대해 관심과 걱정을 가지고 있기 때문에 우리는 이 책을 쓰면서 그런 일반적인 독자들을 염두에 두었다. 하지만 우리가 특별히 염두에 두었던 독자층은 신학생들과 장의학과 학생들, 그리고 성직자와 장의사들이었다. 죽음에 관한 우리의 관습들이 좀 더 근거를 가지고, 인간적이며, 신실해지기 위해 우리에게 필요한 것은 상실의 시간을 겪는 가족들을 가장 가까이에서 돌보는 사람들로부터 나오는 지혜로운 리더십일 것이다.

역자 서문

황 빈 박사
강성교회(kangsung.or.kr) 목사
백석대학교 외래교수

내가 토마스 롱을 처음 만난 것은 2005년이다. 그러니까 내가 방배동에 있는 백석대학교 신학대학원 2학년 과정에 재학 중일 때였다. 물론 직접 만난 것은 아니고 『증언하는 설교』(The Witness of Preaching, CLC 간[刊])라는 그의 책을 통한 만남이었다. 설교를 잘 하고 싶은 마음이 매우 컸던 늦깎이 신학생에게 토마스 롱의 책은 강력한 핵 펀치 같았다. 설교를 잘 할 수 있는 팁을 얻을까 하여 책을 열었다가, 앞으로 펼쳐질 설교자의 삶을 어떤 마음가짐으로 살아내야 할 것인가에 대한 묵직한 부담감으로 책을 덮었다. 설교학을 더 깊이 공부하고 싶다는 열망이 생긴 것도 그때 즈음의 일이다.

보스턴 근교의 고든콘웰신학교(Gordon-Conwell Theological Seminary)에서 설교학 석사과정을 시작한 2007년 가을, 나는 토마스 롱과의 두 번째 만남을 가졌다. 이번에도 직접 만난 것은 아니지만 영상물을 통한 만남이었다. 그가 설교하는 모습, 그리고 그 설교에 관하여 인터뷰를 하는 모습을 지켜본 후 왜 그가 위대한 설교자인지에 대해 지도교수인 스캇 깁슨(Scott M. Gibson)과 함께 조목조목 토론하는 시간을 가졌다. 그가 저술한 설교학 교과서 전체가 그 한 편의 설교에 다 녹아 있음을 공감하는 시간이었다.

토마스 롱과의 세 번째 만남은 반드시 얼굴과 얼굴을 마주하는 만남이어야 한다는 열망을 품고 에모리대학교((Emory University) 박사과정을 노크했다. 하지만 아쉽게도 그 문은 나에게 열리지 않았다. 감사하게도 뉴올리언스침례신학교(New Orleans Baptist Theological Seminary)라는 또 다른 문이 내게 열렸고, 자동차로 꼬박 삼일 길을 달리는 대장정 끝에 2010년 새해를 재즈의 도시에서 맞이했다.

박사과정 첫 학기 수업에서 지도교수님은 소논문을 읽고 그에 관해 발표하라는 과제물을 내주셨고, 나는 망설임 없이 토마스 롱의 소논문을 검색하기 시작했다. 그때 아주 흥미로운 글 하나를 발견했는데 그 제목은 "죽음과 생명에 관한 진실 말하기: 장례식에서의 설교"(Telling the Truth about Death and Life: Preaching at Funerals)였다. 이 글을 찾아냈을 때 내 머리 속에는 장례라는 단어보다는 설교라는 단어에 방점이 찍혀 있었다.

박사과정을 마치고 펜실베이니아 주에 위치한 한인교회에서 설교목회를 하던 2013년 10월, 아버지의 암 선고 소식이 한국에서 날아들었다. 의사는 1년을 말했다. 아버지의 마지막 시간들을 함께하고자 갑작스럽게 귀국을 결심하였다. 고등학교와 중학교를 다니던 연년생 두 아들은 할아버지 때문이라는 나의 설명에 불평 한마디 하지 않고 귀국길을 따라나섰다. 입시지옥이라는 한국의 교육 현실을 그 아이들도 알고 있었지만 순순히 따라 준 것이 너무나도 기특하고 고마웠다. 2014년 1월, 한국에 도착하여 아버지의 병실을 찾았을 때 많이 야위셨지만 돌아온 아들 부부와 손자들을 보고 기뻐하시던 아버지의 그 환한 미소는 잊을 수 없다. 하지만 예상보다 암은 더 빨리 진행되었고, 아버지는 벚꽃이 활짝 핀 4월 3일 새벽에 돌아가셨다.

이때 나는 모교인 백석대학교 신학대학원에서 강의를 하고 있었고, 그와 동시에 기독교문서선교회로부터 의뢰를 받아 번역작업을 하고 있었다.

그 책이 바로 토마스 롱과 토마스 린치가 공동으로 저술한 이 책, 『좋은 장례』(the Good Funeral)이다. 아버지의 임박한 죽음과 장례예식을 준비하고 있던 나에게 장례에 관한 책의 번역 작업이 주어진 것은 매우 의미심장한 일이 아닐 수 없었다. 더구나 그 저자가 토마스 롱이라니! 개인적으로 운명이란 단어를 좋아하지 않지만 만약 그런 게 있다면 내 인생에서 너는 내 운명이라고 말할 수 있는 몇 명의 사람들 중에 토마스 롱도 들어있는 것 아닐까 하는 생각이 들었다. 박사과정 첫 학기 세미나에서 설교에 방점을 찍고 읽었던 그의 소논문을 이제는 장례(Funeral)라는 단어에 주목하면서 읽게 된다.

비록 7년이라는 짧은 기간이었지만 미국에 거주하는 동안 참석하기도 하고 주관하기도 했던 여러 번의 장례식 경험은, 이 책에서 언급되는 미국적 장례 문화의 다양하고 독특한 풍경들을 이해하는 데 큰 도움이 되었다. 일반인이 아닌 목회자로서 장례예식을 참석하고 주관하면서, 목회자에게 장례라고 하는 예전이 목양 활동에 있어서 얼마나 중요한가에 대한 실질적인 깨달음을 얻을 수 있었다. 내가 그때 마음속으로 어렴풋이 품고 있던 생각들이 토마스 롱과 토마스 린치의 글을 읽고 번역하는 동안 '그래 바로 이거였어' 하며 정리되는 것을 느꼈다.

내게 상대적으로 익숙한 토마스 롱의 경우와는 달리, 토마스 린치의 글은 번역하기에 여간 수고로운 것이 아니었다. 그의 가톨릭적 배경에서 나오는 다양한 용어들은 개신교 배경을 가지고 있는 나에게 생소한 측면이 없지 않았으며, 더구나 장의사라고 하는 특수 직종에 종사하는 사람들 사이에서 통용되는 전문적인 용어들은 결코 쉬운 정복 대상이 아니었다. 여기에 더하여, 린치는 시인이다. 그가 자신이 사랑하는 시인들의 글로부터 인용해 온 구절들뿐 아니라, 문장 여기저기에 스며들어 있는 린치 자신의 문학적 표현들과 상징들을 이해하는 것이 결코 쉬운 것만은 아니었다. 그의 글을 번역하는 것은 갑절의 수고를 요구했던 것이 사실이다. 하지만 그가 저술한 부분을 읽고 번역해 내려가면서 초등학교 시절부터 내 안에

꿈틀거리던 문학소년의 DNA가 오랜 잠복기를 마치고 다시 활성화 된 기분이 들었다. 그의 글은 때로는 이해하기 난해한 부분도 있지만, 시간을 충분히 갖고 천천히 곱씹어 볼수록 깊은 맛이 우러난다는 것을 독자들은 알게 될 것이다.

 이 책은 목회를 준비하는 신학생들을 비롯하여 이미 현장에서 수고하고 있는 목회자들을 위한 유익한 목회지침서가 될 것이라 믿는다. 뿐만 아니라 장례산업에 종사하는 임직원들이 한번 읽어보아야 할 경영전략 내지는 고객응대지침서도 될 수 있을 것이다. 더 나아가 삶과 죽음의 문제를 진지하게 성찰하기 원하는 일반 독자들에게 깊은 울림을 던져줄 더할 나위없는 묵상집이 될 것이라 확신한다.

차 례

추천사 1 (김순환, 서울신학대학교 예배학 교수)   4
추천사 2 (김창훈, 총신대학교신학대학원 교수)   7
머리말 1 (패트릭 린치, 미국장의사협회 회장)   9
머리말 2 (바바라 브라운 테일러, 피드만트대학 교수)   17

저자 서문   23
역자 서문   26

제1부 우리는 왜 장례예식을 하는가?

제1장 우리는 어떻게 지금의 우리가 되었을까?/ 토마스 린치   35
제2장 사역으로 빠져들기, 죽음에 대해 배우기/ 토마스 G. 롱   75

제2부 죽은 자 돌보기

제3장 인간학 입문과정/ 토마스 린치   103
제4장 당신은 그 몸을 가지고 있지 않다/ 토마스 G. 롱   145

제3부 장의사와 성직자

제5장 우리들의 최악의 적들/ 토마스 린치 　　　　　　　　　　181
제6장 장의사, 누가 그들을 필요로 하나?/ 토마스 G. 롱 　　　237

제4부 장례예식

제7장 화장의 이론과 실제/ 토마스 린치 　　　　　　　　　　267
제8장 움직임 감각, 의미 감각, 소망 감각: 좋은 장례예식/ 토마스 G. 롱　285

제5부 슬픔

제9장 슬픔과 의미 찾기/ 토마스 G. 롱 　　　　　　　　　　319
제10장 모든 성도들, 모든 영혼들: 종결부/ 토마스 린치 　　　327

색인　　340

제1부

우리는 왜 장례예식을 하는가?

제1장
우리는 어떻게 지금의 우리가 되었을까?
— 토마스 린치

제2장
사역으로 빠져들기, 죽음에 대해 배우기
— 토마스 G. 롱

어머니에게서 내가 배운 것(What I Learned from Mother)

줄리아 카스도르프(Julia Kasdorf)

어머니에게서 내가 배운 것은
살아있는 자들을 사랑하는 방법에 관한 것입니다.
어머니는 제게 많은 꽃병을 준비해 두라고 하셨습니다.
막 잔디밭에서 꺾어 아직 봉오리에 까만 개미가 달려 있는 모란을 들고
급히 병원으로 달려가야 할 경우를 대비해서 말이죠.
슬픔에 빠진 가족들 모두를 위한 과일 샐러드를 담을 만큼
넉넉한 크기의 항아리를 준비해 두어야 한다는 것
깡통에 넣어 말려 보관한 배와 복숭아를 네모나게 써는 법
그리고 적갈색 포도의 껍질을 자르고
칼끝으로 그 안에 든 씨를 털어내는 법도 배웠습니다.
또 내가 어머니께 배운 것은
비록 돌아가신 분이 누군지 잘 모르더라도 입관식에 참석하여
유족의 젖은 손을 꼭 쥐고 그들의 눈을 들여다보며
나도 지금 그 상실감을 이해한다며 동감해 주라는 것입니다.
우리가 그들에게 무엇을 말하든 아무런 의미는 없겠지만
결국 그들의 기억 속에 남는 것은
우리가 왔었다는 사실이라는 것을 배웠습니다.
그들의 끔찍한 고통을 실제로 덜어줄
천사 같은 힘이 내게 있다는 것도 배웠습니다.
나는 의사처럼 다른 이의 고통으로부터
나의 유용함을 창조해내는 것을 배웠는데
일단 당신이 그 방법을 알게 되면 결코 거부할 수 없을 겁니다.
당신이 들어가는 모든 집에서 당신은 치유를 베풀어야만 할 겁니다.
당신이 직접 구운 초콜릿 케이크로.
당신의 복된 목소리로. 당신의 간결한 어루만짐으로.

제1장

우리는 어떻게
지금의 우리가 되었을까?

토마스 린치

    2012년 여름, 더블린(Dublin)에서 활동하는 훌륭한 장의사들 중 한 명이자 장의협회국제연맹(FIAT-IFTA, International Federation of Thanatological Associations) 회장인 거스 니콜스(Gus Nichols)의 초대로, 나는 아일랜드에서 강연을 하게 되었는데, 강연 주제는 내가 직접 선정하였다. 장의협회국제연맹은 세계 각국에서 대표로 파견된 장의사들의 회의체인데, 내가 참석한 모임은 12차 국제총회로서 30개 국가, 250명의 대표단이 참여했다. 이 모임에는 말레이시아, 시에라리온, 아르헨티나, 호주, 캐나다, 중국, 콜롬비아와 같이 멀리 떨어진 국가들에서 온 참석자들도 있었다.

    내 동생 패트릭(Patrick)은 미국장의사협회(National Funeral Directors Association) 직전 회장이었다. 그가 일 년 전 회장직을 수행한 총회에 참석하러 시카고까지 온 거스, 핀바르 오코너(Finbarr O'Connor), 그리고 몇 명의 아일랜드 장의사협회(Irish Association of Funeral Directors) 회원들에게 감사를 표하기 위해, 패트릭은 미국 대표단 자격으로 나와 함께 이번 회의에 참석했다. 회의기간 중에는 축하연회, 골프, 글라스네빈 공동묘지(Glasnevin Cemetery)와 벨파스트(Belfast)에 있는 타이타닉호 전시관 견학, 그리고 그라프톤 가(Grafton Street)에서의 쇼핑 등의 일정이 준비되어 있었다.

총회 장소인 더블린 성(Dublin Castle)은 13세기에 수축되었는데, 오래된 더블린 시의 중심에 자리 잡고 있으며, 작은 탑과 감시용 망루, 지하 감옥, 안뜰 등을 갖추고 사방이 벽으로 둘러쳐진 거대한 시설물이다. 성의 돌들에는 800년의 역사가 서려 있었다. 나는 머나먼 장래에 언젠가 읽혀질 나의 부고(訃告)에 들어갈 내용들을 머릿속으로 항상 편집하곤 하는데, 이 날도 나는 "그는 전 세계에서 모인 장의사들에게 강연을 했다"라는 내용의 문구를 다듬고 있었다. 여행을 하며 성곽들을 둘러보다 보면 당신도 그런 일을 하게 될 것이다. 나는 이번 강연 의뢰에 대해 감사의 마음을 느꼈다.

더블린 성 방문은 이번이 처음은 아니다. 사실 20대 젊은이들이 곧잘 하는 것처럼, 나는 나의 뿌리와 나의 미래를 찾아 1970년 겨울에 첫 방문을 한 이래로 40여 년 동안 십여 차례에 걸쳐 아일랜드를 다녀갔다. 하지만 내가 더블린 성을 처음 방문한 것은 1980년대 후반, 나의 첫 시집이 출판된 후 아일랜드에서의 순회 시낭송회 일정을 협의하기 위해 버밍엄 타워에 입주해 있던 아일랜드 시인협회(Poetry Ireland) 사무실을 방문했을 때였다.

25년이 흐르고 몇 권의 책들이 더 출판된 지금, 방 안을 가득 메운 아시아, 아프리카, 아메리카, 유럽, 남반구, 혹은 바로 길 건너에서 온 장의업계 종사자들을 향해 우리 공동의 소명에 대해 강연하기 위해 일어서는 바로 그 순간, 시와 장례, 혹은 문학과 장례기술 등 평생 몰두해왔던 일들이 마침내 하나로 융합되는 것 같았다.

시와 장례는 여러 면에서 볼 때 같지만 다른 것들이다. 달리 표현하자면, 하나의 사업을 벌이기 위해 동등한 기여를 하는 동업자들이다. 그런 저런 이유로 나는 내가 그들에게 낭송해 주려고 했던 나의 시 "지역의 영웅들"(Local Heroes)의 제목을 따라 강연 제목을 붙였다.

나는 "미국의 작은 동네 출신의 장의사들 중 몇 명이나, 세계 각지에서 모여든 동료들에게 6월의 한복판에 더블린 성에서 자신의 생각을 피력하고,

자신의 시를 낭송하는 영광을 누릴 사람이 몇 명이나 될까?"하고 나 자신에게 물어보았다. 그것은 선물처럼 느껴졌다. 그리고 나는 운이 좋고 굉장히 복 받은 사람이라고 느꼈다. 거스 니콜스 회장이 나에 대해 분에 넘치는 소개를 하고 있을 때, 그리고 황송한 자리에 서기 위해 강연 원고를 주섬주섬 모으고 생각들을 정돈하면서, 말도 안 되는 바보짓을 해서 창피당하지 않게 해달라고 기도하고 있을 때, 속으로 나는 이런 생각을 했다.

내가 지금 여기서 정확히 뭘 하고 있는 걸까?

우리는 어떻게 지금의 우리가 되었을까?

나는 아일랜드 가톨릭 신자(Irish Catholics)의 가정에서 자랐다. 내가 지금 Irish Catholics라고 쓰고 보니, 느낌상 살짝 "늑대" 혹은 매우 포악한 종류의 피조물처럼 들린다. 이민배척주의자들의 이민자 집단을 향한 성숙하지 못한 태도 같은 걸 말하는 게 아니다. 아일랜드 사람들의 맹렬한 신앙, 가족에 대한 충성심, 배타적인 무리의식, 조심성, 자긍심 등 때문에 이렇게 표현한 것이다. 내 부모님의 경우 거의 자기들 종족 내에서만 혼인 관계를 맺었던 이민자들의 손자 손녀였다.

아일랜드 사람들은 19세기의 가난을 피해 북미의 전도유망함을 향해 배를 띄웠고, 웨스트클래어(West Clare), 티퍼래리(Tipperary), 슬리고(Sligo), 킬케니(Kilkenny, 이상은 아일랜드의 도시들의 이름 – 역주)를 떠나, 몬트리올(Montreal), 온타리오(Ontario), 북부와 남부 미시간(Michigan, 이상은 캐나다와 미국의 국경이 맞닿은 곳에 위치한 인접 지역들의 이름 – 역주)을 향해 항해의 길을 떠났다. 그레이스(Grace) 가문, 오하라(O'Hara) 가문, 라이언(Ryan) 가문, 린치(Lynch) 가문은 자신들이 "하나의 진정한 믿음"(one true faith)이라고 생각하는 성직자 중심적이고, 격식을 차리며, 미신들로 가득한 그들의 신앙 전통을 그들 조상이 거주하던 늪지대의 교구로부터 비옥하고 광활한 미국 중부 지역으로 가져왔다.

아일랜드 사람들은 조상(彫像)들이 움직인다고 하고, 고양이가 몸을 녹이려 불 곁으로 다가가는 모양새를 보고 날씨를 짐작하며, 탁자 위에 남겨진 한 켤레의 신발에서 이제 곧 다가올 말다툼의 징조를 찾는 한편, 어떤 숫자들은 불길하고, 다른 어떤 숫자들은 행운을 가져다준다고 믿는 사람들이다. 그들은 야경을 그린 그림에서 이상한 불빛은 죽음의 복선이며, 개의 눈은 번개를 끌어당기고, 늙은 여자의 저주는 사람을 때려잡는다고 믿기도 한다.

아일랜드 사람들에게 성직자들은 각자에게 응당 돌아갈 몫을 받는 사람들이지만, 설령 그렇지 못해도 부당한 뒷거래를 해서는 안 되는 사람들이었다. 사제들을 두려워하고, 그들의 비위를 맞추어 주어야 하는데, 그 이유는 그들이 축복과 저주라고 하는 강력한 약(藥)을 소유하고 있다고 알려져 있기 때문이다.

분명하다고 보이는 것들 너머에는 항상 그것을 뛰어넘는 또 다른 의미들이 있다. 죽은 자들은 어디에나 있는데, 그들의 영혼은 비록 약간 과거 시제의 형태이긴 하지만 매우 실제적으로 공기 속에, 추억 속에, 그리고 그들이 예전에 거하던 장소 가운데 거하면서 돌봐주고 기분을 맞춰달라고 항상 요청한다. 죽은 자들은, 그들이 이름을 따 온 성자들과 마찬가지로, 사람들의 기도 속에 언급되면서 모든 적들로부터 보호해달라는 요청을 받기도 한다. 그리고 그 죽은 자들이 사용했던 이름들은 세대와 세대를 거치는 동안 계속 재활용되며, 새로 태어난 생명들에게 다시 부여된다.

내 어머니는 내가 자라서 사제가 될 것이라고 생각하셨다. 내가 특별히 거룩해서가 아니었다. 여섯 아들과 세 딸을 둔 독실한 가톨릭 신앙의 어머니로서, 건강한 아이들을 그토록 많이 허락해 주셨으니 거기서 한 두 명 정도의 신부 그리고 거기에 덤으로 수녀 한 명 정도는 당연히 교회에 가산세 격으로 바쳐야 한다는 것을 깨달을 때가 되었던 것이다. 어머니의 교구 신부이자 쓰레드니들 가(Threadneedle Road)에 위치한 갈웨이케니(Galway Kenny) 교회의 고해 신부인 토마스 케니(Thomas Kenny) 신부가 가장 좋아하는 지혜의 말씀은 다음과 같았다.

"네가 주님께 인색하면, 주님도 너에게 인색하실 것이다."

1. 부르심

내 이름은 고인이 된 어느 사제의 이름을 따라 지어졌다. 그 사제는 나의 작은할아버지이다. 1918년 창궐하던 스페인 독감에서 살아남은 지 몇 년 후, 그 분은 사제로서의 "부르심"(the call)을 받았다고 한다. 흔히 하는 말 가운데 "기근 끝에 일터 난다"(Vocations follow famine)는 말이 맞는가보다. (유사한 의미를 갖는 call과 vocation을 이용한 언어유희 – 역주) 독감도 기근 못지않다.

작은할아버지는 디트로이트(Detroit)와 덴버(Denver)에서 신학교를 다녔고, 대공황이 한창이던 때에 안수를 받았다. 우리는 그가 성장했던 허름한 판자 집에서 한 구역 떨어진 미시간(Michigan) 주 잭슨(Jackson) 시의 성 요한교회(St. John's Church)에서 1934년 6월 10일에 거행된 그의 첫 번째 장엄미사(Solemn High Mass, 사제가 부제와 복사를 거느리고 정식으로 드리는 미사 – 역주) 사진을 가지고 있다.

작은할아버지의 아버지이자 내게는 증조할아버지인 분의 이름도 토마스 린치였는데 그 분은 당시 생존해 계시지 않아서, 두 세계대전 사이 날씨 좋은 6월의 일요일에, 날염된 원피스를 입은 여인들과 밀짚모자를 눌러쓴 남자들이 나오는 이 사진에 등장하지 못했다. 증조할아버지는 입을 쩍 벌린 형상을 하고 있는 섀넌(Shannon) 강의 윗입술에 해당하는 웨스트 클레어(West Clare) 반도의 모빈(Moveen)이라는 가난한 시골 동네 출신이었다.

그곳은 대서양과 섀넌 강의 어귀 사이에 나무가 자라지 않는 비탈진 평야지역인데, 산울타리와 근친결혼으로 목초지 간의 경계가 구분된다. 증조할아버지가 미시간 쪽으로 건너온 것은 어쩌면 잭슨 시에서 고해 신부 자리를 얻을 수 있을까해서였지만, 그가 실제로 한 일은 교도소에서 페인트칠을 하거나, 세탁소에서 일하는 것이었고, 그가 마지막으로 했던 일은 제복을 입은 경비였다.

증조할아버지는 엘렌 라이언(Ellen Ryan)과 결혼했는데, 그녀도 이민자였다. 두 분 슬하에는 교사가 된 딸, 우체국에서 일한 아들, 사제가 된 아들이 있었다. 세 자녀 모두 편안한 업무를 하면서 연금도 보장되는 직업을 가졌으니, 이것은 가난한 아일랜드계 양키에게는 도박에서 큰 횡재를 하는 것과 비슷한 일이었다. 증조할아버지는 생전에 아일랜드를 다시 보지 못하고 돌아가셨다.

이제 막 안수를 받은 교구 출신 사제를 빙 둘러싸고 교회 출입문 앞에서 사진 촬영을 위해 자세를 취하고 있는 가족들과 교구민들 사이로 당시 10살이던 내 아버지 에드워드(Edward)도 보이는데, 그는 부모들 곁에서 따분해하면서도 순종적인 모습으로 새 장궤틀(무릎을 꿇고 기도하는 데 사용하는 천주교의 기도 의자 - 역주)에 앉아 있다.

이제 갓 30세가 된 젊은 신부는 비록 의욕은 충만했지만 몸이 허약하였기 때문에, 디트로이트의 주교는 그를 서부 지역의 산타페(Santa Fe, 미국 뉴멕시코 주의 주도 - 역주) 지역을 관장하는 주교에게 보냈다. 산타페의 주교는 이 젊은 사제가 상그레데크리스토산(Sangre de Christo Mountains)의 건조한 고지대 공기를 마시고 호흡기질환을 다스려서 좀 더 오래 살기를 바라는 마음으로 타오스(Taos) 카운티의 아우어레이디오브과다루페(Our Lady of Guadalupe) 교구에 배정하였다.

2년 뒤인 1936년 7월말, 이 젊은 신부는 폐렴으로 죽게 된다. 타오스에서 리오그란데(Rio Grande)의 고원 지역을 거쳐, 훗날 조지아 오키프(Georgia O'Keefe, 미국의 여성 화가 - 역주)의 그림으로 유명해진 풍경들을 따라 산타페의 대성당에 이르기까지, 대충 톱질해서 만든 그의 관을 들고 산 아래로 운구한 것은 아파치(Apache) 원주민 여성들이었다. 그 신부는 그녀들의 아이들에게 세례를 베풀었고, 그녀들의 아들들에게 야구를 가르쳤으며, 그녀들의 남편들에게 설교를 했었다. 루돌프 게르켄(Rudolph Gerken) 대주교는 산타페 대성당에서 진혼 미사를 주관한 후, 미시간을 비롯해 다른 동부지역들로 연결되는 기차 편에 착불(着拂)로 시신을 가족들에게 보냈다.

우리 가문 다음 세대들의 나아갈 바를 결정하는 숙명적 사건은, 며칠 후 잭슨에 있는 데스노이어(Desnoyer) 장례식장에서 아주 짧은 순간에 일어났다. 죽은 사제의 형제인 내 할아버지는 성요한교회에서 장의사를 만나 장례식 관련 세부사항을 검토하고 있었다. 무슨 까닭인지는 알 수는 없지만, 할아버지는 당시 12살이던 내 아버지를 거기 데리고 갔다.

나이든 두 사람이 장례 절차, 관, 운구할 사람, 사례비 등에 대해 의논하는 동안, 그 소년은 낡은 영안실 여기저기를 배회하다가 어떤 방으로 연결되는 문 앞에 다다른다. 소년은 거기서 와이셔츠를 입은 두 남자가 시체에게 예복을 입히는 모습을 발견한다. 소년은 가만히 서서 조용히 그 광경을 지켜본다. 고인에게 예복 착용을 마친 두 남자는 유약을 발라 표면이 도자기처럼 반질거리는 탁자에서 삼촌의 시신을 들어 올려 조심스럽게 관 속에 안치한다. 두 남자는 문 쪽으로 몸을 돌려 소년을 바라본다.

그 후로 내 아버지는 이 순간, 즉 거의 예식과도 같이 천천히 시신을 들어 올리는 것을 본 그 순간이, 자신이 장차 장의사가 되리라 다짐하게 된 순간이었다고 말하곤 한다. 어쩌면 그 순간을 아버지는 상상력을 발휘하여, 그가 출석하던 성프란시스데살레스(St. Francis De Sales) 성당의 미사에서 참석자들이 종소리에 머리를 숙이고 경외감에 사로잡혀 가슴을 칠 때, 사제가 그리스도의 몸과 피로 상징되는 떡과 포도주 잔을 높이 들어 올리는 장면과 연결시켜 본 것은 아닐까?

어쩌면 아버지는 썩을 것과 썩지 않을 것, 죽음과 불멸을, 성과 속을 융합시켰던 것은 아닐까?

우리가 알 길은 없지만 말이다.

"왜 사제가 되는 쪽으로 결심하지 않으셨죠?"

종종 우리는 아버지께 물었다.

아버지는 당연하다는 듯, "글쎄다. 그 사제가 죽었잖니?"라고 말했다.

그 해에 아버지는 빨간 머리 5학년짜리 로즈마리 오하라(Rosemary O'

Hara)를 만났다. 아버지에게 그녀는 완벽한 이상형의 소녀였다. 전쟁에 참전하여 남태평양의 해병부대로 떠난 아버지에게 날마다 편지를 쓰던 그녀는, 아버지가 돌아온 후 결혼하여 9명의 자녀의 어머니가 되었으며 반세기가 지나 아버지 곁에 묻혔다.

일이 진행되는 방식들에 놀라워하는 우리 모두를 향해, 어머니는 미소를 머금고 감자를 나눠주시며 말씀하셨다.

"하나님은 이상한 방법들로 일하신단다."

그 이상한 방법이란 곧 부르심(calling)이다. 로즈마리의 경우 아내와 어머니로서의 삶, 에드워드의 경우 아버지와 장의사로서의 삶으로 부르심을 받았다. 아버지는 장의사를 천직으로 생각했는데, 자신이 하는 일을 묘사할 때면 항상 "죽은 자를 돌봄으로 산 자를 섬기는 일" 또는 "몸으로 실행하는 자비" 또는 "그저 생계를 위해 하는 하나의 직업이 아닌, 삶의 한 방식" 등으로 표현했다. 이제 그의 아들들과 딸들, 손자들과 손녀들은 현재 남부 미시간 여러 지역에 걸쳐 6개나 되는 장례식장을 운영하고 있다. 그들 모두 장의사의 삶으로 부르심 받은 것이다. 두 남자가 죽은 사제의 시신을 관 속에 안치하는 광경을 한 소년이 지켜보던 1936년 8월 첫 주의 시간에 이 모든 일들은 연결되어 있다.

"우리는 어떻게 지금의 우리가 되었을까?"

이를 추적하는 일은 유용한 연구이며 우리 평생의 질문인 듯하다. 우리가 어떻게 지금 우리의 자리에 이르게 되었는지를 아는 것은 "우리가 지금 여기서 무엇을 하고 있는가?"라고 하는 끊임없는 질문, 우리들 대부분에게 정기적으로 찾아오는 바로 그 질문에 대해 약간의 실마리를 제공한다. 내 경험을 빌어 말하자면, 자신의 위치와 목적에 대한 호기심은 그 사람으로 하여금 길을 잃어 너무 멀리 벗어나지 않도록 막아준다.

작가이자 목회자인 프레드릭 부흐너(Frederick Buechner)는 말한다.[1]

> 자신의 삶에 귀를 기울이라. 헤아릴 수 없는 신비를 찾아 헤아릴 수 없는 신비 그 자체인 삶을 들여다보라

따라서 내가 어떻게 지금의 내가 되었는지에 대한 몇 가지 단상들은, 장의사로서 40년간 내가 배운 것을 이야기하기 위한 이 책에 도움을 줄 것이라 생각한다.

부흐너는 말한다.

> 흥분과 즐거움보다, 지루함과 고통 속에서 삶의 거룩하고 감추어진 심장부로 가는 너의 길을 만지고, 맛보고, 냄새 맡으라. 왜냐하면 결국에는 모든 순간들이 중요한 순간들이요, 삶 그 자체가 은혜이기 때문이다.[2]

그 모든 시간들이 흐른 뒤 삶은 은혜, 그것도 그 어떤 우연한 일들보다 더 우연한 은혜인 것처럼 느껴진다. 그러나 결국 우리는 '우리를 우리 되게 한 것' 그 뒤에 있는 계획과 목적을 어렴풋이 알게 된다.

2. 계속된 부르심

내가 여덟 살인가 열 살 때였다. 어느 토요일 아침 아버지는 자신이 일하는 곳에 나를 데려가셨다. 그것은 아마도 자신의 소년 시절 겪었던 그

---

1   Frederick Buechner, *Now and Then: A Memoir of Vocation* (New York: HarperOne, 1991), 87.
2   Ibid.

운명적 순간을 내게도 똑같이 만들어 주려는 의도에서였을는지 모른다.

하이랜드공원(Highland Park)안에 있는 그 오래된 장례식장은 우드워드가(Woodward Avenue)의 노변에 위치하고 있었고, 소유주인 윌리엄 바수(William Vasu)가 루마니아 이민자였기 때문에 주로 루마니아 고객들의 의뢰를 많이 받았다. 장례식장 위층에는 방이 하나 있었고, 지하에는 응접실을 끼고 있는 사무실들이, 그리고 건물 뒤편으로는 영안실이 있었다. 우리는 건물 뒤편에 주차를 하고 뒷문으로 들어갔다. 거기서 나는 처음으로 죽은 인간의 몸을 보게 되었다.

아버지는 이 일에 대해 기억날 만한 경고나 주의로 나를 미리 준비시켜 주지 않았다. 아버지는 내가 곧 직면할 일에 대해 미리 말해주지 않았다. 나는 그저 어느 토요일 아침, 그 사무실에 들어가고 있었을 뿐이다. 탁자 위에는 키 크고 나이든 남자가 얼굴을 제외하고 온 몸이 천으로 덮인 채 누워있었다. 문 위로 난 광창(光窓)을 통해 들어온 햇살이 그의 벗겨진 머리를 비추고 있었다. 그 방은 조용했고, 마치 의사의 진료실 같은 냄새가 났다. 그 남자는 귓불이 크고, 코는 뾰족했으며, 두꺼운 안경을 끼고 있었는데, 분명한 것은 그가 무언가를 읽을 일은 이제 없다는 사실이다.

내가 기억하기로 아버지는 그때 바로 내 곁에 서 계셨다. 그래서 나는 아버지께 그 남자 이름이 뭔지, 나이는 어떻게 되는지, 어쩌다가 죽었는지 등을 물어보았다. 시간이 오래 흐른 뒤, 아버지의 대답이 무엇이었는지는 잊어버렸다. 하지만 그날 아버지가 내게 뭔가 대답해 주셨다는 사실, 그리고 내가 죽은 이와 그의 가족을 위해 기도해 주어야 한다고 말씀해주셨다는 사실만은 확실했다.

나는 그날의 경험으로 인해 타격을 입거나 마음에 상처를 입지 않았다. 다만 나는 죽어 탁자 위에 놓여 있는 남자 안에 존재하고 있던 중량감(gravity)에 어떤 변화가 일어났다는 것만큼은 확실하게 감지할 수 있었다. 비록 당일에는 모두 헤아려 깨달을 수 없었지만, 그 일이 있은 후로 나는 아버지가 하는 일이 중요하며 쓸모 있는 일이라고 느끼게 되었다.

수녀와 같은 가정교육(nunnish upbringing, 가톨릭 신앙을 가진 여성에 의한 엄격한 자녀교육 – 역주)을 받은 나와 내 아버지가 기꺼이 받아들일 수 있는 또 하나의 진리가 있다. 그것은 바로 삶과 시간은 우연한 일들의 무작위적 누적이 아니라는 사실이다. 오히려 우리 각자에게는 하나의 계획이 있으며, 우리가 할 일은 이 땅에서 우리의 직업과 소명과 목적을 분별하는 것이다. 그러한 분별을 해나가면서 호기심 어린 우리 마음속에 처음으로 신앙생활, 의미탐색, 세상 이치에 대한 궁금함이 시작된다는 것은 의심할 여지가 없다.

일곱 살이 되자 어머니는 나를 사제에게 보내어 소년 복사(服事, 사제의 미사 집전을 돕는 소년 – 역주)가 되는 데 필요한 예식과 신비의 마법언어인 라틴어를 배우도록 했다. 내 아버지의 삼촌과 신학교를 같이 다녔던 우리 교구의 사제인 케니(Kenny) 신부는 신앙심이 남다른 내 어머니와 함께 나를 성직으로 이끌려는 계획을 갖고 계셨던 것이다. 내게 이름을 물려 준, 후두염과 결핵을 앓았던 그 젊은이(저자의 작은할아버지 – 역주)의 못다 이룬 일들을, 내가 성직자가 되어 완수해 내는 것이 하나님의 뜻에 따르는 것이라고 두 분이 생각하셨을 것은 의심의 여지가 없다.

검고 흰 성직자의 의복(cassock and surplice)을 입고 있는 나는 그럭저럭 거룩해 보였고, 라틴어의 풍성한 모음을 소리 내는 요령도 알게 되었다. 나는 죄와 죄책감과 수치와 처벌을 셈하는 것이 종교생활에 매우 중심이 된다는 것을 이미 직관적으로 깨닫고 있었다. 내가 수업을 받은 곳은 "머과이어 신부의 볼티모어 교리서"(Father Maguire's Baltimore Catechism)와 "순결한 마리아의 마음 자매회"(Sister Servants of the Immaculate Heart of Mary)였다. 나는 그곳에서 초등학교 고해성사와 첫 번째 성만찬을 준비했다. 성찬 전 금식, 성찬 준비를 위한 고해와 속죄, 죄의 종류와 횟수 추적하기, 기도와 금욕과 탄원과 청원을 통한 죄의 정화도 배웠다. 불결한 생각들 또는 형제자매에게 욕설을 뱉음으로 생긴 손상을 회복하기 위해, 성부송(Our Father's)과 성모송(Hail Mary's)이 부과되었다.

가톨릭 학교를 다니는 아이들이 날마다 참석하는 미사의 희생제사(holy sacrifice of the Mass)의 핵심을 이루는 용서, 정결, 속죄, 화해, 보상과 관련하여 가슴을 치며 암송하는 구절이 있었는데, "내 탓이요, 내 탓이요, 나의 큰 탓이옵니다"(Mea culpa, mea culpa, mea maxima culpa)가 그것이다. 이런 까닭에 거룩함, 황폐함, 복됨, 회개와 구속 사이의 연관성이 일찌감치 확고히 정립되었다. 성만찬 식탁주변으로 이러한 강력한 종교적 은유들이 모여들었다.

성만찬상은 우리를 갑자기 소환하는 예측 못할 죽음에 대비하는 하나의 방법이다. 성만찬에서 일어나는 일들이 매일 밤 식구들과 함께하는 저녁식사 자리에서 반복하여 일어났다. 다시 말하자면, 우리 아버지와 우리 복된 어머니는 가족판(home version) 희생과 성만찬을 시행했고, 형제자매들과 나는 살진 송아지를 대접받는 돌아온 탕자(신약성경에 나오는 탕자의 비유 - 역주)가 되었다. 물론 살진 송아지를 대신해 스튜요리, 미트로프, 냄비요리(casserole)가 사용되었다. 금요일이면 아버지는 물고기와 과자를 한 가득 집에 가져오셨다. 우리의 죄가 무엇이든, 그 죄는 모두 용서받은 것만 같았다.

마찬가지로, 우리는 이생과 내생 사이의 순례 길에 오른 망자(亡者)를 위해 우리가 제공하는 도움에 대해 인지하게 되었다. 연옥(purgatory)이란 천국의 기쁨과 '눈물의 골짜기' 사이에 있는 간이역이다. 이곳에서 죄인들은 일시적 화염 속에서 씻김을 받아 그들이 저지른 죄악을 정결케 된다. 우리들의 기도가 '고통당하는 영혼들'을 위한 정결의 시간을 단축시켜주며, 위령의 날(Feast of All Souls, 세상을 떠난 모든 신도를 기념하는 축일이며 날짜로는 11월 2일 - 역주) 같은 때 우리가 교회를 들어왔다 나갔다 하며 성부송(Our Father's), 성모송(Hail Mary's), 영광송(Glory Be's) 등으로 기도함으로써 그 영혼들이 곧장 영원한 복락을 누릴 수 있도록 도울 수 있다는 것은 잘 알려져 있다. 우리들이 드리는 예식들과 절기준수에는 운율과 수학적 측면이 있어서, 비록 우리 곁을 떠나버렸을지라도 고인들이 우리의 대화나 일상의 삶에서 잊혀지지 않게 도와준다.

우리 가정만 그런 것은 아니었다. 나의 인종적 색채가 가미된 종교적 관습의 시행은 루터교, 감리교, 유대교, 불교, 이슬람교, 인본주의를 신봉하는 내 친구들의 가정에서도 통용되는 것들이었다. 삶과 죽음, 옳은 것과 그른 것, 병약함과 건강함, 선과 악, 획득과 상실에 관한 끝없는 인생의 이야기들, 슬프거나 즐거운 신비들에 관한 이야기는 그들 모두에게 다 있었다.

3. 언어의 힘

어머니와 사제는 알면서도 모른 척 해준 것이겠지만, 늘 귀를 쫑긋 세우고 있었음에도 불구하고 나는 하나님의 음성을 한 번도 듣지 못했다. 나는 할아버지 댁 지하실에서, 죽은 사제(저자의 작은할아버지 – 역주)의 물건들을 본 기억이 난다. 수단(cassock, 사제들의 평상복 – 역주)이 천정에 걸려 있었고, 비렛따(biretta, 사제들의 사각모 – 역주)는 상자에 담겨 보관되어 있었으며, 그 옆 선반에는 다른 사제용 물건들도 있었다. 나는 그것들을 시험 삼아 착용해 보았지만 내 몸에 맞는 건 하나도 없는 것 같았다.

그리고 시간이 흐르면서 교회와 관련하여 열정과 무관심을 오가는 양가감정(兩價感情)이 내 신앙생활에 찾아들었다. 강력한 자연의 법칙이 가져다 준 일종의 혼란이 찾아온 것이다. 열두 살 쯤 되었을 때 내 안에서 깨달은 것 하나는, 선하신 하나님께서 우리들 각자에게 알맞게 내려주신 은사들(gifts)이야말로 그가 우리 인간들에 베푸신 최고의 선물들(gifts) 가운데 하나라는 사실이다. 초등학교 고학년 무렵에 내 주변 아이들의 몸에서 발견할 수 있는 변화들, 또한 나 자신의 몸에서 직접 느낄 수 있는 변화들에 대해 곰곰이 생각해 보았다. 하나님께 감사하게도, 사제로서의 삶의 어떤 부분들은 나에게는 불가능하다는 것을 깨달았다.

독신으로 지내는 사제직에 대해 내가 가졌을 기존의 어떤 관념이 사춘기에 접어들 무렵 상실되었다면, 나의 청소년기 전체를 형성해 준 것은 인간은 죽을 수밖에 없는 존재라는 사실에 대한 이른 자각, 그리고 그와 관련된 아버지의 일이었다.

아버지가 장의사(undertaker)였기 때문에 나와 내 형제자매들이 동네에서 누렸던 유명세를 나는 기억하고 있다. 내가 그 단어의 의미를 이해한 건 한참 후의 일이지만, 내 아버지가 하는 일이란 결국 땅 아래로(under) 들어가게 될 시신들과 깊은 관련이 있다는 것 정도는 알았다.

나와 내 형제들이 나이를 먹자 장례식장 일을 하게 되었다. 잔디 다듬기, 주차장 바닥 페인트 작업, 세차 같은 일이었다. 첫째 누이가 십대가 되자 사무실에서 회계업무를 배웠다. 그녀가 아버지 회사의 부기담당자 겸 감사관으로 일하게 된 무렵, 나와 형제들은 가정이나 병원으로부터 시신을 모셔오는 일, 시신을 씻어서 관에 안치하는 일, 문상 기간 중 출입문 안내업무, 그리고 장례의 제반 업무를 수행하는 일 등을 정식으로 시작했다.

검은 양복, 흰 셔츠, 회색 넥타이 등을 갖춰 입고, 정장 구두를 신고 있었기 때문에 우리는 여드름투성이의 또래 소년들과는 동떨어진 다른 세대 사람들 같았다. 전화 응대, 문상 담당, 조화(弔花) 운반, 의자 배치, 주차대행 등의 일을 했는데, 무슨 일을 하던 일한 시간에 따라 급여를 받았다. 그것은 우리의 직업이었다. 그 일을 해서 받은 돈으로 각자의 차를 사고, 연료비와 유지비도 낼 수 있었다. 데이트를 하거나 다른 진귀한 경험들도 하는 데 부족하지 않은 돈을 벌었다. 긴 여름방학 기간 동안 우리는 잔업도 많이 하며 대단한 일을 하는 사람들처럼 살았다. 학기 중에는 더 짧은 시간동안 일했는데, 이를테면 저녁 문상이나 토요일 장례식에서 일했다.

언어가 가진 힘과 함께 있어줌(presence)의 능력을 처음 배운 것은 문상객들에게 문을 열어 주는 일을 하면서라고 생각된다. 유족들이 자신들의 슬픔을 극복하기 위해 고인에 관한 단편적인 이야기들을 모아 점차 하나의 통합된 이야기로 만들어 나간다는 것을 처음으로 발견한 것은 내가 아버지의 장례식장 로비에 서 있을 때였다.

축약된 형태로 소개하자면 다음과 같다.

"그렇게 고통당하다가 떠났는데, 그가 다시 우리 곁에 돌아오길 바래선 안 되겠지."
"그는 의자에 앉아 있었어. 나를 향해 미소 지어 주었지. 그런 후 숨을 거두더군."
"그녀는 우리를 전혀 걱정시키고 싶어 하지 않으셨던 거야."
"그녀는 잠이 들었고, 아무런 고통도 느끼지 않았답니다."
"그 분은 적어도 자신이 하고 싶어 하던 일을 하시다가 돌아가셨군요."

실제 있을 법한 상황들을 좀 더 길게 묘사하자면 다음과 같다.

그녀는 한 밤 중에 깨어나서 등에 통증을 호소했어요. 뭘 해야 할지, 그녀에게 필요한 게 무엇인지도 알기가 어려웠죠. 나는 그녀에게 열판을 가져다주고 전기를 연결해주었습니다. 그녀는 물 한 컵이랑 그녀가 복용하는 알약들을 가져다 줄 수 있냐고 묻더군요. 그러나 내가 다시 침대로 돌아왔을 때, 그녀는 숨을 쉬지 않고 있었어요. 어깨에 고개를 떨어뜨린 채 늘어져 있는 그녀의 얼굴은 창백했습니다. 마치 스위치가 던져지고 전원이 꺼진 듯했습니다. 전 지금도 그녀가 죽었다는 게 믿겨지지 않아요. 전 항상 내가 먼저 가고 그녀는 몇 년 더 살 거라 생각했었거든요.

죽은 병사의 아버지가 들려주는 이야기는 이럴 것이다.

하나님께서 지금 이곳을 내려다보시며 "벤(Ben)은 비록 22세이지만, 이 땅에서 삶이 너희들에게 가르쳐 주어야 할 모든 것을 배웠다"라고 말씀하실 게 틀림없습니다. 우리는 그와 함께 했던 모든 날들을 언제나 소중히 간직할 것입니다. 하나님이 이렇게 말씀하실 거예요. "벤, 너의 고향 천국으로 어서 오렴." 정말 그렇습니다. 제 아들은 영웅입니다. 오늘 밤 자유를 누리고 있는 모든 이들은 벤과 같은 군인들에게 감사해야 할 것입니다.

암으로 죽은 여인의 딸이 하는 이야기를 들어보라.

수술, 화학치료, 방사능치료, 심지어 대안치료까지, 그녀는 암에 맞서 잘 싸웠습니다. 그러나 결국 암이 그녀를 이겼군요. 그러나 그녀의 용기, 그녀의 끈기, 삶을 향한 그녀의 끝없는 열정은 우리 모두에게 좋은 본보기가 될 것입니다.

유족들의 대화, 가족이나 친구들의 조의 표명, 사망을 알리는 신문기사, 추모사, 증언 등이 끝나고 나면, 공식적인 설교와 신성한 문구들로 가득 찬 의식과 예식들이 진행된다. 그런 예식들의 예로서, 동방교회에는 싸라쿠스타스(saracustas, 죽은 자를 위한 기도)가 있고, 프리메이슨들(Freemasons)에게는 블루롯지(Blue Lodge) 예식이 있는가 하면, 가톨릭교회는 묵주기도(rosaries)와 밤샘기도(wake services)를 한다. 그리고 피하려야 피할 수 없는 장례예식과 매장예식이 있다. 이러한 예식들은 성경 구절과 시, 찬송가와 단선율성가(單旋律聖歌, plainchants, 무반주로 제창하는 교회 음악 – 역주), 시편과 호칭기도(呼稱祈禱, litany, 사제가 선창하고 회중이 응답하는 방식의 기도 – 역주)와 같은 것들로 가득 채워진다. 어찌할 바 모르는 연약한 인간들에게나 신앙을 가진 사람들 모두에게, 언어가 가진 힘과 뉘앙스는 낯선 슬픔의 바다에서 유족들을 떠 있을 수 있게 해주는 뗏목이 되어준다는 것은 명백한 일이다.

언어를 통한 진통효과는 아무리 높게 평가해도 지나치지 않다. 끔찍한 상황에 처한 사람들에게, 그들이 비록 믿음이 식어지고 심지어 신앙을 버린 사람들일지라도, 친숙한 기도문은 보호 명령(protective order, 피해자를 보호하기 위해 법원이 내리는 일련의 조치들. 친숙한 기도문은 슬픔이 유족들에게 지속적인 위해를 가하지 못하도록 보호해주는 기능이 있음을 저자가 비유적으로 말하고 있음 – 역주)과 같은 효과를 일으킨다.

가족 내에서 누군가가 죽을 때, 믿음이 가장 흔들렸던 유족이든, 종교적으로 열심을 내던 유족이든 상관없이, 그들 모두는 삶의 많은 변화로 내몰리게 된다는 것을 나는 일찌감치 분명하게 깨달았다. 한 가지 확실한 것은 살아남은 자들의 귀에 죽은 자에 대해 어떤 말이 들려지고, 무엇이 읽혀지며, 어떤 노래가 불리는가에 따라 어떤 영혼은 번복할 수 없이 확보되고(won), 다른 영혼은 돌이킬 수 없이 상실(lost)되기도 한다는 점이다.

나는 아주 일찌감치 언어와 언어의 힘에 매료되었다. 특별히 일요일은 어휘를 배치하는 다양하고 최상의 방법들이 시연되는 축제와도 같았다. 우리는 아침에 성콜롬번교회(St. Columban's)에 다녔는데, 그곳에서는 우리가 초자연적이고 마술적 언어로 성찬을 나누고 있다는 흥미롭고 신비한 느낌을 주기에 충분한 라틴어 예식이 진행되었다.

가끔 핏대를 세우며 열정적으로 청지기의 의무 등에 대해 열변을 토하는 케니 신부의 설교는, 대부분의 교구민들이 더 이상 듣고 있지 않는데도 10분 내지 15분이나 더 계속되는 장광설(長廣舌)이었다. 케니 신부는 설교의 처음부터 끝까지 혼자 묻고 혼자 대답하기 때문에, 자신이 던져놓은 쟁점을 두고 논쟁하여 항상 이길 수 있었다. 미사 전서(典書)에 원문과 번역문이 나란히 쓰인 내용을 통해 해독할 수 있는 종교적, 영적 은유(metaphor)들로 가득한 성찬예식은, 심지어 가장 무관심한 참석자들에게조차 어떻게 말씀이 육신이 되었는지 이해하게 해 주었다.

일요일 오후가 되면 집에서 많은 친척들과 함께 시간을 보냈다. 간혹 고모, 이모, 삼촌, 사촌들이 왔지만, 항상 오시는 분들은 과부이신 나의 두 할머니들이었다. 아버지는 버릇처럼 할머니들에게 술을 조금 드린 후 거실로 모셔서 그 날 사제가 설교에서 다루었어야만 한다고 생각하는 주제들에 대해 토론하시게 했다.

그 주제들이란 예외 없이 종교, 성, 정치와 관련된 것들이었다. 이런 주제들은 고상한 가정에서는 애써 외면하는 주제들인데, 우리 가정에서는 애써 추구하는 주제들이다. 내가 아버지에게 무슨 의도로 그러시냐고 물을라치면, "이 나이 든 여자분들이 하는 이야기를 잘 들어보라"고만 하셨다. 학교에서 배웠던 것보다 나는 그 분들의 논쟁에서 더 많은 것을 배웠다.

당연한 얘기지만 두 분의 반대되는 성향만큼이나 그들의 토론은 날카로웠다. 이렇게 말해도 틀림없으리라 생각되는데, 외할머니이신 마블 그레이스 오하라(Marvel Grace O'Hara)는 한 번도 낮은 자존감으로 고통받은 적 없는 분이었다. 꼼꼼한 성격의 그녀는 열렬한 민주당 지지자이자 노조 조직가였는데 과장해서 말하는 편이었다. 그녀는 나중에 디트로이트 주의 공립학교 음악담당 감독관(superintendent)이 되었고, 세 딸과 아들 하나를 길렀으며, 남편 사별 후 거의 30년을 살았다.

한 번도 자신의 나이에 대해 언급하는 법이 없지만, 손자들에 대해서라면 요청받든 안 받든 언제나 자신의 의견을 분명히 말씀하셨다. 외할머니는 아일랜드계 미국인들의 가톨릭 신앙에서 발견되는 약간은 미신적 태도로 매사에 임했다. 그런 부류의 사람들에게 "더 벨스 오브 세인트 메리"(The Bells of St. Marys, 폐교 위기에 놓인 학교를 구하려는 사제와 수녀의 이야기를 담은 1945년 미국 영화 – 역주)나 "더 콰이어트 맨"(The Quiet Man, 은퇴한 미국 권투선수가 고향인 아일랜드에 돌아가서 사랑을 하게 된다는 이야기를 담은 1952년 미국 영화 – 역주)은 중요한 공부거리였다.

그런가하면, 친할머니는 조용하고, 예전엔 감리교 신자였으며, 요리도 잘 하고, 퀼트도 하시며, 정원 가꾸기도 하셨다. 그녀는 아이젠하워 공화당원(Eisenhower Republican, 제34대 미국 대통령 아이젠하워는 공화당 소속이었으나 정책적으로는 민주당에 가까운 중도성향을 보였는데, 그와 같은 태도를 지지하는 공화당원 – 역주)이었는데, 확신컨대 1980년대까지도 계속 그를 위해 표를 주었을 것이다.

날염된 원피스를 입고, 화려하지 않은 신발을 신으며, 빵모양으로 틀어 올린 머리 스타일을 했다. 남에게 속마음을 털어놓지 않는 편이며, 1920년대에 아일랜드계 미국인 가톨릭 신자와 사랑에 빠지기 전까지는 다른 사람을 화나게 한 적도, 추문에 휩싸인 적도 없었다. 이 일은 감리교 신자였던 할머니의 친족들에게 유쾌한 일이 아니었고, 당시 관습에 따라 그리고 신랑 측 교구 사제의 기분에 맞춰주기 위해 결심한 가톨릭으로의 개종 또한 마찬가지였다.

할머니는 결혼 이후로 가톨릭을 "그 하나의 진짜 진리?"(the one true faith?)라고 불렀다. 이 표현의 끝부분에 불확실성을 뜻하는 물음표 하나를 추가한 것은, 나와 같은 이름을 쓰는 의심 많은 성자(Thomas, 예수의 부활을 의심했던 제자 도마 – 역주)가 벌벌 떨며 자신의 손가락을 그리스도의 상처 난 손바닥에 갖다대 보았으면서도, "나의 주, 나의 하나님?"이라고 물어보라는 말을 들었을 때조차 확신이 서지 않았던 것과 같은 맥락이다(신약성경 요한복음 20:28에서 도마가 한 말을 질문이 아닌 고백으로 보는 일반적 이해와 거리가 있음 – 역주).

친할머니는 자신의 개종 경험을 이렇게 묘사한다.

"아! 사제가 나에게 약간의 물을 뿌리면서 말했다. '제럴딘(Geraldine), 그대는 감리교 신자로 태어나, 감리교 신자로 자랐으나, 하나님께 감사하게도, 이제 그대는 가톨릭 신자가 되었도다.'"

결혼식이 끝난 몇 주 후, 디트로이트 북서쪽에 있는 그들의 방갈로 뒤뜰에서 그녀는 남편을 위해 소고기스테이크를 그릴에 굽고 있었다. 마침 그때는 사순절 첫 주 금요일이었다. 지역의 콜럼버스 기사단(세계에서 가장 규모가 큰 가톨릭 우애단체 – 역주)에 소속된 한 남성이 뒤뜰 담장을 훌쩍 뛰어 들어와서, 거룩한 절기인데 어떻게 가톨릭 가정에서 고기 굽는 냄새를 풍길 수 있느냐며 신랄하게 비판하기 시작했다(가톨릭 신자들은 사순절 기간 동안 육식을 금기시함 – 역주).

그녀는 종전에 감리교 신자였을 때 하던 방식으로 조용하게 고개를 끄덕이고 미소도 지으면서 그 남자의 이야기를 들었다. 그가 한바탕 설교를 마쳤을 때, 그녀는 정원에 물 뿌리는 호스를 가져다가 그럴 위에 물을 뿌리면서 선언했다.

"그대는 소로 태어나, 소로 자랐으나, 하나님께 감사하게도, 이제 그대는 생선이 되었도다."

이렇게 말한 후에 그녀는 참견하기 좋아하는 그 이웃을 원래 가던 길로 다시 돌려보냈다.

할머니는 이렇게 이야기를 마무리했다.

"아! 분명히 우리 모두는 하나님의 자녀들이란다. 같으면서도 다른, 이런 모양 혹은 저런 모양으로 우리 모두는 결국 하나님의 자녀들인 게지."

단신(短身)이면서 동시에 장신(長身)일 수 없고, 야위었지만 뚱뚱하며, 늙었지만 젊고, 이것이지만 동시에 저것이 될 수는 없기 때문에, 우리 모두는 같으면서도 다르다는 할머니의 말씀은 한편으론 무척이나 불가능하게 여겨지면서도, 다른 한편으론 너무나 진리가 아닌가 하는 생각이 들었다. 이 개념은 내 인생에 있어서 매우 실제적인 지혜가 되어 주었다. 외할머니는 할머니의 이 표현을 재치 있게 발전시켜 이렇게 말했다.

"어리석으면서도 숭고한 술 마시기."

당시 소년이었던 나로서는 이 말의 뜻을 알 수 없었지만, 그럼에도 불구하고 뭔가 말이 되는 것 같았고, 그때 이후로 평생 동안 가장 유용한 진리들 중 하나가 되었다.

물론 이것은 내가 처음으로 겪은 권위(자)와의 작은 충돌이었다. 즉, 이름 짓고, 선포하고, 선언하고, 변화시키는 언어의 힘이라는 권위 말이다. 말은 소를 생선으로, 감리교 신자를 가톨릭교도로, 다른 것을 같은 것으로 바꾼다. 말은 나를 둘러싸고 있는 일상의 물체, 사람들, 개념들을 속량(贖良, redeem)하고, 교정(矯正, reclaim)하며, 개작(改作, remake)하는 능력을 보유하고 있다. 마음에 떠오르는 것은 무엇이든지 그 주제에 대해 옥신각신하시던, 아쉽지만 이제는 고인이 되신 나이든 여인들의 목소리는, 우리를 지금의 우리 되게 만든 목소리들로 이루어진 합창의 한 부분을 차지하고 있다.

> 더할 나위 없는 사랑스런 목소리들
> 죽은 이들의 혹은 죽은 것처럼 우리에게서 멀어져 버린 이들의 목소리들.
>
> 때때로 그 목소리들이 우리 꿈속에서 우리에게 말한다네
> 때때로 우리 마음이 생각 속에서 그 목소리를 듣는다네.
> 그리고 일순간 그 소리와 함께 돌아온다네
> 우리 생애 최초의 시(詩)로부터 다른 소리들이 돌아온다네
> 마치 밤 속으로 잦아 들어가는 머나먼 음악처럼.[3]

알렉산드리아 출신의 위대한 시인 콘스탄틴 커바피(Constantine Cavafy, 1863-1933, 이집트 알렉산드리아에서 태어난 그리스 혈통의 시인 – 역주)가 그의 시 "목소리들"(Voices)에 이렇게 썼다. 그리고 바로 이것이야말로 내가 내 생애 최초의 시(the first poetry)를 지금까지도 듣는 방식이다. 회오리바람이나 하늘로부터, 혹은 불타는 떨기나무로부터 말씀하시는 하나님의 목소리에서 들은 것이 아니다. 내 생애 최초의 시를 들은 것은, 꿈속에서인 듯 밤 속으로 잦아 들어가는 머나먼 음악처럼 나에게 말씀하시던 부모님의 목소리, 사람들의 목소리, 나이 드신 분들의 목소리, 옛 성현(聖賢)들의 목소리, 그리고 상상으로 떠올려 본 사람들의 목소리에서였다.

여느 날과 다름없이, 일요일은 어머니와 아버지가 우리를 침대로 뉘이시며 우리에게 암송케 하셨던 기도문과 함께 끝이 났다.

---

[3] Constance P. Cavafy, "Voices," http://users.hol.gr/~barbanis/cavafy/voices.html.

하나님의 천사여, 나의 사랑하는 보호자시여
하나님의 사랑이 여기 있는 나를 당신에게 맡겼나이다
이 밤이 다하도록 제 곁에 계시사
비춰주시고, 지켜주시고, 다스리시고, 인도하소서.

Angel of God, my guardian dear
to whom God's love commits me here
ever this night be at my side
to light, to guard, to rule and guide.

어두움과 죽음으로부터 지켜달라는 어린아이의 이 결연한 취침기도는 내 생애 최초의 시였다. 잊지 못할 만큼 멋진, 그리고 암송을 돕기 위해 의도된 운율이 "dear"와 "here" 그리고 "side"와 "guide" 사이에 흐르고 있다는 것을, 나는 그 시가 가진 더 깊은 의미들을 이해하기 한참 전에 귀로 듣고 깨달았다. 그리고 마지막 줄 "to light, to guard, to rule and guide"에서 보이는 쿠쿵, 쿠쿵하며 심장의 고동치는 소리 같은 약강격(弱強格, iambic, 약음절 다음에 강음절이 이어지게 단어를 배치하여 리듬감을 살리는 영시 기법 – 역주)의 규칙도 시의 의미를 깨닫기 훨씬 전에 귀로 들어 느낄 수 있었다.

시가 주는 청각적 즐거움은 즉각적인 것이었다. 시는 나에게 뜻으로 이해되기(made sense) 전에 소리로 다가왔다(made sound). 귀에 들려올 때 그것이 진리라는 걸 알았던 것이다. 다른 예들을 들어 보자.

하나님은 위대하며
하나님은 선하시니
양식 주신 주님께 함께 감사드리세.

God is great
God is good
Let us thank him for our food.

이것은 지미 슈라이욕(Jimmy Shryock)의 집에서 하는 식사 전 기도문이다. 내가 좋아한 부분은 "good"과 "food" 사이에 약간 떨어져 있는 운율이었다. 그런가하면 마크 헨더슨(Mark Henderson)의 집에서 밤을 지낼 때 이런 시를 배웠다.

잠자리에 드는 지금 기도하오니
주여 내 영혼 지켜주소서
이 잠 깨지 못해 나 죽거든
주여 내 영혼 받아주소서.

Now I lay me down to sleep
and pray the lord my soul to keep
If I die before I wake
I pray the Lord my soul to take.

이 시는 "Angel of God"(바로 앞에 소개 된 어린 시절 저자의 취침 기도 – 역주)의 개신교 판이라고 할 수 있는데, 냉혹한 우연적 사건과 함께 소망을 담고 있다는 점이 똑같고, 시가 전달하려고 하는 의미도 동일하다. 다른 점은 소리인데, 이 시는 세상을 가득 채우고 있는 다음과 같은 세속적 시와 유사한 운율을 가지고 있다.

반짝 반짝 작은 별
아름답게 비치네
서쪽 하늘에서도
동쪽 하늘에서도.

Twinkle twinkle little star
How I wonder what you are
Up above the world so high
like a diamond in the sky.

A B C D E F G
H I J K L M N O P.

호랑이여! 호랑이여! 타오르듯 밝게
밤의 숲속에 도사린 그대여
그 어떤 불멸의 손과 눈 있어
무서우리만치 균형 잡힌 그대를 빚었을꼬?

Tyger! Tyger! Burning bright
In the forests of the night
What immortal hand or eye
Could frame thy fearful symmetry?[4]

아일랜드 시인들이여, 당신들이 할 일 잘 배우라
그래서 잘 완성된 것은 노래하고

---

[4] Constance P. Cavafy, "Voices", http://users.hol.gr/~barbanis/cavafy/voices.html.

아직 여물지 않은 것들은 경멸하라
처음부터 끝까지 엉망진창이라면.

Irish poets learn your trade
Sing whatever is well made
Scorn the sort now growing up
All out of shape from toe to top.[5]

여기 소개된 아일랜드 시인들에 관한 4행시(quatrain)는 1939년 1월 말에 사망한 아일랜드 거장 윌리엄 버틀러 예이츠(William Butler Yeats)가 죽기 몇 달 전에 쓴 것인데, "Under Ben Bulben"이라는 시의 일부분이다.

잉글랜드의 거장 오덴(W. H. Auden)이 위대한 이의 사망 소식을 듣고 "In Memory of W. B. Yeats"라는 제목의 비가(悲歌, elegy)를 썼는데, 그곳에 다음과 같은 헌정 4행시(homage quatrain)가 포함되어 있다.

대지(大地)여 영예로운 손님 맞아주오
윌리엄 예이츠 거기 누워 쉬려 하네
아일랜드의 그릇이여 깨끗이 비워주오
그대 그릇에 담긴 그 시들 말이네.

Earth receive an honored guest
William Yeats is laid to rest
Let the Irish vessel lie
Emptied of its poetry.[6]

---

5 William Butler Yeats, "Under Ben Bulben", *The Collected Poems of W. B. Yeats*, 2nd ed., ed. Richard Finneran (New York: Simon and Schuster, 1996), 325.

6 W. H. Auden, "In Memory of W. B. Yeats", *Collected Poems: W. H. Auden*, ed. Edward

7보격(七步格, seven-syllable meters) 형식으로 되어 있으면서, 맛깔 나는 운율로 외우기 쉽게 만들어진 유치원 노래들, 기도문들, 알파벳 노래, 그리고 시들. 이 모든 것들은 나에게 같으면서도 다르게 들렸다.

> Twinkle twinkle little star
> Now I lay me down to sleep
> ABCDEFG
> God is great and God is good
> let us thank him for this food
> Irish poets learn your trade
> Earth receive an honored guest
> William Yeats is laid to rest.

관심을 끌기 위해 노력 중인 여인에게 보낸 편지에, 주의 깊은 마음에 흥미를 주는 유일한 주제들은 성(性)과 죽음뿐이라고 적어 보낸 사람이 누구냐면 바로 다름 아닌 윌리엄 예이츠이다. 이 말이 내게 얼마나 멋지게 들리던지. 쉽게 예측할 수 있다시피 20대 초반의 나는 성에 관심이 많았고, 이미 다 밝혀진 사실이지만, 죽은 자는 어디에나 널렸으니까.

내가 아버지의 장례식장에서 보낸 시간들은 밤샘기도와 문상 관련 일, 아니면 입구 문을 열어주며 만난 조문객들의 대화를 듣는 것으로 채워졌다. 그때 내가 들은 것들은 세상의 되어가는 이치에 관한 매일의 가르침이었다. 그것은 삶과 죽음에 대한 가르침이요, 그 두 가지를 의미 있게 해주는 관계들의 형성에 대한 가르침이다. 또한 존재하기 위해 와서(coming to be), 존재하다가(being), 존재하기를 마치는(ceasing to be) 이 존재론적 신비를 사람들에게 납득시켜 주고자 하는 예식들(rituals)에 대한 가르침이기도

Mendelson (New York: Vintage, 1991), 247.

하다.

"만약 하나님이 우리에게 뭔가 말씀하신다면…나는 그가 주로 우리에게 일어나는 일들을 통해 말씀하실 거라고 생각한다."[7]

이것 역시 프레드릭 부흐너가 그의 책 『지금 그리고 그때: 소명에 관한 회고록』(Now and Then: A Memoir of Vocation)에서 한 말이다.

4. 부르심을 받아들임

아버지의 장례식장에서 일하면서 생긴 일인데, 사람들이 나를 영웅처럼 여기기 시작했다. 우리가 한밤중에 병원이나 요양원이나 혹은 가정집에 나타날 때 그들은 매우 고마워했다. 우리가 조심스럽고 존경심을 갖고 고인을 수습하는 태도에 대해 사람들은 무척 고맙게 생각했다. 문상을 위한 기나긴 하루를 보내고 장례식장을 떠나면서 미망인들이 내 어깨를 감싸며 이런 말들을 하곤 했다. 우리가 차량주차를 도와준 것, 문을 잡아준 것, 외투를 받아준 것, 냄비 요리를 제공한 것, 조문객들을 적절한 응접실로 안내해준 것, 꽃을 가져다 놔준 것, 그리고 "그냥 거기 함께 있어준 것" 등이 얼마나 자신에게 위안이 되는지 모른다고. 해야 할 모든 일이 끝나고 장지에서 돌아오면서 사람들은 내게 악수를 하거나 끌어안고 "고맙습니다. 선생님이 없었으면 우린 이 일을 해낼 수 없었을 거예요. 하나님의 은총을 빕니다"라며 가슴으로부터 우러나오는 감사를 표했다.

그와 같은 감정의 표현들은 나로 하여금 내가 쓸모 있고, 뭔가 할 수 있는 능력을 가지고 있으며, 누군가에게 도움이 되는 존재이고, 내게 맡겨진 일을 잘 처리했다는 느낌을 갖게 해 주었다. 사실 내가 했던 일이라곤 그들에게 찾아가서 열심히 내가 해야 할 일을 했던 것뿐인데 말이다. 나는

---

7 Buechner, Now and Then, 3.

머지않아 찾아가고, 함께 있어주고, 난감한 상황에 처해있을 때 도와주는 것이야말로 영웅적인 일이라는 것을 깨닫기 시작했다. 이 깨달음은 소년이던 내가 처음으로 영안실에 서 있을 때 "죽은 자의 존재가 산 자의 존재를 더욱 의미 있게 만들어 주며, 이 사실을 증언하는 것은 인간의 기본적인 의무이다"라는 깨달음을 얻었을 때 느꼈던 것과 똑같은 무게감으로 내게 다가왔다.

그때쯤 내 머리 속을 거의 꽉 채우고 있던 건 성(性)과 죽음뿐이었다. 성에 대해 생각한 건 내가 그때 이십대였기 때문이고, 죽음에 대해 많이 생각했던 건 장의사의 아들이었던 내게 죽음과 죽은 자들은 일상생활의 한 부분이었기 때문이다. 그때 나는 스물 두 살이었고, 내 소명이 무엇인지 탐색하는 중이었다. 닉슨 대통령의 징병추첨(Nixon Draft Lotto)에서 높은 번호(낮은 번호부터 우선 징집 대상이었음 - 역주)를 받아 베트남에 파병되지 않았던 나의 대학 생활은 시 읽기, 카드 게임, 새로운 방향의 길을 찾아 떠난 아일랜드와 유럽 여행 등으로 채워졌던 것 같다.

동생 팻(Pat, 이 책의 머리말을 쓴 Patrick Lynch - 역주)은 그해 가을 장의학과에 입학했고, 내가 겪는 딜레마를 느끼신 아버지는 그 해에 캔자스 시티(Kansas City)에서 열리는 미국장의사협회 총회에 동생과 함께 참석하면 어떻겠느냐고 내게 물으셨다. 그 날은 마침 할로윈(Halloween, 10월 31일 - 역주)이었는데, 거의 5천명의 사람이 전국 각지로부터 뮬박 호텔(Hotel Muehlebach)에 모였다. 행사의 대부분은 임페리얼 무도장(Imperial Ballroom)에서 치러졌다.

일요일 밤에는 다양한 저녁식사 프로그램을 선택할 수 있었는데, 우디 허먼(Woody Herman)의 음악에 맞춰 춤을 출 수 있는 콘서트라든가, 특별한 숙녀들을 위한 프로그램(Special Ladies Program), 라디오와 텔레비전을 통해 잘 알려진 아트 링크레터(Art Linkletter)와 함께하는 저녁식사 프로그램 등이 있었다. 그밖에도 임원단 선출, 협회 회무 처리, 위원회 보고 등을 위한 일반적인 모임들과 더불어 아침에 실시되는 일련의 교육 세미나 등도 준비되어 있었다.

호텔 건너편에서는 "시립 대강당에서 펼쳐지는 장례물품 교육전시"라는 행사가 진행되고 있었다. 관, 영구차, 그리고 장례에 소용되는 기타 물품들을 생산하거나 공급하는 백여 개 이상의 업체가 본 전시회에 참여하고 있었다. 그 전시회에는 볼트(vault, 침수나 토양의 침하로 인한 관의 훼손을 방지하기 위해 관 바깥을 둘러싸는 용기 – 역주), 방부액(防腐液), 위문카드나 감사카드 제작을 위한 프린터, 정장이나 수의 혹은 가운 등 매장용 의복, 배경음악, 양초, 조화(造花), 비석, 깃발, 상장(喪章, insignia, 애도의 뜻을 나타내기 위해 가슴이나 소매 등에 다는 표 – 역주) 등과 같은 물품들이 나와 있었다.

그 물품들은 마치 책이나, 햄버거 또는 약품들처럼 도매로 구입해서 소매로 팔 수 있는 것들이었다. 전시된 리무진과 영구차에서는 깊은 광채가 났고, "프리지드 플루이드"(Frigid Fluid), "프로그레스 캐스킷"(Progress Caskets), "콘-오-라이트"(Con-O-Lite), "피닉스 엠바밍"(Phoenix Embalming)과 같은 유별난 이름들을 본 기억이 난다. 할로윈에 장례물품 공급자들이 주는 삽, 비석, 마차 등의 모양을 하고 있는 자(yard stick)나 넥타이핀과 같은 무료 샘플을 받아 가방을 채우는 것은 약간 기괴한 경험이었다.

하지만 그 전시회의 스타는 최대 최고로 알려진 베이츠빌 앤 내셔널(Batesville and National)과 케네디 대통령을 위해 마호가니 관을 제작했던 마르셀루스(Marsellus) 같은 관을 제작하는 회사들이었다. 스프링필드(Springfield), 오로라(Aurora), 보이어타운(Boyertown), 벨몬트(Belmont), 메리트(Merit)와 같은 회사들도 아트코(Artco), 시카고(Chicago), 미주리(Missouri), 보이드(Boyd), 델타(Delta), 퀸시(Quincy), 로열(Royal), 플린트(Flint) 같은 지역 중개상들과 나란히 참여하고 있었다.

각 사에서 나온 영업 담당자들은 항상 웃는 얼굴로 고객들을 환대하면서 실적 올리기에 열을 올렸다. 각각의 관에는 나름대로 이름도 있었는데, "대통령"(The President)이라든가, "영구적 봉인"(Perma-seal)이라든가, "기도하는 손"(Praying Hands) 등이다. 관은 크게 두 종류의 재질로 구분되는데, 하나는 당시 대세였던 금관(金棺)이고, 다른 하나는 플러시(plush velvet)와 크레이프(crepe)와 새틴(satin, 셋 모두 천의 종류임 - 역주)을 안쪽에 대고 겉은 반지르르하게 윤을 낸 목관(木棺)이다. 특히 목관의 경우 여러 가지 재료가 모여 있어서 장례에서 가장 중요한 건 관(棺)이라는 인상을 주기에 충분했다.

물론 이것은 십년 전쯤에 제시카 미트포드(Jessica Mitford)가 그녀의 문제작 『죽음에 관한 미국적 방식』(The American Way of Death)에서 주장했던 바로 그 내용(장례예식을 위해 관에 대한 합리적 소비가 중요하다는 주장 - 역주)이다. 아버지는 나를 책 읽는 사람으로 키우셨는데, 내가 열다섯 살일 때 그 안에 무슨 내용이 들어 있는지 읽고 자신에게 말해달라고 하시면서 이 책을 내게 주셨다. 나는 아버지에게 그녀의 문체(文體) 때문에 많은 독자가 그녀의 책을 좋아할 것이며, 이 책은 사람들이 장례식에 대해 생각하는 방식을 변화시키게 될 것이라고 말씀드렸다. 그녀가 쓴 내용 중 많은 부분이 맞는 이야기지만, 또한 완전히 틀린 얘기를 하고 있는 부분도 적지 않다는 얘기도 해드렸다.

물건(stuff)이 실체(substance)에게 길을 내주기 시작하고, 어리석은 것들(the ridiculous)이 숭고한 것들(the sublime)에게 자리를 양보하기 시작한 것은 협회 총회가 있던 주간의 화요일이었는데 그 날은 위령의 날이었다(일요일에 호텔 건너편 건물에 전시된 장례용품들은 '물건'이고 '어리석은 것들'이지만, 화요일부터는 죽음과 장례라고 하는 실체와 숭고한 것들이 세미나를 통해 다뤄지기 시작했다는 은유적 표현. 특히 죽음이라는 주제를 깊이 생각하게 하는 위령의 날에 이런 변화가 시작되었음을 의미심장하게 지적하고 있음 - 역주).

그 날 아침, 협회의 교육고문이자 미네소타대학(University of Minnesota) 장의학과에서 가르치는 로버트 슬레이터(Robert C. Slater)가 좌장이 되어, 그간 협회의 고문을 역임했던 학자, 교사, 성직자 집단으로 구성된 이른바 "두뇌 집단"(Think Tank)의 모임이 있었다. 여기에는 사회학자 로버트 풀턴(Robert Fulton), 장의사요 사회학자인 밴덜라인 파인 박사(Dr. Vanderline Pine), 정신과 의사이자 호스피스 선구자인 역사학자의 아들이며 공동저자인 윌리엄 레이머즈 박사(Dr. William Lamers), 『세상 저 건너편의 장례 풍습』(Funeral Customs the World Over)과 『미국 장례서비스의 역사』(The History of American Funeral Service)의 저자인 로버트 하벤스타인(Robert Habenstein), 오하이오주립대학(Ohio State University) 경영대학원에서 가르치며 마케팅과 소비자 전문가인 로저 블랙웰(Roger Blackwell), 성직자요 공동저자인 랍비 얼 그롤맨(Rabbi Earl Grollman), 폴 이리언(Paul Irion) 목사, 에드가 잭슨(Edgar Jackson) 목사, 협회 측 인사인 하워드 래더(Howard Raether)와 로버트 슬레이터 등이 모여 미국 문화에서 장례와 장의사의 위치라는 주제로 공개토론을 가졌다.

토론의 대부분은 회의장에 모인 1,200명이 넘는 장의사들이 던진 질문을 중심으로 이루어졌다. 이 토론회는 총회의 모든 순서 가운데 가장 많은 인원이 참석한 모임이었다. 작가, 철학가, 교수, 설교자로 구성된 토론자들은 관(棺)을 판매하는 영업사원들과는 달리 꼼꼼하게 살피는 지성을 가지고 있었다.

그들 눈에 비친 내 아버지의 직업은 제시카 미트포드나 호텔 건너편 장례용품 전시회가 호도하는 것보다 훨씬 더 진지한 일이었다. 만약 심리학자, 사회학자, 소비자 전문가, 통계학자, 성직자, 역사가 등 그들 모두가 장례는 연구할 만한 가치가 있다고 인식한다면, 아마도 문학과 장의학은 서로 어울릴 수 있을 것이다. 그들이 다루는 주제는 독특하며 인류(the species)의 역사만큼이나 오래된 것이다.

장의업계의 주요 품목은 차량, 관, 볼트, 유골함(urn), 배경음악, 방부처리약품이라는 것이 길 건너 전시회의 주장이라면, 이 "두뇌 집단"이 보기에 그런 물품들은 장례예식을 돕고자 하는 근본적 의무에 딸린 부속물에 지나지 않는 것이다. 한 가정에 발생한 죽음은 영업의 기회가 아니라 섬김의 기회이다. 즉 그 죽음의 사실에 반응하고자 애쓰는 사회집단, 종교집단, 이웃집단, 가족집단이 모두 함께 어우러져 섬길 수 있는 기회인 것이다.

"섬김에 집중하라. 그러면 영업은 알아서 따라올 것이다."

아버지께서 말씀하신 훌륭한 명언이 아직도 내 귓가에 들리는 듯하다.

그 날 밤 나는 아버지에게 장의학과에 입학하겠노라고 말씀드렸다. 몇 달 후 웨인주립대학교(Wayne State University) 장의학과에 등록했다. 학교를 졸업하고 관련면허를 취득한 그 다음 해에 나는 밀포드(Milford)로 이사를 갔다. 우리 집안에 늘어난 장의사의 수에 발맞추어 그 지역의 장례식장을 매입했는데, 그곳에 머물며 그 장례식장을 관리하는 일을 내가 맡았기 때문이다.

5. 토마스 롱과의 만남

나의 친구이자 이 책을 위해 함께 수고한 동료인 토마스 롱은 변화하는 미국 종교 상황에 대해 그리고 갈수록 더욱 세속화되고 있는 국가에서 성직자의 위치에 대해 통찰력과 솔직함을 가지고 글을 쓰는 저술가이다. 지난 반세기동안 종교 의식(儀式)에서 주목할 만한 변화들은 많은 경우 장례 관습의 변화와 일치하거나, 상호연관성이 있거나, 인과관계를 갖고 있다. 원래는 사람들로부터 존경을 받던 높은 자리에서 아래로 내려오게 된 성직자들과는 달리, 장의사들은 한 번도 인기 있었던 적이 없다. 이것은 시인들의 경우도 마찬가지이다. 많은 이들이 시가 있어야 한다고 하고, 시를 쓰는 시인들이 존재하고 있다는 사실에 기뻐하지만, 그들 가운데 실제로 시 한 편을 읽는 사람은 극히 드물다.

따라서 나처럼 시를 쓰는 장의사는 부업으로 근관(根管, root canal, 잇몸 속 이 뿌리 부분에 있는 대롱 모양의 빈 부분 – 역주)을 치료하는 항문 의사에 견줄 수 있을 것이다. 마지막 일들(final things, 장례 관련 일들을 의미 – 역주)을 전공 분야로 하는 설교자의 경우도 이와 비슷할 것이다. 고통스럽고 어려운 일을 당할 때 사람들은 우리가 오는 것을 기뻐하며, 우리가 그들의 고통과 어려움을 끌고 떠나는 것을 볼 때 더욱 기뻐한다. 이건 언제나 그러했다.

따라서 나나 내 공모자처럼 인기 없는 두 직종의 사람들이 좋은 죽음, 좋은 슬픔, 좋은 장례와 같은 독성이 있고 모순어법적인(oxymoronic) 주제에 덤벼들 때는, 우리 둘과 같이 그런 일들에 대해 관심을 갖는 사람들이 존재한다고 전제하며 벌이는 일이다.

작가들에겐 흔한 일이겠지만, 나 역시 토마스 롱을 직접 만나기 전에 그의 책을 통해 그를 만났다. 그의 소논문 "오늘날 미국의 장례식-경향과 문제점"(The American Funeral Today - Trends and Issues)은 미국장의사협회가 발간하는 「디렉터」(Director)지(誌)에 실려 있었다. 이 논문은 철저히 독창적이고, 색다른 개념들과 통찰들로 가득 채워져 있으며, 진정한 학문성을 갖추었고, 나 같은 사람들도 이해할 수 있게 작성되어 있었다.

몇 달 후 친구이자 노스캐롤라이나(North Carolina) 주의 장의사인 마크 히긴스(Mark Higgins)가 나를 위해 이메일로 소개장을 써 주었다. 롱 목사와 나의 만남은 1998년 6월 25일 뉴욕에서 이루어졌다. 그때 나는 한창 책 홍보를 위해 여기 저기 돌아다니던 중이었고, 롱 목사는 프린스턴신학교에서 교편을 잡고 있었다. 라과르디아(LaGuardia) 공항에서 나를 만나 차에 태우고 점심을 먹기 위해 뉴욕으로 데려가면서, 그는 내게 진행 중인 연구 프로젝트에 대해 말해주었다. 그 연구는 결국 『노래하며 동행하라—기독교 장례』(Accompany Them with Singing - The Christian Funeral)라는 이름의 책으로 결실을 맺었다. 이 책은 1977년 폴 이리언(Paul Irion)의 『장례: 자취 혹은 가치』(The Funeral: Vestige or Value)가 출간된 이래 이 주제에 대한 기독교계의 가장 중요한 저서일 것이다.

샐러드를 먹으며 각자가 가진 다른 관점과 직업상의 경험들을 토대로 여러 견해를 나누었는데, 그 중 많은 것들에 있어서 우리는 동일한 결론에 도달했다. 물론 그 합의된 결론들 가운데 일부는 임시적인 것도 있고, 어렵사리 동의하게 된 것도 있으며, 어떤 결론은 다시 이야기해봐야 할 필요가 있는 것도 있었지만 말이다. 내가 장의업계에 종사하고, 같은 시기 롱 박사가 목회와 교수직에 있었던 그 기간 동안 미국의 종교나 장례 분야의 관습과 의식(儀式)에 불어 닥친 변화의 바람은 다른 어느 시대보다 더 거셌다고 말해도 지나친 표현이 아니다.

미시간장의사협회의 후원으로 호스피스 사역자, 성직자, 장의사 등을 위해 열린 학제간(multidisciplinary) 토론회를 하루 종일 진행하는 것이 우리가 처음으로 함께 했던 일이다. 토론회의 홍보를 위해 협회가 고용한 광고회사는 만약 우리가 토론회의 이름을 "좋은 죽음, 좋은 슬픔, 좋은 장례"라고 짓는다면 아마 아무도 참석하려들지 않을 것이라고 조언했다.

그들이 보기에 그런 제목은 음산하고 비참한 분위기를 3번이나 반복하는 것처럼 보였던 것이다.

"생각해 보세요. 좋은 전쟁, 좋은 전염병, 좋은 기근!"

광고회사에서 나온 누군가가 이렇게 말했던 것이 똑똑히 기억난다. 그들은 좀더 환영하는 분위기를 조성하고 마음을 따뜻하게 하는 제목들을 제안했는데, 건강과 치유, 축하와 추모와 같은 단어들을 포함하고 있는 것들이었다.

그러나 우리가 그들에게 강조하여 역설한 것은, 마지막 일들(final things)의 일선에서 뛰는 사람들, 즉 호스피스 자원봉사자, 목사, 선한 이웃, 장의사들과 같이 흔치 않지만 없어서는 안 될 우리 지역의 영웅들(local heroes)은, 고통스런 문제들로부터 벗어나는 것이 아니라 오히려 그 안으로 뛰어들기 위해 한 밤중에라도 죽음이 발생한 곳으로 차를 몰고 들어가는 사람들이라는 사실이었다.

그런 일을 하는 사람들은 죽음과 슬픔과 장례에서 무엇이 좋고 무엇이 나쁜 일인지 잘 이해하고 있다는 것을 광고회사 직원들에게 말해주었다. 함께 있어줌(presence)의 힘, 진심을 담은 말의 힘, 빈소 곁에서 밤샘하며 지키는 침묵의 힘 등, 죽어가는 자(the dying)와 죽은 자(the dead)와 유족들(the bereaved) 곁에서 인생의 순례자들을 섬기는 동안 불쌍히 여김에 대해 배웠던 모든 것들을 유감없이 보여준 우리 지역의 영웅들. 바로 그런 분들이 이 책이 만나고자 하는 독자인 것이다.

한 가지 더 말하자. 병약한 사제(저자의 작은할아버지 – 역주)와 의심 많기로 유명했던 자(예수의 제자 도마 – 역주)의 이름을 물려받은 나에게 신앙생활은 언제나 유동적이었다. 어떤 날은 하나님은 선하시다고 말하는 것이 (그 하나님이란 분이 누구를 가리키든 간에) 당연한 것을 말하는 것처럼 보일 때가 있었다. 그런데 어떤 날엔 우리 인간은 철저히 외로운 존재인 것처럼 보일 때도 있었다.

몇 년 전 나는 교회에 다니는 것을 그만두었다. 설교를 비판하고, 교회에 속한 모든 사람들을 비난했었다. 고백컨대, 그렇게 하는 것은 내 성격적 결함 때문이다. 하지만 믿음과 소망과 사랑이 정말 우리 손에 잡힐 듯 가까운 곳에 놓이게 되는 장례식이라는 상황 속에서 보고 듣는 것들에 비하면, 일요일의 일과는 내겐 그냥 판에 박힌 일상처럼 보였다.

예배실의 앞쪽 또는 단상 바로 아래에 시신이 안치된 관이 놓일 때, 그리고 왜 이런 슬픔이 우리들의 삶에 여지없이 찾아오고야 마는지에 대한 정당한 질문들을 가지고 그들을 지으신 창조주 앞에 곧 주먹이라도 휘두를 기세의 사람들이 모여 있을 때, 바로 그때야말로 목회자들이 자신의 가치를 입증할 수 있는 절호의 시간이다. 세례식도, 결혼식도, 그리고 대규모 합창단과 각종 의상들로 잘 준비된 일요일 예배도, 하나님과 인간 사이에 평화를 중재하기 위해 산 자와 죽은 자 사이에 서는 용기에 비하면 아무 것도 아니다.

일주일에 6일 내내 장례식을 통해 나는 성직자들이 자기가 할 수 있는 최고의 설교들(A-games)을 듣는다. 반면 일요일에 교회들에서 내가 듣게 되는 것은 "한 번에 하루씩", "그렇다고 믿으면 언젠가는 이뤄진다", "내려놓고, 하나님께서 하시게 하라" 등과 같이 귀에 부드럽게 감겨오는 명언들과 "○○을 이루기 위한 열두 단계" 등의 설교이다.

일어나기로 되어 있는 일은 일어나고야 만다고 했던가?

우리 삶을 주관하는 그 분(Whomever Is in Charge Here, 즉 저자는 종교중립적 태도로 신을 지칭하고 있음 - 역주)의 은혜로 나는 다음과 같은 임시적 신앙고백에 도달하게 되었다.

"만약 하나님이란 분이 계시다면, 나는 그 하나님이 아니다."

롱 목사와 함께 일하고 글을 쓰면서 그의 맹렬한 신앙으로 인해 나의 신앙도 단단해졌다.

내가 생각하기로는 우리 모두는 사실 이런 일을 위해 부름 받지 않았을까?

어려운 시간을 보내고 있는 동료 인간에게 용기를 주고, 격려하고, 돌봐주고, 품위 있게 만들어주고, 가르치고, 영감을 불어넣는 등의 일들 말이다. 톰 롱의 신앙이 나의 신앙을 위해 해준 것은 바로 그와 같은 일들이었다. 이 책이 독자들에게 하고자 하는 일도 바로 그와 같은 일들이다.

6. 장례의 속량

캔자스시티에서 개최된 미국장의사협회 총회에서 아버지의 가업을 이어 장의업계에 뛰어들기로 결심한 지 40년이 지나서, 그리고 더블린에서 국제 회합을 하고 있는 동료 장의사들에게 강연을 한 지 2달 후에, 나는 녹음(綠陰)이 우거진 잉글랜드의 코스트월즈(Costwolds, 템스 강 상류 유역 - 역주)의 첼터넘(Cheltenham)에서 개최된 그린벨트 페스티벌(Greenbelt Festival) 참석자 수백 명에게 강연하게 되었다.

주말을 낀 기나긴 뱅크 할러데이(bank holiday, 영국 등의 국가에서 은행이나 관공서가 문을 닫는 국가 공휴일을 뜻하는 용어 - 역주) 동안 크리스천 록 뮤직을 감상하거나, 시인, 사제, 믿음을 잃어버린 사람, 어찌할 바 모르고 있는 사람, 믿음이 깊은 사람 등 다양한 사람들이 들려주는 이야기를 듣기 위해 이곳을 찾은 사람들은 대부분 성공회 신자거나, 감리교 신자, 그도 아니면 진리를 탐색하고 있는 구도자들이다.

내 강연이 끝난 후에 청중 가운데서 한 여인이 일어나서 질문을 했다. 우리가 어떻게 장례식을 (이건 그 여인이 사용한 용어인데) "속량"(redeem, 대가를 지불하고 속박상태에서 구원하여 노예와 포로 등을 해방시키는 일 – 역주) 할 수 있을까, 어떻게 하면 실패하고 타락한 방식으로 행해지는 오늘날의 장례식을 속량할 수 있을 것인가 하는 것이 그녀의 질문이었다.

그녀의 질문이 이 책의 핵심이다. 이에 대한 나의 대답은 장의사들을 향해 더블린에서 했던 대답과 똑같다. 그 대답은 다음과 같다. 우리는 모두 각 지역의 영웅들이 되도록 부르심을 받았다. 부르면 그 부름에 응답하여 나타나서, 팔을 걷어붙이고 달려들어, 그들에게 맡겨진 일들을 해내고, 죽은 자를 돌봄으로써 산 자를 섬기며, 톰 롱이 부르듯 "청부인"(請負人, undertaker, 일반적으로 장의사란 뜻으로 사용됨 – 역주)이 되어줄 그 누군가를 필요로 한다는 점에서, 죽은 자와 남겨진 자는 이 세상 어디서나 같으면서도 다른 존재들이다.

좋은 죽음이 전적으로 의사, 간호사, 호스피스 사역자에게만 속한 일이라거나, 좋은 슬픔이 치료기술전문가, 심리학자, 사회복지사에게만 달린 일이라고 말할 수 없는 것과 마찬가지로, 좋은 장례란 성직자나 장의사들만이 아닌 우리 인류 모두에게 맡겨진 일이다. 우리는 우리 자신을 위해 그리고 서로를 위해 이 마지막 일들을 바로잡아야만 할 것이다. 이렇게 말한 후 나는 한 편의 시로 그 대답을 마무리해야겠다고 생각했다.

그 시는 9.11 테러공격을 받은 희생자와 그 가족들을 돌보라는 부름에 응답한 이 땅의 장의사들을 위해 써 달라는 부탁을 받고 쓴 시였다. 나에게 그 시는 희생자들의 가족과 친구와 이웃은 물론이거니와, 죽어감과 죽음과 남겨짐의 최전선에서 섬긴 최초의 반응자들, 즉 경찰, 소방관, 의사, 간호사, 호스피스 자원봉사자, 성직자, 장의사들에게 바치는 오마주(homage, 헌정시 – 역주)였다.

이런 사람들이야말로 힘든 시간을 만나 의지할 수 있는 사람들이다. 그들은 한밤중에, 혹은 저녁식사를 하다 말고, 혹은 주중이든 주말이든, 휴일이든 주일이든 개의치 않고 뛰어 나가는 사람들이다. 그들이 베푸는 친절은 외부위탁이나, 해외위탁, 혹은 온라인을 통해 공급될 수 있는 것들이 아니다.

그들의 친절은 사람을 통해 직접 전달되는 것이고, 돈만 주면 가게에서 살 수 있는 종류의 것이 아니며, 지극히 인간적인 것이고, 타인의 힘을 빌지 않고 직접 하는 것이다. 그들의 목소리는 우리 각자가 자신들이 할 수 있는 방식을 따라 죽은 자를 돌봄으로써 산 자를 섬기라고 요청하는 합창곡을 이룬다. 이 책은 바로 그들을 위해서 저술되었다.

지역의 영웅들(Local Heros)

어떤 날엔 일어날 수 있는 일들 중 가장 지독한 일이 일어나기도 하지. 하늘이 무너지고 악이 창궐하며, 우리가 익히 알고 있던 세상은 모든 거룩한 책들에 오래 전 예견되었던 종말, 우리들 각자를 망각에 빠뜨리는 해묵은 원한과 불만들로 가득한 그 마지막 때의 종말처럼 변해 버리는 거야.

어쩌면 이건 아직 끝이라고 할 수 없을 걸? 심지어 끝의 시작도 아닐 거야. 오히려, 역사의 흐름 속에서 오래 견뎌왔던 슬픔의 긴 리스트에 슬픔 하나가 더 추가되었을 뿐인 게지. 그리고 남겨진 우리가 견뎌내야 할 또 다른 슬픔이 그 비통한 탄원의 기도 속에 더해질 거야.

하나님 도우소서! 찢겨진 가슴, 흔들리는 믿음, 포악한 복수의 마음, 드러난 힘줄. 이리 저리 찢겨나가고 뒤섞여 누구 것인지 알 수 없게 돼 버린 몸. 이 공포와 아물지 않은 상처 속에 살아남아 이 모든 것을 견디며 살아내야 하는 우리를 도우소서.

주님 보내소서! 우리들의 이 위험한 때에 귀 기울여주고, 지켜봐 주며, 사망자와 실종자들, 죽거나 사라졌지만 결코 잊히지 않을 그들을 찾아 수색하고, 기다리고, 주의 깊게 그 수를 세어 줄 지역의 영웅들(local heroes)을 보내소서.

어떤 날엔 할 수 있는 것이라곤 산더미처럼 쌓인 슬픔들에서 한 가지의 슬픔만 구해내는 것뿐일 때가 있지. 하나의 시신을 메고 집으로 가서 죽은 자를 남겨진 자들로부터 떼어 내어 눕히고, 꽃과 냄비요리를 준비하고, 부고 기사를 쓰며, 문에서 조문객을 맞이하고, 마을을 따라 어두운 행렬을 이끌며, 종을 울리고, 구멍을 파고, 장작불을 지키는 그런 일말이야. 그게 우리가 하는 일 아닌가?

뉴스는 하루 종일 긴박하군. 그 속엔 참된 신자(信者)들도 있고, 성전(聖戰)을 외치며 사진 세례 받는 정치인들로 가득해. 하지만 여기, 용감한 남녀가 있어 사태를 수습하고 있다네. 그들은 죽은 자를 섬겨서 산자를 섬기고 있는 거지. 가까운 가정에서 머나먼 전투가 수행되고 있는 거야. 정치 또한 그렇듯, 모든 장례가 치러지는 곳 역시 지역(local)이라네.

다윗의 시

내가 주의 영을 떠나 어디로 가며
주의 앞에서 어디로 피하리이까
내가 하늘에 올라갈지라도 거기 계시며
스올에 내 자리를 펼지라도 거기 계시니이다
내가 새벽 날개를 치며
바다 끝에 가서 거주할지라도
거기서도 주의 손이 나를 인도하시며
주의 오른손이 나를 붙드시리이다
(시 139: 7-10).

제2장

사역으로 빠져들기, 죽음에 대해 배우기

토마스 G. 롱

나는 장로교 목사다.

내 할아버지 세대라면 이렇게 밝히는 사람에게 거리를 걷던 사람들이 모자를 들어 경의를 표할 것이며, 동네 음식점에서 창가 쪽 테이블이 제공되며, 양복점에서 '성직자 할인' 혜택이 주어졌을 것이다. 하지만 오늘날 누군가 이런 말을 한다면, 하던 대화는 어색하리만치 조용해질 것이고, 골프 코스에서 나누던 신나는 농담들도 쑥 들어가고 말 것이다. 적어도 낯선 사람들 사이에서는 그렇게 될 것이다.

아마도 이런 이유 때문에 성직자와 장의사 사이에는 동족의식(同族意識)이 싹트는 모양이다. 특별히 이 둘이 친구가 되면 더욱 그렇다. 우리들 주변으로 침묵이 뻗어나가는 경향이 있다. 목회자나 장의사로 하여금 사람들이 들어찬 활기 넘치는 방에 들어가게 해 보라. 얼마 지나지 않아 대화의 온도는 떨어지고 말 것이다. 마치 죽음의 그림자, 혹은 하나님의 그림자, 또는 둘 다 그들 위로 지나가기(pass over, 유대교 명절인 유월절의 유래를 생각나게 하는 표현 – 역주)라도 하듯 말이다.

솔직히 말해 최근 우리 성직자들은 공개적으로 고초를 겪고 있다. 사제의 아동성폭력, 주교의 속임수, 집사의 횡령, 죄악이 넘치는 곳 위로 허리케인이 퍼부어지도록 요청하는 광기어린 복음전도자, 눈을 부라리며 코란을 불태우는 괴팍한 사람 등에 대한 소식이 심심찮게 텔레비전 화면에 소개되면서, 한때 가장 존경받는 직업 리스트의 최상위권에 위치했었던 목회직은 땅으로 곤두박질치고 말았다.

매주 수요일 요양원을 방문하는 랍비라든가 문맹 퇴치를 위해 힘쓰는 사제의 이야기에 대해 보도매체는 별 관심을 두지 않는다. 하지만 어떤 목회자가 헌금에 탐욕의 손을 뻗다가, 혹은 봉춤 추는 댄서와 싸구려 모텔에서 나오다가 걸렸다고 치자. 그러면 그 타락한 목회자가 끌려가는 장면은 "뉴스 어라이브"(News Alive) 프로그램에 방영될 것이다. 설문조사에 따르면, 성직자 가운을 입은 사람들에게서 존경할 만한 점을 찾을 수 있다고 대답하는 미국인은 열 명 중 약 네 명에 불과하다고 한다. 그 설문조사에서 목회자에 대해 긍정적 견해를 가진 사람의 수는 국회의원에 대해 긍정적 입장을 보인 사람의 수와 엇비슷하다.

그러나 오늘날 우리 성직자들을 둘러싸고 있는 더 깊은 문제가 없다면, 타블로이드판 신문에 실리는 스캔들 정도는 짜증스럽지만 우리 주의를 잠시 산만하게 하는 일 정도에 불과할 것이다. 우리 사회는 지금 종교의 격변을 겪고 있다. 개신교, 가톨릭, 유대교 등은 한때 안정적 종교 집단이었다. 그러나 그린랜드(Greenland)에서 떨어져 나가고 있는 빙산과 같이 미국 사회는 천천히 전통적 종교 단체들로부터 떨어져 자유롭게 떠내려가고 있고, 우리 성직자들은 그 역류에 갇혀 있는 모양새다.

1. 다원화된 사회 속에서 목회자로 부름 받는다는 것

과거에 종교적 독점을 행사하던 단체들은 그들이 누리던 안정성과 함께 놀라우리만큼 재빠른 속도로 해체되고 있으며, 우리 사회는 이전 시기에는 상상조차 못할 만큼 광범위한 종교적 다양성을 구가하고 있다. 한

때 두 세 개의 교회와 회당으로 선택권이 국한되어 있던 작은 마을에서조차 종교다원주의는 맹위를 떨치고 있고, 선택의 폭은 어지러울 지경이다. 예를 들면 모스크, 템플, 상가 예배당, 사당, 기도처, 자수정 가게(crystal shop, 대안적 치료로서 자수정의 효능을 믿는 사람들이 운영하는 가게 - 역주), 명상 단체, 마녀 집회, 가정단위의 영성훈련소 등이 있다.

"이단"(異端, heresy)이라는 용어는 "선택"이라는 뜻을 가진 고대 그리스어에서 유래한다. 과거의 세상은 종교적 획일성으로 특징지어진다. 한 마을이 자신들의 세상의 경계를 나타내는 말뚝을 설치했을 때, 모든 주민들은 같은 신화(myth)를 공유했고, 같은 신조(creed)를 암송했으며, 같은 주문(mantra)을 노래했고, 같은 형상(totem)을 향해 빌었다. 당연한 일이지만, 그 마을에서 통용되는 것 이외의 방식을 감히 선택한 사람은 이단으로 규정되었다.

그러나 오늘날 우리 사회는 종교와 비종교의 선택들을 갖춘 식당과도 같아서 종교사회학자 피터 버거(Peter Burger)가 지적한 대로, 우리 모두는 식판을 들고 줄을 서서 선택하도록 강요받고 있다.[1] 즉각적으로 가용한 선택들이 가진 강력한 힘에 의해 사람들은 이교적 신앙을 택하고 만다.

어떤 선택일까?

침례교나 가톨릭?

이슬람교나 유대교?

유니테리언교도?(Unitarian, 기독교와 유사하지만 삼위일체를 부정하는 종파 - 역주)

자유사상가?

신지학자?(神智學者, theosophist, 내적 직관에 의해 신의 계시를 인식하는 방법론 - 역주)

불교 신자?

---

1 Peter Berger, *The Heretical Imperative: Contemporary Possibilities of Religious Affirmation* (New York: Doubleday, 1980).

복음주의 신앙?

무신론자?

그렇지 않으면 여기 어디에도 속하지 않는 사람이 되는 것?

우리는 선택할 자유가 있다기보다 선택하도록 운명지어져 있다. 예전에 우리 성직자들은 사람들이 이교도가 되지 않도록 열심히 설득하는 일을 했었다. 그러나 지금 우리는 사람들로 하여금 좋은 이교도, 현명한 이교도, 자기가 속할 이교를 지혜롭게 선택하는 이교도가 되도록 돕는 데에 힘쓰고 있다.

소설가 워커 퍼시(Walker Percy)는 16세기 신학자이자 교회개혁가인 존 칼빈(John Calvin)이 1980년대 인기리에 방영된 텔레비전 대담 프로그램 "필 도나휴 쇼"(The Phil Donahue Show)의 무대에 가상적으로 등장하는 우스꽝스런 장면을 상상했었다. 사람들에게 친숙하게 잘 알려진 자신의 검은 망토와 모자를 쓰고, 명백히 자신이 속한 시대와 장소에서 벗어나 있는 칼빈을 소개한 뒤, 도나휴는 몸을 돌이켜 이렇게 말한다.

"멀리 가지 마세요, 여러분. 곧 돌아오겠습니다."

쇼가 다시 시작되면 텔레비전이나 광고방송이라는 개념 자체를 당연히 이해하지 못한 채 구원, 희생, 회개, 하나님의 자비에 대해 한창 이야기 중이던 칼빈에게 카메라가 들어간다. 도나휴가 끼어들며 말한다.

"잠깐만요 목사님. 잠깐 짚고 넘어가죠. 목사님은 목사님의 종교적 믿음에 대해 주장하실 수 있어요. 하지만 다른 어떤 사람들이 그 좋은 믿음을 가지신 목사님 의견에 동의할 수 없다면 어쩌죠?

그건 그렇다 치고, 서로 관계를 갖기로 동의한 성인 남녀가 사생활이 보장되는 침실, 아니면, 어…덤불 아래, 이 둘 중 어느 쪽을 원하는지 자신의 성적 선호에 대해 자기 의견을 피력하는 것이 뭐 잘못된 건가요?"

칼빈이 카메라를 쳐다보며 눈만 껌뻑거리고 있다. 혼란스러운 것이 분명하다. 그리고 마침내 칼빈은 이렇게 말한다.

"성적 선호라고요?"²

그렇다. 선호도. 성에 있어서처럼 종교에서도 선호도가 있다. 자신이 자신의 종교, 성, 직업, 세계관, 사회적 지위, 배우자, 그리고 자신의 정체성에 관한 다른 수많은 것들을 선택할 수 있다는 생각은 15세기 농부에게는 가능하지 않았다. 그러나 이제 대형마트 계산대 한편에 꽂힌 잡지들은 우리가 계산대에 상추와 치즈를 올려놓으면서 이 모든 것들, 그리고 그 보다 더 많은 것들을 곰곰이 생각해보아야 한다고 제안한다.

불과 몇 년 전 일이다. 나는 어린 시절 친구의 어머니께서 돌아가셔서 하관예배에 갔었다. 예배의 주관은 그 가족이 다니는 교회의 목사가 맡았다. 그는 친절하고, 학구적인 면모를 갖춘 그리스도의 제자회(Disciples of Christ) 소속 목사였다. 무덤 위치는 공원 바로 옆에 있는 마을 공동묘지 끄트머리였다. 묘지에 마련된 텐트 밑에 모여 있던 우리 모두를 놀라게 한 일이 벌어졌다. 막 파놓은 친구 어머니 무덤에서 불과 20야드(약 18미터 – 역주)도 안 떨어진 곳에서 원을 만들어 춤을 추면서 노래를 부르는 마녀들의 의식이 시끌벅적하게 거행되고 있었던 것이다.

재빨리 상황 파악을 마친 그 목사는 현명하게 자신의 기도서를 덮고 이쪽 발에서 저쪽 발로 중심을 바꿔가며 그들의 의식이 모두 마쳐지기를 기다렸다. 그런 다음 적은 우리 무리를 향해 몸을 돌리고 잠시 생각에 잠긴 듯 있다가 부드럽게 말하기 시작했다.

---

2 Walker Percy, *Lost in the Cosmos: The Last Self-Help Book* (New York: Picador, 1983), 51.

> 만일 우리가 그의 죽으심과 같은 모양으로 연합한 자가 되었으면 또한
> 그의 부활과 같은 모양으로 연합한 자도 되리라(롬 6:5).

우리는 새로운 종교다원주의에 대한 이보다 더 완벽한 비유를 여태껏 본 적이 없다. 다른 이들과 함께 앉아 우리 앞에 누워있는 이를 위한 적절한 장례식과 단정한 매장을 기다리면서, 나는 이 선한 여인에 대해 생각하고 있었다. 그녀를 처음 알게 된 그때 그녀의 모습, 그러니까 어린이 야구단 엄마요, 젊은 아내이자, 1950년대의 남부에서 아이들을 양육하는 엄마로서의 그녀의 모습이 생각났다.

1950년대의 남부가 어떤 곳인가?

그 곳은 교회와, 부흥집회와, 하루 종일 계속되는 주일학교 소풍으로 가득했던 땅이요, "사람보다 침례교인이 더 많다"는 농담을 주고받던 땅이었다. 누군가 그녀 귀에 대고 미래에 일어날 일에 대한 환상 즉, 껑충 껑충 뛰며 달의 여신에게 찬양하는 한 무리의 마녀들 때문에 그녀 자신의 장례식이 지연될 것이라는 환상에 대해 속삭였다면, 그녀는 그런 일을 못마땅하게 여기는 정도가 아니라, 아예 그런 일이 일어날 수도 있다는 일말의 가능성조차도 믿지 않았을 것이다.

몇 사람 정도는 이러한 새로운 종교적 다양성과 그것이 우리 앞에 가져다 놓은 선택들을 용납할 수 없다며 확성기를 들고 소리 높여 외친다. 그러나 대부분의 사람들은 단순히 각자의 구석으로 물러나서 조용히 입을 다문다. 자신의 종교적 믿음으로 빛나는 "산 위에 있는 동네"(마 5:14의 표현 – 역주)를 세우려고 메이플라워호를 타고 왔던 순례자들에게는 생각할 수도 없는 일이겠지만, 이제 많은 미국인들은 종교 문제에 관한 한 그 산 위의 동네에서 기어 내려오기를 원한다.

믿음이란 개인적인 것이고, 마음 저 깊은 곳에 숨겨져 있어야 할 사적인 문제라고 그들은 말한다. 복음주의 대형교회 길 건너편, 이슬람교도 옆집에 살고 있는, 유대인과 결혼한 어떤 미국 성공회 신자는, 종교라고 하

는 매우 위험천만한 일로부터 예의바르고 조용하게 물러나 있는 것이 가족과 이웃의 평화를 위해 유익하다는 결론을 내릴 것이다.

결국 종교적 의견이나 확신이란 것은, 마른 나뭇잎 더미 위에 서로 어긋맞게 놓여 있는 불쏘시개처럼 보일 수도 있다. 한번 부주의하게 불똥을 튀기면 네브래스카(Nebraska)가 바그다드(Baghdad)로 변할 수도 있다(평온하기 그지없는 미국 중부의 네브래스카 주 같은 곳도, 누군가 종교적 의견이나 확신을 주장하는 순간 이라크의 수도 바그다드와 같은 세계분쟁의 화약고로 돌변할 수도 있다는 비유적 표현 – 역주). 윌리엄 버클리(William F. Buckley)가 말했듯이 당신은 뉴욕의 디너파티에서 논란의 여지가 있는 어떤 말이라도 자유롭게 할 수 있지만, 만약 하나님에 대해 한 번 이상 말한다면 다시 초대받지 못할 것이다.

그렇다. 나는 장로교 목사다. 과거 확고했던 것들이 저당 잡히고, 전통적 종교기관들이 심한 스트레스를 받으며, 많은 사람들이 느끼기에 믿음이란 순전히 사적인 선택이며, 만약 종교적인 사람들이, 특히 성직자들이 눈에 안 띄고 입을 다문다면 세상은 훨씬 더 제정신이고 평화로운 장소가 될 것이라고 생각하는 시대에 살고 있는 장로교 목사인 것이다.

사실, 나는 상황이 좀 달랐으면 어떨까 하는 바람을 가지고 있지 않다.

나는 대립하는 생각들과 의견들로 시끌벅적한 광장에 나가, 내가 말하기 원하는 것을 들어달라고 흥정해야 하는 시대에 목회자로 살아간다는 게 맘에 든다. 과거 한때 성직자에게 부여되었던 권위의 자리는 이제 경쟁자들로 붐비게 되었다. 이를테면 요가 수행자들, 개인 코치들, 영적 지도자들, 예식진행자들, 온갖 종류의 전문가들, 치료자들, 심리치료사들 같은 경쟁자들이 있다.

한때 사람들은 죄악을 범하다가 그들의 목회자에게 들키는 것을 두려워했지만, 이제는 뭔가 미성숙한 일을 하다가 그들의 치료사에게 들킬까 봐 두려워한다고 소설가 피터 드 브리(Peter De Vries, 1910-1993, 시카고 태생의 작가 – 역주)가 말했다.[3] 영적 영역에서의 주장들, 그리고 그 주장을 펼치는 사람들과의 충돌이 나에게 활기를 불어넣어준다.

나는 사람들이 우리들의 설교를 통속적 지혜에 관한 무미건조한 주문으로 듣던 그때를 향수하지 않는다. 사람들은 "목사님이 말씀하시는 거라면"이라고 말하는 듯 고개를 끄덕이며 긍정하는 것처럼 보였을는지 모른다. 그러나 사실 그것은 흔들어 떨구어 버리기의 첫 단계였다.

나는 편집자에게 편지를 쓰거나, 블로그에 글을 남기거나, 혹은 정치집회에 참석할 때 대중들의 눈에 완전히 공개되어 드러나게 되는 목회자라는 사실이 좋다. 아마도 십자가를 달고 목회자임을 알게 해 주는 옷깃을 한 채 길을 건너는 것만으로도, 믿음이란 비밀에 부치거나 개인적인 것이 될 수 없다는 불편한 진실을 보여주는 데에 충분할 것이다. 물론 나는 사제들의 스캔들에 대해 마음 아프게 생각한다.

그러나 한편으로 내가 이것에 대해 좋게 생각하는 이유는, 이런 지저분한 사건이 공적인 스캔들이 된다는 것 자체가, 모든 사람들이 믿을 만하고 다른 사람들에 대해 책임감 있는 사제에 대해 목말라하고, 종교적 행동이 해 아래 온전히 드러났을 때 용납할 만한 것이 되어줄 것을 사람들이 염원하고 있다는 것을 반증하고 있기 때문이다. 재의 수요일(Ash Wednesday, 사순절의 시작을 알리는 기독교 절기 – 역주) 예배에 참석했다가 이마에 재와 기름을 섞어 그려 놓은 짙은 색깔의 십자가 자국을 지닌 채로 점심 먹으러 맥도날드 햄버거 가게에 가서 빅맥(Big Mac)과 감자튀김 메뉴를 시켜 우적우적 먹는 것, 바로 그런 게 종교라는 사실이 마음에 든다. 신성함과 불경함, 삶과 죽음, 그런 모든 것들이 한데 뒤섞이고 모든 이들이 볼 수 있도록 노출되어 있는 것 말이다.

저주받은 애틀랜타가 불에 타고 있을 때 아름다운 스칼렛 오하라(Scarlet O'Hara)와 함께 탈출하는 레트 버틀러(Rhett Butler, "바람과 함께 사

---

3 Peter De Vries, *The Tents of Wickedness* (New York: Signet, 1960), 136.

라지다"의 주인공 - 역주)처럼, 나는 전통적인 종교적 체계의 붕괴로부터 오히려 소망을 본다. 과거의 교단들은 구성원과 자금의 출혈(出血)을 겪고 있고, 신앙을 가진 많은 사람들은 왜 하나님께서 그런 상황을 멈추시지 않는지 의아해 하고 있다. 글쎄. 아마도 하나님은 그것을 멈추지 않으실 것 같다. 그냥 추측이지만, 하나님께서 그 일을 시작하셨을 테니까 말이다. 아마도 하나님은 보다 새롭고, 보다 믿을만하며, 인간의 필요에 보다 더 잘 반응하는 무언가를 세우기 위해 이전 것들을 무너뜨리고 있는 것 같다.

동료 성직자이자 지금은 감리교 주교가 된 윌리엄 윌리몬(William Willimon)은 특이하게도, 자신의 고향 사우스캐롤라이나 주 그린빌(Greenville, South Carolina)의 폭스 영화관(Fox Theater)이 주법(州法)인 블루로(Blue Law, 일요일에 상업과 유흥을 금지한 법률 - 역주)를 무시하고 일요일에 영화관을 열었던 1963년을 구 종교 세계가 붕괴한 날로 본다. 윌리몬과 감리교청소년회(Methodist Youth Fellowship)에 소속된 6명의 다른 멤버들은 그 일요일 밤에 교회에 왔다가 폭스 영화관에서 상영 중인 영화를 보기 위해 슬그머니 뒷문으로 빠져나갔다.

윌리몬은 훗날 이 일을 회상하면서 이렇게 말했다.

> 나는 최근에서야 그날 밤이 미국 기독교 역사에 상징적 분수령이 되었다는 것을 깨달았다. 그날 밤, 서방 세계에서 세속화에 저항하는 마지막 보루였던 사우스캐롤라이나의 그린빌은 손을 들었고, 이제 더 이상 교회를 위한 버팀목이 되지 못한다는 것을 공식적으로 인정하였다. 그린빌에서 기독교인이 만들어지려면, 이제 교회는 그 일을 교회 혼자서 해야만 한다. 이제 더 이상 교회 가는 길에 공짜 표를 주거나, 무료 승차가 제공되는 일은 없을 것이다. 폭스 영화관은 누가 과연 젊은이들에게 궁극적인 가치를 제공하는지 가려보자며 머리를 들이밀며 교회와 맞섰다.

1963년의 그 밤, 폭스 영화관은 전초전 승리를 가져갔다.[4]

나는 나와 내 신앙에게 공짜 표를 나누어 주지 않는 문화 속에서 목사로 살아가는 편을 더 좋아한다. 나는 기독교계가 누더기가 되고, 모든 특권들이 도전을 받는 이때에 기독교 목회자와 신학자로 살아간다는 사실이 좋다. 왜냐하면 세상이 성직자를 어떻게 대할지 잘 모르는 때가 문제가 아니기 때문이다. 오히려 진짜 문제는, 세상이 우리 성직자를 어떻게 대해야 할지 너무 잘 알 때, 즉 병원 주차장에 지정구역을 제공하거나, 종교적 모임에서 우리가 기도할 수 있도록 앞자리 상석을 배려하거나, 골프장에서 성직자 무료 회원권을 제공하거나 하여 목회자의 역할의 날카로움을 무디게 함으로써 목회 사역을 가축화(家畜化)하려 할 때가 문제이기 때문이다.

역설적이게도, 나는 종교가 적어도 약간 위험한 것이라고 여겨지는 이때에 목회자인 것이 참 좋다. 왜냐하면 종교는 진실로 위험한 것이기 때문이다. 종교란 교회 사교모임에서 찻잔을 똑바로 붙들고 있는 것에 관한 것이 아니다. 종교란 위대한 신비자(the great Mystery)의 임재 가운데, 바람 불고 험준한 산 위에 서는 것이다. 종교란 다른 모든 진리들이 파생되어 나온 바로 그 진리에 대한 주장이다.

종교란 생명의 강을 따라 흰 물보라를 일으키며 흘러내려가는 것이다. 종교란 믿는 자들로 하여금 붉은 광장(Red Square, 러시아 모스크바에 있는 크렘린 궁 앞 광장 - 역주)의 탱크들 앞에 드러눕게 만들 것이다. 종교란 신실한 자들을 소환하여 쎌마의 경찰견(Selma, 미국 앨라배마 주의 도시로서 흑인 인권운동을 펼치는 사람들의 행진을 막으려고 개를 풀어 위험한 일로 유명함 - 역주)과 맞서게 할 것이다. 종교는 순수한 환상을 찾으라고 신비주의자들을 타들어가는 사막에 보낼 것이다.

4　William F. Willimon, "Making Christians in a Secular World", *The Christian Century* 103, no.31 (October 22, 1986): 914.

어떤 이들은 "그러니까, 아시겠지만, 저는 모든 종교를 존중합니다"와 같은 뜨뜻미지근한 존경의 언어를 써서 이 위험을 안전하게 가둬두려 한다. 존경이 경멸보다 나을 수 있다. 하지만 문학평론가이자 「뉴욕타임스」 (New York Times) 칼럼니스트인 스탠리 피시(Stanley Fish)가 지적했듯이, 세속 문화는 모든 종교에 대한 존경을 권하며 우리더러 그 다양성을 축하하도록 요청하고 있다. 그러나 종교의 진리 주장들은 당신의 존경을 요구하지 않는다. 대신 당신의 믿음, 그리고 마침내는 당신의 영혼을 요구한다.[5]

내 영혼을 요구하는 것과 관련하여, 다른 많은 목회자들과 마찬가지로, 나 또한 하나님께서 나를 이 일로 부르셨다는 것에 대한 깊은 감각이 있다. 나에게 목회사역이란 고등학교 직업박람회 같은 데서 고를 수 있는 그저 하나의 직업이 아니라, 일종의 소명이었다. 미국은 당신을 필요로 한다!(Uncle Sam Wants YOU! 군인을 모집하는 선전 문구 – 역주)라고 쓰인 옛 포스터처럼, 손가락 하나가 나를 향해 가리켰고 나를 소환했다.

물론 하나님은 나의 자주적 통제권을 거두어가지는 않으셨다. 나는 모든 사람들이 인생의 중요한 순간마다 그러하듯이 의사결정을 하고, 어림짐작도 해보고, 직관을 따르기도 하면서 목회사역으로 접어들었다. 그러나 돌이켜 보니 더욱 확실해지는 사실 하나는, 나는 절대로 이 일에 나 스스로 자원한 것이 아니라 모집되었다는 사실이다.

나는 내가 목회사역으로 부름 받았다고 믿는다. 그것은 사실이다. 그런데 그렇게 말하려고 하니 불편하게 느껴진다. 이 부르심이라는 개념보다 더 성직자와 일반인, 목회자와 보통의 제정신인 사람들 사이에 방화벽(firewall)을 세우는 건 없는 것 같다. 마치 일반인은 돈을 벌고, 사회를 구하고, 가업(家業)을 잇는 것과 같은 세속적이면서 이성적 이유들을 위해 증권거래인, 법률가, 벽돌공이 되지만, 목회자들은 뭔가 다른 이유 때문인 것처럼 보일 수 있다. 아니면, 우리 성직자들은 일반인들이 놓친 신적 반향

---

5 Stanley Fish, Religion Without Truth, *The New York Times*, March 31, 2007, A15.

(神的 反響, divine reverberation)에 맞춰 진동하는 영적 조율가(調律家)처럼 보일 수도 있다.

우리는 흰 옷 입은 영화 속 인물이 화염검을 들고 음산한 목소리로 "신학교에 가라. 능력이 너와 함께할 것이다"(The Force will be with you, 영화 스타워즈의 유명한 대사 – 역주)라고 속삭이는 소리를 한밤중에 듣는 특별한 종족처럼 보일 수도 있다.

그러나 이것은 오해하게 만든다. 사제나 목회자나 목사가 된 대부분의 사람들은 사실 전혀 종교적 거장들이 아니며, 무슨 성자의 흔적을 가지고 있지도 않으며, 마음의 순결성 부분에서 A학점을 받은 바도 없다. 실제로 우리 대부분의 성직자들은 우리를 어린 시절부터 알고 있었으며 우리가 성직자가 된 사실에 놀라워하는 사람들에게 어떻게 우리 같은 성품과 행적에도 불구하고 하나님의 조종사가 될 수 있었는지에 관해 한참 동안을 설명해야 한다.

활기가 넘치는 침례교 목사 윌 캠벨(Will Campbell)은 그의 자서전『잠자리 형제』(Brother to a Dragonfly)에서 태드 가너(Thad Garner)와 함께 메추라기 사냥을 하며 지낸 하루의 일을 묘사한다. 예일대를 갓 졸업한 캠벨은 루이지애나 주의 작은 남침례교회에 새로 부임한, 의욕 넘치고 전도유망한 목사였다. 반면 가너는 베테랑급의 전설적인 목사였다. 그는 큰 침례교회 목사였고 의용소방대의 담당목사였고 유명한 부흥강사였다.

그런데 캠벨은 "가너는 내가 만나 본 중에 가장 불경스런 사람이다. 그리고 아마 어떤 의미에서 가장 심오한 사람이기도 하다"라고 말했다. 가너는 포도주를 즐기고, 파이프 담배를 피우며, 욕도 많이 하고, 삶의 방법들에 있어서 강력하리만큼 지혜로웠다.

> 그날의 사냥은 실망스러웠다. 새 한 마리도 못 잡았다. 그러나 날이 저물 무렵 개들이 한 무리의 메추라기 떼가 모여있는 것으로 보이는 지점을 가리키기 시작했다. 개들이 달려 들어갔고, 땅에 있던 새들이 갑자기

하늘로 날아올랐다. 태드는 산탄총으로 3발을 재빨리 쏘아 올렸지만, 메추라기 한 마리도 맞히지 못했다. 태드는 허공에 대고 욕을 해대기 시작했다. 캠벨의 기록에 "내 평생에 온실 속 화초처럼 보호받는 생활을 해 본 적 없고, 나의 언어 사용이 항상 가든파티의 기준에 부합했던 것만은 아니지만, 태드가 하는 어떤 말들은 정말이지 적응이 안 되는 게 사실이었다"라고 적혀 있다. 꼬박 60초 동안 루이지애나의 드넓은 사냥터는 그의 욕설로 가득 찼다. 개들을 향해, 새들을 향해, 나를 향해, 총을 향해, 은신처 제작업체를 향해, 전능자를 향해. 그의 욕설 때문에 모든 것들이 더럽혀지고 모욕을 받았다. 잠잠해지더니 그는 침식된 제방에 기대앉았고, 나도 멀지 않은 곳에 자리를 잡고 땅 위에 앉았다. 한 동안 그에게 묻고 싶었던 한 가지 질문을 묻기에 좋은 타이밍이었다. "태드, 당신은 도대체 왜 침례교 설교자가 되려고 결심하셨습니까?" 그는 멍해졌지만 그러나 조금도 상처받지 않은 것처럼 보였다. 그는 산탄총의 총열을 들여다보고 검사하면서 내 질문에 대해 한참 생각했다. 결국 그는 내 눈을 똑바로 쳐다보고 내 질문에 대답했다. "그거야 내가 부름을 받았기 때문이지. 이런 망할 놈의 멍청아!"[6]

2. 목회자로의 부르심

나는 왜 장로교 목사가 되었는가?
왜냐면 내가 부름을 받았기 때문이다. 이런 망할!(Dammit!) 기본 연봉에 눈이 휘둥그레져서, 또는 마세라티컨버터블(Maserati Convertible)보다 혼다 씨빅(Honda Civic, 상대적으로 저가의 차량 – 역주) 모는 것을 더 선호해서, 또는 죽은 듯 반응이 없는 설교 원고에 심폐소생술을 실시하며 보내는

---

[6] Will D. Campbell, *Brother to a Dragonfly* (New York: Seabury Press, 1977), 173.

토요일 밤의 생활을 선망해서, 그것도 아니면 "목사님, 일주일에 오직 하루만 일하는 건 멋진 일인 것 같아요" 같은 농담을 진담으로 알아듣고 목회사역에 들어선 사람은 아무도 없다.

아브라함이나 모세나 바울이나 사라나 루디아처럼, 우리 성직자들 대부분은 원래 자기 일에나 신경 쓰던 사람들, 이를테면 염소 치는 사람으로서, 약사로서, 헤지펀드 매니저로서 나름 행복한 삶을 살고 있던 사람들이었다. 그런데 그때 갑자기 떨기나무에 불이 붙더니, 이제 전혀 새로운 계획(Plan B)이 시작되었음을 알리는 목소리가 들려온 것이다.

이건 좀 다른 얘긴데, 나는 불타는 떨기나무 체험이 실제로 성경에 나오는 것만큼 그다지 드라마틱하지 않다는 것을 알게 되었다. 목회 사역으로의 부르심은 스타워즈 영화의 한 장면 같은 그런 것이 아니다. 그 대신, 우리가 읽던 책, 우리가 들었던 연설가, 쉬 떨쳐버릴 수 없는 마음 속 어떤 생각, 애크론(Akron, 오하이오 주의 한 도시 – 역주)을 향한 비행기 옆자리에 앉은 사람의 우연한 말, 또는 우리를 지켜보던 친구의 소견, 이런 것들이 불타는 떨기나무가 되어 우리에게 다가온다.

게다가 불타는 떨기나무 체험은 꼭 성직자들에게만 제한되지 않는다. 불타는 떨기나무는 모든 이들의 인생의 광야 한복판에 얼마든지 있다. 하나님은 모든 사람들의 전화번호를 가지고 계셔서 끊임없이 전화를 걸고 계시며, 우리가 우리 자신의 한계를 뛰어넘어 어떤 거룩한 소명으로 나아오도록 소환하시는 것처럼 보인다. 성직자는 그저 모든 인간에게 은밀하지만 실제로 일어나는 일들을 보여주는 가시적 표상일 뿐이다. 어쩌면 그래서 목회자라는 신분이 농담거리로 쉽게 오르내리는 것인지도 모르겠다.

이 부르심이라는 것은 일종의 성인 판 "Pin the Tail on the Donkey" 놀이(당나귀 꼬리가 그려진 그림을 손에 들고 눈을 감고 몇 바퀴 돈 후, 당나귀 몸통이 그려진 그림에 다가가 들고 있던 꼬리를 붙이는 아이들 놀이로서 가장 적당한 위치에 꼬리 그림을 갖다 붙인 사람이 이기게 됨 – 역주)이다. 여기서 저기서, 그리고 지금이나 과거에나 모든 사람들이 삶의 모퉁이에서 불타는 떨기나무를 본다는 사실, 그리고 우리 모두는 하나님의 일에 부르심을 받고 있다는 저항할 수 없는 사실을 어떻게든 저지해보려는 놀이 말이다. 이런 망할!

나의 경우 부르심은, 참 이상하게도, 링 위에서 다운을 당해 주심의 카운트를 듣고 있는 어느 목회자를 보면서 찾아왔다. 그때 나는 대학을 다니고 있었고, 전공은 화학이었는데, 나중에 의학 대학에 진학하여 내과의사 쪽으로 나가려는 계획을 갖고 있었다. 수업이 있는 날이면 연구실에 틀어박혀 가스 착색판(着色版, chromatograph, 혼합물을 분리하기 위한 도구 – 역주)을 가동시켰다.

일요일이 되면, 마을에 있는 장로교 교회의 회중석에 앉아 예배를 드렸는데, 그곳의 목사는 젊고, 매우 지성적인 사람으로서, 이제 차갑게 식어버린 회중들의 남은 불씨를 다시 살려보려 부질없이 고생하고 있었다. 설교에 유머도 살짝 얹어보았지만, 아무도 웃지 않았다. 복음을 위해 열정적인 호소도 해보았지만, 누구 하나 꼼짝하려 들지 않았다. 그 젊은 목사는 회중들을 새로운 방향으로 인도하려 노력했지만, 그들은 어깨를 으쓱해 보이고는 전혀 다른 방향을 향해 발을 질질 끌며 나아갔다.

그 목사에게 문제가 있었다면, 당시가 1960년대였다는 것과, 인종 평등을 부르짖는 복음의 요구에 대한 그의 설교를 듣고 있는 회중은 짐 크로우(Jim Crow)를 지지하는 남부의 분리주의자들이었다는 점이었다. 목사는 뜨거운 사랑으로 설교했지만, 회중들은 우체국에서 목사에 대해 험담을 했다. 목사는 병자를 심방하고, 낙심한 자를 위로했고, 죽은 자를 장례 지냈다. 그러나 회중은 목사의 아내에 관해 수군거리거나, 그의 설교를 비판하고, 그를 어떻게 하면 쫓아낼까 궁리했다. 물론 목사는 그가 매일 사악한 음모의 지뢰밭을 걷고 있음을 알았지만, 아무에게도 악을 악으로 갚지 않았다.

나는 그 목사가 이런 거절을 견뎌내는 것을 지켜보았다. 그것은 외로운 삶, 고통의 삶이었지만, 또한 용기 있는 삶, 특별한 삶, 믿음의 삶, 살아볼 만한 가치가 있는 삶이기도 했다. 결국 그 목사는 멀리 떨어진 다른 주에 있는 교회로 옮겼고, 이건 하나님께 드리는 나의 소원인데, 그 자신의 목회사역을 위해 더 나은 토양을 발견했을 것이다.

그렇게 목사는 떠났지만, 그가 마을에 남긴 것들이 있다. 양심의 가책, 신적 사랑의 폭을 보여준 멋진 초상화, 아직 끝나지 않은 하나님의 일에 대한 염려, 그리고 나의 경우 부르심에 대한 격렬한 감각. 나는 그 목사처럼 되길 원했다. 그가 당당히 해냈던 것처럼 나 또한 그러길 원했다. 나는 그를 본받기 원했다. 바로 그것이었다. 하늘에 쓰인 메시지 따위는 없었다. 천사가 나타난 것도 아니다. 기이한 빛이 성경의 특정 문단 위에 내리비친 것도 아니었다. 깊은 수영장 속으로 세 번이나 처박히는 것과 같은 상황 속에서도 용기를 잃지 않았던 한 목회자에 대한 존경심, 그저 그 존경심이었다. 몇 주 동안 내 생각들과 씨름한 후에, 나는 결국 그 생각들을 있는 그대로 볼 수 있게 되었다. 목회사역으로의 부르심이었다.

나는 부모님께 말씀을 드리기 위해 고향으로 여행을 떠났다. 농부가 땅을 써레질하는 것처럼 내가 내 마음 속에서 끊임없이 뒤엎고 또 뒤엎었던 생각들을 말씀드리는 동안 부모님들은 조용히 앉아 계셨다. 나는 부모님께 어떻게 최종적인 결정을 내렸는지 말씀드렸다. 나는 결국 의사가 아닌 목회자가 되겠노라는 결정 말이다.

그 말들은 내 입 밖으로 재빨리 굴러나갔고, 마찬가지 속도로 부모님들도 움찔 멈추셨다. 잠깐 동안의 긴장감이 감돈 후, 아버지는 승인의 뜻은 아니지만 적어도 무슨 말인지 이해하겠다는 뜻으로 고개를 끄덕이셨다. 그러나 어머니는 통제할 수 없는 울음을 터뜨리셨다. 이건 그분이 꿈꿔오던 것이 아니었다. 자기 아들이 목회자라니! 이것은 슬픈 소식 그 이상이었다. 어머니에게 나의 결정은 가족 가운데 누군가 죽는 사건에 견줄 만한 일이었다.

어머니의 이런 반응은 믿음이 없기 때문이 아니었다. 그녀에게도 믿음은 많았다. 어머니와 아버지는 교회라는 요람에서 나를 키우셨다. 우리 가족은 적어도 한 주에 두 번 이상 예배당에 나오는 사람들이었다. 부모님은 내가 어린 아이였을 때 교리문답을 꼭 배우도록 하셨다. 어머니는 독실한 크리스천이셨고, 복음을 믿었으며, 목회자들을 존중하셨다.

이제 내가 회고해 보니, 어머니의 눈물 섞인 반응은 그녀가 너무 많은 것을 지켜봐왔기 때문이었던 것이다. 회중들에게 상처받는 목회자, 예수께서 말씀하셨던 것처럼 춤추지 않는 사람들을 향해 피리를 부는 목회자, 애통해 할 줄 모르는 자들을 위해 애곡하는(마 11:17에 대한 언급 – 역주) 목회자 등, 내가 여태껏 한 번만 본 것을 어머니는 여러 번 보았던 것이다.

어머니는 나약해서가 아니라, 사태의 심각성을 이해하고 계셨기 때문에 우셨다. 아버지는 아들이 강단에서 지혜롭게 설교하며 자신감 넘치는 모습으로 성만찬을 주관하는 모습을 상상하시며 자랑스러워 하셨다. 그러나 어머니는 아들이 십자가를 지고 가는 것을 상상했고, 그래서 가슴이 저며 오는 것을 느꼈다.

몇 주 동안 어머니는 슬픔에 잠겨 있었고 나의 새로운 소명에 대해 말씀하실 수도 없는 상태였다. 유일하게 어머니를 그 마법에서 깨어나게 한 것은 그녀의 경건한 친구로부터 받은 단호한 메모 한 장이었다. 그 메모에서 어머니 친구는 여러 가지 말로 이제 그녀가 다 털고 일어나서 아들의 삶을 향한 하나님의 요구를 기정사실로 받아들여야 한다고 설득했다. 어머니 친구는 성경을 인용하며 편지를 마쳤다.

"주가 그를 쓰시겠다 한다. 이제 그를 놓아 그로 하여금 가게 하라."

어머니께서 그 메모를 아버지께 보여주자, 아버지는 이 문구가 신약성경의 한 대목, 즉 예수께서 예루살렘에 입성하실 때 당나귀 한 마리를 구하는 것과 관련된 이야기를 언급하고 있다는 것을 기억하셨다. 한 바탕 웃으시면서, 아버지는 큰 소리로 의아하다는 듯 말씀하셨다.

"주가 그를 쓰시겠다고?
이제 그를 놓아 그로 하여금 가게 하라고?
이건 당나귀에 대해 하신 말씀 아냐?"

맞는 말씀이셨다. 무슨 신비로운 이유가 있어서인지는 모르겠지만, 나는 감람원을 향한 예수님의 다음 여행을 위해 하나님께서 우리 안에 붙잡아 두신 당나귀였다. 나는 진짜 소명을 받았는지에 대해서도 확신하지 못하고 있었다. 어쩌면 그것은 한 용감한 목회자를 향한 영웅 숭배였는지도 모를 일이다. 혼란스럽던 나의 인생의 때에 나는 그저 매우 인간적이고 아버지 같은 인물을 가까이하고 싶어 했고, 그것을 하나님의 음성과 뒤섞어 버렸는지도 모르겠다.

마침내 내가 신학교에 도착했을 때, 다른 모든 학생들의 소명도 내 것 만큼이나 엉망진창이고 혼돈에 차 있다는 사실을 깨닫고 한편으로 놀라면서도 한편으로 위로가 되었다. 분명한 다메섹 도상의 체험을 했다고 얘기하는 동료는 거의 없었고, 한밤중에 부활하신 그리스도께서 나타나셔서 "들으라!"라든가 "진실로"와 같은 말들을 하시며 그들을 목회사역으로 부르시는 환상을 체험한 사람도 거의 없었다. 그런 말을 하는 사람들은 대부분 거짓말을 하거나 미친 것이 틀림없었다. 그 외의 우리들은 일상생활이라는 씨줄과 날줄로 짠 천에 간신히 보이는 패턴 속에서 우리의 소명을 찾아냈다.

성령의 바람의 불어옴은 종종 참나무 잎사귀들의 부스럭거림처럼 보인다. 여하튼, 나의 가녀린 소명감은 신학교 동안 나를 겨우 지탱해 주었다. 스물네 살이 되던 해에 나는 어느 한 낡은 예배당 나무 바닥에 무릎 꿇었고, 다른 이들은 내 머리와 어깨에 손을 얹고 기도했다. 자리에서 일어났을 때, 나는 안수받은 목회자가 되어 있었다.

모든 걸 고려해 보았을 때, 나의 첫 번째 목회지는 무척 수월한 편이었다. 교인들 가운데 뾰족한 도끼 얼굴을 가진 사람도 많지 않았다.

물론 중간 중간 힘든 일도 있었다. 하지만 그 모든 일을 견딜 수 있었던 건 내가 섬긴 적은 무리의 조지아 주(Georgia, 애틀랜타를 주도로 하는 미국 남동부의 주 – 역주) 장로교인들은 마음껏 웃는 법을 알았고, 맛있는 파트럭(potluck, 참석자들이 각각 준비해 온 음식을 나누어 먹는 파티 – 역주) 저녁식사를 즐길 줄 알았으며, 서로를 향해 그리고 그들의 젊은 목사를 향해 참을성 있는 사랑을 보여주었기 때문이다.

그들은 믿음의 사람들이었지만, 그렇다고 스스로를 경건한 자들이라고 으스대지 않았다. 그들은 나를 집으로 초대했을 뿐 아니라, 그들 삶의 가장 깊고 후미진 곳으로 초대하였고, 나의 복잡한 설교와 서툰 예배 인도를 참아주었다. 또한 내 아내가 "설교자의 아내"답게 행동해야 한다고 우기지 않았고, 내가 두 아이를 얻었을 때 마치 자신들의 아이처럼 기뻐해 주었다.

장로교 목회자는 안수식 선서에서 "열정과 지성과 상상력과 사랑으로 사람들을 섬기겠다"는 약속을 한다. 어려운 주문이다. 사실 거의 불가능한 주문이다. 목회사역을 하는 동안 네 가지 영역 모두에서 나의 한계를 경험했다. 하지만 내가 배운 것은 목회사역에서 지성과 상상력은 그다지 결정적인 부분은 아니라는 것이다.

재치있는 답변, 혁신적인 신학, 목회자의 매력보다 목회사역에서 있어서 더 중대한 일이 있다. 그것은 결정적 순간에 사람들 앞에 서는 것, 그리고 단순하지만 분명한 말로 이 일을 통해 하나님께서 이루시려는 것이 무엇인지 선포하는 일이다. 비결이 있다면 나는 발을 움직여 중요한 일이 벌어지는 장소에 참석했다는 것과, 입술을 움직여 상황에 적합한 의미 있는 말을 해주었다는 것이다.

회중들이 그들의 죄를 고백하는 기도를 드릴 때, 나는 성단(聖壇)에 서서 성경의 말씀을 인용하여 그들의 죄가 용서받았음을 선포하였다. 물론 그들이 원하는 것은 목사의 용서가 아니라 하나님의 용서이다. 그래서 나 또한 회중들을 향해 그렇게 선포했다. 저주하기 위해서가 아니라 용서하기 위해 이곳 우리들 가운데 하나님께서 함께하고 계신다고 선포했다.

나는 신랑과 신부를 기도하며 축복하기 위해 모인 사람들 가운데 서기도 했다. 그들의 장성한 아들과 딸이 기대와 떨림으로 울고 웃을 때, 너무 멋져서 사실은 하나님만 지키실 수 있을 법한 약속들을 하는 그 순간에 말이다. 이윽고 때가 되면 나는 어떤 하나의 변화가 발생했음을 선언한다. 즉, 여기 서 있는 이 남자와 이 여자는 이제 단지 신랑과 신부가 아니라 남편과 아내가 되었다는 것, 그리고 그들이 이렇게 하나가 된 것은 하나님께서 친히 맺어주신 것임을 선언한다.

사람들이 무덤가에 모여 입을 벌리고 있는 땅 속으로 관을 내릴 때, 나는 선언한다. 보기에는 이래도, 이것은 여정의 끝이 아니며, 여기서 하는 말도 최종적인 말이 아니라고 말이다. 그리고 하나님은 이미 새로운 말씀을 하고 계시며, 비록 눈에 보이지는 않고 온전히 이해할 수도 없지만 그분의 놀라운 능력으로 소망의 일을 이미 행하고 계신다고 선언한다.

미약하기 그지없는 인간이 사람들 앞에 서며, 죽을 수밖에 없는 자신의 입술에 하나님의 말씀을 담을 수 있다고 믿는 생각. 하나님께서 이 세상 가운데 행하시리라 믿는 일들을 자신의 부서질 듯 연약한 몸으로 실행할 수 있다고 믿는 생각. 이와 같은 어리석은 생각들을 가리켜 신학자 칼 바르트(Karl Barth)는 목회사역의 "불가능한 가능성"(impossible possibility)이라고 불렀다. 바르트의 생각에, 정말 기적인 것은 목회라고 하는 그 행위의 어리석음에도 불구하고 하나님께서 그런 주제넘은 자들을 일거에 쓸어 없애버리지 않으신다는 사실이다.

덴마크의 철학자 쇠렌 키에르케고르(Søren Kierkegaard)는 마틴 루터(Martin Luther)가 항상 마치 번개가 곧 자기 위로 떨어질 듯이 말하고 행동했다고 말한다. 몇 달 동안의 목회사역을 하면서 하나님의 자리에 서서 하나님의 말을 하는 체를 하고 보니, 루터가 뭘 그리도 염려했는지 나는 금방 깨달을 수 있었다.

3. 목회자와 장례예식

타작용 도리깨로 떨고, 부름 받고, 어찌하다 보니 나는 목회자가 되어 있다. 그러나 나는 장례에 깊은 관심을 가진 목회자이기도 하다. 어쨌거나 목회자가 그런 관심을 갖는다는 게 의아스런 일은 아니다. 교구 목사들은 장례가 갖는 힘을 몸소 느낄 때가 많다. 이때야말로 우리 목회자들이 가장 쓸모 있는 순간 아닌가?

주일 설교, 세례식, 입교식, 혼인예식, 교회에 새로 온 사람을 환영하는 것, 이사를 가는 교우들을 아쉬운 마음으로 바라보는 일, 이런 것들이 목회사역의 일거리인데, 목회자들은 이 모든 것들이 누적적(累積的)이라는 것을 곧 알아챈다. 이 모든 것들은 하나님께서 주신 생명을 하나님께 다시 돌려드리는 그 시점을 향해 하나씩 누적되어 간다.

나를 놀라게 했고, 거의 항상 젊은 목회자들을 놀라게 하는 것은, 생명에 관한 메시지가 죽음의 때보다 더 분명하게 완성되는 때는 없다는 사실을 깨닫는 것이다. 첫 번째 교회를 섬기고 몇 년 후, 장례에 관한 연구를 위해 목회자들을 인터뷰했을 때, 자신의 최고의 목회사역은 장례식들을 통해 일어났다고 많은 이들이 증언하는 것을 들었다. 나는 이 말이 너무나도 이해가 되었다.

장례예식에서 뭔가 근본적으로 다른 목회사역이 일어나는 것은 아니다. 단지 사안의 시급성이 더 분명할 뿐이다. 다른 행사들에서는 산만하게 하는 일들이 있다. 세례식에는 웃는 얼굴로 세례반(洗禮盤) 근처를 빙빙 돌며 비디오 촬영하는 삼촌들이 거의 항상 있게 마련이다. 혼인예식에서 어떤 결혼 코디네이터들은 한쪽 구석에 있다가 큰 소리로 순서를 일러주거나 안무(按舞, choreography, 춤에서 일정하게 정해진 순차적 동작 – 역주)를 알려주곤 한다.

그러나 무덤가에서는, 싱글거리는 삼촌도 아는 체하는 결혼 도우미도 사라지고 만다. 이건 죽음이다. 무엇을 말해야 할지, 무슨 일을 해야 할지 그 누구도 정확히 알고 있는 사람이 없다. 그러나 뭔가 말해야 하고, 뭔가를 해야만 한다. 그때 그곳에 서 있어야 할 사람이 바로 목회자이다.

의료진이 청진기를 거두고 검은색 의료 가방을 철컥 닫은 후다. 유언장을 분석하여 설명해 줄 변호인은 아직 오지 않았다. 무덤 곁에는 목회자만이 홀로 서 있다. 우리 모두가 두려워하는 바로 그 가장자리 말이다. 이것에 대해 신앙으로도 할 말이 없다면, 그 어떤 말도 부질없다. 이 순간은 믿음을, 용기를, 그리고 심지어 주제넘음을 필요로 하는 순간이다. 그래서 목회자는 하나님을 대신하여 선다. 그리고 이렇게 하나님 자신의 말을 선포한다.

"보라! 내가 너희에게 신비를 말하리니…"

내가 장례에 관해 관심을 갖는 또 다른 이유가 있다. 내가 프린스턴신학교(Princeton Theological Seminary)에서 가르칠 때 목회자들을 위해 장례에 관한 교과서 집필을 위해 안식년을 갖기로 결심했다. 장례에 관해 읽고 정말로 만족할 만한 가장 최근의 책은 거의 반세기 전에 출판된 것이었다. 장례에 관한 부분을 포함하고 있는 예배인도 관련 강좌를 정기적으로 개설하고 있던 나로서는, 새로운 책 한 권이 교과서 시장에 나올만한 시점이 되었다고 생각했다. 꽤나 야심적인 계획이었기 때문에 주제에 대해 조사하고 책을 쓰는 데 꼬박 일 년이 소요될 것이라는 계산을 했다. 그런데 실제로 그 책이 출판되기까지 십오 년의 시간이 걸렸다.

책이 완성되기까지 그렇게 오랜 시간이 소요된 이유들 중 하나는 연구를 하는 동안 새로운 자료와 신선한 영감이 폭풍처럼 밀려들었기 때문이다. 나의 모든 가정들은 도전을 받았고, 추측했던 것들은 그 폭풍에 날아가 버렸다. 결국 나는 내가 원래 쓰려고 했던 책과는 정반대의 주장을 하는 책을 쓰게 되었다. 당초에 나는 장례라는 것이 어떻게 하면 품위 있고 위안을 주는 슬픔 관리 방식이 될 수 있는지를 설명하는, 읽을 만하고 모양새 좋은 책을 쓰려고 했었다.

하지만 기독교 장례의 역사와 신학을 탐구하는 가운데 나는 장례의 목적과 가능성에 대한 훨씬 더 폭넓은 이해를 가지게 되었다. 이와 같은 새로운 이해는 고대 전통의 지혜로부터 자라난 것인데, 많은 나의 동료 목회자들은 지금도 여전히 그렇겠지만 예전의 나 같으면 직관적으로 생각해낼 수 없었던 내용들이다. 나는 유족에 대한 위로가 장례의 목적에 분명히 포함되어야하지만, 그것은 훨씬 더 광범위한 과업의 집합체 중 일부분이라는 것을 이해하게 되었다. 바로 이것이 내가 앞으로 계속해서 그 책에서 이야기하려고 하는 장례에 대한 관점이다.

그 책을 위한 연구의 시간들 가운데 나에게 찾아온 멋진 선물이 있었다. 그것은 바로 미시간 주 밀포드(Milford) 출신의 토마스 린치라는 이름을 가진 시인 겸 장의사와의 만남이었다. 장례에 관한 연구를 하면서 일찌감치 읽었던 그의 도발적인 책 『청부』(The Undertaking)는, 죽음과 장례에 대해 내가 읽었던 책들 가운데 가장 지혜롭게 위트가 넘치는 책일 뿐만 아니라, 어쩌면 신학적으로도 가장 심오한 책이 아닐까 생각하며 놀라워했었다. 토마스 린치의 가톨릭적 유산(heritage)은 그에게 다루기 힘든 위엄, 성례전적 환상, 그리고 무게감 있는 어휘를 제공해 주었다. 지난 세월 나는 그로부터 많은 것들을 배웠다. 이따금 나는 어디까지가 내 생각이고 어디서부터가 그의 생각인지 잊어버리곤 한다.

그 책을 쓰면서, 책의 제목이 『노래하며 동행하라—기독교 장례』로 정해졌는데, 죽음의 예식들을 이해하려는 열정을 나에게 불러일으켰던 기억들, 지금은 알고 있지만 한때 잊고 있었던 기억들과 맞닥뜨리게 되었다. 그 기억들 가운데서도 내가 십대였을 때 했던 경험은 특별했다.

에드(Ed) 삼촌은 사우스캐롤라이나 주(South Carolina, 미국 남동부에 위치한 주 – 역주)의 작은 마을에서 아메리칸오일(American Oil) 주유소를 운영했다. 그는 사냥과 낚시를 즐겼고, 큰 소리로 떠들썩한 농담을 하곤 했으며, 사람 이름을 잊어버리는 법이 없었고, 고통받는 사람들에게는 외상거래도 허용하는 관대함을 보였다. 그래서 사람들은 그를 좋아했다.

어느 날 아침, 벽 선반에 진열된 팬벨트(fan belt)를 잡으려 손을 뻗쳤을 때 삼촌은 심장마비를 일으켰다. 그때 그는 아직 사십대밖에 되지 않았다. 슬픔에 잠긴 숙모와 유치원 나이의 아들을 남겨둔 채, 삼촌은 계산대 뒤에서 죽음을 맞이했다.

가족들이 장례예식을 위해 모였다. 교회 목사는 에드 삼촌이 죽었을 때 몇 주(州) 떨어진 곳에서 휴가 중이었는데, 장례식을 위해 굳이 휴가를 망치고 올 필요가 없다는 숙모의 만류에도 불구하고, 목사는 우리와 함께 있기 위해, 그리고 장례식을 주관하기 위해 오겠노라는 뜻을 굽히지 않았다. 밤을 새워가며 힘들게 운전한 목사는 제 시간에 삼촌 집에 도착하여 우리와 함께 교회로 가는 길을 동행했다.

그가 도착하던 순간을 잊을 수가 없다. 그때를 회상해보니, 정말이지 그의 도착은 내 안에 장례식의 힘에 대한 의식을 불러일으켰을 뿐 아니라, 목회사역을 향한 첫 번째 마음의 동요들 가운데 하나가 되었다. 친척들은 모두 함께 에드 삼촌의 거실에 모여 있었다. 소파에 끼어 앉기도 하고, 피아노 의자라든가 부엌이나 식당 쪽에서 가져다 놓은 다양한 의자들에 흩어져 앉아 있었다.

우리는 목사가 도착하는 모습을 거실 창문을 통해 보았다. 별다른 장비가 달려 있지 않은 단출한 포드(Ford) 차를 몰고 온 목사는 가늘고 긴 다리를 가졌으며 푸른색 싸구려 양복을 걸치고 있었다. 차에서 내린 그는 마치 구명장비라도 되는 양 예식서를 꼭 붙든 채 집 쪽으로 걸어왔다. 나 또한 이제 목회자이기 때문에 집을 향해 다가오는 그가 머릿속으로 어떤 생각들을 하고 있었을지 알 것 같다.

> "뭐라고 말해야 할까요,
> 하나님?
> 뭐라고 말해요?
> 어떤 말도 충분해 보이지 않을 때 하나님은 무슨 말씀을 하시죠?"

그가 알지 못했던 것은, 아니 알 수 없었던 것은, 그가 차에서 내렸을 때 우리가 있던 방 안의 공기가 어떻게 변했는가이다. 그것은 기대감이었고, 그 이상이었다. 그의 도착은 어떤 의미에서는 우리 슬픔의 편린들 가운데 숨겨져 있던 거룩함의 드러남이었다. 이렇게 여린 인간이, 기성품 양복을 입고 잔디밭을 가로질러 걸어오면서 뭔가 의미 있는 해줄 말을 절실히 찾고 있는 그 목사가 가져온 것은 하나님의 은혜였고, 우리가 여기 모인 것은 단지 사망한 친척을 땅에 묻기 위해서가 아니라 성스런 순례의 길을 떠나기 위한 것이라는 갑작스런 깨달음이었다.

목회사역이란 무엇인지 잘 알려주는 이야기 하나가 성경에 있다. 일단(一團)의 히브리 노예들이 이집트 바로왕의 속박으로부터 탈출하여 지금 시내 광야를 가로질러 이리저리 넘어지면서 꿈만 같은 약속의 땅을 향해 도망가고 있는 중이다. 하지만 그들은 외롭고 호락호락하지 않은 광야에서 더 많은 어려움에 빠진다. 배고프고 목마른 이스라엘 사람들은 엎친 데 덮친 격으로 아말렉(Amalek)이라 부르는 악당이 이끄는 한 무리의 전사들에게 습격을 받게 된다.

히브리 노예들의 인도자인 모세에게는 무기고도 없었고 전략적 방어 계획도 없었다. 대신 그가 할 수 있는 유일한 일 한 가지를 했다. 그것은 목회사역이었다. 그는 언덕 꼭대기 하나님의 자리에 서서 하나님의 행위를 한다. 손을 들고 이스라엘의 자녀들을 향해 축복의 기도를 한다.

축복의 팔 아래에서, 누더기 옷을 입은 낙오자 행색의 히브리 사람들은 아말렉의 전사들에 맞서 승리를 거두는데, 오직 모세의 팔이 들어 올려져 있을 때만 그렇다. 물론 결국 모세는 지쳐간다. 모든 목회자들과 마찬가지로 모세도 결국 하나님의 역할을 오래도록 수행하기에는 역부족이며, 그의 몸은 늘어지고 그의 팔은 처지기 시작한다. 그의 팔이 그렇게 될 때 전투 상황도 바뀌어서 아말렉의 전사들이 앞서나간다. 그래서 모세를 돕던 두 사람 아론과 훌은 모세 옆에 자리를 잡는다. 한 사람은 오른쪽에, 다른 한 사람은 왼쪽에. 그들은 전투가 이길 때까지 모세의 팔 한쪽씩을 붙든다.

상실의 시간을 맞은 사람들을 돌보는 사역을 나누어 헌신적으로 함께해 온 수많은 장의사들, 그들을 만나 지난 세월 함께 일할 수 있었던 것은 나에게 큰 특권이었다. 우리는 서로의 축복의 팔을 붙들어 주었다. 우리가 신학교에서 훈련 중인 목회자들에게 가르치는 게 있다. 새벽 3시에 전화벨이 울리고 누군가 사망했다는 이야기를 전해 들었을 때, 최고의 목회자라면 옷을 챙겨 입고 유족과 함께 있어주기 위해 곧장 그들에게 달려간다는 사실이다. 그렇게 그곳에 갔을 때 목회자는, 최고의 장례 전문가가 이미 그곳에 와서 그를 기다리고 있다는 사실을 발견하고 안도할 것이다. 좋은 목회자와 좋은 장의사가 와 있다는 사실 그 자체만으로도 유족들에게 첫 번째 돌봄의 행위가 된다.

장의사요 사랑하는 친구 토마스 린치와 장로교 목사인 나는, 우리 둘 다 새벽 3시에 죽음이 드리운 집 문턱에 기꺼이 나타날 용의가 있는 사람들이라는 점 말고도 많은 공통점을 가지고 있다는 확신을 갖고 이 책을 썼다. 지난 세월 톰 린치의 말과 글, 그리고 우정은 축복을 위해 들어 올린 내 팔을 붙들어 주었다. 그리고 그가 말하기를, 나도 가끔 그에게 똑같은 일을 해 주었다고 한다.

이 책은 어떻게 하면 장례 전문가와 성직자가 죽음에 대해, 슬픔에 대해, 장례에 대해 함께 생각을 나눌 수 있을까, 어떻게 하면 서로의 일을 강화시켜줄 수 있을까에 관한 책이다. 또한, 이 책은 죽음의 시간을 겪고 있는 이들의 필요를 돌보는 일을 하는 우리 모두가 이와 같은 일을 감당하기에 얼마나 부족한 사람들인가에 관한 책이다. 우리 몸은 늘어지고 우리 팔은 처진다. 그렇기 때문에 우리는 서로의 곁에 서서 힘을 나누고, 축복을 위해 들어 올린 서로의 팔을 붙잡아 주어야 한다.

제2부

죽은 자 돌보기

제3장
인간학 입문과정

― 토마스 린치

제4장
당신은 그 몸을 가지고 있지 않다

― 토마스 G. 롱

영송 中

윌리엄 카를로스 윌리엄스(William Carlos Williams)

나의 주민들이여
나는 그대들에게
어떻게 장례예식을 실행하는지에 대해 가르칠 것이오
. . . .
그대들은 땅에 대한 필요한 감각(ground sense necessary)을 가지고 있소.

제3장

인간학 입문과정

토마스 린치

2005년 4월 첫째 주. 사람들은 그 한 주 동안 붉은 옷을 두르고 머리에 관을 쓰고 있는 시신 한 구의 이미지를 어디서나 볼 수 있었다. 종과 책과 양초를 든 사람들이 물과 향품을 뿌려 그를 축복했고, 한 역에서 다음 역으로 향하는 그의 마지막 여정 길을 함께하고 있었다. 머리부터 발끝까지 호화로운 의복을 입은 채, 돌처럼 단단하게 굳어 쭉 뻗어 있는 시신의 모습은 전 세계 일간지의 헤드라인을 수놓았다. 대부분의 경우 죽은 자의 시신이 없는 채로 장례식을 치르는 미국인들에게, 화면을 통해 송출되고 있는 이러한 모습은 의아하게 느껴졌음에 틀림없다.

상을 당한 미국인들은 많은 경우 "삶의 경축" 예식에 여러 사람을 초대하지만, 정작 시체는 종종 그 예식에서 배제되고, 쫓겨나고, 예식이나 지켜보는 사람도 없이 사라져 버리며, 사람들의 눈과 마음에서 멀어진 채 나와 같은 고용된 실무자에 의해 매장되거나 태워진다. 따라서 교황의 장례식에서 교황 시신의 시각적 현존은 많은 이들에게 이상하게 여겨졌고, 오래된 관습의 낡은 유물처럼 보였다.

예상할 수 있다시피 어떤 사람은 "매우 가톨릭적인데"라고 말했고, 또 다른 이는 "이탈리아스럽다" 혹은 "폴란드스럽다" 그것도 아니면 "전통적

이군"이라고 말했다. 어떤 사람들은 "호화스럽군" 내지는 "비싸겠다" 하는 이도 있었고, 다른 이들은 "야만스러워"라고 말하기도 했다. 다이애나 공주나 레이건 대통령이 죽었을 때도 사람들은 그런 비슷한 말들을 했었다. 뭔가 계속 말해야 하는 텔레비전 중계진들은 내가 로마에 있을 때 어쩌고 저쩌고 하며 떠들기도 했다.

사실 그때 로마에서 일어났던 그 일들은 하나의 오래된 패턴을 따른 것인데, 그것은 바로 인간이라는 종(species)이 보여주는 패턴, 즉 죽은 자에 대해 즉각적으로 관심을 집중시키며, 산 자가 그 죽은 자에 대해 무엇인가를 해 주어야만 한다는 자각에 따른 것이다. 자연 상태에서 살아가는 대부분의 종은 다른 개체의 죽음 때문에 잠시 멈추는 일이 거의 없다. 그러나 우리 인간은 멈춘다.

1. 인간(Human), 그리고 부엽토(Humus)

우리의 영이 어디로 가든, 혹은 가지 않든, 인간이라고 하는 종은 지난 수천 년 동안, 우리에게 슬픔을 일으키는 대상들을 처리함으로써 우리 자신의 슬픔을 처리해 왔다. 죽은 자의 시신을 한 장소에서 다른 장소로 옮기는 과정을 통해서 말이다. 그 다른 장소를 천국이라고 부르든, 발할라(Valhalla, 북유럽 신화에서 Odin을 위해 싸우다 죽은 자들을 맞아 위로한다는 궁전 – 역주)라고 부르든 또는 다음 세상이라고 부르든 상관없이, 산 자와 죽은 자 사이에서 엄연하게 달라진 현실의 끄트머리에 우리 죽을 수밖에 없는 육신을 옮겨 놓는 과정을 통해, 우리 자신이 죽을 수밖에 없음을 인식한다.

우리는 죽은 자를 아무 것도 없음 혹은 무엇인가 있음에 보내며, 신의 현존 혹은 그의 부재 가운데로 죽은 자를 보낸다. 내세가 있다고 생각하든지 없다고 생각하든지, 우리 인간은 죽은 자의 시신을 처리함으로써 이제 그가 이 세상에 더 이상 존재하지 않게 되었음을 표시하고자 하는데, 이

때 인간은 죽은 자를 무덤에 묻거나, 불로 태우거나, 거룩한 나무에 달아 놓거나, 또는 깊은 바다에 빠뜨리는 등, 거룩한 망각의 장소라 여겨지는 곳을 이용한다. 그리고 우리는 인류의 역사가 시작된 시점부터 계속 이런 일들을 해왔다.

인간이 살아온 대부분의 역사 속에서 장례에 사용된 공식은 꽤나 단순하다. 죽은 자들을 그들이 가야할 곳으로 보내는 것, 그리고 살아남은 자들은 그들이 있어야 할 곳에 계속 거하는 것이다. 필요한 작업, 그러니까 죽은 이의 육체를 우리 주변에서 치우는 그 과업을 실행함으로써, 우리 인류는 죽음의 의미를 이해하게 되었다. 산 자의 유익을 위해 죽은 자의 처리가 일반화되었으며, 코커 스패니얼(cocker spaniel, 애완개의 한 종류 - 역주), 농어, 딱새, 웜뱃(wombat, 초식성 유대동물 - 역주) 등과 같이 숨 쉬고 먹고 번식하다가도 죽으면 다른 개체들로부터 무시되어지는 종과 달리, 인간은 언제나 죽은 자의 처리에 대해 그리고 그것을 위해 무언가 해야 한다는 의무감을 어떤 방식으로든 느껴왔다.

당신도 집에서 이것을 실험해볼 수 있다. 만약 당신에게 한 쌍의 금붕어나 앙고라고양이, 앵무새, 포메라니아 개, 혹은 제라늄이나 선인장 한 쌍이 있다면(그 외에도 살아있는 아무 것이라도 좋다), 한 쪽을 죽이거나 아니면 적당한 수명을 다해 죽게 한 후 나머지 한 쪽이 무엇을 하는지 관찰해 보라. 아마 잠깐 살펴보려고 냄새를 맡아보거나 주변을 빙빙 돌긴 하겠지만 그 이상은 아무 일도 일어나지 않을 것이다.

속으로 무슨 생각을 하는지는 알 수 없지만, 한때 짝을 이루었다가 이제 홀로 남아 생존한 쪽은 어슬렁어슬렁 헤엄치거나 걸어서 멀어져갈 것이다. 아마 개는 좀 짖을 것이고 고양이는 차츰 무관심해질 것이다. 하지만 그것들은 사원을 세우거나 무덤을 만든다든지 천국이나 내세에 대해 이야기하지 않는다.

우리 인간은 다르다. 그리고 늘 그래왔다.

이것 역시 당신 집에서 실험해볼 수 있다. 아마 대부분의 부모들은 자기 아이들이 어렸을 때 떨어져 죽은 새를 위해 작은 상자로 관을 짜주거나, 애완용 토끼나 거북이를 위해 창고 뒤편에 무덤을 파주거나, 아니면 가족이 함께 키우던 개를 위해 장례식을 집례해 준 경험이 있을 것이다. 죽은 것이 우리와 같은 인간은 아니지만 우리의 마음에 말로 표현하기 힘든 그 무언가에 대해 의미를 부여하기 위해 아름다운 장례식을 마련한다.

마찬가지로, 우리가 죽은 자에 대해 애도하는 반응은 다름 아닌 바로 우리 자신도 죽는다는 현저한 사실에 기인한다. 이와 관련해 언제나 100% 믿을 수 있는 수치가 있다. 이 땅에 태어났던 모든 사람은 죽었고 앞으로도 결국 그렇게 될 것임을 보여주는 수치 말이다. 이것은 언제나 변함없는 사실이다. 아주 오래 전, 그러니까 인간이 천국이나 지옥이나 연옥에 대해, 그리고 신들과 악마들에 대해, 또한 헤아릴 수 없고 말로 다 표현할 수 없는 심연(abyss)에 대해서 생각하기 훨씬 전에, 바닥에 드러누운 시신이라는 일상적인 문젯거리를 어떻게 처리해야 하는지에 대해 인간은 알아내야만 했다.

창세기에 따르면 인간이라고 하는 종은 흙에 귀속되고, 그 흙으로부터 지음을 받았다. 인간이라는 단어와 부엽토(Humus, 腐葉土)라는 단어는 영어 사전의 같은 페이지에 등장하는데, 그도 그럴 것이 우리는 "흙에 속한" 즉 땅에 속한 존재이기 때문이다. 사전과 언어에는 이와 같은 지혜들로 가득하다.

로버트 포그 해리슨(Robert Pogue Harrison)이라는 학자가 "땅의 밀도"라는 표현으로 잘 지적했듯이, 인간의 건축과 역사, 인간의 유적과 도시들, 이 모든 인간적인 것들은 모두 흙에 기초를 두고 있으며 그곳으로부터 솟아오른 것들이다. 우리의 죽은 자들이 묻히는 곳, 바로 이 흙이 결국에는 우리 인간을 정의한다는 것이다.

> 인간의 본성을 정의해 주는 죽음에 관한 의식은, 우리는 스스로를 창조한 자가 아니며 또한 우리는 죽은 자들의 발자취를 뒤따르게 될 것이라는 의식과 불가분의 관계일 뿐 아니라, 사실 거기에서부터 비롯된다. 다양한 스펙트럼을 보이는 인간의 문화 어디를 둘러보아도 그

들 조상이 이루어 놓은 근본적 전례들이 발견된다. 우리가 의식하든 그렇지 못하든, 우리는 조상들의 유언을 집행한다. 우리의 규례들은 조상들로부터 우리에게 전달된다. 그들의 판례가 우리의 법률이 된다. 심지어 우리가 조상들에게 반항할 때에도 그들의 명령에 복종한다. 우리의 근면, 참을성, 공정, 영웅적 행위뿐 아니라, 우리의 어리석음, 악의, 원한, 병듦까지도 우리의 정체성을 결정하는 계약문서 위에 휘갈겨진 죽은 자들의 수많은 서명들인 것이다. 우리는 죽은 자들의 집착을 물려받았고, 그들의 짐을 떠안으며, 그들이 시작해 놓은 일들을 계속 짊어지고, 그들의 지성과 이데올로기와 때로는 미신까지도 장려한다. 그리고 때로 우리는 그들이 벌여놓은 부끄러운 일들을 변호하기 위해 애쓰다가 죽어간다.[1]

2. 인류 최초의 미망인

몇 년 전, 나는 인류 최초의 미망인의 모습을 상상하는 일에 몰두했던 적이 있다. 외부적 요소들로부터 부부를 보호해주며 따뜻한 동굴 속 깊은 곳에서, 자기 옆에 있는 배우자의 시체에 아연실색한 그녀는 돌덩이처럼 굳어져 꼼짝 못하고 있었을 것이다. 어쩌면 이 일은 4만 년 혹은 5만 년 전 우랄(Urals)이나 메소포타미아(Mesopotamia)나 도르도뉴(Dordogne)의 어느 곳에서 일어났을 것이고(이상 3곳은 각각 오늘날의 러시아, 이라크, 프랑스 지역임 – 역주), 그게 아니라면 7만 년 혹은 8만 년 전 레바논이나 우간다나 콩고에서 일어난 일일 것이다.

인류의 역사는 지금도 진행 중인 일이다. 어찌 되었든, 이 일은 우리 인류가 문자나 농업 기술, 혹은 후대의 어떤 문명화된 것들이 존재하기 훨씬

---

1 Robert Pogue Harrison, *The Dominion of the Dead* (Chicago: University of Chicago Press, 2003), ix–x.

전에 일어난 일이다. 인류는 직립보행 육식약탈자에서 한 단계 진화하여 이제 상징체계를 사용하여 생각하기 시작하게 된 직립보행 육식약탈자가 된 것이다. 그들은 이제 생각하기 시작한다. 상징과 이미지와 도상(icon)과 은유가 그들의 삶의 일부가 되었다. 나는 스스로에게 물어 보았다.

"과연 그들로 하여금 최초로 깊은 생각을 하게 만든 일은 무엇이 었을까?"

나는 항상 동굴과 원시적 도구들과 예술과 유물에 대해 상상한다. 그들은 일종의 언어와 사회적 질서를 가졌을 것이다. 인류 최초의 미망인은 그동안 함께했던 남자가 차갑게 변했으며, 예전에는 한 번도 생각해 본 적이 없는 방식으로 침묵을 지키고 있다는 것을 깨닫게 된다.

그녀는 그 남자와 함께 잠자리를 하고, 그를 위해 요리를 하며, 함께 종족을 번식했었다. 날씨에 따라 속도는 다르겠지만, 그녀는 머지않아 그 남자에게 돌이킬 수 없을 엄청난 변화가 찾아왔음을 느끼기 시작할 것이다. 아마도 하루 또는 이틀 내로 그 변화의 진리를 냄새로 알게 될 것이다. 이제 그녀를 인간이게 만드는 일이 일어나는데 그것은 그녀가 이 문제에 대해 뭔가 해야만 한다는 점을 깨닫는 것이다.

잠시 우리 함께 그녀가 무슨 선택을 할 수 있을지 생각해 보도록 하자.

아마도 그녀는 그 남자를 동굴에 남겨두고 자신의 물건들을 챙겨 다른 곳에 있는 자기 종족들을 따라 나설 수 있을 것이다. 이 경우 우리는 그 동굴을 그 남자의 무덤이라고 부를 수 있을 것이다. 아니면 아마도 그녀는 그 동굴 내부 장식이 마음에 드는데다 그녀가 손수 추가해 놓은 장식들이 있기 때문에 그곳에 계속 머물러야겠다고 생각하면서 그 옆에 꿈쩍하지 않고 썩어가는 남자의 시신을 치워야겠다고 결심할 수도 있을 것이다.

이제 그녀는 그 남자의 두 발목을 잡고 질질 끌면서 시신을 밀어서 떨어뜨릴 절벽이나 집어넣을 구덩이를 찾는다. 어쩌면 그녀는 남자의 썩는 냄새가 야생 동물을 끌어들이는 것을 원치 않기 때문에 그를 땅에 묻고자 구덩이를 팔 지도 모른다. 그것도 아니라면 그녀는 큰 불을 피워 시체를 완전히 태우려 할 수도 있다.

어쩌면 그녀는 남자의 몸에서 뼈 하나를 취할 수도 있다. 토템(totem)으로 쓰기 위해서거나 아니면 추억거리로 간직하려는 거다. 또 다른 가능성은 그녀가 물 근처에 살기 때문에 남자의 시신을 청소하는 일을 물고기에게 맡기거나, 남자를 나무에 매달아 새들이 뜯어먹도록 할 수 있다. 어쩌면 그녀는 훗날 똑같은 도움이 필요할 것이라고 여기는 다른 사람들로부터 도움을 받을 수도 있다.

그리고 내가 생각하기로 바로 이 지점이 인류 역사에서 '인간학 입문과정'(Humanity 101)이 시작되는 시점인 것이다. 동굴, 구덩이, 불, 연못, 나무, 혹은 그녀가 그를 위해 선택한 그 어떤 망각의 자리든지 이제 그녀가 돌아서서 그곳을 떠나기 전에 잠시 멈추어 서 있는 바로 그 시간이 인간학 입문과정이 시작되는 지점인 것이다.

그 잠시 잠깐의 멈춤 가운데 그녀는 자신이 그 남자를 위해 마련해 준 망각의 장소를 뚫어지게 쳐다보면서 우리 인간이라고 하는 종에게 매우 중요한 질문들을 던져본다.

이것으로 끝이란 말인가?
왜 그는 저리도 차가운 걸까?
이런 일이 내게도 일어나게 될까?
그 다음에는 뭐가 있지?

물론 그 밖에도 많은 질문들이 있을 수 있다. 그러나 그것들은 모두 오직 인간이라는 종만이 하게 되는 매우 독특한 질문들이다. 그리고 이 질문들은 그녀가 처음으로 성관계를 가졌을 때, 그녀가 처음으로 출산했을 때, 혹은 그녀가 하늘이나 흑암 속에 있는 무엇인가로 인해 처음으로 깜짝 놀랐을 때 가졌던 질문들과 함께 나란히 놓이게 된다.

바로 이 순간 인간이라고 하는 종의 의식 속에는 전생이나 내생에 대한 관념이 생기기 시작하며, 기초적인 생존을 위해서가 아니다.

우리는 어디로부터 왔는가?
우리는 어디로 가는가?

이에 대한 질문들을 하기 위해서 시간의 많은 부분을 할애하게 된다. 어쩌면 해가 뜨고 지며, 계절이 바뀌고, 바닷물이 밀려들었다 밀려나가는 이치를 그녀 자신의 존재에 투영해 보기 시작할 것이다. 그런가 하면 밤하늘에 크고 작은 불빛을 만들어 내는 것들과, 낮 하늘을 가로지르는 커다랗고 노란 원반이 그녀 자신 그리고 그녀가 처리한 저 남자와 무언가 관련이 있을 것이라는 생각도 하게 될 것이다.

내가 하려고 하는 말은 이것이다. 존재했다가 사라지는 존재의 신비에 대해 심사숙고하는 것, 바로 이것이 인간이 다른 피조물과 구별되는 지점이라는 것이다. 그러니까 인간됨이라는 것은 죽을 수밖에 없음에 대해 어떻게 반응하는가와 직결되어 있다. 요컨대, 신체적 실재로서의 죽은 사람의 육체를 우리가 어떻게 다루는가, 그리고 죽음이라고 하는 실존적 실재를 우리가 어떻게 다루는가 하는 것에 따라 우리 자신을 근본적으로 정의하거나 묘사할 수 있다.

더구나 죽음의 신체적 실재와 죽음이라고 하는 관념에 대한 실존적 심사숙고는 밀접하게 연결되어 있다. 따라서 인간의 근본 속성이 무엇인가 정의하고자 할 때 다음과 같이 말할 수 있다. 우리 인간이라는 종은 우리들 가운데 죽은 자들(죽음이라는 것의 신체적 사실 그 자체)을 돌봄으로써 죽음(죽음이라고 하는 관념)을 다루고자 하는 종이다.

수만 년 전 우리 인류 최초의 미망인인 호모 사피엔스 네안데르탈인의 경우 그녀는 죽은 남편의 시신을 돌봄으로써, 죽음이라고 하는 관념을 다루기 시작했다. 죽은 육신과 죽음의 관념사이의 밀접한 연관성은 두말할 나위 없이 우리의 종교적, 예술적, 과학적, 사회적 충동의 핵심을 이룬다.

사회학자 지그문트 바우만(Zygmunt Bauman)은 다음과 같이 기록한다. "죽은 자의 육신을 처리하고 그들이 존재했음을 후손들의 기억 속에 남기고자 하는 행동 양식은 어떤 형태의 문화권에서든지 발견된다. 사실, 그러한 행동 양식은 매우 광범위하게 발견되기 때문에, 한 번도 직접 관찰된 적이 없는 과거 어느 종족이 인간으로 구분될 수 있는 기준점을 통과했는지 여부의 일반적인 판단 근거로서 선사학자들은 그 종족에게 무덤이나 공동묘지가 있었는가를 본다."[2]

나는 바우만이 "인간으로 구분될 수 있는 기준점"으로 두 가지 요소를 지적하고 있음을 강조하고자 한다.

첫째는 죽은 자의 육신을 처리한다는 대목이다.

둘째는 죽은 자를 후손들의 기억 속에 남기고자 한다는 대목이다.

우리가 고대의 무덤이나 공동묘지, 화장터, 또는 장례와 관련된 다른 형태의 장소들을 발견할 때 우리가 그것을 통해 알게 되는 것은, 인류가 죽은 자를 보살핌으로써(즉, 그들의 기억 속에 죽은 자가 계속 함께하고 있음을 알게 해 주는 방식으로 죽은 자의 시신을 취급함으로써), 죽음의 문제를 다루려 노력했었다는 사실이다.

3. 시신 없는 장례식의 출현

죽은 자를 돌보는 의무를 지난 사오십 년 동안 회피하거나 외부에 맡기거나 무시하기 시작한 북미 지역의 최근 세대가 나타나기 전까지 이러한 공식(죽은 자를 보살핌으로써 죽음의 문제를 다루기)은 모든 문화를 막론하고 지

---

[2] Zygmunt Bauman, *Mortality, Immortality and Other Life Strategies* (Stanford: Stanford University Press, 1992), 51.

구상 어느 곳에서든 사오만 년 동안 잘 작동해 왔고, 인간이란 어떤 존재인 가를 정의하고 묘사해 주었다.

북미의 신세대들은 자신들이 직접 죽은 자의 육신(죽음 그 자체)을 보살피지 않아도 된다면, 기꺼이 후손들의 기억 속에 죽은 자의 현존(죽음이라는 관념)을 간직하려 한다. 피아노 위에 놓인 사진은 괜찮지만, 공개적인 철야를 하거나 죽은 자의 시신을 열린 무덤이나 관에 두는 일 등은 구시대적인 것으로 여긴다.

시신 없는 장례식은 지난 반세기 동안 유족들에게 선택 가능한 옵션이 되었고, 그로 말미암아 산 자와 죽은 자 사이에 소원함을 일으켰는데 이는 인류 역사에 있어서 유례없는 일이다. 더 나아가서, 이러한 소원함, 이러한 단절, 죽은 자의 시신을 보살피는 일에 대한 이러한 거부는 죽음이라는 관념을 다루는 우리 인류의 능력에 제약을 가져왔다는 점을 미루어 짐작할 수 있다. 죽음을 온전하게 다루지 못하는 실패와 생명을 온전하게 다루지 못하는 무능력은 모종의 연관이 있는 듯하다.

여기서 잠시 언급할 필요가 있는 사실이 있는데, 이러한 소원함이 지난 반세기 동안 죽은 자들을 처리하는 하나의 방법으로서 화장의 증가와 동시적으로 발생했으며 아마도 상호 관련성이 있겠지만, 화장이 이러한 소원함의 원인은 아니라는 사실이다. 화장에 대해서는 앞으로 7장에서 더욱 자세하게 다루겠지만, 화장은 시신을 처리하는 데 고대로부터 사용된 고결하며 효과적인 방법이었다.

다른 것이 있다면 대부분의 문화권에서 화장은 공개적인 추모 예식으로 거행되는 반면, 북미 지역에서의 화장은 모든 일이 효율성의 논리에 따라 은밀하게 진행되는 장소, 즉 한 쪽에 떨어져 있어서(off-site) 사람들 눈에 띄지 않는(out-of-sight) 공업단지에서 이루어지는 것이 일반적이다.

화장과 불 사이에 존재해 온 고대로부터의 관련성이 상실된 것은 오직 북미에서만 벌어지고 있는 일인데, 그것은 화장을 할 때 참관하여 지켜보는 증인이 거의 없기 때문이다.(화장을 한 결과물은 유족에게 전달되지만, 시신이 불에 타오르고 있는 과정을 지켜보는 사람이 없기 때문에, 화장과 불꽃사이

의 오랜 관련성이 희미해져 버렸음을 지적하고 있음 – 역주)

지난 오십 년 동안 북미에서 화장은 사라짐이라는 말과 동의어가 되었고, 매장에 대한 대체 수단이라기보다 '죽은 육신을 두고 수고해야 하는 것'에 대한 대체 수단이 되고 말았다.

장례식 안내서비스 사업을 하고 있는 마크 더피(Mark Duffey)가 주장하는 말을 들어보라.

> 장례식장 체인에 가맹하여 운영하다가 자신의 회사를 직접 차린 더피 씨는 이렇게 말합니다. "베이비 붐 세대는 모든 것이 잘 통제되는 것을 좋아합니다. 이 세대의 특징은 음식에서 단어와 식순에 이르기까지 모든 것이 통제되길 원한다는 것이죠. 그런데 이 장례라는 것은 고객들이 통제가 안 되는 것처럼 느끼는 영역입니다."
> 더피 씨에 따르면 베이비 붐 세대가 원하는 것은 그들의 삶과 취향을 반영하는 서비스라고 합니다. 어떤 가족은 "바로 이곳이 일요일 아침이면 아버지께서 교회 대신 서 계셨던 곳인데 왜 우리가 (추모식을 하러) 교회로 가야 하는 거죠?"라고 말하면서, 추모식을 선친이 가장 좋아하던 골프장의 18번 홀 그린 위에서 하게 해달라고 요구했습니다. 더피 씨는 말합니다. "고인의 친구 분들은 나와서 일렬로 서 주세요. 그리고 골프공을 타격하시기 바랍니다."
> 또 다른 고객은 친구들에게 할리스(Harleys, Harley-Davidson이라는 고가의 오토바이의 별칭 – 역주)를 타고 자신이 가장 즐겨 달리던 도로 위에 자신의 뼛가루를 뿌려달라고 요청했다고 합니다. 더피 씨가 말하길, 가장 큰 변화는 화장을 선택하는 가족이 더 늘어났으며, 서부의 어떤 지역에서는 70퍼센트에 가까운 가족들이 화장을 택하고 있는데, 죽은 이의 시신이 보이지 않기 때문에 예식은 좀 덜 음산하게 되었다고 합니다. "시신은 분위기를 처지게 하는 것(downer)입니다. 특히 베이비 붐 세대에게는 더 그렇죠. 만약 시신이 예식에 없어도 된다면, 우리는 우리가

원하는 것을 좀 더 자유롭게 할 수 있을 겁니다. 고객들은 예식을 골프장에서, 또는 술집에서, 또는 그들이 자주 찾던 레스토랑에서 거행할 수도 있습니다. 바로 그런 곳이야말로 고객들이 가고 싶어 하는 곳 아니겠어요?"라고 더피 씨는 전합니다.[3]

물론 이것은 영국 태생의 잔소리꾼이자 작가인 제시카 미트포드(Jessica Mitford)가 그녀의 책 『죽음에 관한 미국적 방식』(The American Way of Death)을 쓸 때 예견했던 바로 그대로이다. 시신이라든가 신조에 얽매여 해야만 하는 의무 등, 분위기를 처지게 하는 것들(downers)이 없는 장례식 말이다. 미국의 어떤 지역에서는, 특히 동부와 서부 해안 지역에서는, 장례예식에 죽은 자의 시신을 두지 않는 것은 이제 새로운 규범이 되었다.

4. 메간 오루르크

미국 동부 지역에 일어난 이러한 변화를 보여주는 사례로 시인인 메간 오루르크(Megan O'Rourke)가 최근에 발간한 회고록보다 더 좋은 문헌은 없을 것이다. 공부를 열심히 하던 어린이에서 학문적인 여성으로 성장한 그녀에게, 이 세상에 가득한 미스터리한 일들과 우연한 일들에 의미를 부여하는 것은 독서와 작문이었다. 오루르크의 글에는 사람의 마음을 끄는 힘이 있다.

그녀의 어린 시절 여름날들을 회고하는 글인 『긴 작별인사: 슬픔의 회고록』(The Long Goodbye: A Memoir of Grief)의 서문에 이렇게 쓰여 있다.

"우린 현관 앞 그늘에서 오후 내내 책을 읽었다. 부모님은 무신론자들이셨지만 나는 신이 있다고 직감했다. 신이 날들을 창조한 것은 우리가 예배하도록 하기 위함인 것처럼 보였다."

---

3 John Leland, "Its My Funeral and Ill Serve Ice Cream if I Want To", *The New York Times*, July 20, 2006.

그녀의 자기소개서가 보여주듯 교육자들의 딸이요 예일대학(Yale) 졸업생인 오루르크는 「뉴요커」(The New Yorker)지(誌) 역사 상 최연소 편집자들 가운데 한 명이었다.[4]

후에 그녀는 「파리 리뷰」(The Paris Review)와 슬레이트닷컴(Slate.com)에서도 일했다. 2007년에 출간된 그녀의 첫 번째 시집 『하프라이프』(Halflife)는 여기저기서 좋은 평을 받았다. 따라서 그녀의 어머니가 2008년 크리스마스 날 오후 3시에 직장암으로 죽었을 때 그녀가 책에서 위안을 찾으려 했다는 것은 전혀 놀라운 일이 아니다.

필립 아리스(Phillip Aries)에서 버지니아 울프(Virginia Wolf)에 이르기까지 5쪽 분량의 도서목록은 그녀의 학자적 됨됨이를 증명해 준다. 그녀는 미치 앨봄(Mitch Albom)의 작품은 피하는 대신 존 보울비(John Bowlby), 에릭 린드만(Erich Lindemann), 지오프리 고러(Geoffrey Gorer)의 작품에 열광했다. 마찬가지 맥락에서, 그녀가 뭔가를 쓰려는 감동을 느꼈다 해도 이상할 것이 없다. 『긴 작별인사』와 그녀의 최근 시집인 『한 때』(Once) 두 권 모두 어머니의 암과 죽음, 그리고 그에 수반된 슬픔에 대한 회고록이다.

물론 한 가정에 일어난 죽음이란 문제는 읽고 쓰기 위한 사건 그 이상이다. 그리고 만약 바바라 진 켈리 오루르크(Barbara Jean Kelly O'Rourke, 메간 오루르크의 어머니 – 역주)가 55세의 나이로 미국 동부 지역이 아닌 아일랜드 서부 지역에서 죽었다면 그녀의 장례식은 아마 전혀 다른 모양새였을 것이다.

웨스트클레어(West Clare, 아일랜드의 한 지역 – 역주)에 거주하는 딸들이라면 어머니의 시신을 돌봄에 있어 시신에 옷 입히기, 시신 주변 꾸미기, 시신의 수송과 처리 등, 자기 맡은 본분을 다하였을 것이지만, 코네티컷 주 웨스트포트(Westport, 미국 동부의 한 지역 – 역주)에서 죽음을 맞이하는 반응은 다소 관념적이랄까, 죽음이라는 물질적 측면보다 죽음에 대한 관

---

4 Megan O'Rourke, *prologue to The Long Goodbye: A Memoir of Grief* (New York: Riverhead Press, 2011), n.p.

념적 측면이 강했다.

『긴 작별인사』는 두 가지 사별에 대한 기록이다. 하나는 인류라고 하는 종의 역사만큼이나 오래 된 사별 이야기, 즉 한 아이의 부모가 죽는 것에 대한 기록이고, 다른 하나는 이상하게도 포스트모던적인 이야기로서 특별히 최근 세대들에게 해당되는 사별 이야기다.

첫 번째 사별 이야기에는 우아함과 솔직함이 보인다.

> 무엇보다도 나는 어머니가 돌아가셨다. 그렇지만 나는 그 분이 다시 내게 돌아오셨으면 해. 이 한 가지를 생각했다. 나는 어머니가 다시 살아나시기를 너무나 간절히 원했기 때문에 그 분을 그냥 보내드릴 수가 없었다.[5]

그 글은 풍부하고 세부적이며 세심하고 직감에 차 있다. 그러나 이것은 그 책에서 가장 오래 된 이야기이다. 오루르크도 햄릿(Hamlet)의 어머니가 했던 말을 인용하면서 인정하듯, 슬픔은 "흔하다".

그 오래된 이야기의 맥락 속에서 더 새로운 이야기, 더 새로운 애가(lament)가 탄생한다. 그것은 실존적 이야기와 은유를 빼앗긴 채, 누군가 죽게 되었을 때 무엇을 해야 하는지 모르고, 표류하는 난파선처럼 예식에 있어서도 무지하게 되어버린 한 문화와 한 가정에 대한 이야기이다.

> 어머니가 돌아가시고 나는 나의 상실감을 구체화하고 끌어안아줄 예식의 부재에 대해 실감했다. 그때 나는 카디시(Kaddish, 유대교에서 고인을 위해 가족이 드리는 기도 – 역주) 기도를 올리는 풍습을 가진 유대인 친구들을 부러워하고 있는 내 모습을 발견했다. 그들은 매일 일정한 시간을 할애하여 고인을 추모하는 예식으로 드린다.

---

5 Ibid., 12.

시간이 갈수록 갈피를 못 잡고 난파선처럼 떠내려가던 나는 '상실을 바라보면서 그것을 외면화해낼 어떤 예식도 없는 우리에게 슬퍼함이란 무슨 의미일까?'하는 의문이 들었다.[6]

신세대 미국인들도 마찬가지겠지만, 메간 오루르크가 잃어버린 것은 슬퍼하는 유족을 도와주는 외형적인 관습뿐 아니라 유족들에게 슬퍼하도록 주어졌던 시간들, 즉 기년(朞年, the year of mourning, 일 년 동안의 애도기간 – 역주)이라든가 그와 유사한 종류의 시간들이다.

오루르크가 거주하는 코네티컷 주에서 죽음과 슬픔은 그야말로 실체가 없어지고 말았다.

> 그들은 어머니의 시신을 너무나 재빨리 가져가버렸다. 우리는 그녀를 만지고 끌어안고 입 맞추며 작별을 고했다. 일 년 전 일이다. 20분 정도 어머니에게서 따뜻한 체온이 느껴졌다. 어머니는 돌아가신 것처럼 보이지 않았다. 물론 살아계신 것처럼 보이지도 않았다. 그러나 어머니 얼굴에는 내가 예상했던 흐릿하거나 멍한 표정은 없었다. 어머니의 존재가 우리와 함께 있는 듯 했다. 나는 어머니의 존재가 그 방 천장에 맴도는 것을 느낄 수 있었다. 분명 뭔가 바뀌었지만 사라져 버린 것은 아닌 것 같았다. 어머니의 시신과 함께 몇 날이고 보낼 수도 있었으련만. 어머니의 시신에 익숙해지고, 그것을 사랑하고, 거기에 대고 작별을 고할 수도 있었으련만.[7]

오루르크가 가진 "하나님의 존재"에 대한 직관만큼이나 "시신과 몇 날이고 보내"고 싶어 하는 이러한 성향은, 이제는 퇴화하고 사라진 사회적

---

6 Ibid., 13.
7 Ibid., 254.

규범들, 즉 철야와 장례, 쉬바(shiva, 'seven', 유대교에서 친족의 죽음을 7일간 슬퍼하는 풍습 – 역주)와 카디시와 같은 사회적 규범들을 향한 성향이다.

여기 열거한 사회적 규범들은 거의 모든 인류 문화가 그 문화의 시작 지점부터 간직해 오던 것들로서 시신의 매장, 화장, 처리 등을 지켜보고 참여하는 기본적 책무들이었다. 그런데 최근 오십 년에 걸쳐, "가상의" 혹은 "편리한" 추모이벤트에 대한 선호에 밀려 이러한 관습들이 내던져져 버렸다.

그녀의 회고록에 자세히 기록된 것처럼, 몇 달 동안 사람들의 에너지와 관심의 중심이 되었던, 암으로 덮인 어머니의 육체는 크리스마스 저녁이 되어 실무자에 의해 보이지 않는 곳으로 옮겨졌고, 증인도 별다른 예식도 없이 화장되어졌으며, 골판지로 만든 상자에 담긴 재가 되어 돌아왔다. 그리고 그 상자는 그 후 일 년간 집에서 그 누구의 눈에도 띄지 않았다.

오루르크의 경우는 우리가 죽은 자를 처리하는 일에 참여하는 어떤 의무들로부터 얼마나 멀리 떨어져 있는지 가늠하게 해준다. 실무자들이 어머니의 육신을 집에서 모셔간 후 그 육신에 어떤 일이 벌어졌는지에 대해 생각해 봐야겠다는 생각이 그때는 그녀에게 들지 않았었다.

어떤 이는 이렇게 생각할지 모른다. 고인이 마지막 숨을 내쉬기 전 몇 달 동안 많은 가족들의 관심이 집중되었지만, 그녀의 남겨진 육신이 조용히 사라지는 일에는 한 통화의 전화와 신용카드 한 장이면 충분하다고 말이다. 그녀의 어머니의 시신을 처리하는 일과 연관된 "언제, 어디서, 어떻게, 왜, 어떤 상황 속에서, 어떤 정도로" 등과 같은 부사어구들에 대해서 그녀가 한 번도 생각해 본 적이 없다는 사실. 그리고 어머니에 대한 그녀의 망각이 일 년이나 계속되었다는 사실. 이러한 사실은 놀랄만한 일이다.

> 열려있는 아버지의 침실 문을 들어섰을 때, 나는 흰색의 커다란 정방형 골판지 상자 하나를 침대 옆 탁자 위에서 보았다. 다가서는 동안 심장이 빠르게 뛰기 시작했다. 그 상자에는 단출한 라벨 하나가 달려 있었고, 거기에는 바바라 진 켈리 오루르크(BARBARA JEAN KELLY O'ROURKE)

라는 이름이 대문자로 깔끔하게 타이핑되어 적혀 있었다. 그 상자는 항상 거기 놓여 있었음에도 나는 단 한 번도 그것을 알아차리지 못했다. 어머니가 돌아가신 추모일 아침이 되어서야 나는 그것이 어머니의 유골함이라는 것을 알아보았다.[8]

오르루크의 어머니가 대서양 건너편 웨스트클레어(West Clare) 반도에서 돌아가셨다면, 그녀의 딸과 그녀의 가족들은 슬픔 가운데에서도 고인의 육신을 처리하는 일과 관련된 세세한 의무들을 감당하였을 것이다. 우선 그들은 아마 고인이 사망할 때 누워있던 침대에서 고인을 들어 옮기는 것을 도와야 했을 것이다. 그들은 아마 시신을 씻고 옷 입히고 주변을 꾸미는 일을 도왔을 것이다. 고인을 눕혀서 올려놓을 깨끗한 아마포, 고인의 손을 한 데 모아놓을 묵주(rosary), 부패를 막기 위해 피워놓는 양초 등도 준비할 것이다.

음식과 음료가 철야를 위해 배치되어야 하고, 직계 가족을 위한 깨끗한 의복을 준비해야 하고, 먼 곳에서 오고 있는 친족들을 마중하러 공항에 다녀오는 일도 필요하다. 교회에서 해야 할 일들을 협의하기 위해 사제나 목사들도 내방할 것이다. 찬송곡, 성경 구절, 그리고 누가 추모사를 할 것인지에 대한 논의도 필요하다. 이웃들 가운데 누가 묘지 파는 일을 해 줄 수 있는지 알아보는 일도 필요하고, 관이나 운구차, 신문에 낼 부고, 추모 카드 등에 대해 상의하기 위해 장의사를 부르는 일도 해야 한다. 더 넓은 지역사회에 고인의 마지막을 보이기 위한 도심지로의 운구 행진이 있을 수도 있다.

자연의 이치가 죽음에 부여한 긴급성이라는 특성 때문에 이 모든 일들이 수일 내에 이루어진다. 그리고 나면 위령 미사(Month's Mind Mass, 가톨릭에서 장례 1개월 후에 실시하는 추모 집회 – 역주)가 열려 장례식에 보여준 친구들과 이웃들의 따뜻한 마음과 친절에 대해 유족들이 감사를 표할 기회로 삼으며, 앞으로 1년 동안 고인의 죽음에 대해 애곡하는 마음을 담은

---

8 Ibid., 251.

대화가 공개적으로 지속될 수 있도록 승인될 뿐 아니라 장려된다. 그런 후에 죽은 이를 기리기 위한 묘비를 공공의 장소에 세우기 위해 석공들과의 협의가 시작된다.

하지만 코네티컷 주의 오루르크의 경우에는 모든 게 다르게 진행된다. 크리스마스 날 어딘가로 치워진 시신은 생전의 신체와 비교할 때 훨씬 작아진 형태로 변형된다. 어머니의 시신을 돌봐야 한다는 그 어떤 실질적인 의무도 부여받지 않았던 오루르크는, 은유와 수단과 직접 행하는 예식(do-it-yourself ceremonials)을 탐색하며 일 년의 시간을 보내고 있었다. 이를테면 어디에서나 가능한 "삶의 경축"과 같은 예식 말이다.

가족 내에 일어난 죽음과 관련하여 따라야 할 어떤 인종적, 종교적, 지역적 문화에도 더 이상 얽매이지 않은 채, 산 자와 죽은 자 사이의 공간에서 작동하는 장치를 그녀 스스로 다시 발명해 내야만 하는 처지에 놓이게 된 것이다.

그녀는 독서하고, 글을 쓰고, 울기도 하면서 어떻게든 해보려 한다. 목놓아 우는 것은 어색한 일이 되고 오히려 한바탕 웃는 것이 인정받는 예식에서, 정선된 와인을 마시며 그녀는 키즈(Keats, 19세기 초에 활약한 영국 시인 – 역주)의 글을 낭독했다.

> 그 당시에는 그렇게 신속하게 시신을 거두어 가는 것이 자연스럽다고 느껴졌는데, 그건 아마 나 자신이 뭘 어떻게 해야 할지 전혀 알지 못했기 때문일 것이다. 그러나 이제 나를 가장 괴롭게 하는 것은 내 가슴 한복판에 있는 어떤 텅 비어 있음(a blankness)이다. 과거에는 곧잘 행해졌고 지금도 다른 곳에서는 행해지고 있는, 시신을 씻기고 정결케 하는 예식 행위들에 대해 우리는 너무 거부반응을 보였다. 그러나 만약 내가 평생 소중하게 여겼던 어머니의 육신을 마지막으로 한번 더 잘 돌봐드렸다면 그 일이 내게도 큰 도움이 되지 않았을까하고 생각하게 되었다.[9]

---

9 Ibid., 255-56.

몇 년 전 지오프리 고러가 말했다시피, 슬픔의 일이란 뇌가 하는 일이라기보다는 몸이 하는 일이다. 그리고 그 일은 지력(知力, gray matter)보다는 큰 근육들로 더 잘 처리되며, 두뇌의 연접부(cerebral synapse)의 역할이라기보다, 어깨, 함께 끌어안는 것, 쓰라린 마음들이 도맡아 하는 일이다.

메간 오루르크는 매우 명확하게 다음과 같이 이야기하는 것으로 보인다. 즉 우리가 도서관이나 서점이나 구글(Google)을 통해 슬픔에 대해 검색하기보다, 슬픔에 대한 직접적인 시청각 교육이 이루어지는 화장터나 공동묘지에 가 보라는 것이다. 그곳에서는 죽은 자들이 가야 할 곳에 잘 가게 함으로써 산 자들이 있어야 할 곳에 더 가까이 있도록 해 주는 일이 일어난다.

5. 알란 볼

미국 동부 지역에 오루르크의 사례가 있다면 비슷한 경우에 해당하는 서부 지역 사례로 알란 볼(Alan Ball)만큼 적절한 경우는 없을 것이다. 그는 HBO 방송국의 블랙 코미디 드라마인 "씩스 핏 언더"(*Six Feet Under*)의 작가 겸 연출가이다. 이 드라마는 2001년 6월부터 2005년 8월까지 다섯 번의 시즌에 걸쳐 63회의 에피소드를 방영하였다. 로스앤젤레스 현지와 할리우드 세트장 등에서 촬영된 이 드라마는 에미상(Emmy Awards)을 아홉 차례 수상했고, 스크린액터길드상(Screen Actors Guild Awards) 세 차례, 골든글로브상(Golden Globe Awards) 세 차례, 피바디상(Peabody Award) 한 번을 수상한 바 있다.

이 드라마는 로스엔젤레스에서 마앤파(Ma and Pa) 장례식장을 운영하는 피셔(Fisher)가의 삶을 추적하고 있다. 룻(Ruth)의 남편이자 한 집안의 가장인 나다니엘 피셔(Nathaniel Fisher)는 드라마 첫 회에서 죽는다. 새로 뽑은 운구차를 몰고 아들 네이트(Nate)를 마중하러 공항에 가던 중 버스 한 대가 그의 차를 옆에서부터 들이받는 사고가 발생했는데, 그 날은 다름 아닌 크리스마스 이브였다. 탕자 같은 아들 네이트와, 아버지를 따라 가업(家業)을 돕고 있는 성실한 데이비드(David), 그리고 십대 딸 클레어(Claire)는 어머니를 도와 장례식을 준비한다.

이어지는 에피소드들도 이와 같은 설정을 따라 한 사람의 죽음으로 시작한다. 어떤 죽음은 갑작스럽고, 어떤 죽음은 질질 끌고, 어떤 죽음은 우스꽝스럽고, 어떤 죽음은 장엄하며, 어떤 죽음은 충격적이고, 또 어떤 죽음은 평범하다. 분명한 것 하나는 드라마의 모든 에피소드들은 이야기의 진행을 위해 반드시 하나의 시신을 필요로 한다는 점이다. 이야기의 종결은 종종 시신을 처리하는 부분에서 이루어진다.

2001년 6월 드라마의 첫 회가 방영된 직후 NPR 방송국의 "프레쉬에어"(Fresh Air) 프로그램에서 테리 그로스(Terry Gross)가 알란 볼을 인터뷰했는데, 영광스럽게도 그가 장례와 죽음을 주제로 한 나의 책들을 읽었다고 테리에게 말하는 것을 들었다.

많은 유사점들이 있었다. 데이비드 피셔처럼 나 또한 부친의 가업을 이어받았고, 데이비드가 그랬던 것처럼 나도 아버지가 돌아가셨을 때 시신을 방부처리해드렸으며, 그처럼 나도 힘든 일이 있을 때 돌아가신 아버지에게 어떻게 하면 좋겠냐며 묻곤 한다. 오스카(Oscar)상을 수상한 아티스트이자 영화제작자가 장의사와 그의 가족들의 일상적인 일에 관심을 기울여주었다는 것은 말할 것도 없이 내게는 놀라운 일이었다.

내가 알기로는, 죽음과 슬픔에 관한 자신의 인생 경험이 그에게 영감을 제공하였다고 한다. 알려진 바대로 그 경험은 그가 열세 살일 때 스물두 살 생일을 맞은 누나가 그를 음악 레슨에 데려다 주러 운전을 하다가 다른 차가 운전석을 들이받는 바람에 죽음을 당한 끔찍한 경험이다. 테리 그로스는 NPR 방송국의 "프레쉬에어" 인터뷰에서 누나의 죽음과 장례에 대해 그에게 자세히 질문을 했다.[10] 그에 따르면 그 사건은 인생을 뒤바꾼

---

10 Alan Ball, interview by Terry Gross, Fresh Air, NPR, June 25, 2011.

사건이었다고 한다.

그로스를 향해 그는 말한다.

"내 인생은 그 사건 이전과 이후로 확연히 나누어지게 되었다. 그 사건은 극도로 충격적이었다…그리고 나는 내가 죽는 날까지 깊은 상처를 안고 살아가게 될 것이다."

그로스는 피와 구급차와 누나는 괜찮을 거라고 말하는 여러 사람들의 거짓말들을 기억한다. 그러나 가족 주치의가 그를 태워 부모들에게 데려다주면서 "부모님들을 위해 강해져야 해"라며 방금 그에게 도대체 어떤 일이 일어난 건지 넌지시 알려줬을 때, 조금 전 사람들이 한 말들은 모두 거짓말인 것을 알게 되었다. 볼은 그 얘기를 듣고 실제로 "밑으로 곤두박질 치는" 느낌을 받았고 지금도 그 느낌을 기억한다. 그는 이제 자신의 삶은 전혀 다른 삶이 될 것이라고 확신하게 된다.

누나의 장례식이 어땠냐고 하는 질문에 그는 "비현실적…너무나 비현실적이었어요"라고 답한다. 그는 "전통적인 방식에 따라 관이 열려 있었죠"라고 회고한다. 관 속에 있는 누나를 보고 처음 든 생각은 "저건 누구지?"였다고 한다. 누나는 크게 부풀어 오른 우스꽝스런 헤어스타일을 하고 있었고, 누나라면 절대 선택하지 않을 색깔의 립스틱을 바르고 있었다. 그는 이렇게 말한다.

"이렇게 말해서 죄송한데요, 관에 누워있는 사람들을 보면 하나같이 모조품 같고 밀랍인형 같아요."

그로스는 누나의 비현실적인 장례식이 그에게 "결코 위로를 주지 못했다"고 말한다.

테리 그로스에게 계속 말하면서 그는 누나의 장례식과 관련해 더 좋지 않았던 대목을 말한다. 어머니는 너무 슬프셔서 소리 높여 우셨는데 장례식장 직원들은 그녀가 "감정을 추스르지 못하고 무너져 내리는 것"은 부적절한 태도라고 여겨서, 마음을 진정시키도록 옆방으로 안내하였다. 마치 관 속의 죽은 딸의 시신을 보고 감정을 터뜨리는 것은 부적절하며, "무너져 내리는 것"은 나약함 때문이거나 뭔가 문제가 있어서 생기는 일이라는 듯이 말이다.

이와 같은 주변 반응들을 보았기에, 그리고 주치의로부터 부모님들을 위해 "강해져야 한다"는 조언, 물론 좋은 의도에서이긴 하지만 잘못된 조언 때문에, 열세 살 된 볼에게는 자신의 깊은 상처를 있는 그대로 표현해서는 안 된다는 결론 외에는 다른 선택이 없었다. 그 모든 일들을 통해 그는 슬픔이란 조용해야 하며 개인적으로 처리되고, 소리를 내지 않으며, 억제되어야 하고, 옆방에 들어가 커튼 뒤에 숨겨져야 하는 것이라는 메시지를 받게 된다.

주치의는 테리 그로스를 향해 말한다.

"그건 거짓말입니다. 당신이 할 일은 소리 지르며, 벽을 두들기고, 머리를 쥐어뜯는 것입니다. 왜냐하면 슬픔이란 근본적인 것이며 그것을 극복하는(out of it) 유일한 길은 그것을 통과하는(through it) 것뿐이기 때문입니다."

그는 자기 가족들이 오랜 기간 보여준 반응을 이렇게 묘사한다.

"모두가 흩어져서 각자 자기만의 세상 속으로 들어가 버렸지요. 그와 같은 저희 가족의 역학관계(dynamic)가 피셔가 사람들 이야기에 반영되고 있습니다."

그의 고백에 따르면 누나의 죽음을 제대로 처리하는 데에 이십오 년이 더 필요했다고 한다.

드라마의 첫 번째 시즌, 첫 번째 에피소드부터 볼은 장례식에 대한 사람들의 대화를 변화시키고자 하는 자신의 의도를 분명히 드러냈다. 1963년에 출판되고 1998년에 개정되어 나온 제시카 미트포드의 책의 영향으로, 장례에 대한 사람들의 대화는 주로 장례식 비용에 대한 것이었다. 책이 나온 후 마치 관의 비용을 계산하는 일이 무엇보다 중요한 일인 듯이 "얼마나 들었어? 얼마나 아꼈어?" 등의 대화는 끝없이 이어졌다.

6. 제시카 미트포드

이 이야기는 그쯤 하고 잠깐 다른 이야기를 하자면, 제시카 미트포드는 내 삶을 바꿨다. 1963년 『죽음에 관한 미국적 방식』이 처음 출판되었을 때 나는 15살이었는데, 그때 나는 밤 시간과 주말을 이용해 아버지의 장례식장 일을 도왔다. 내가 하는 일은 문에서 조문객을 맞아 인사하고 조화를 나르거나 관을 옮기는 일이었다.

아버지가 그 책을 사 오셔서 나에게 읽어보라고 하셨다. 처음에 잠깐 보니 관, 화장, 장의사들의 솜씨 좋은 언변, 아름다운 추억이 담긴 사진, 슬픔 치료법, 거물급 공동묘지 소유자들의 터무니없는 상술 등을 다루고 있는, 장례식 관련 유행에 대한 책인 듯 했다. 미트포드는 이 모든 것을 비난하고 있었다. 그러한 문제들에 대해 거론하지 않는 문화에서 그런 일을 기꺼이 한 그녀의 시도는 새로웠다. 그녀의 호기심과 심술궂은 유머와 신중한 분개가 그동안 어둠 속에 덮여 있던 일들을 드러냈다. 사람들은 누군가 죽으면 무엇을 어떻게 해야 하는가에 대해 그녀의 조언을 따르기 시작했다.

그녀의 책을 읽었든 읽지 않았든 상관없이, 그동안 내가 상대했던 대부분의 고객들의 머릿속에는 미트포드의 책에 나오는 것과 비슷한 생각들이 자리 잡고 있었다. 그 책의 내용은 차츰 누구나 받아들이는 지혜의 경지에 들어섰다. 이를 테면 장의사들은 당신의 슬픔과 죄책감을 이용하여 당신이 원하지도 않는 품목을 당신이 감당할 수도 없는 가격에 사도록 혈안이 되어 있다는 것이다.

이것은 내 아버지의 행동에 대한 나의 경험이나 인식에 비추어 볼 때도 맞지 않고, 사업의 미래가 지역사회에서의 좋은 평판에 의존하는 이 사업의 특수성에 비추어도 말이 되지 않는다. 우리에게 도움을 청하는 분들의 대부분은 수년 전 비슷한 상황에서 우리의 도움을 요청했었던 분들이기 때문에, 우리를 향한 그들의 신뢰를 남용하면서 우리의 신용을 지켜나간다는 것은 전혀 말도 되지 않는다. 고객의 필요와 부족, 경제적 능력에 따라 적절하게 그들에게 봉사하는 것은 훌륭한 윤리적 행동일 뿐 아니라 사업을 잘 이끌어 나가기 위해서도 꼭 필요하다. 건물이나 자동차나 설비에 문제가 생기면 수리하거나 교체가 가능하지만, 한 사람의 평판에 남겨진 오점은 영원한 것이기 때문이다.

하지만 제시카 미트포드의 책은 출판 첫 해 여름에만 오백만 부가 팔려나갔다. 그녀의 책에 대한 나의 관심과 우리 사업에 끼친 그녀의 영향은 둘 다 예리하고 지속적인 것이었다. 그녀가 죽고 몇 달 후에, 나는 그녀의 딸 콘스탄시아 로밀리(Constancia Romilly, 별명은 딩키 "Dinky")와 막내아들 벤자민 트루해프트(Benjamin Treuhaft, 별명은 벤지, "Benji")를 소개받았는데, 딩키와 벤지는 이복 남매간이다. 제시카의 베스트셀러는 1998년 『다시 방문해 본 – 죽음에 관한 미국적 방식』(The American Way of Death Revisited)이라는 이름으로 증보판이 나오는데, 그녀가 죽기 직전까지 작업하던 것을 추종자들이 이어받아 완성시킨 것이다. 나는 이 증보판과 관련하여 이복 남매에게 하고 싶은 질문들이 있었다. 또한 책에는 나오지 않지만 영국이나 미국에 있는 친구들에게서 들은 내용들도 물어보고 싶었다. 그래서 그들을 맨해튼의 이스트 빌리지(미국 뉴욕 맨해튼 남동쪽 구역 – 역주)에 초대하여 식사자리를 마련했다.

벤자민이 이렇게 말했다.

"우리 어머니 장례식을 보셨어야 하는데 아쉽습니다. 모두가 좋아했어요. 정말이에요. 왠지 아십니까?
어머니 장례식 어디에도 어두운 구석이 없었기 때문이랍니다."

그의 어머니 역시 그 장례식을 좋아했을 것이라 생각하느냐고 나는 그에게 물었다. 잘 알려진 대로 제시카는 단순성과 비용절감을 중시했는데, 사실 그 장례식은 미국과 아일랜드 장례 전통 모두를 아우르는 퍽이나 공들여 준비한 장례식이었다. 제시카의 시신은 화장되었고 분골은 태평양에 뿌려졌지만, 그 다음에 진행된 일들은 무척이나 비용이 들어갔다.
딩키의 말은 이랬다.

> "설사 장례에 대한 책을 많이 썼더라도 죽음을 맞이하는 당사자는 자신의 장례식에 대해 뭐라 말할 필요가 없습니다. 장례식은 남겨진 사람들을 위한 것입니다. 무엇이든 그들이 원하는 바대로 할 것입니다. 죽은 당사자가 무엇을 원했었든 말이죠. 그래서 저는 어머니께 종종 얘기하곤 했어요. 우린 우리가 하고 싶은 대로 할 거라고. 우리는 장례식에 재즈 밴드를 부를 거라고 말예요."

제시카 미트포드는 1917년 코츠월즈(Cotswolds, 영국 남부 지역 - 역주)에서 태어났다. 그녀의 부모는 확고한 우익 특권층이었다. 자매 한 명은 나찌(Nazi)에 가입을 했고, 다른 자매는 오스왈드 모슬리 경(Sir Oswald Mosley)과 결혼했다. 그런 집안 분위기에 반항이라도 하듯 제시카는 다른 길을 갔는데, 그녀의 자매이자 소설가인 낸시 미트포드(Nancy Mitford)는 그런 그녀를 가리켜 "무도회장의 공산주의자"라고 불렀다. 이 말을 풀어 설명하자면, 한편으로는 가난한 부녀자들 사이에 섞여 무료 진료소에 느긋하게 있으면서도, 다른 한편으로는 헤브리디스 제도(the Hebrides, 스코틀랜드의 북서쪽에 위치한 열도 - 역주)의 섬을 물려받을 상속녀. 한편으로는 팁을 후하게 주면서도, 다른 한편으로는 가게에서 물건을 훔치는 것을 즐기는 여인. 수수께끼처럼 알다가도 모를 사람이지만 여전히 매력적인 여인이라는 뜻이다.

1937년 제시카는 자신의 사촌이자 처칠(Churchill)의 조카인 에스몬드 로밀리(Esmond Romily)와 사랑에 빠져 스페인으로 달아났고 거기서 파시스트들에 맞서 싸웠다. 그 둘이 결혼하자 그녀의 아버지는 부녀 관계를 끊었다. 제시카 부부는 런던에 돌아왔다가 후에 미국으로 이주하여 워싱턴과 플로리다에서 일했다. 에스몬드는 제2차 세계대전 중 왕립캐나다공군

기지(the Royal Canadian Air Force)를 향하는 비행기에 탑승하고 있다가 기체가 영국해협(English Channel) 위에서 격추되는 바람에 전사했다.

그때 제시카의 뱃속에는 콘스탄시아가 자라고 있었고, 그녀는 물가관리국(the Office of Price Administration)에서 일하고 있었는데, 그녀는 자신의 두 번째 자서전 『오래된 분쟁』(*A Fine Old Conflict*)에서 자신의 업무를 가리켜 "워싱턴의 그 어떤 일보다도 파시스트에 맞서 싸우는 전쟁의 최전선에 배치된 일"이라 표현하고 있다.[11] 거기서 제시카는 인권 변호사인 밥 트루해프트(Bob Treuhaft)를 만났다. 그가 잘 생겼고, 명석하며, 유대인이고, 브롱스(Bronx, 뉴욕 시 북부 지역 - 역주) 출신이며, 좌익이고, 제시카의 아버지가 인정하지 않을 만한 사람이라는 점 등, 이 모든 것이 그녀에게 잘 맞아떨어졌고, 그럴수록 둘은 더 가까워지게 된다.

둘은 결혼에 이르렀고, 캘리포니아 주에 정착했으며, 공산당에 입당했다. 남편은 노동조합들을 위해 일했다. 둘 사이에 니콜라스와 벤자민, 두 아들을 두었다. 1954년, 10살이 된 니콜라스는 오클랜드(Oakland, 미국 캘리포니아의 한 도시 - 역주)의 집 근처에서 자전거를 타다가 버스에 치어 죽게 된다. 남매가 나에게 말했다.

> "저희 가정은 문제 가정(dysfunctional)이 되어가고 있었어요. 우리는 서로에게 어떤 말도 할 수 없었습니다. 마치 우리 가족에게서 니키(Nicky, 니콜라스의 애칭 - 역주)가 뿌리째 뽑혀 나간 것 같았어요."

죽은 동생의 누나는 장례식에 붉은 주름치마를 입고 나갔는데, 그녀는 자신이 입었던 옷, 자신의 주변을 오고가던 사람들, 극심한 절망감 등을 기억하고 있다. 뭔가 기억나는 것이 있느냐고 남동생에게 물었더니 "아무 것도 기억나지 않아요"라는 답변을 들었다. 니키가 죽었을 때 벤자민은 일

---

11 Jessica Mitford, *A Fine Old Conflict* (New York: Random House, 1977), 30.

곱 살이었고, 콘스탄시아는 열 세 살이었다.

전쟁이 발발하기 전 제시카가 런던에 있을 때 그녀는 이미 자녀의 죽음을 경험한 적이 있었다. 그녀의 첫째 딸인 줄리아(Julia)는 생후 4개월이 되었을 때 당시 유행하던 홍역에 걸려 고열로 사망했다. 제시카와 에스몬드는 지리적 치유법(geographical cure, 상처를 치유하기 위해 살던 곳을 떠나는 방법 – 역주)을 선택했다. 제시카는 자신의 첫 번째 자서전인 『연인들과 반역자들』(Hons and Rebels)에서 죽은 딸에 대해 언급하고 있는 슬프고 쓸쓸한 단락에 이렇게 쓴다. "아이가 죽은 다음 날, 우리는 코르시카(Corsica, 프랑스 남동부의 섬 – 역주)로 떠났다. 친구들의 동정으로부터 멀리 떨어진 이국의 마을에서 비현실적인 환대 속에 삼 개월을 지냈다."[12]

친구들의 동정은 자식을 잃은 젊은 부모에게 뭔가 엄청난 일이 실제로 벌어졌다는 것을 사실로 받아들이게 할 것만 같았기 때문에 미트포드는 그 슬픔을 눈에서 그리고 마음에서 치워버리려고 마음을 모질게 먹었다. 그녀의 첫 번째 남편, 그녀의 첫 번째 딸, 이제 그녀의 첫 번째 아들까지, 감당할 수 없는 감정을 불러일으키지 못하도록, 그들 모두는 죽는 순간 가족의 대화에서 사라져 버렸고, 그녀의 자서전에서 사라져버렸다.

벤자민과 콘스탄시아가 나에게 해 준 설명에 따르면, 공산주의자였던 그들 어머니는 "그대가 죽을 때 천상에서 일어나는 일" 따위를 믿지 않았으며, 그녀가 속한 계급과 시대적 영향 때문이겠지만, 심리학에 대한 어떤 신뢰도 갖지 않았다고 한다. 제시카는 캘리포니아에서 일어난 일을 비현실이라고 치부했고, 가족 내에서는 그에 대해 어떤 말을 꺼내는 것이 금기시되었다.

"우리는 최선을 다했어요. 하지만 잘 되지는 않았답니다."

딩키의 말이다.

증보판 서문에서 제시카는 이렇게 쓰고 있다.

---

12 Jessica Mitford, *Hons and Rebels* (New York: New York Review of Books Classics, 2004), 183.

"이 책이 나오게 된 배경을 추적해보자면, 내 남편 밥 트루해프트는 1950년대 중후반 장례산업이라는 주제에 열중했어요."[13]

거기에 제시카가 가세했고, 그녀의 표현에 따르면 미국 자본주의의 어두운 단면 중 하나에 대한 정면공격을 날렸다.[14] 이 주제에 대한 그녀의 첫 번째 글 "성 베드로여, 나를 부르지 마오"(St. Peter Don't Call Me)가 1958년 활자화되었다. 그녀는 장의사들은 쉬운 공격상대였고, 그 주제는 그녀로 하여금 저항적인 내 기질을 맘껏 발휘하게 해주었다고 말한다.[15]

그러나 그 글은 죽음 그 자체보다 경제적인 측면에 더 초점이 맞추어져 있었다. 관에 관련된 계산, 관 판매자들의 아첨, 시신에 대해 떠드는 꼴사나움 등이 그녀의 주된 연구 대상이었다. 그 끔찍한 사업을 가감 없이 목격한 에벌린 워프(Evelyn Waugh)가 서평에서 다음과 같이 적절히 썼다.

> 미트포드 여사의 유쾌한 책에서 나는 (아마 작가들을 제외하고는) 어느 누구든지 어떤 분야에서나 돈을 벌어들이는 것에 대한 그녀의 분개를 냄새 맡을 수 있었다. 죽음의 발생은 장의사들의 활동을 더욱 우스꽝스럽게 만든다. 하지만 내가 느끼기에 그녀는 모자 장수나 식당 주인들에게라도 마찬가지의 조롱을 쏟아낼 것으로 보인다.[16]

장례와 관련해 제시카가 끔찍이 혐오하는 요소가 있다. 관이나 방부처리 등에 대해서 잔소리를 늘어놓긴 하지만 정말 그녀를 괴롭히는 것은 죽은 자들의 시신이다. 우리를 아무 소리 못하고 꼼짝 못하게 만들어 버리는 그 차갑고 움직이지 않는 껄끄러운 실체들 말이다. 그녀의 책이 처음으로 출판된 지 수

---

13 Jessica Mitford, *The American Way of Death Revisited* (New York: Knopf, 1998), xiii.
14 Jessica Mitford, *Decca: The Letters of Jessica Mitford*, ed. Peter Y. Sussman (New York: Knopf, 2006), 268.
15 Ibid.
16 Stephen Schwartz and Charles Burress, "Celebrated Muckraker Jessica Mitford Dies", *San Francisco Chronicle*, July 24, 1996., A1.

십 년 만에 우리가 죽은 자의 시신을 장례식에서 "사라지게 하고", "추방시키고", "지워버린" 최초의 인류가 된 것은 많은 부분 그녀의 조언 때문이다.

죽음에 대처하는 미국인들의 방식 가운데 그녀를 불편하게 했던 부분은, 상실감을 표현하고 죽은 자를 위해 슬퍼하는 미국인들의 경향성이었는데, 이제 드러난 바와 같이 지극히 개인적인 이유들 때문에 그녀로서는 이런 방식들을 이해할 수 없었던 것이다.

"데카(Decca, 제시카의 별칭 – 역주)는 웃음을 위해서라면 무엇이든 할 겁니다."

제시카의 딸이 내게 한 말이다. 자신의 죽음을 추모하기 위해 많은 미디어들의 관심 속에 두 대륙에 걸쳐 캘리포니아와 런던에서 펼쳐진 화려한 추모식에 대해 죽은 제시카 자신은 무엇이라 생각했을 지에 대해서는 각자의 상상에 맡길 수밖에 없을 것이다. 위원회가 구성되고 후원금이 모금되었으며 집회장이 마련되고 음악이 선별되며 연사들이 초대되었다. 벤자민의 주도로 "Send a Piana to Havana"란 이름의 추모식후원금 프로젝트도 진행되었다. 런던에 있는 리릭씨어터(Lyric Theatre)를 대관했는데, 일반적인 장례식에 비해 훨씬 더 비싼 비용이 지불된 것으로 알려졌다.

마야 안젤루(Maya Angelou), 살만 러쉬디에(Salman Rushdie), 제시카의 남편과 딸과 아들 등 장례식에 참석한 수백 명의 사람들에게 그 예식은 청구서에 적힌 비용을 훨씬 뛰어넘는 의미와 위로를 주었다. 왜냐하면 제시카 미트포드는 그녀의 열정과 이상과 결점까지도 존경받고 사랑받던 여인이었기 때문이다. 아무 것도 하지 않으면 더 단순하고, 더 쉽고, 더 싸고, 더 편리하며 비용면에서도 효율적일 것이다. 하지만 뭔가는 해야만 했다. 그렇게 하는 것이 죽은 자에게 중요해서가 아니라, 죽은 자가 산 자에게 중요하기 때문이다.

제시카가 그런 점들까지 깊이 고려하지 못했다고 해서 미국인들이 죽음에 대처하는 방식에 그녀가 미친 영향이 줄어드는 것은 아니다. 『죽음에 관한 미국적 방식』이라는 두 권의 책(개정판 포함 – 역주)을 썼지만 결코 자신의 죽은 두 자녀의 이름을 언급하지 않은 그녀를, 사람들은 기발하다거나 괴짜라거나 개인적이라거나 용감하다고 말할 수 있을 것이다.

그러나 자신의 삶과 시간들에 대한 두 권의 자서전을 쓰면서도 첫 남편, 첫 딸, 첫 아들 모두 비극적으로, 게다가 비극적으로 어린 나이에 죽은, 슬픈 사실들을 결코 깊이 있게 다루지 않고 있는 이 여인은 숨죽여 슬퍼하는 여인으로 불려야 할 것이다. 그녀 인생의 이야기들을 하면서 줄리아와 니콜라스의 이름을 그다지 자주 언급하지 않고 있는데, 이 침묵에 대해 그 누구도 쉬 평가할 수 없다. 그녀의 쾌활하고 유머러스한 그 모든 농담들 뒤로 우리 귀를 먹먹하게 하는 그녀의 침묵이 있다.

당연한 얘기지만 미트포드의 의도와는 별개로 장의사들은 언제나 풍자와 놀림의 손쉬운 표적이 된다. 장의사들은 자주 서로에게 가장 악랄한 적이 되어 버린다. 이런 이유로 출판 첫해 여름 미트포드의 책은 날개 돋친 듯 팔려나갔고 장의업계에 많은 변화가 시작되었다. 출판과 거의 동시에 화장률이 증가되었는데, 그녀의 책이 나오기 전 5% 이하였던 것이 수십 년 내에 거의 50%까지 증가하였다.[17]

미트포드의 본국인 영국에서 화장은 일반적이며 산 자들이 죽은 자의 시신을 따라 화장터에 함께 가는 반면, 시신의 처리와 추모예식을 분리하는 경향이 있는 미국에서의 화장은 편리함과 비용과 효율성을 위해 사람들이 보지 않는 곳에서(out-of-sight), 한 쪽에 떨어져서(off-site) 이루어진다. 그리고 산 자들은 나중에 그들 나름대로의 목적을 위해 다른 장소에 모인다.

7. 제시카 미트포드와 알란 볼의 차이점

바로 여기에 알란 볼과 제시카 미트포드의 차이점이 있다. 미트포드는 관에 대해, 그러니까 그것이 얼마인지, 그것이 얼마나 이윤을 남기는지,

---

17 Cremation Association of North America, "Industry Statistical Information", http://www.cremationassociation.org/?page=IndustryStatistics.

업자들의 판매 권유가 얼마나 빗나가 있으며 아첨으로 가득 차 있는지 등에 대해 주로 다뤘다. 그녀는 비싼 비용 때문에 그것들을 싫어했다.

그러나 그녀가 특별히 싫어했던 것은 그 관 안에 담긴 시신들이었는데, 그 시신이 불러일으킬 다듬어지지 않고 예측 불가능한 감정들 때문이다. 그녀는 종종 매우 유쾌하게 장의사들의 단점에 대해 쓰면서도 그녀가 두려워하는 감정들, 즉 그녀의 삶이 그녀에게 실제적으로 가르쳐 준 그 감정들에 대해서는 단 한 번도 쓰지 않았다. 그녀는 관과 시체를 모두 없애버릴 것과, 그녀가 보기에 값비싸고 미개한 과시행위일 뿐인 것을 편리함과 비용효율성이 대신하게 하도록 권했다.

가족 내에 발생한 죽음을 사업기회나 전도기회로 여기는 사람들의 아첨과 속임수를 조롱한다는 면에서는 볼도 미트포드와 마찬가지이다. 밀랍 인형처럼 지나치게 "단장한" 시신을 싫어하는 점에서도 둘은 통한다. 그렇지만 시신과 모든 값비싼 장식을 추방시키기 원하는 미트포드와 달리, 볼은 인간이란 죽을 수밖에 없는 존재라는 본질이 만천하에 드러나도록 단장되지 않은 시신이 장례식에 있어야 하며, 아무리 원색적인 감정이라 해도 산 자들은 그 감정을 표출할 수 있어야 한다는 확고한 생각을 가지고 있다.

볼은 슬픔이라는 실체를 육체적으로 다루기를 원하는 것이다. 진짜를 가상의 것으로 대체하려는 시도를 거부한다. 실재를 대신하는 쉽고 편리한 것을 거부한다. 가차없는 극 전개와 훌륭한 익살을 통해, 말도 안 되는 부차적인 것들은 해치워버리고, 장례에서 본질적으로 수행되어야 할 책무들이 무엇인지 보여준다.

"누군가 죽으면 우리는 얼마나 지출하게 되나?"

이와 같은 미트포드 식의 대화를 탈피하여 "(누군가 죽으면) 우리는 무엇을 해야 하는 걸까?

이와 똑같은 쪽으로 대화를 이끌어가려는 그의 의도는 그의 드라마

"씩스 핏 언더"의 첫 번째 시즌, 첫 회부터 잘 드러나고 있다.[18]

그 장례식은 피셔네 가족들 내에서 발생한 첫 번째 가족장례이다. 가족들이 불운한 나다니엘 피셔를 묻기 위한 무덤가에 모여 있다. 그는 남편이었고 아버지였으며 캘리포니아 주 로스앤젤레스 시에 위치한 "피셔와 아들들"(Fisher & Sons) 장례식장의 소유주이자 관리자였다. 헌화용 꽃, 검은 옷을 입은 조문객들, 낡은 성경을 들고 있는 사제 등 장례식에 보이는 모든 것들은 햇살 가득한 그 날의 날씨와 부조화를 이루고 있다. 때맞춰 장의업체 직원 중 하나가 크롬 도금을 해서 반짝거리고 있는 장비의 스위치를 누른다. 그 장비는 표면을 매끄럽게 처리한 나무 관을 무덤 속으로 천천히 내려주는 역할을 하는 장비이다.

사제복을 입고 있는 잉글랜드국교회 사제는 조미료통 같이 생긴 흙통을 흔들어 관 위로 흙을 뿌리며 매장을 위한 기도문을 읊고 있다. 사제는 그 흙통을 무덤가에 모인 사람들 맨 앞줄의 유족들에게 넘긴다. 한 사람씩 차례대로 "재는 재로, 먼지는 먼지로"의 의미를 담고 있는 이 작은 상징적 행위를 경건하게 실시한다. 그리고 탕자 같은 아들 네이트(Nate)는 나지막하지만 모든 사람들이 다 들을 수 있을 정도의 목소리로 중얼거린다.

"이건 뭐 팝콘에 소금 뿌리는 것도 아니고."

가족들은 우려스러운 듯 눈을 이리저리 굴리며 눈치를 살핀다.

이제 흙통이 그에게 전달된다. 그러나 그는 그 행동에 가담하기를 거부한다. 대신 그는 무덤 한 편으로 가서 허리를 굽히고 인공 잔디 밑으로 손을 넣어 진짜 흙 한 줌을 움켜쥔다. 한 손에는 팝콘 소금통을, 다른 한 손에는 진짜 흙을 쥐고 있다. 의무감에 충실한 데이비드는 관 장식이 더럽혀질 것을 염려하여 네이트에게 충고한다.

"원래 다 이렇게 하는 거야."

그러자 네이트가 대꾸한다.

---

18 "Pilot", Six Feet Under, season 1, episode 1, written and directed by Alan Ball, HBO, June 3, 2001.

"그래? 그것 참 고약하군."

그러고는 아버지가 돌아가셨다는 게 얼마나 끔찍한 일인지, 그래서 얼마나 끔찍한 기분이 드는지, 또한 아버지 몸 안을 화학약품으로 가득 채운 채로 잠자는 방 안에 눕혀 놓고 모든 것을 성경구절과 틀에 박힌 예식이라는 연기와 거울(그 너머 뒤편을 볼 수 없게 하는 공통점 있음 - 역주) 뒤에 숨김으로써 그 끔찍한 기분을 씻어내려고 애쓰는 것이 얼마나 미친 짓인지에 대해 짧지만 신성모독으로 가득한 독백을 쏟아냈다. 더 나아가 데이비드를 향해 "네 손을 (흙으로) 더럽히라"고, 그래서 "아버지를 잃는다는 것이 얼마나 끔찍한 일인가를 세상을 향해 말하라"고 충고한다. 네이트는 욕지거리를 뱉으며 흙을 관 위로 흩뿌린 후 무덤에서 멀어져 갔다.

바로 그때, 지금까지 침묵하고 있던 그의 어머니가 드디어 입을 뗀다.

"잠깐!"

네이트가 쏟아 부은 말들을 허락의 싸인으로 생각하며 무덤가로 다가가 흙바닥에 무릎을 꿇고 동물과 같은 울부짖음으로 슬픔의 소리를 쏟아낸다. 한 아들이 그녀를 제지하려는데, 다른 아들은 그런 어머니를 두둔한다. 두 아들 다 그녀에게 위로가 되길 원하지만 그와 동시에 둘 다 아무런 도움이 되지 못함을 느낀다.

이 장면은 인간의 조건에 관한 진실을 보여주는 가슴 저린 장면이다. 포복절도하며 웃는 웃음으로부터 뼈가 부러질 듯한 슬픔의 흐느낌까지 인간 감정의 모든 굴곡을 그의 드라마 속 이야기에 담아내려는 볼의 연출 의도가 담긴 장면인 것이다. 물론 언제나 그렇듯 진실은 단순히 흑과 백의 이분법으로 나뉘지 않는다. 형제들이 무덤가에서 물러서자 데이비드는 사람들의 인기를 의식한 네이트의 행동과, 가업의 모든 부담을 자신에게 지워 놓고 몇 년 전 시애틀(Seattle)의 한 건강식품조합 직원이 되기 위해 가족과 가업을 내팽개치고 달아나버린 그가 이제는 가족들이 기댈 수 있는 바위라도 되는 양 행동하는 것을 비난하기 시작한다.

"손을 더럽히길 원한다고?"

데이비드는 네이트를 향해 끓어오른다.

"이런 위선자! 한번 말해봐! 줄줄 새어 나오지 않도록 아버지 항문에 소독약품 적신 탈지면을 채워 넣어야 했을 때 넌 뭘 했지?"

대단한 작가다. 알란 볼은 미묘함과 애매모호함과 복잡한 감정의 교차를 표현해내는, 어떻게 하면 포복절도의 웃음과 애통한 울부짖음이 동시에 존재할 수 있는가를 알고 있는, 찡그림과 웃는 얼굴이 똑같아 보일 수 있음을 알고 있는 작가라고 생각했던 게 기억난다. 난 곧장 그의 팬이 되어버렸다. DVD가 출시되었을 때 나는 다섯 시즌 모두 구입했고, 종종 그 영화제작자의 기법에서 배울 수 있는 게 있겠다 싶어서 다시 보곤 한다.

두 번째 시즌 초반쯤인 것 같은데, 우리는 여러 차례 이메일을 주고받았다. 볼은 이 어려운 이야기들이 지닌 폭넓은 다양성을 담아내면서도 각각의 이야기들이 가진 날카로움을 유지하는 적절한 방법을 알게 되었다고 했다. 그는 이렇게 말했다.

"당신과 같은 장의사들은 언제나 그 방법을 이해하는 것처럼 보이더군요. '일단 죽은 자를 장례식장에 데려다 놓으면, 아무 말이라도 할 수 있다.'"[19]

이 말은 정말 맞다. 죽은 자의 시신이 우리 앞에 있음으로써 실존적 밑돈(ante, 포커 게임에서 처음에 거는 돈 – 역주)은 기하급수적으로 올라가는데, 이로 인해 사람들은 일반적으로 더 큰 장엄함을 느끼며, 감정적 폭이 넓어지고, 목적의식과 의무감을 더 느끼며, 대화의 폭과 그 결과의 폭이 넓어지게 하는 심해(深海)를 헤엄치고 있다는 느낌을 갖게 한다.

시신이 우리 앞에 있다는 것은, 아무 말도 없고 아무런 움직임도 없지만 그 자체로 거기 모인 군중과, 그들의 조심스런 웃음과 눈물, 그들의 대성통곡과 포복절도, 모든 종류의 반응과 대화들의 존재 이유(raison dêtre)가 된다. 때로는 거룩하고 때로는 우스꽝스럽지만 이 모든 것들은 죽은 자

---

19 E-mail correspondence between Alan Ball and Thomas Lynch, May 2002.

와 그의 죽음을 중요하게 여기는 사람들에게 초점이 맞추어져 있다.

"인간"이라는 단어를 "부엽토"(humus)와 "부엽토의"(humic)라는 단어 근처에 위치시키는 바로 그 사전에서, 우리는 "무덤"(grave)이라는 단어 부근에서 "임신한"(gravid)과 "장중함"(gravitas)과 "중력"(gravity)이라는 단어를 보게 된다. 우리를 땅에 붙어 있게 만드는 바로 그 자연의 힘, 깊은 의미를 담고 있는 심각한 주제, 기대로 가득 찬 임신의 상태, 죽은 자를 묻기 위해 파 둔 구덩이. 이 모든 것들이 고대인의 인식적 틀 내에서 같은 어휘적 뿌리를 공유한다. 우리가 죽음의 중력에 묶여 있는 한, 각각의 세대는 고대인들이 그러했던 것처럼 죽음을 다루는 자신들만의 방법을 찾아야 한다.

8. 시신의 실종과 훼손

시신이 실종되거나 훼손되었을 때보다 죽은 자의 시신이 죽음에 대한 우리의 반응에 있어서 핵심적인 역할을 하고 있음을 더욱 분명하게 보여주는 경우는 없다. 2001년 9월 11일에 있었던 테러 공격으로 인한 희생자 대부분의 경우가 이에 해당한다. 구조대가 돌무더기를 헤치고 작업을 할수록 처참한 진실들이 더욱 분명해졌다. 우리가 그들을 잘 보내기 위해 그들의 시신을 찾아내는 것이 불가능하다는 진실 말이다.

희생자들을 위해 밤새워 울어주고, 그들의 평상시 사랑스런 모습을 들여다보며, 익숙한 방에 놓인 상자 속 시신이 보여주는 끔찍한 확실성 위로 모든 불확실성들의 초점을 맞추며, 그것을 어깨에 메고 동네를 행진할 수라도 있는 작은 자비마저 우리에게 허락되지 않을 것이다. 그와 같은 행동들을 하면서 우리는 마치 슬픔이라는 '경계선 없는 국가'를 우리가 통제하고 다룰 수 있으며, 마치 그 슬픔은 우리가 관리할 만한 크기와 모양과 무게와 실물을 가지고 있고, 마치 우리가 그 슬픔을 지도에 위치를 표시하고 측정할 수 있다고 여기곤 한다.

인간이란 각자가 선택한 방식에 따라 죽은 자를 망각의 자리로 보내려 하는 존재이며 그렇게 함으로써 위로받는 존재라고 볼 수 있다. 만약 이것이 사실이라면, 늦여름 화요일 발생한 사망 사건으로 인해 겪는 지독한 비통함과 참혹함은, 죽은 이의 분골을 뿌리는 친족의 몫도, 시신이 안치될 가족묘까지 그 시신을 운반하는 친구들의 몫도, 부드럽게 마지막 작별의 인사를 고하는 유가족들의 몫도 아니다. 그 망각의 자리가 무덤이든 불꽃이든 묘실(墓室)이든 바다든 공기 중이든 그 어떤 것이든 상관없이 말이다.

희생자들의 시신은 없어져버렸다. 달리 말하자면 너무 광범위하게 묻혀버렸고, 너무 맹렬하게 불타버렸고, 그들을 죽음으로 몰고 간 공포와 함께 완전히 뒤섞여 버려서 이제 그들의 시신을 다시 찾을 수도, 그래서 그들을 다시 잘 보내줄 수도 없게 되어버렸다. 우리가 구조한 사람은 너무 적었다. 우리가 발견해 낸 시신은 너무 적었다. 마치 일기예보라든가 달력 위의 날짜들이나 다시 되돌릴 수 없는 우연히 일어나는 일들에 붙들려 있듯, 우리는 이제 우리에게 남겨진 그들의 이름과, 숫자들과, 신문지상에 소개된 뒷이야기들에 붙들려 있다.

장의사나 성직자들이 그러하듯, 시체가 발견되고 집계되고 신원이 확인되어 그들을 집어삼킨 피해 혹은 재난으로부터 가족들에게 인도될 때까지, 나는 유괴된 아이의 가족, 해외 선교사의 가족, 토네이도 희생자의 가족, 익사한 아이의 가족, 평화유지군의 가족, 불꽃에 휩싸인 소방관의 가족, 추락한 비행기 승객들의 가족, 전쟁 사상자들의 가족과 함께 기다려 왔다. 나는 실종된 자의 시신이 발견되어 이제 그들에게 돌아오고 있다는 소식을 들은 가족들에게서 뜻밖의 안도, 기쁨, 감사가 터져 나오는 것을 목격했다. 나는 차 사고라든가 그 밖의 엄청난 사고를 당해 예전 모습으로는 비슷하게라도 회복될 수 없게 된 아이의 시신을 바라보는 부모들 곁에 서 있어 왔다.

완전히 없어져버리지 않고 그나마 형태를 알아볼 수 있는 사지(四肢)가 남아있음으로 인해, 그리고 원래의 모습이 아닌 너무나 끔찍한 외상을 입었지만 그래도 사지가 잘려나가지 않고 목이 잘려나가지 않은 것으로 인해 감사의 고백을 올리는 부모들의 음성을 들었다. 뭐라도 남아있다는 것, 즉 그것이 확실히 고인의 것이기만 하다면 그 어떤 것이더라도 부여잡고서, 떠나보낼 수 있으며 작별을 고할 수 있고 기억하겠노라 약속할 수 있는 그 무언가가 남아 있다는 것은, 극도로 무자비한 상황 속에 만나는 자비인 것이다.

바로 이런 이유 때문에 비록 작은 것일지라도 사망자의 신체 일부를 찾아내고 신원을 확인하여 그것을 가족들에게 돌려주는 활동이 9.11 테러 공격이 일어난 후 수주간, 수개월간, 수년간이나 계속되었던 것은 종종 실제적인 위로가 되었다. 테러 공격이 일어나고 분류작업장으로 이용된 스태튼아일랜드(Staten Island)의 프레쉬킬 쓰레기매립장(Fresh Kills Landfill)에서, 2백만 톤의 그라운드 제로(Ground Zero, 9.11 테러가 발생했던 장소 – 역주) 파편들 가운데 추려낸 신체의 아주 작은 토막들을 놓고 마침내 장례식들이 거행되었던 것 또한 그와 같은 이유 때문이었다.

시신의 일부라도 찾기 위해 수천 명의 법의학 감식전문가들이 백만 시간 이상을 매달렸다. 최종집계를 보면, 4,257개의 신체 조각이 발견되었고, 거기서 300명의 신원이 확인되었으며, 더 많은 유해를 포함하고 있을 것이 분명한 테러 현장 잔해들은 장차 영구적 추모공원이 건립될 40에이커의 토지 속에 매장되었다. 고인의 시신을 처리한다고 하는 개념은 우리에게 다른 선택지가 없을 때 아무런 의미가 없다. 선택지를 갖게 된 사람들만이 고인의 시신을 보살피지 않겠다는 선택도 할 수 있는 것이다.

마찬가지로, 뭔가 오해를 해서 그러는 거겠지만 적지 않은 선량한 사람들이 관 속의 시신을 "그저 껍데기"에 불과하다든지 "단지 장막"에 불과하다는 등의 비유를 사용함으로써 죽음으로 인한 상실의 의미를 축소하여 말하는 것을 나는 들어본 적이 있다. 물론 그들이 말하고 싶었던 건, 영혼이 육체보다 오래 가며 우리 인간은 피와 뼈와 육체적 존재 그 이상이라는 점이었다.

누군가 "비록 보이지는 않지만 '무언가 더' 있다"라고 말한다고 해서, 그 말이 곧장 "보이는 것은 '무언가 덜'한 것이다"라는 걸 의미하는 건 아니다. 망자의 육신은 "그저" 어떤 것이거나 "단지" 다른 어떤 것이 아니다. 그 육신은 그를 잃은 유족들에게 소중하다. 비록 그것을 쳐다보는 것이 힘든 일이지만, 우리가 그 시신을 봄으로써 믿게 되고, 확신을 갖게 된다. 우리의 감각은 그런 확신에 기대고, 그 확신의 범위 내에서 움직인다. 고인의 죽은 육신은 세상의 역사 속에 매일 발생하는 끝없는 슬픔의 총합의 한 부분을 이루는 하나의 개별적인 슬픔이다.

우리 인간이라는 종은 죽은 자(물질, 살, 시체)를 보살핌으로써 죽음(개념, 인간의 상태)에 대처하는 종이다. 죽음에 대한 우리의 반응이 무엇이든, 즉 지적이든, 철학적이든, 종교적이든, 의식적이든, 사회적이든, 감정적이든, 문화적이든, 예술적이든, 그 밖에 어떤 반응을 보이든지, 한때 존재했었던 한 인격체의 육체적 잔여물(embodied remnant, 시신을 뜻함 – 역주)과 우리의 반응이 연결되어 있음을 부인할 수 없다.

사진이나 상상을 통해, 그리고 상징, 은유, 사진, 기록물 등을 통해 죽은 자를 추억해 볼 수는 있겠지만, 우리의 기본적 의무와 헌신의 대상은 가상의(virtual) 고인이 아닌 실제의(real) 고인이 되어야 한다. 어느 가정에서 죽음이란 기본적으로 시신의 존재와 함께 인지되는 것이므로, 장례라는 것은 이러한 긴급한 사안에 대한 갑작스럽고 즉각적이며 집단적이고 의미심장한 반응이라 할 수 있다. 요컨대 장례예식이란 죽은 사람을 어떻게 처리해야 하는가에 대한 인간 본연의 문제에 대한 반응이라 할 것이다.

9. 장례예식에 있어서 네 가지 결정적 요소들

따라서 시신의 존재(the presence of the dead)는 장례의 핵심적이고 결정적인 요소이다. 시신의 존재와 그것의 처리 문제가 수반된다는 점에서 장례예식은 다른 그 어떤 기념식과 구별된다. 추모식이나 삶의 경축

(celebration of life), 또는 그와 비슷한 기타의 의식들은 사망 시점에 곧장 열리기도 하고 시간을 어느 정도 두고 주기적으로 시행되기도 한다. 그리고 그것이 시행되는 장소도 매우 다양하다.

하지만 이와 같은 예식들이 죽은 자를 기념하고 그들과의 추억을 기린다는 점에서 사회적으로 유익한 측면이 있음에도 불구하고, 이와 같은 행사들은 한 가지 핵심적이고 명백한 기능을 결여하고 있다. 즉, 죽은 자의 시신을 처리하는 기능 말이다. 이와 같은 의미에서 시신의 처리를 돈을 주고 대행업체에 맡겨 보이지 않는 곳에서 처리하는 편을 선택하는 것은, 대행업자들이 제아무리 전문성을 갖추었다 해도, 그리고 뒤따르는 추모예식들이 제아무리 감동적이라 해도, 그런 선택은 필수적인 책임과 근본적인 인간성을 포기하는 행위이다.

장례식에 있어서 두 번째로 필수적이고 결정적인 요소가 있는데, 그것은 그 죽음을 중요한 의미로 여기는 사람들이다. 하나의 죽음이란 죽은 당사자에게 일어난 일일 뿐 아니라 그 죽음 뒤에 남겨지고 그 죽음으로 인해 영향 받는 사람들에게 일어난 일이기도 하다.

그 죽음에 아무도 개의치 않는다면, 방금 발생한 그 변화에 대해 신경 쓰는 사람이 아무도 없다면, 그 죽음으로 인한 상실감과 추억에 이름을 붙이고 그것이 자신의 것이라고 주장하는 사람이 아무도 없다면, 그건 마치 버클리 주교(Bishop Berkeley, "존재하는 것은 지각되는 것이다"라는 명제로 유명한 극단적 경험론자이자 성공회 주교로서 본명은 조지 버클리 – 역주)가 언급한 "숲 속에서 소리 없이 쓰러진 나무의 상태"와 마찬가지라고 할 수 있다. 즉, 아무도 그 나무가 쓰러진 소리를 듣지 못했다면, 그 나무는 쓰러진 것이 아니며, 존재한 적도 없는 것이 된다는 것이다. 이것은 인간에게도 마찬가지이다. 창조 때에 모든 것을 보고 듣고 주관하는 신이 존재함을 옹호하는 버클리 주교의 논거가 우리의 것이 된다.

장례에 있어서 세 번째 필수적이고 결정적인 요소는 이야기이다.

"죽음이란 무엇인가?"

인간 본연의 질문에 대해, 죽은 자와 그 죽음을 중요하게 여기는 자들 모두에게, 비록 잠정적일지라도 모종의 대답을 주려는 노력이 담긴 그런 이야기들 말이다. 죽음이 빚어낸 변화된 실상을 묘사함으로써 시체와 애곡하는 사람들 사이에 평화를 중재하려는 노력은, 죽을 수밖에 없음에 대한 필수적 반응 중 하나이다.

대개는 종교적 이야기들이다. 종종 책에 기록되어 널리 읽히기도 한다. 종종 그 이야기는 철학적이거나 예술적이거나 지적인 이야기들인데, 이 경우 시편과 기도를 대신하여 시와 노래가 사용된다. 종교적이든 그렇지 않든 두 경우 모두, 지금 저 죽은 자에게 어떤 일이 일어난 것인가 하는 점과 그 죽음으로 인해 산 자들은 무엇을 기대할 것인가에 대한 논거를 담고 있기 마련이다. "보라 내가 너희에게 비밀을 말하노니"(고전 15:51)라든가, 또는 그와 비슷한 내용의 말들을 듣게 된다는 것이다.

장례에 있어서 네 번째이자 마지막 필수적이고 결정적인 요소는 시신의 처리이다. 우리는 직관적으로 안다. 고인이 살아있을 때 그랬던 것처럼 우리들 사이에 계속 머무는 것을 환영할 사람이 없다는 것을. 고인을 그가 가야 할 곳으로 보냄으로써 산 자들은 자신들이 있어야 할 곳에 머물 수 있게 된다. 시신의 처리는 종종 실제적인 육체노동을 수반하지만 그 일을 통해 우리의 필수적인 이야기들이 구체성을 갖게 된다. 또한 시신의 처리는 고인에 대한 우리의 감정들, 이미지들, 관념 등을 처리하는 데에 도움이 되며, 고인의 변화된 상태를 우리의 미래 전망 속에 그리고 일상의 삶 속에 확정짓는다.

시신의 처리 방식이 매장이든, 화장이든, 사원에 모셨든, 산골(散骨)이든, 수장(水葬)이든, 조장(鳥葬, 티베트 불교의 전통 장례법으로 새들이 시신을 쪼아 먹도록 하는 방식 – 역주)이든 상관없이, 처리 방식을 우리 스스로 선택함에 따라 고인의 시신 처리는 흡족하고, 수용 가능하며, 어쩌면 심지어 거룩하게 될 것이다. 그리고 그 선택은 시신처리에 대한 우리의 참여를 영예롭고 심지어 거룩한 것으로 만들어줄 뿐 아니라 우리 자신을 치료하는 효과도 갖게 된다.

시신, 죽음을 애도하는 사람들, 그 둘 사이에 변화된 상태의 중재, 그리고 고인 시신의 처리, 이렇게 네 가지 필수적이고 결정적 요소들이 오늘날 우리가 알고 있는 인간의 장례예식을 만들어 왔다.

결론적으로 말해, 우리가 액세서리로부터 필수요소를, 유행하는 옵션들로부터 근본적 책임들을, 허접한 것들로부터 실제적인 것들을, 노리개로부터 필수품을, 주변적인 것으로부터 핵심적인 것을 구별해 낼 수 있다면, 우리는 우리들 중 누군가 죽을 때 행하는 우리의 행동들에 대한 상대적 가치를 매길 수 있게 될 것이다. 그리고 이제 비용뿐 아니라 가치를 가늠할 수 있는 능력도 갖게 될 것이다. 관의 형태도, 꽃 장식도, 양초와 관 뚜껑도, 묘실이나 기념비도, 리무진 차나 헌정 영상물도, 이 모든 것들은 액세서리일 뿐이며 핵심이 아니다. 그렇게 함으로 위안은 되겠으나 핵심은 아닌 것이다.

똑같은 이치로 장의사도, 랍비도, 무덤 파는 사람도, 목사도, 사제도, 성직자도, 꽃장식가도, 법률가도, 영구차 운전수도, 그 누구도 장례의 핵심적인 목적을 돕는 액세서리일 뿐이다. 우리가 죽은 자를 보살핌으로써 산 자를 섬기려고 애쓸 때, 바로 그때 우리는 장례에 있어서 필수적이고 결정적인 일을 돕고 있는 것이며, 바로 그 장례라고 하는 죽음에 대한 지극히 인간적인 반응 양식을 고안해 낸 인류라는 종(species)을 돕고 있는 것이다.

베드로와 도르가

욥바에 다비다라 하는 여제자가 있으니
그 이름을 번역하면 도르가라
선행과 구제하는 일이 심히 많더니
그 때에 병들어 죽으매 시체를 씻어 다락에 누이니라
룻다가 욥바에서 가까운지라
제자들이 베드로가 거기 있음을 듣고
두 사람을 보내어 지체 말고 와 달라고 간청하여
베드로가 일어나 그들과 함께 가서 이르매
그들이 데리고 다락방에 올라가니
모든 과부가 베드로 곁에 서서 울며
도르가가 그들과 함께 있을 때에 지은 속옷과 겉옷을 다 내보이거늘
(행 9:36-39).

제4장

당신은 그 몸을 가지고 있지 않다

토마스 G. 롱

"하베아스 코르푸스"(Habeas Corpus).

이 말은 문자적으로 번역하면 "당신은 몸을 가지고 있다"(You have the body)라는 뜻이다. 이 예스러운 라틴어 문구는 오늘날의 사전에도 여전히 등재되어 있다. 독재자들은 정치적인 문제들을 해결하기 위해 반대자들을 감옥에 던져넣고 열쇠를 어디 뒀는지 잊어버렸다는 식의 방법을 사용하곤 했다. 어쨌든 적의 목을 치는 방식은 위험 부담이 있는데다, 그와 같은 방식으로 너무 많은 순교자들이 생겨났다. 하지만 반대자들을 유치장에 꼭꼭 숨겨두기만 하면, 그들을 기억해주는 사람도, 또한 그들의 영향력도 차츰 없어질 것이다.

그러나 법치사회에서 시민은 그런 취급을 당하지 않도록 보호받게 된다. 하베아스 코르푸스(인신 보호 영장, 피구금자를 법정에 출두하도록 명령하는 영장 – 역주)라는 제도가 생겨난 것도 이와 같은 맥락에서이다. 음주 운전자를 지역 유치장에 감금하는 경찰관이든, 정적(政敵)을 성의 지하 감옥에 결박해둔 여왕이든, 그 어떤 권력자도 누군가를 정당한 이유 없이 투옥시킬 권리는 없다.

그래서 법원은 그 권력자에게 이와 같이 명령할 수 있다.

"알겠습니다. 당신은 아무개 씨의 몸을 구금하고 있는 중이군요. 그를 친히 법정에 출두시켜놓고 당신의 변론을 펼치시기 바랍니다.

옛 법정에서 이런 명령을 내릴 때 시작하는 문구가 바로 "하베아스 코르푸스", 즉 "당신은 몸을 가지고 있다"(You have the body)라는 문구였던 것이다.

"당신은 그 몸을 가지고 있다"라는 말은 흥미로운 문구이다. 때때로 언어는 기억 속에 희미해졌거나 거의 잊고 있었던 진실의 보고(寶庫)이다. 하베아스 코르푸스라는 말에는 심오한 사회적 확신이 감추어져 있다. 즉, 인간의 육체는 중요하며, 인간 존재와 그 육체는 불가분의 관계로 이어져 있으며, 제 아무리 권력자라 해도 인간의 육체를 맘대로 할 수 있는 무제한의 권리는 없으며, 그 육체를 올바로 대할 때에라야 사회라는 것이 존재할 수 있다는 확신 말이다.

어떤 독재자도 아무렇지도 않다는 듯 이런 식으로 말할 수는 없다.

"맞아. 우리는 조 도우크스(Joe Doakes)의 몸을 시립 구치소에 감금하고 있어. 그래서 뭐? 누가 상관이나 해? 어쨌든 그의 영혼은 여전히 자유로운 거 아냐? 맞잖아?"

자, 어쩌면 조는 감옥에 있으면서도 낭만적인 시를 짓고, 자유의 노래를 부르며, 저 칙칙한 감옥 담벼락을 훠이훠이 날아 넘어, 들꽃이 만발한 환상적인 벌판 위를 날아가는 상상을 하면서 마음 편하게 시간을 보낼 줄 아는 자유로운 영혼일지도 모른다. 하지만 오해하지 말아야 한다. 조의 육체가 감옥 안에 있다면, 조는 감옥 안에 있는 것이다. 조의 육체가 부당한 대접을 받고 있다면, 조는 불법에 희생된 사람인 것이다. 하베아스 코르푸스! 당신은 조의 몸을 가지고 있다. 따라서 당신은 조를 가지고 있다!

육체는 소중하다. 그리고 어떤 사회의 건강성은 시민의 육체의 안전과 건강에 얼마나 신경 쓰는가에 비례한다. 마틴 루터 킹 주니어(Martin Luther King Jr. 미국 흑인 인권운동가 – 역주)가 그 유명한 '버밍햄에서의 옥중서한' (Letter from Birmingham Jail)을 쓸 때, 그는 자기 자신의 존엄성에 대한 확신, 그리고 한 명의 자유인으로서 하나님 앞에 서 있다는 확신을 갖고 있었다.

사람에 의해 부과된 그 어떤 징역 선고로도 이러한 확신을 빼앗을 수는 없었다. 그럼에도 불구하고 킹은 "내 몸은 버밍햄 감옥에 있지만 상관

없어. 난 자유하니까. 전능하신 하나님 감사합니다. 전 자유합니다!"라고 말하지는 않았다. 대신 그는 자신에게 일어난 일이 의미하는 바를 잘 알고 있었다. 자신과 또 다른 인권 운동가들의 육체에 부과된 고난은 단지 불법의 문제일 뿐 아니라 일종의 증언이라고 그는 말한다. 다음과 같이 그는 기록하고 있다.

> 직접적인 행동을 준비하는 것 외에 다른 수가 없었다. 우리는 각 지역과 전 국민의 양심 앞에 우리 문제를 드러내기 위해 우리 자신의 육체를 내어놓을 수밖에 없었다…우리는 우리 스스로를 향해 계속 물어보았다. '너는 공격을 받으면서도 복수하지 않을 수 있는가?', '너는 감옥에서의 시련을 견뎌낼 수 있는가?'라고.[1]

만약 국가의 양심들에게 강력한 증언을 해야 한다면, 그것은 그저 웅변이나 소원을 말하는 것 이상이어야 한다는 것을 킹은 알고 있었다. 그 일은 행동하는 육체, 위험을 무릅쓰는 육체를 필요로 하는 일일 것이다. 이를테면 포장된 도로 위에 발을 들여 놓는 일. 버스 뒷좌석으로 옮기는 것을 거부하는 일. 마음을 굳게 다잡고 간이식당 의자에 딱 버티고 앉아 있는 일이다.

킹은 자신의 옥중서한에서 계속하여 말한다. 자신들을 도와주는 백인 성직자들 가운데 진정 의미 있는 도움은 선한 의도와 착한 생각을 갖고 위로가 되는 말을 해 주는 소위 중재자들로부터의 도움이 아니라, 발을 움직여 기꺼이 자기 자신의 육체를 위험한 상황에 몰아넣을 용의가 있는 사람들로부터의 도움이라고!

> 나는 옴짝달싹 못하게 옭아맨 굴종의 사슬을 깨뜨리고 자유를 쟁취하기 위한 우리의 투쟁에 참여하여 동반자가 되어준 종교 지도자들의 고

---

1 Martin Luther King, Jr., "Letter from Birmingham Jail", *The Christian Century*, 80/24 (June 12, 1963), 768 (emphasis mine).

귀한 영혼들로 인하여 하나님께 감사한다. 그들은 그들의 안전한 교구를 떠나 조지아 주 알바니(Albany, Georgia)의 거리를 우리와 함께 걸었다. 그들은 자유를 위해 남부의 고속도로를 따라 고문과도 같은 여정길을 함께했다. 그렇다. 그들은 우리와 함께 감옥에도 함께 갔다. 어떤 이들은 교회에서 쫓겨났고, 어떤 이들은 주교와 동료 성직자들의 지원도 잃었다. 그러나 그들은 패색이 짙은 정의가 파죽지세의 악보다 더 강력하다는 믿음을 갖고 행동했다. 그들의 증언은 문제 많은 시대 가운데 복음의 참된 의미를 수호하는 영적 소금이 되어주었다. 그들은 낙심이라는 암흑의 산을 가로질러 소망의 터널을 뚫었다.[2]

"몸은 거짓말을 하지 않는다"라는 옛 속담이 있다. 진실로 당신이 한 사람을 알기 원한다면, 그리고 그 사람의 인격의 실체를 알기 원한다면, 그의 발이 그를 어디로 데려 가는지, 그 손으로 어떤 일을 하고 있는지, 그가 어디에 앉고 서는지, 그가 누구를 끌어안는지, 그 입으로 무슨 말을 하는지를 관찰해 보라. 우리 인간이라는 존재는 수많은 육체성이 얽히고설킨 태피스트리(tapestry, 색실을 짜넣어 그림을 표현하는 직물공예 – 역주)와도 같아서 우리가 여전히 간절히 바라는 지상 최고의 축복은 명절에 주고받는 카드나 꽃장식이 아니라, 머리 위에 얹은 손이다. 육체의 접촉. 한 사람의 육체로부터 다른 이의 육체로 전달되는 능력(能力)과 선의(善意) 말이다.

1. 살아있는 몸…그리고 죽어 있는 몸

"하베아스 코르푸스".
"당신은 몸을 가지고 있다".

---

2   Ibid., 772–73.

사회도 알고 우리도 안다. 육체에 일어난 일은 중요하다는 것을. 이것은 우리가 살아있는 육체, 기쁨과 고통을 느끼고 경험할 수 있는 살아있는 육체에 대해 이야기할 때 완벽하게 이치에 맞는 말이다.

하지만 죽은 자의 육체는 어떤가?

심장이 뛰고 있는 살아있는 육체야 분명 보살피고 보호할 가치가 있지만, 죽어 차갑게 되고 인격이 떠나간 육체, 살이 먼지 속으로 급속도로 분해되고 있는 육체도 중요한 걸까?

그러나 놀랍게도 우리는 본능적으로 잘 알고 있다. 우리의 사회적이고 인격적인 DNA 깊숙한 곳에는 죽은 자의 육체도 산 자의 육체만큼 존중받을 가치가 있다는 확신이 자리 잡고 있다. 가령 텔레비전 카메라가 범죄 현장 조사 장면에서 한 육체를 훑으며 찍는다고 하자. 그것은 마치 사생활 침해처럼 여겨지거나 관음증 행위처럼 느껴질 수 있다. 우리는 그것이 그저 텔레비전 속에 꾸며낸 이야기일 뿐이며, 그 시체 역을 맡은 사람은 촬영이 끝나면 일어나서 점심을 먹으러 갈 것임을 안다. 그래도 사랑과 보살핌의 감정 없이 낯선 사람의 육체를 응시하는 일은 비록 꾸며낸 일일지라도 사생활 침범이자 성스런 신뢰의 위반인 것처럼 느껴진다.

작은 마을의 장의사들이 하는 말을 들어보면, 지역민들 가운데 자신이 죽으면 장의사가 자신의 벗은 모습을 보게 될 것에 대한 우려를 표하는 경우가 종종 있다고 한다. 자신의 죽은 육체가 살아있을 때의 자신보다 더 연약할 것이라는 본능적인 확신이 없다면 누가 그런 일에 신경이나 쓰겠는가?

죽은 자의 육체에 생기는 일, 혹은 생기지 않는 일은, 우리가 삶과 죽음에 대해 어떻게 생각하는지, 그리고 사회집단으로서의 우리들에 대해 어떻게 생각하는지에 대해 많은 것을 말해준다. 시체는 몇 시간 혹은 며칠 정도만 살아있는 자의 보살핌을 받는다. 하지만 우리가 죽은 자의 육체에 대한 우리의 책임을 어떻게 수행하는가 하는 것은 우리가 산 자들의 육체를 어떻게 취급할 것인가에 대한 강력한 단서를 제공한다. 죽은 자의 육체가 산 자들에게 당황스러움 또는 모욕이 된다는 듯 시신을 숨기거나 또는 가난한 자들의 시신을 공용 구덩이 속에 던져넣는 문화를 가진 사회는 노약자를 옆으로 제쳐두고 병든 자를 방치하며 가난한 자에게 안식처를 제공해주지 않고 어린 사람들에게 적절한 보살펴 주지 않는 경향이 있다.

칼라 할러웨이(Karla Holloway)는 아프리카계 미국인들(African Americans)의 장례 풍습에 대한 그녀의 책 『지속되어 내려오는 것』(Passed On)에서 죽은 자를 대하는 것과 산 자를 대하는 것 사이의 관련성을 강조했다. 그녀는 흑인들이 운영하는 장례업체들이 거의 없던 한 세기 전의 시간을 회상한다. 흑인의 시신이 방부처리를 위해 백인이 운영하는 장례식장에 운반되어 들어올 때, 시신은 뒷문과 지하실 입구를 통해 사람들 눈에 띄지 않게 운반된다.

그때 이웃에 있는 다른 흑인들 마음속에 조용히 생기는 질문이 있다. "누가 그 몸을 갖고 있는가?"

달리 말하자면, "하베아스 코르푸스". 이것은 단순히 호기심으로 묻는 질문이 아니다. 걱정과 의심이 섞인 질문이다. 할러웨이는 말한다.

"백인들은 흑인의 시신에 대해 그들이 살아있을 때와 마찬가지로 예의를 표하지 않았다."[3]

흑인들이 장례식장 경영을 시작했을 때 그것은 사업기회 그 이상이었다. 그것은 죽은 자가 살아있는 동안 당연히 받아야 하는 부드러운 응대와 존중을 죽어서도 그대로 받도록 해야 한다는 문화적 책임에 대한 주장이기도 했다. 할러웨이는 말한다.

"흑인 유족들은 흑인 장의사를 알았다. 그들은 자기들의 혈족이며 이웃이고 주일날 교회에서 예배를 함께 드리는 교우였던 것이다."[4]

---

3 Karla FC Holloway, *Passed On: African American Mourning Stories* (Durham, NC: Duke University Press, 2003), 16.

4 Ibid (emphasis in original).

2. 육체와 종교적 지혜

예를 갖춰 죽은 자의 육체를 다루려는 생각은 그 뿌리가 깊다. 표면적으로는 잘 보이지 않지만 인간의 육체를 존귀하게 다루려는 충동은 종교적 뿌리를 갖는다.

"육체를 가지지 않은 신이 인간의 육체를 다루는 일에 끝없는 관심을 기울이신다."[5]

종교학자 캐더린 매드슨(Catherine Madsen)의 말이다. 이러한 신적 관심은 탄생 전부터 죽음 이후까지 우리의 모든 날과 행동 전체를 망라한다.

바로 여기에 위대한 종교적 진리가 있다. 우리들에 관한 지극히 평범하고 일상적으로 보이는 진리. 이 방에서 저 방으로, 침대에서 식탁으로, 책상에서 텔레비전이 있는 방으로, 버스 정류장에서 일터로, 악수에서 적극적인 포옹으로, 요람에서 무덤으로, 우리의 몸을 개별적 혹은 집단적으로 움직이는 그 모든 움직임이 사실은 신의 임재 앞에서 추는 춤이며, 몸의 움직임을 통해 표현하는 조용한 믿음의 고백이라는 진리 말이다. 위대한 안무가 마르타 그래이엄(Martha Graham)에 따르면 "모든 춤은 일종의 열을 표시하는 차트이며 마음을 표시하는 도표이다."

일상적 움직임으로 구성된 발레는 종교적인 사람이건 그렇지 않은 사람이건 상관없이 모든 사람들이 함께 고백하는 신조이다.

매드슨은 다음과 같이 진술한다.

> 어떤 서약보다 더 강력한 신실함이 있습니다. 약속할 수도, 그렇다고 무시할 수도 없는 신실함. 의식적으로 수행할 수 있는 것은 아니지만 그 어떤 의도적인 행동보다 더 확실하게 의식되는 신실함…이 신실함은 육체적이어서 종교적 관습이 아닌 신경세포에 융합됩니다. 그것은 사

---

5 Catherine Madsen, "Love Songs to the Dead: The Liturgical Voice as Mentor and Reminder", *Cross Currents* 48, no. 4 (Winter 1998-1999): 459.

회적 또는 개인적 책무라기보다 필생의 작업과 운명 사이 그 어디쯤 있습니다…그것은 어떤 약속보다 더 끈질기고 진지합니다. 당신은 오직 당신이 선택한 것들에게만 약속합니다. 하지만 당신은 당신을 선택한 것들에게 신실합니다.[6]

우리 자신을 침대에서 일으켜 또 하루를 직면하게 하는 일은 그저 하나의 의무가 아니라 우리가 꼭 해야 할 일이다. 그것은 그 자체로 일종의 믿음의 고백이며, 우리 삶에서 소유할 만한 가치가 있는 그 무엇인가를 향해 우리의 몸을 움직이는 것이며, 비록 하는 수 없어 받는 경우라 해도 거룩한 선물 하나를 받아드는 것이다. 다른 누군가에게 자신의 육체를 즐거이 내어주는 것은 사랑과 정욕, 취함과 내어줌의 혼합물이지만, 또한 사랑은 결국 죽음보다 더 강하다는 증언이기도 하다.

화덕에서 프라이팬에 구운 치즈샌드위치를 손님의 접시에 얹어주는 것은 단순히 일상적인 동작일 뿐 아니라 다른 사람에 대한 사랑의 표시이자, 몹시도 원해 왔던 축제, 모두를 위해 잔칫상이 베풀어질 바로 그 축제를 향한 기대까지도 담겨 있다. 이것은 죽음까지도 포함한다. 죽은 이의 육체를 씻겨 옷을 입히고 작별하는 장소까지 동행하는 것은 이 삶 너머에 무엇인가 있다는 믿음, 그리고 우리가 소중하게 여기는 그 사람은 우리들에게뿐 아니라 신께서 보시기에도 소중하다는 믿음을 고백하는 행위이다.

주류 종교들은 많은 점에서 서로 동의하지 못하지만 바로 이 하나의 주제에 있어서는 이견이 없다. 죽은 이의 육체를 사랑과 존경으로 보살필 때 어떻게 살아야 하는지에 대한 지혜를 배울 수 있다는 점 말이다. 후미에 아라이(Fumie Arai)가 그녀 어머니의 시신을 마침내 찾았을 때 그것은 비록 가슴이 찢어질 듯한 발견이었지만, 동시에 작고도 깊은 위로를 맛보았다. 2011년 일본을 덮친 파괴적인 쓰나미에 어머니가 휩쓸린 후 오랜

---

6 Catherine Madsen, The Law of Relation, http://www.catherinemadsen.com.

시간 필사적인 탐색이 펼쳐졌고 결국 아라이는 한 텅 빈 중학교에서 진흙 범벅이 된 어머니의 시신을 찾게 된다. 황폐해진 가마이시(Kamaishi) 시에 위치한 이 중학교는 임시 시체안치소로 사용되고 있었다.

한 가지 위안이 되는 것은 분명 누군가 정성껏 그 얼굴을 깨끗이 씻기고 몸의 형태를 가지런하게 정돈하는 등 어머니의 시신을 보살펴 주었다는 것이었다. 아라이는 말한다.

"저는 낯선 사람들 사이에 섞여 차가운 바닥에 홀로 누워있는 어머니의 시체를 발견할까봐 두려웠습니다. 제가 어머니의 평화롭고 깨끗한 얼굴을 보았을 때, 누군가 제가 그곳에 도착할 때까지 제 어머니를 돌보아 주었다는 것을 알 수 있었습니다. 그것이 저를 구원했습니다."[7]

아라이에게는 알려지지 않았지만 그녀 어머니의 시신을 수습한 것은 아쯔시 치바(Atsushi Chiba)였다. 그는 은퇴한 장의사이자 다섯 자녀의 아버지이다. 그는 천 명 이상의 쓰나미 희생자의 시신을 수습했다. 왜? 죽은 이를 돌보는 불교 전통을 알고 있기 때문이다.

치바가 한 일은 이렇다. 시신들은 서둘러 비닐에 포장되어 있었는데, 고통으로 얼어붙은 얼굴을 한 채 잔인하리만치 뒤틀려져 있는 고인들의 시신을 그 비닐 포장에서 분리하는 것으로 그의 일은 시작되었다. 그런 후 그는 각각의 시신을 향해 연민의 마음을 담아 그들의 협조가 필요하다며 이렇게 말한다.

"당신은 분명 춥고 외로웠을 거예요. 하지만 이제 당신의 가족이 곧 도착합니다. 그러니 당신도 그들이 도착하면 그들에게 무엇이라고 말할지 생각하는 게 좋을 거예요."

그러고 나서 그는 두 무릎을 꿇고 시신을 부드럽게 마사지하면서 그들이 편안한 자세를 취할 수 있도록 만든다. 시체안치소에 있던 작업자들은 치바의 다정함과 존경심에 감동을 받아, 낡은 학교 책상들을 이용해 불교식 제단을 만들어 주는 것으로 그에게 화답했다. 또한 그들은 고인의 가족들이 각각의

---

7 Hiroko Tabuchi, "Japan Finds Story of Hope in Undertaker Who Offered Calm Amid Disaster", *The New York Times*, March 10, 2012, A6.

시체를 확인할 때마다 도열하여 기도하듯 존중의 표시로 머리를 숙였다.[8]

불교 신자인 아쯔시 치바보다 훨씬 전 세대에 멀리 떨어진 곳에 살았던 사람이지만 그와 동일한 마음씨를 가진 토빗(Tobit)이라는 경건한 유대인이 있었다. 그 역시 방치된 시신들을 수습해주었던 것이다. 토빗은 오래된 유대 전래 설화의 주인공이다. 아마 기원전 2세기 또는 3세기 쯤 될 것이다. 그에 관한 이야기는 가톨릭교회와 정교회가 경전으로 인정하는 토빗서(the book of Tobit)에 나온다.

토빗은 무척이나 의로운 사람이었는데 앗수르(Assyria)의 침공 때 사로잡혀 적국의 수도인 니느웨(Nineveh)로 끌려간 유대인들 중 한 명이었다. 이방인의 땅에 포로로 끌려갔음에도 토빗은 자신의 유대교 신앙을 지키려고 힘썼다. 하지만 자신을 지켜보고 있는 통치자들의 눈이 있었기에 조심스러울 수밖에 없었다. 은밀히 자신의 집에 거하면서 이교도인 앗수르 식의 음식을 멀리하고 코셔(Kosher, 유대교 율법 전통에서 정결하다고 인정하는 음식재료와 요리방법에 따른 음식 - 역주) 식단만을 고집했다. 토빗은 니느웨의 거리를 채우고 있는 가난에 찌든 난민들에게 음식과 옷을 제공함으로써 토라(Torah, 유대교 경전으로서 모세오경을 가리킴 - 역주)가 명령하는 자선행위도 공공연히 베풀었다.

놀랍게도 토빗이 베푸는 자선행위들 가운데 앗수르의 권력자들의 심기를 불편하게 하는 일이 한 가지 있었다. 토빗은 버림받은 난민들을 위해 비공식 장의사가 되어 죽은 자들의 시체를 수습하고 예를 갖추어 장례식을 치러주었던 것이다. 앗수르인들은 일부러 모욕감을 주기 위해 유대인이 죽으면 그 시신을 성벽 너머로 내던지고, 메소포타미아의 뜨거운 태양 아래서 썩도록 성 밖에 방치해 두었다.

앗수르 사람들에게 이런 행위는 단순히 "폐기물"(refuse)을 내던지는 행위였을 뿐 아니라, 유대인의 시체를 수치 가운데 노출시킴으로써 권력을

---

8 Ibid.

잡고 있는 사람이 누구인가를 포로들에게 각인시키는 폭압적 통치 행위이기도 했다. 토빗은 내던져진 시체들을 수습하고 보살펴서 적절한 장례식을 치러 주었다. 이야기의 핵심은 분명하다. 토빗의 행위는 자선과 덕과 종교적 신앙의 행위라는 것이다. 또한, 그의 행위는 사람들 앞과 하나님 앞에서 유대인의 가치를 항변하는 정치적 저항 선언이기도 했다.

죽은 자를 보살피는 일이 거룩한 일이라는 유대적 확신은 초기 기독교인에게도 계승되었다. 죽은 자를 위한 토빗의 보살핌이 자신의 유대적 경건에서 비롯되었고 이방인인 앗수르의 지배자들을 기분 상하게 하는 일이었던 것과 마찬가지로, 육체에 대한 초기 기독교인들의 관점은 그들 주변의 로마 사회에게 충격을 주었다. 로마인들에게 인간의 육체란, 현자 플라톤이 가르친 대로 더럽혀진 그릇, 즉 육체로부터의 놓임을 갈망하는 순수 영혼에게 덫과도 같은 감옥이었다.

그러나 이 이상한 기독교인들은 그들의 유대인 조상들이 그랬듯이 신이 인간의 육체를 창조하였고 보기에 "심히 좋다"고 말했다고 믿을 뿐 아니라, 그 신이 예수 안에서 인간의 육체를 입었다고 하는 거의 상상할 수조차 없는 개념에 설득되어 있었다. 이와 관련하여 신약성경의 어떤 번역본에서는 "말씀이 육체와 피가 되어 이웃 안으로 이주해 왔다"라고 표현하고 있다.[9] 인간의 육체에 관한 한 예수가 플라톤을 능가한다.

육체와 관련하여 로마인들을 가장 어리둥절하게 만든 점은 이 초기 기독교인들이 스스로 장의사의 역할을 자처했다는 점이다. 그들은 형제들의 시신을 매장하는 일에 자원할 뿐 아니라 아무데나 아무런 의식절차 없이 내버려질 가난한 로마인들의 시신까지도 보살펴 주었다. 신학자 마가렛 마일스(Margaret R. Miles)가 지적하듯 "로마 사회에서 시체는 저주받은 것으로 간주"되었으며 죽은 자의 시신을 보살피는 이해 못할 기독교인들의 행동은 지성적이고 정신이 똑바로 박힌 사람이라면 절대 하지 않을 짓

---

9   John 1:14 is Eugene Peterson, *The Message* (Colorado Springs: Navpress, 1996).

이요, "빛을 피해 도망치는 일"이라고 생각되었다. 교양있는 로마인들 눈에, 이 미개한 기독교인들은 "육체는 무시되고 경시되며 조롱받아야 하는 것인 반면, 존경받고 육성되어야 할 것은 정신이라는 점을 이해하지 못함"으로 인해 잘못된 길에 들어선 것으로 보였다.[10]

로마 관료들이 예수를 믿는 종파들 가운데 몇을 본보기로 공개 처형함으로써 그들을 계도하려 했지만 그럴 때마다 기독교인들은 죽은 자의 시신을 엄숙하게 수습함으로써 압제자들을 더욱 놀라게 했다. 마일스는 이렇게 기록한다.

> 세속의 이웃들에게는 어리둥절할 만한 일이지만 기독교인들은 자신의 신앙을 부인할 것을 거부한 것 때문에 처형당한 자들의 뼈를 계속 수습했다. 기독교인들은 그 뼈들을 존귀한 장소에 두고, 살아있는 거룩한 사람들이 지닌 거룩성이 거기에도 있다고 하였다…그들은 살아있는 육체나 죽은 육체 모두를 귀하게 여겼는데 그 이유는 그들이 이해하기로 그리스도의 성육신(成肉身, the Incarnation of Christ)으로 말미암아 인간의 육체의 가치에 대해서는 단번에 그리고 앞으로도 영원히 재론의 여지가 없이 분명해졌기 때문이다.[11]

아쯔시 치바, 토빗, 그리고 초기 기독교인들처럼 자신의 종교적 신념에 의해 망자의 육체를 보살핀 또 다른 사람이 있는데, 그는 세인트루이스에 거주하는 이슬람교도 아딜 임다드(Adil Imdad)이다. 2010년 임다드의 사촌 오누이가 암으로 죽었을 때, 가족들의 슬픔이 남달랐던 이유는 그들 종교에서 요청하는 방식으로 그녀의 시신이 엄숙히 수습되지 못했기 때문이다. 근처에는 적절한 예식을 집행할 이맘(Imam, 이슬람 종교 지도자 - 역

10　Margaret R. Miles, *Bodies in Society: Essays on Christianity in Contemporary Culture* (Eugene, OR: Cascade Books, 2008), 13-14.
11　Ibid., 14.

주)이 없었고, 전통적인 방식으로 시신을 염습(殮襲)할 무슬림 장의사도 없는데다, 고인을 안장할 무슬림 공동묘지도 없었던 것이다.

환경 및 지질공학 엔지니어였던 임다드는 이 일로 괴로워하다가 지역 장의학과 야간수업을 수강하기 시작했다. 그의 의도는 미주리 주 최초로 무슬림 장례식장을 여는 것이었는데, 그가 가진 더 높은 목표로는 유족들에게 거의 무료의 비용으로 이슬람 가르침에 합당한 엄숙한 절차에 따라 무슬림 망자의 장례식을 치러주는 것이었다. 그는 이렇게 말한다.

> 누군가를 도울 때 당신은 안으로부터의 만족감을 느낄 것입니다. 나중에 그들이 당신을 위해 기도할 때, 당신은 그 기도가 그들의 내면으로부터 나온다는 것을 알게 될 거예요.[12]

결론은 명백하다. 죽은 자의 시신을 돌보는 것이 인간적인 일일뿐 아니라 또한 성스런 일이기도 하다는 점을 동양과 서양의 종교들이 주장한다는 것이다. 죽은 자들의 시신이 정성껏 보살핌 받지 못할 때 생명은 그 자비와 거룩함과 중요성을 잃는다. 놀랍게도 이러한 종교적 신념들의 관점에서 볼 때, 장사지냄은 그저 하나의 직업이 아니라 제사장 직분만큼이나 오래된 일종의 신앙 행위인 것이다. 한 사회가 제정신을 잃고 죽은 자를 방치하거나 잘못 대할 때, 종교적 신념을 가진 사람들의 반응은 단지 기도하는 마음으로 무릎을 꿇는 것뿐 아니라, 소매를 걷어 올리고, 무덤을 파고, 죽은 자를 엄숙하게 매장해 주는 것이 되어야 한다. 그런 의미에서 그들은 향유(香油)와 수의(壽衣)와 삽을 든 선지자들이다.

많은 종교적 전통들이 공유하는 이러한 선지자적 통찰, 즉 생명의 시작부터 그 끝까지 인간의 육체는 성스런 보물이라는 통찰은 사회적 가치라고 하는 빵을 부풀게 하는 누룩과 같은 역할을 한다. 그러한 통찰은 성

---

12 Tim Townsend, "Muslim Funeral Home will be First in Area", *St. Louis Post-Dispatch*, May 18, 2012.

전과 절과 교회와 모스크의 장벽을 넘어 인간미 넘치는 기준들을 형성하는 일을 해낼 것이다. 한 예로, 노숙자들을 돕는 샌프란시스코의 변호사 매리케이트 코너(Marykate Connor)는 길가나 폐건물에서 죽은 노숙자의 시신을 엄숙하게 수습해 주자는 의견을 제시했는데 그녀의 주장은 심오한 종교적 주제에 기초하고 있다.

종종 죽은 노숙자를 위한 추모식이 있는데, 그녀는 이렇게 말한다.

"이름도 알려지지 않은 채 시립 시체안치소에 차갑게 죽어 누워있는 시신의 모습, 가슴을 미어지게 하는 그 모습은 남겨진 우리 모두에게 무력감과 함께, 혼자 외롭게 죽는 죽음의 망령까지 가져다준다."

노숙자의 시신에 대한 이러한 무관심은 가치의 축소를 가져오는데, 그저 추모식만 거행한다고 해서 이러한 상실을 보상할 수는 없다고 그녀는 말한다.[13]

3. 이상하게도 사라지고 있는 시체

우리 깊은 내면으로부터의 윤리적, 영적 지혜는 우리더러 살아있는 육체만 부지런히 지켜볼 것이 아니라 죽은 자의 육체도 사랑으로 보살피라고 요청한다. 우리 모두 그렇게 되길 원한다. 죽은 자를 보살피고 그 떠나가는 길을 함께하는 일에 대한 신성한 책임이 상당히 약화되었는데 이는 비단 노숙자, 가난한 자, 난민 등에 대해서만이 아니다. 죽은 자의 육체에 대한 무관심은 보편적인 현상이다. 신기한 얘기지만 우리는 더 이상 장례식에 죽음을 당한 당사자가 꼭 필수적으로 있어야 한다거나 그렇게 하는 것이 바람직한 일이라고 여기지 않는 역사상 최초의 사회가 되어가고 있

---

13 Marykate Connor, "Comment", *The New York Times*, August 26, 2011, online version, http://community.nytimes.com/comments/www.nytimes.com/2011/08/28/magazine/lives-the-letting-go.html.

는데, 이런 일이 급속도로 진행되고 있다.

역설적이게도, 장례식에 시신을 두지 않으려는 이러한 경향은 종교적으로 특정 집단, 그러니까 도시나 도시근교에 거주하면서 개신교 신앙을 가진 잘 교육받은 백인들과 같은 특정 집단에서 시작되었다. 그러나 이런 경향은 점차 다른 종교적, 비종교적 집단으로도 확산되고 있다. 조문객들이 시신의 처리장소까지 동행하는 예식을 대신하여, 시신이 보이지 않는 예식, 또는 아예 예식을 치르지 않는 것이 많은 미국인들 가운데 표준적인 장례 절차가 되어가고 있는데 그 속도가 무척 빠르다. 우리들의 장례식 표어는 '하베아스 코르푸스'(habeas corpus, 당신은 몸을 가지고 있다) 대신 종종 '하베아스 코르푸스…아님!'(habeas corpus…not, 당신은 몸을 가지고 있지 않다)이 되고 있다. 우리는 장례식에서 죽은 자의 몸을 가지고 있지 않으며, 많은 경우에 그것을 원하지도 않는다.

이제 우리는 죽은 자의 시신이 없는 장례식을 꽤 자주 목격하게 되는데, 이것은 열대우림에서 나무들을 베어내는 것만큼이나 무분별하고 자기파괴적 사회 행태라고 여겨진다. 뉴욕에 거주하는 의사 겸 의대 교수인 싯다르타 무커지(Siddhartha Mukherjee)는 그가 소년이었을 때 어느 밤 아버지 손에 이끌려 인도의 바라나시 지역을 따라 흐르는 갠지스 강가에 가서 화장하는 광경을 본 것을 기억한다.

그 광경은 잊을 수 없고, 계속 그를 따라다닌다. 불타는 시체 위에 또 다른 시체가 올려진다. 사람들은 자기가 운구해 온 시체를 불에 넣기 전 물가에 내려가서 씻는다. 힌두교 사제는 아직도 연기가 피어오르는 재를 삽으로 떠서 흐르는 강물에 뿌린다. 그는 장작더미 옆에 서서 사랑하던 이의 몸을 붙들듯이 팽팽하게 손을 뻗고 있는 한 남자를 본다.

수년 후 무커지는 그 밤의 체험을 떠올리고는 병원 의대생 몇몇에게 죽음에 관한 그들의 경험은 어떤 것들이 있는지 질문하였다. 그는 궁금하였다.

그들 중 얼마나 자신의 부모의 시신을 운반해 보았는지?

그들 중 얼마나 죽은 육체의 무게를 느껴보았으며 그 몸을 씻겨 보았는지?

그런 질문들이 학생들을 긴장하게 만들었다고 그는 얘기한다. 그는 다음과 같이 쓰고 있다.

> 죽음에 대한 우리의 경험은 탈육체화되고 있다. 우리들의 예식들 가운데 가장 육체적인 예식으로부터 시신이 사라지고 있다. 우리는 여전히 손을 팽팽하게 뻗고는 있지만 사실 그 반대편에 우리가 붙들 그 무엇도 없다. 마치 갠지스 강가에서 허공을 향해 손을 뻗치고 있던 그 남자처럼.[14]

장례라 함은 본디 그 말뜻 안에 우리가 육체를 가지고 하는 그 어떤 것이라는 의미가 포함되어 있다. 장례란 무게를 가진 육체에 대한 것이요, 그 육체의 무게감, 그리고 그 무게를 지탱하며 시신 처리장소까지 운구하는 사람들에 관한 것이다. 장례는 함께 노래 부르기, 기도 모임, 치유 모임, 기억 훈련 따위가 아닌 것이다. 장례에는 이 모든 요소들이 포함되기도 한다.

그러나 장례란 육체와 이동에 관련된 것이다. 장례는 매우 인간적 필요, 그러니까 죽은 자의 육체를 산 자들 가운데서 죽은 자들의 장소로 옮겨야 하는 필요에 의해 실시된다. 시신의 이동은 핵심적이고 피할 수 없는 실재, 즉 모든 장례 의식의 중심에 놓인 피할 수 없는 사실인 것이다. 우리는 그와 같은 일을 기도, 찬송, 분노의 외침, 음산한 침묵 등을 통해 완수할 수도 있을 것이다. 우리가 지금 죽은 자를 신께 데려간다고 믿을 수도 있을 것이며, 우리가 살고 있는 이 세상 너머에 아무것도 없다고 확신하며 작별의 장소로 걸어가는 중이라고 믿을 수도 있다. 그런 것은 관습과 신조와 취향의 문제이다.

하지만 이런 옮기는 작업을 해야만 한다는 사실만은 취향에 따라 휘둘

---

14 Siddhartha Mukherjee, "The Letting Go", *The New York Times*, August 28, 2011, MM58.

릴 수 있는 문제가 아니다. 우리는 시체의 운구를 공공연하게 또는 보이지 않게 조용히 할 수 있다. 이 일을 할 때 우리는 체념 가운데, 절망 속에, 혹은 소망 가운데 할 수도 있다. 하지만 어찌 되었든 우리는 그 일을 하게 될 것이며, 해야만 한다. 그러니 우리가 종종 죽음의 예식에 있어서 이처럼 중심이 되는 사건을 숨기려 한다거나 다른 사람에게 이 일을 맡겨두는 것은 얼마나 이상한 일인가!

그리고 결과적으로 중심인물, 즉 죽은 자의 시신이 이 사건으로부터 사라져 버렸다.

왜 그렇게 되었는가?

몇 가지 설명이 가능하다. 어떤 이는 이런 변화의 근원에 편리의 추구가 있다고 본다. 솔직히 죽은 자의 육체는 괴로움이고 귀찮은 장애물이다. 시신을 준비시켜서 운구하는 일은 때때로 섬뜩하며 항상 힘든 일이다. 그래서 이제 우리가 더 이상 빨랫감을 세탁하기 위해 강가에 있는 돌덩이 위에다 놓고 두들기지 않는 것과 똑같은 이유로 우리는 더 이상 죽은 자를 장례식에 데려다 놓지 않는다. 우리 증조할아버지들은 그렇게 하는 것 외에 달리 방법이 없었겠지만 이제 우리는 이러한 불편으로부터 놓일 수 있게 되었다.

또 다른 사람들은 오늘날 장례예식에서 시신이 실종된 것은 공동묘지의 위치와 관계가 있다고 설명한다. 19세기에 시작된 "외곽지역 공동묘지 운동"으로 인해 묘지를 동네에서 멀리 떨어진, 버드나무와 실개천이 어우러진 공원 같은 장소에 조성하는 경향이 생겨났다. 두 가지 목적을 위해서인데, 명상과 위생이다. 외곽지역의 공동묘지는 아름답고 조경이 잘 가꾸어져 있는 조용한 장소이기 때문에 사람들이 조용히 죽음과 생명에 대해 반추해 볼 수 있는 곳이다. 그리고 죽은 자를 산 자에게서 멀어지게 함으로써 부패중인 시신으로부터 발생하는 오염물질이 공기와 지하수를 오염시킬 수 있다는 우려도 불식시킬 수 있었다.

치명적 오염에 대한 공포는 오해에서 비롯된 것임에도 이 운동은 지속적으로 추진되었다. 그리고 이제 공동묘지들은 인구가 밀집된 지역을 벗어나 외진 곳에 위치하게 되었다. 한때 무덤들이 가까운 곳에 있던 적도 있었고, 그래서 장례식은 교회에서 무덤가로, 장례식장에서 가족묘가 있는 과수원으로 물 흐르듯 진행되었었다. 그러나 지금은 몇 마일 이상씩 운전을 해서 매장지로 이동해야 하기 때문에 장례식의 리듬이 끊어진다. 게다가 화장에 대한 선호도가 증가하는 추세까지 고려하면, 조문객들이 움직이는 안무(choreography, 여기서는 '동선'이라는 뜻으로 이해할 수 있음 – 역주) 하나를 줄이고, 추모예식 등에 앞서 비공개적으로 미리 시신을 처리하는 것도 이해는 된다.

또 어떤 다른 사람들은 장례예식에 대해 엄청나게 달라진 오늘날의 인식을 한 요인으로 보기도 한다. 이제 장례식은 한층 더 즐거워졌고, 엄숙한 죽음의 예식이라기보다 삶에 대한 경축이 되었다. 죽은 자의 육체가 존재하고 있다는 사실만큼 즐거운 예식의 흥을 깨는 요소는 없을 것이다. 사체는 흥을 돋우는 요소이기보다 오늘날 추모식에서 중요해진 가벼운 대화, 농담, 웃음, 이야기 등을 방해하는 요소인 것이다.

이 모두가 말이 되는 추론들이다. 그러나 표면 밑 더 깊은 곳에 진실이 숨어있다. 왜 우리는 우리가 가진 최고의 윤리적, 종교적 지혜에 반대하면서, 인간으로서의 강한 본성을 거스르면서까지 장례식에 죽은 자의 육체를 들여오는 것을 혐오하는가?

좀 더 정확하게 묻는다. 왜 우리는 죽은 자를 우리 앞에 오지 못하도록 금지하면서 그들을 위한 추모식을 거행하는가?

유행, 편의성, 분위기 등 모든 것이 어느 정도 역할을 하고 있다.

하지만 진짜 이유는 가치체계에 있어서, 심지어 종교적 신념에서조차 심각한 변화가 찾아왔기 때문이다. 어떤 의미에서 우리의 문화는 지난 몇 세대에 걸쳐 종교적 변모를 경험해 왔다. 육체성에 강조점을 두는 전통적 신앙에서 차츰 덜 구체적이면서 특정 형식에 구애받지 않는 영성을 강조하는 신앙으로 변화하고 있는 것이다. 애초에 우리로 하여금 죽은 자를 작별의 장소까지 운구하도록 요구한 것은 종교였는데, 지금에 와서 우리가 죽은 자를 한 쪽 구석에 둘 수 있도록 허용해 준 것 역시 종교에서의 변화, 적어도 시민 종교(civic religion, 헤겔과 루소 등이 주창한 개념 – 역주)에서의 변화이다.

모든 미국인이 종교를 가진 신자는 아닌데도 불구하고 미국의 장례식에서 시신의 실종에 대한 주요 원인으로 종교를 꼽는 것이 이상하게 보일 수도 있다. 그러나 종교가 사회를 형성하며, 그 종교의 제도화된 특정 관습이 쇠락하더라도 그 사회는 종교적 형태를 유지하게 된다는 사실을 종교역사가들은 오래전부터 인지하고 있었다. 록 음악은 그 장르의 부모라 할 수 있는 블루스와 컨트리의 DNA를 여전히 간직하고 있다.

지하철에서 자신의 아이팟(iPod)에서 흘러나오는 록 음악에 맞춰 몸을 흔들어대고 있는 아이들은 자신이 알건 모르건 상관없이, 심지어 자신이 컨트리나 블루스 음악을 싫어할지라도, 록 음악의 전체 역사와 정신에 의해 영향을 받게 된다. 마찬가지로, 기존 종교를 거부하는 미국인이라 할지라도 여전히 미국 문화의 흐름 속에서 헤엄치고 있기 때문에 이 나라에 지속적으로 영향을 미치고 있는 종교들로부터 영향을 받는다.

또한 종교라는 용어는 특정 종파가 아닌, 보다 광의의 의미로 사용될 수 있다. 사람들은 대부분 비록 교회나 회당이나 모스크 등에 관여하지 않는다 하더라도 궁극적 진리, 그 진리를 가리키는 의미 깊은 상징들, 삶의 깊은 곳과 연결하는 길 등을 감지할 수 있는 일종의 감각을 보유하고 있다. 종종 사람들은 이것을 '시민종교'라고 부른다.

분명 이것은 전통적 의미의 종교는 아니지만, 우리가 35,000피트 상공을 비행할 때, 이것은 전통적 종교의 사촌쯤으로 보이고 또 그렇게 작동한다. 이러한 시민종교를 가진 사람들은 영적이지만 종교적이지는 않은 사람들이라고 할 수 있는데, 가톨릭 신자나, 영국 국교도 신자, 유대인 등도 마찬가지다. 미국의 감리교도나 무슬림들이 점차 내면의 성찰을 통해 영적 진리를 찾고 있으며, 이런 현상은 일반적인 미국인들에게도 마찬가지로 일어나고 있다.

전통적 종교이건 시민종교이건, 이제 종교는 벽돌건물, 공식적 신조,

공동체 구성원, 서약 등의 구체적 표현들에서 점점 멀어져, 형식에 구애받지 않고 개인적 의미를 추구한다든가, 로버트 우드나우(Robert Wuthnow)가 적절히 표현한 것처럼 "영적 방랑"을 하는 쪽으로 움직이고 있다.[15] 하나의 문화로서, 우리는 육체의 진지함이라든가 구체적 의식을 경멸하지만, 자유롭게 풀려 돌아다니는 영혼의 경쾌함을 지배하는 신의 사원에서 머리를 조아리고 있다. 이처럼 시공간을 뛰어넘는 새로운 예배의 장소에서 죽은 자의 시신은 육체화된 형태의 신성모독으로 여겨진다 해도 이상한 일이 아니다.

고전적인 종교전통에서 믿음이란 모든 것을 끌어안는 것이다. 영적이면 종교적인 것이었고 또 그 반대도 마찬가지이기 때문에 "영적이지만 종교적이지는 않은"이란 표현은 말이 되지 않는다. 사람들의 믿음은 그들로 하여금 성전이나 모스크나 교회에서 기도하도록 촉구할 뿐 아니라, 자녀 양육이나 이웃을 대하는 태도, 돈을 사용하는 방식도 형성하였다. 어떤 사람이 농장이나 상점을 운영하는 방식을 통해 그들의 믿음에 대해서 많은 것을 알아낼 수 있었다. 정육점 주인이 상점 저울의 정확성 여부를 확인하는지, 학교의 교사가 영리한 학생뿐 아니라 더딘 학생도 잘 지도하는지, 목장 주인이 가축을 위해 울타리를 수리하는지, 은행가가 고객의 돈이 마치 자기의 돈인 것처럼 잘 관리하는지 등은 예의바름 그 이상의 문제였다. 그것은 신실한 세계관의 선포요, 모든 생명의 신성함을 이해하는 것이고, 창조의 선함에 대한 감사의 표시였다.

그렇지만 미국 문화의 시작 지점에서부터 또 다른 종교적 성향, 즉 세상에 존재하는 모든 것이 종교와 관련된 것은 아니라는 생각이 흘러 내려오고 있다. 오히려 종교는 삶의 작은 한 부분에 대해서만 관여하는 것이어서 다른 모든 것들로부터 차단된 영적 지대, 즉 신이 소유하는 작은 토지(God's little acre)라는 것이다. 우리는 다음과 같은 표현에서 그러한 생각을

---

15 Robert Wuthnow, *After the Baby Boomers: How Twenty- and Thirty-Somethings are Shaping the Future of American Religion* (Princeton: Princeton University Press, 2010), 135.

들을 수 있다.

"우리는 물질적인 것에 대해서가 아니라 영적인 것에 대해 말하고 있습니다."

정말인가?

유대교, 이슬람교, 기독교는 한 번도 그런 구분을 인정한 바가 없다. 물질적인 것들은 영적인 것들이고, 영적인 것들은 이곳 대지(terra firma) 위의 구체적이고 물질적인 생명으로 표현된다.

고전적인 종교전통들은 이 지점에서 궤도를 이탈하는 두 가지 방식이 있다고 경고한다. 하나는 물질적인 것은 영적인 것이 아니라 그저 물질적일 뿐이라고 생각하는 것이다. 그런 사고방식을 따라 계속 가다보면 엔론(Enron, 2001년에 발생한 회계 부정사건으로 유명한 미국의 에너지 회사 – 역주), 버니 매도프(Bernie Madoff, 2009년에 사상 최대 사기 사건을 벌인 미국 금융인 – 역주), 월 가의 해적질 따위를 만날 수 있다.

다른 하나는 그 반대의 경우인데, 영적인 것들에 대해 열광하지만 그 영적인 것은 물질적인 것과 불가분하게 뒤엉켜있음을 잊어버린다. 그쪽 길을 따라 걷다 보면, 믿음은 헬륨 가스가 든 풍선과도 같은 것이 되어서, 일상적 실재로부터 멀리 떠올라 자유롭게 떠다니지만 높이 올라갈수록 점점 쪼그라들고 만다. 장례예식과 관련해 잘못된 영향을 끼치는 것은 대부분 두 번째의 잘못된 사고방식이다.

현대 미국인들이 영적인 것은 중요하며 물질적인 것은 부차적인 것이라 여기는 종교를 가지게 된 이유 중에 하나는 신앙과 지성에 찾아온 위기 때문이다. 현대 사회에서는 전통 종교가 진리라고 주장하던 것들이 도전을 받고 있고, 그런 주장을 계속 유지하는 것이 많은 지성인들에게 갈수록 어려운 일이 되었다. 19세기 말에 이르러, 그보다 한 세기 전 아이작 뉴턴(Isaac Newton)이나 조지프 프리스틀리(Joseph Priestly)와 같은 천재적 철학자들에게나 일어났던 일들이 일반인들에게도 일어나기 시작했다.

세상을 과학의 눈으로 보기 시작한 것이다. 그들 대부분이 과학자가 된 것은 아니지만, 과학적으로 생각하기 시작했다는 것이다. 예를 들면, 중세 시대에는 사람들이 날씨에 대해 이야기할 때 "정말 덥군" 혹은 "끔찍하게 춥네"라고 말했다. 그런데 사람들이 과학적으로 생각하기 시작하면서 "지금 실외 온도는 화씨 92도입니다"라든가 "기압계가 내려가고 있고 눈 올 확률은 40퍼센트입니다"라는 식으로 말하기 시작했다. 모든 문화가 과학의 영향을 받아서 형성됨에 따라, 진리란 사실들을 의미하게 되었고, 그 사실들이란 과학적으로 관찰, 증명, 측정할 수 있는 것이었다.

세상은 분명 변하고 있었다. 증기기관이 끄는 객차가 말이 끄는 마차를 대체하고 있었다. 메시지는 탁탁 소리와 함께 통신선로를 따라 빛의 속도로 전달되고 있었다. 토마스 에디슨(Thomas Edison)과 알렉산더 그레이엄 벨(Alexander Graham Bell)과 같은 실용적 과학자들은 전구나 전화 같은 발명품들로 사회를 혁명적으로 변화시키고 있었다. 19세기에서 20세기로 넘어서면서 이러한 추세는 모든 분야에서 뚜렷해졌다. 과학은 세상을 변화시키고 있었고, 우리 인류는 자연의 힘을 제어하고 우주의 지배자가 되기 위해 자기 자신의 능력을 사용하고 있었다.

불가피하게도 생명에 대한 종교적 관점과 과학적 관점은 충돌하게 되었다. 망원경으로 조사할 수 있고, 물리학적 법칙에 의해 작동되며, 경험적 관측으로 측량할 수 있게 된 우주 공간, 그 공간 속에서 기적이나 신적 계시나 천국에 대해 말하는 것은 한층 더 어려워졌다. 지구가 태양 주위를 돈다는 것을 훤히 알고 있고 어떻게 한랭전선을 추적하며 어떻게 습도를 측정하고 어떻게 이슬점을 밝혀내는지 그 방법도 알고 있는 오늘날, 당신은 "하나님이 그 해를 악인과 선인에게 비추시며 비를 의로운 자와 불의한 자에게 내려주심이라"(마 5:45)는 말에 대해 어떤 반응을 보이겠는가?

과학 대 종교, 얼핏 보기로는 뻔한 싸움일 것 같다. 그리고 종교는 엄청나게 불리한 것으로 보인다. 유명한 이야기인데, 과학자 찰스 다윈(Charles Darwin)이 인간은 유인원으로부터 진화한 후손이라고 주장하는 것을 듣자마자 어떤 귀부인이 숨을 헐떡이며 말했다고 한다.

"이런, 저건 사실이 아닐 거야! 하지만 이게 만일 사실이라면 이게 여러 사람들에게 알려지지 않았으면 좋겠어."

실제로 어떤 사람들은 성급하게 과학적이고 이성적인 생각 쪽의 완승을 선언했다. 크리스토퍼 히친스(Christopher Hitchens), 리처드 도킨스(Richard Dawkins)와 같은 21세기 무신론자들에 앞서 동일한 생각을 가진 선임자들이 있었다. 19세기 말, 청중을 사로잡는 웅변가이자 불가지론자인 로버트 잉거솔(Robert G. Ingersoll)은 다음과 같이 진술함으로써 셔토콰(Chautauqua, 미국 뉴욕 주 서부에 있는 호숫가 마을 – 역주)에 모인 청중들을 자극하고 흥분시켰다.

"솔직히 신이란 인간의 가장 고상한 작품이다."

"성경의 영감은 그것을 읽는 독자의 무지함에 의존한다."

1950년대에 자신의 친구인 빌리 그래이엄(Billy Graham)과 함께 여러 곳을 다니며 순회 부흥회를 이끌었던 찰스 템플턴(Charles Templeton)은 기를 죽일 만큼 번쩍거리는 과학적 연구들에 압도되어 자신의 신앙을 버렸다. 그는 『신께 고하는 작별 : 내가 기독교 신앙을 버리는 이유들』(*Farewell to God: My Reasons for Rejecting the Christian Faith*)이라고 제목을 붙인 자서전을 썼으며, 신앙이라는 미신에 뒤덮여 흐려지지 않은 분명한 이성적 생각을 옹호하는 전도자로 그의 남은 시간들을 보냈다.

종교를 가진 많은 사람들이 이러한 의심에 영향 받지 않고 꾸준하게 나아간다. 이러한 도전들을 인지하고 있는 신앙인들이 대응을 하지 않는 것은 아니다. 어떤 사람들은 게임 자체가 신앙에 불리하도록 조작되었으며 만약 과학자들이 모든 데이터를 정직하게 조사한다면 창조자에 대한 증거를 발견하고 결국 그 모든 세세한 것들 속에 신이 거하고 있다는 것을 인정하지 않을 수 없을 것이라고 주장한다.

이러한 견해로 창조론과 지적설계론이 있다. 내가 생각하기에 더 만족스러운 주장을 하는 다른 부류의 사람들도 있는데, 그들은 과학과 종교를 서로 다른 언어이자 진리를 바라보는 두 개의 다른 관점이라고 생각한다.

종종 이 둘은 겹치기도 하고, 한쪽에서 주장하는 바가 다른 쪽 언어로 번역될 수도 있다. 하지만 이 둘은 종종 진리의 서로 다른 측면을 바라보며, 다른 기준과 다른 목적을 가지고 실상을 계측한다. 각자는 진리를 추구하는 데에 어느 정도의 가치를 가지고 있고, 과학과 종교가 사이좋게 대화할 때 더 깊은 진리 탐구가 가능해진다.

한편 앞의 두 견해보다 훨씬 쉽고 인기 있는 세 번째 접근법도 있는데, 육체와 장례에 대한 많은 폐해를 만들어 낸 견해이기도 하다. 이런 접근법을 따르는 사람들은 종교와 과학의 전투에 끼어들지 않고, 심지어 둘 사이에 대화를 시도하지도 않은 채 방화벽(firewall)을 세워버린 후 이런 식으로 말하고 싶어한다.

과학적 세계관과 종교적 세계관이 서로 부대끼도록 허용하는 대신, 단절된 두 개의 영역으로 나눔으로써 문제를 해결할 수 있지 않을까? 과학은 우주를, 종교는 영혼을 취하도록 말이다. 과학은 물리학(physics)을, 종교는 형이상학(metaphysics)을 갖게 된다. 과학은 블랙홀, 흑점, 빛의 속도, 열역학, 세포의 성장에 대해 참인 것을 말하면 되고, 종교는 기도, 천사, 마음의 문제들, 내면의 영적 삶에 대해 진리인 것을 말하면 된다.

이를 종교 쪽에 불리한 부동산 거래라고 보기 쉽다. 신앙은 감마선 너머 저 아래 어딘가에 아주 작은 구역에 제한되는 반면, 과학은 인간 경험의 거의 모든 스펙트럼을 물려받는다. 과학은 '영성'이라 부르는 아주 작은 조각 정도의 성운(星雲)을 제외하고는 우주 공간에 있는 모든 것을 말할 수 있다. 이러한 비육체적 형태의 영성에 처음 끌린 사람들 가운데 교육받은 백인 개신교도들이 있었는데, 이는 곧 많은 사람들의 종교가 되었다. 수많은 미국인들이 과학적으로 가능한 범위 내에서의 목표와 기대를 가지고 그들 삶의 대부분을 지극히 세속적인 방식을 따라 살아간다. 그러나 채워지기를 갈망하는 영적인 지점이 여전히 남아 있다.

의미를 추구함에 있어서는, 과학이 더 이상 해줄 말이 없어서 입을 다무는 그 지점에서만 신앙이 입을 연다. 누군가가 죽을 때, 바로 그때가 그와 같은 순간이다. 잔인한 경험적 사실들은 황량하다. 누군가 죽으면 그것은 과학적으로 되돌릴 수 없는 과정이다. 과학은 죽음을 불러일으킨 물리적 원인이라든가, 신체 부패 예상속도에 대해 이야기할 수 있지만, 아마도 그것 외에는 말할 것이 없을 것이다.

과학은 위로나 의미에 관계된 말을 가지고 있지 않다. 따라서 과학이 조용해지고 나면 이제 종교가 나서서 도움을 줄 시간이 된다. 하지만 이제 자기가 말할 시간이 되었음에도 종교는 지켜야 할 새로운 규칙을 따르도록, 그리고 과학이라는 잔디구장에서 멀리 떨어져서 자신의 운동장에서만 머무르도록 억제된다. 온전한 삶이란 무엇이가에 대한 결정적인 선언을 해서도 안 되고, 육체의 부활이라든가 내세에 대한 그 어떠한 경솔한 비과학적 주장을 해서도 안 된다.

이제 신앙이라는 것은 내면의 영적인 것들, 영과 혼(soul and psyche)이라고 하는 아주 작은 영역에 제한된 의견들만을 말할 수 있게 되었다. 먹고 마시고 사랑하고 범죄하고 소망하고 울었던, 그리고 그의 생명과 육신이 이제 신께 드려져 그리로 나아가는, 또한 육체성을 지녔던 인간에 대해 이제 신앙은 과감하게 말하지 않을 것이다. 오히려 우리가 항상 간직할 추억에 대해, 우리 가슴 속에 길이 남을 사랑스런 영혼에 대해, 하룻밤 지속되겠지만 다음 날 아침이면 사라질 슬픔에 대해, 그녀가 우리에게 영원히 남기고 간 웃음에 대해, 그리고 그의 삶이 우리에게 주는 영감에 대해서, 신앙은 사뭇 유약한 태도로 말할 것이다.

여기에 또 다른 문젯거리가 하나 더 있다. 과거에 고전적 종교전통들은 우리의 삶은 신께로 나아가는 여정이며, 이생 너머 기쁜 삶으로 가기 위한 여행길이라는 강력한 비전을 제시하며 사람들에게 소망을 주었다. 문제는, 내생에 대해 우리가 말할 수 있는 유일한 방법은 종교에게서 빌려온 언어를 통해서만 가능했다는 것이다. 그래서 우리는 '황금 길'이라든가 '저 위에 거할 저택' 또는 '강 건너 그늘 있는 과수원' 아니면 '끝없이 찬양을 올려드리는 천상의 합창단'에 대해 이야기했다.

종교적으로 본다면 인간의 운명에 대한 이와 같은 비전은 참되지만, 오직 인간이 말할 수 있는 유일한 방식으로, 즉 비유적으로 표현된 것이다. 이것들은 시적 표현으로서, 상상할 수 없는 것들을 향해 생각을 자극하려는, 형언할 수 없는 진리를 말하려는, 신비를 넌지시 묘사하려는 시도들이다. 빛과 생명과 기쁨으로 가득한 땅에서 빛나는 흰 옷을 입고 밤이나 낮이나 신의 보좌 앞에서 영광의 찬양을 노래하고 있는 고인을 상상하는 것은 신앙을 가진 사람이 상상할 수 있는 최고의 선한 행위이다. 반면에, 이에 대해 문자적인 방식으로 생각하는 것, 즉 고인이 된 씨드(Sid) 삼촌이 실제로 구름 위에서 시끄럽게 꽥꽥거리는 성가대 한 가운데 성가대 가운을 입고 서서 황금 하프를 뜯으며 24시간, 1주일 내내 '주께 찬양'을 흥얼거리는 것을 떠올리는 것은 그야말로 치명적으로 실패한 상상이다.

하지만 150년 쯤 전에는 다는 아니더라도 종교를 가진 많은 사람들이 이러한 내세의 이미지를 거의 문자적으로 생각했었다. 무슨 말이냐면 사람들이 과학적 세계관을 더 많이 수용할수록 천국과 내세에 대한 문자적 조망은 더 많은 압력을 받게 된다는 것이다. 신성한 보호 덮개가 금가기 시작했고, '그럴 수 있겠다'는 생각들이 물러섰으며, 많은 이들이 결국 내세에 대한 문자적 그림들을 받아들일 수 없는 것으로 포기하게 되었다. 그런 관점을 아직 완전히 내버리지 않은 사람들도 그것에 대해 이제 덜 생각하고 덜 확신하기 시작한 것이다.

우주조종사 유리 가가린(Yuri Gagarin)이 대기권 밖을 여행한 최초의 인류가 되었을 때, 소련의 지도자 니키타 후르시초프(Nikita Khrushchev)는 환성을 지르며 말했다.

"가가린이 우주 밖으로 날아가 보았지만, 거기에서 신을 보지는 못했습니다."

물론 후르시초프의 실수는 신이 과학적으로 발견하거나 분석할 수 있는 탄소 분자나 짚신벌레 따위의 또 다른 물체라도 되는 양 취급함으로써 진리를 묘사하는 종교적 방법과 과학적 방법을 혼동한 것이었다. 종교적 주장들은 엉겅퀴와 같다. 당신이 그 주장들을 확고하게 붙들 수는 있지만, 만약 그것들을 꼭 움켜쥔다면 아플 것이다.

설교자들과 신앙인들은 그들에게 신학적 시(theological poetry)의 능력이 있다는 사실을 잊어버렸다. 점점 더 많은 사람들이 "황금 길"과 "진주 문"과 같은 이미지들을 생각할 때 섭씨 100도에서 끓는 물을 생각할 때와 같은 방식으로, 즉 비유로서가 아니라 있는 그대로의 사실로서 생각한다. 이처럼 심오한 신앙이 이제 생기 없는 문자주의가 되어버렸으며, 과학적 이성주의는 그것들을 볼링핀들처럼 쓰러뜨려버렸다.

과거에는 사람들이 쟁기와 망치와 교과서와 빵 굽는 틀을 내려놓고, 이제 신과 함께하기 위해 떠나는 지상 최대의 여정 가운데서 땅에 맞닿아 있는 마지막 몇 마일을 고인과 동행하는 것이라고 굳게 확신하며 사랑하는 이의 관을 들어 올리고 그 시신을 무덤가로 운구하던 때가 있었다. 그러나 그들이 그 안에 담긴 시를 잃어버린 후로는 매서운 의심이 그들의 확신을 부식시켰고, 마법을 걸기 위해 남겨진 거라곤 그들 안의 아주 작은 영적 영역이 전부였다. 죽은 자는 죽은 것이고, 그저 추억 저편으로가 아니라면 어딘가로 여행을 떠나는 것도 아니며, 낙천주의와 거짓 경축(faux celebration)이라는 얄팍한 연고를 끓어오르는 슬픔의 감정 위에 건성으로 발라주는 것을 제외하고는 그 어떤 일도 조문객들에게 일어나지 않고 있었다.

누군가는 이것이 우리 문화가 더 세속화되었다는 증거라고 말할지도 모르는데, 나름대로 맞는 말일 것이다. 하지만 이것에 대해 또 다른 면에서 생각해 볼 수 있는데, 사람들은 여느 때처럼 종교적이긴 하지만 그들이 생각하는 종교에는 육체는 조금 덜 있고 공상(vapor)은 더 있다는 것이다. 삶의 모든 것들 위에 매듭을 단단히 매고, 우리가 육체 가운데 하는 일들 속에서 영적인 요소를 발견하던 종교 대신, 새로운 종교는 형태를 갖지 않는 영성에 관한 종교인 것이다. 구체적인 것에 대해서는 답답해하는 종교이다. 단체와 건물, 신앙고백과 구조에 대해서는 알레르기 반응을 보이는 종교이다. 그리고 육체를 좋아하지 않는 종교이다. 진짜배기는 결국 영적인 것이어서, 무게와 주름이 있으며 쇠락하고 마는 육신은 산 자에게도 죽은 자에게도 방해 거리이며, 육체는 그저 껍데기일 뿐이라는 것이다.

만약 영감을 받고, 죽음이라는 처절한 사실 위로 들어 올려지는 기분을 느끼게 되며, 영적인 것에 중심이 맞춰지며, 웃음과 들뜬 감정들로 인해 나의 추억들이 활성화되고 슬픔은 위로를 받는 등 추모예식에서 우리가 하는 일이 비육체적인 것이 되어야 한다면, 육중한 고인의 육신을 굴려 무대 위로 올려놓지 말라는 것이다. 고인의 시신이 우리의 영적인 환상을 방해한다고 믿었기 때문에 우리는 그의 육체를 장례식에 데려다 놓는 일을 그만 두게 되었다. 솔직히 고인은 그 어디에도 가는 것이 아니라고 생각하기 때문에 우리는 죽은 자를 위해 무덤가까지 배웅하는 일도 그만 두게 된 것이다.

4. 추모예식의 참을 수 없는 가벼움

토마스 린치가 말한 대로 "시신 없는 장례식"이라 할 수 있는 이상하리만치 비육체적 특성을 갖고 있는 미국의 장례식과 관련하여 장의사와 목사들이 할 수 있는 일이 무엇일까?

우선 우리는 그저 어깨를 으쓱하며 새로운 현실을 직면해야 할지도 모른다. 결국 우리는 변화에 적응할 수 있다. 장의사들은 즉각적 매장, 즉각적 화장, 그리고 예식진행자가 사회를 보는 "삶의 경축" 등을 중심으로 새로운 사업 모델을 구상할 수도 있다. 성직자가 주관하는 장례의 경우라면, 목회자들은 고인에 대한 위트 넘치는 회고 등을 통해 사람들을 눈물과 웃음을 오가게 하며 감동시킴으로써, 뻔히 예상되지만 참석자들의 향수를 자극하는 성경 구절을 읽어줌으로써, 감성적인 한 두 편의 시를 통해 그들에게 영감을 불어넣음으로써 적절한 방법을 찾아낼 수 있다.

하지만 그렇게 하는 것은 비극적인 직무 유기일 것이다. 장의사는 사업과 관련하여 신경 쓸 일이 있고, 목회자는 교파적 제약이 있다. 그러나 이러한 것들보다 더 깊은 곳에 우리가 섬겨야 할 사람들의 복지 문제가 있다. 우리 사회는 죽은 자를 위해 무엇을 해야 하는지를 잊어버렸고 이러한 기억상실증은 건강과 자유의 신호라고 스스로를 설득시킨다. 그러나 진실은 이렇다. 죽은 자를 보살피고 작별의 장소까지 배웅하지 못하는 사람들은 살아있는 자를 보살피는 능력이나, 다른 사람과 연합하여 신뢰와 의미의 공동체를 이루는 능력도 줄어들게 된다는 것이다. 만약 우리가 소망 가운데 죽은 자와 함께 걸을 수 없다면, 그것은 우리가 우리의 삶에서 길을 잃어버렸기 때문일 것이다.

우리는 죽음이 두려워져서 주름을 감추기 위해 크림을 펴 바르거나 우리 몸에 보톡스(Botox) 주사를 놓음으로써 현실을 부정하려 한다. 「코스모폴리탄」(Cosmopolitan)을 성혁명을 옹호하는 걸이 번지르르한 삼류 잡지로 만들었고, 90세가 되어서도 망사스타킹과 미니스커트를 걸쳤던 헬렌 걸리 브라운(Helen Gurley Brown)의 부고가 「뉴욕타임즈」에 실렸는데, 부고는 그녀의 죽음을 다음과 같이 알렸다.

"그녀는 아흔 살이다. 하지만 그녀의 신체 일부분들은 상당히 젊어 보인다."[16]

죽음 앞에 인간이란 어떤 존재이며, 어떻게 하는 것이 인간다운 일을 하는 것인지에 대해 사람들이 기억할 수 있도록 지혜로운 장의사와 목회자들이 협력하여 도울 수 있다. 물론 반대의견도 있을 수 있는데, 작전회의(huddle, 미식축구 경기에서 선수들을 불러놓고 하는 회의 – 역주)에서 플레이에 대해 운동장에서 얘기할 때 그 얘기소리는 알아들을 만한 것이어야 한다.

하지만 죽은 자를 어떻게 보살피며 의미와 소망이 있는 장례식을 치르기 위해 어떻게 해야 하는지에 대한 민감성이 그들 영혼 깊은 곳에 자리 잡고 있다. 이 말은 곧 과거나 현재나 모든 가족들이 잘 알아듣고 잘 해낼 것이라

---

16 Helen Gurley Brown, 1922-2012: Gave Single Girl a Life in Full (Sex, Sex, Sex), *The New York Times* (August 14, 2012), A1.

는 것을 뜻한다. 그들은 그들이 사랑하던 자를 작별의 장소까지 동행할 것이며 눈물과 감사를 담아 떠나보낼 것이다. 그런 행위는 그 나름의 인간적이고 종교적 힘을 드러내는데, 한 지역공동체에서 잘 치러진 한 번의 장례보다 더 교육적 효과가 있는 것은 없다. 그런 장례식은 정확한 음정을 내는 합창단, 야구에서 깔끔하게 처리된 더블플레이, 딱 어울리는 와인과 환대의 마음이 곁들어져 아름답게 준비된 식사와도 같아서 더할 나위가 없다.

만약 장의사들이 서로 협력하여 사람들로 하여금 죽음의 순간 그들에게 있는 인간미를 기억하도록 도와야 한다면, 우리가 시작해야 할 일은 우리 문화 속에 비육체적이며 지나치게 영화된 경향성들을 멈추게 하고 거절하는 일이다. 이것은 장의사들이 장례란 죽은 자를 위해, 죽은 자와 함께 우리가 하는 그 무엇임을 강조하기보다, 개인주의와 감성주의에 맞춰 왔던 모든 판매 전략들을 멈추고 그만두는 것을 의미한다. 사람들은 숲 속에서 홀로 개인적 의미와 감성들을 얻어낼 수 있으며, 갈수록 바로 그 곳에서 그런 것들을 얻게 될 것이다.

목사들에게 이것은 설교나 교육이나 지도를 할 때 위대한 신앙 전통들의 보편적인 특성, 즉 영성의 물질성을 강조해야 함을 의미한다. 주인공의 이름을 따서 제목을 지은 웬델 베리(Wendell Berry)의 소설에서 주인공 제이버 크로우(Jayber Crow)는 켄터키 주의 포트 윌리엄(Port William)이라는 작은 동네의 이발사이자 무덤 파는 사람이었다. 비록 제이버는 평범한 직업을 가진 평범한 남자였지만 그는 전문가적이진 않지만 현명한 철학자였고 인간의 조건에 대한 진리를 말하는 이야기꾼이었다. 소설의 한 대목에서 제이버는 세상과 육체를 비하하는 설교를 하고 있는 지역 교회 설교자에게 느낀 당혹감을 다음과 같이 표현했다.

> 이 세상의 아름다움과 좋음을 비난하는 이런 종교에 나는 당혹감을 느꼈다…강단에서 육체의 사악함에 대한 설교가 흘러나올 때, 젊은 남편들과 부인들, 그리고 교제 중인 젊은 커플들은 사랑과 기쁨으로 가득 찬

채 서로의 허벅지가 닿을 만큼 바싹 붙어 앉아 있었고, 나이 든 사람들은 자녀들의 아름다움에 대해 생각하고 있었다. 그리고 교회가 끝나자 그들은 크림을 얹은 신선한 완두콩, 뜨거운 비스킷, 버터, 체리 파이, 고소한 우유, 탈지유 등을 곁들인 닭튀김 요리로 천국과도 같은 저녁 식사를 하러 집으로 향했다…그리고 모든 사람들을 대표하여 즐거움과 육체를 포기하였던 그 설교자는 신께 봉헌되지 않은 렐리쉬(relish, 피자나 햄버거 등을 먹을 때 곁들여 먹는 시큼한 맛이 나는 반찬거리- 역주)를 곁들여 식사할 것이다.[17]

잘 알려진 북아프리카의 주교 성 어거스틴(St. Augustine)은 그가 나이 들었을 때 어떤 목회자로부터 목회에 대한 실제적 질문을 받았다.[18] 질문하는 목회자의 성도 가운데 한 남자가 죽었는데, 슬픔에 빠진 그의 어머니가 그를 위해 좋은 일을 해주고 싶어서 어떤 성인의 묘가 있는 어느 교회의 건물에 그 아들을 묻어주길 원하는 모양이었다. 어거스틴은 존경받는 신학자요, 지혜로운 목회자이고, 경륜이 깊은 주교였기 때문에 그의 의견을 구하고 있는 것이다. 질문은 다음과 같다.

"존경받는 성인 근처에 묻힘으로써 죽은 남자는 어떤 유익을 누릴 수 있을까?"

내가 생각하기론 오늘날 목회자들 대부분은 그런 질문에 코웃음 칠 것이다. 적어도 혼자서 조용히 말이다.

"성인 곁에 묻히는 것이 죽은 남자에게 어떤 유익이 있을 수 있을까? 그가 만약 꽃밭에 묻힌다면, 그가 글라디올라(gladiola) 꽃이 될 수 있을까? 그가 어떻게 혹은 어디에 묻히건 누가 신경이나 쓰겠는가? 자 다음 질문!"

그러나 어거스틴은 더 섬세하고, 더 통찰력 있는 답변을 했다. 그는 질

---

17 Wendell Berry, *Jayber Crow* (New York: Counterpoint, 2000), 161.
18 Augustine, "On the Care of the Dead", *Retractations*, Book II, chapter 64.

문한 친구가 좋은 질문을 했으며 그 질문 뒤에는 육체와 거룩함 사이의 연관성에 대한 깊고 정확한 인식이 깔려 있음을 인정해 주었다. 어거스틴은 죽은 자의 육체를 보살피며 물리적 매장 방식에 대해 관심을 기울이는 것은 "인간이 해야 할 직무"(an office of humanity)라고 말했다.[19] 만약 이방인들조차도 어떻게 해야 죽은 자들의 육체를 엄숙하게 대할 수 있는지 알고 있다면, 믿는 자들은 이와 같은 인간다운 행위를 믿음의 증언으로 생각하여 얼마나 더 거룩하게 수행해야 하겠느냐고 어거스틴은 대답했다.[20]

하지만 그렇게 전제한 후 어거스틴은 죽은 육체에 일어나는 일에 대한 마술적 관점은 배격했다. 그렇지 않다는 것이다. 성자로부터 1미터 떨어진 곳에 묻힌들 그 누구도 영적 삼투압에 의해 거룩해지는 것은 아니다. 어거스틴이 이 말을 하면서 사용한 논증이 중요하다.

첫째, 매장 방식이 어떤 사람과 신과의 관계를 변화시킬 수 없다는 것이다. 어거스틴은 많은 신실한 기독교인들의 육체가 박해자에 의해 더럽혀졌으며 사자에게 던져졌고 칼로 절단되었다는 점을 지적했다. 그는 기독교인들의 피가 "물처럼 예루살렘 주변을 따라 흘렀으며 그들을 묻어줄 자는 아무도 없었다"고 말했다. 그들이 비록 적절하고 거룩한 방법으로 묻히지 못했지만 그들은 여전히 주님 보시기에 소중하다는 것이다. 예수의 비유에 나오는 부자는 의심할 여지없이 훌륭한 장례식을 가졌겠지만, 천사가 아브라함의 품으로 인도한 것은 상처로 뒤덮인 육신을 가졌던 거지 나사로였다고 어거스틴이 말했다.[21]

둘째, 어떤 거룩한 사람 곁에 묻히는 것이 죽은 사람에게 이득이 된다는 생각은 사실 믿음의 육체적 특성을 훼손하는 것이다. 육체화된 거룩성은 빌릴 수 없다. 누군가를 묻는다는 것은 바로 그 사람의 육체의 신성함

---

19 Augustine, *Retractationes*, Book ii, chap. 64, par. 22, http://www.newadvent.org/fathers/1316.htm.
20 Ibid.
21 Ibid., par. 4.

을 인정하는 것이요, 그의 육체의 행위들을 추모하는 마음으로 신께 올려 드리는 것이며, 그 몸이 추구했던 삶의 방식들을 예물로 바치는 것이다. 아무리 성인이라도 묘지에 묻혀 있는 다른 사람의 육신을 그렇게 하는 게 아니라는 말이다.

그렇다면 만일 좋은 매장이 죽은 사람을 더 거룩하게 할 수 없고 나쁜 매장이 신의 보호를 끊을 수 없다면, 도대체 왜 매장이라는 것에 신경을 쓰는 것일까? 이제 다시 어거스틴은 두 가지로 잘 정리해서 논증한다.

첫째, 죽은 자를 정성껏 보살피는 것은 산 자에게 유익이 된다. 그것은 그들의 신앙을 증진시키고 의미와 위로와 소망을 그들에게 제공한다.

둘째, 죽은 자를 장사지내는 자들은 삶과 죽음에 대해 그들이 알고 있는 가장 심오한 진리를 실행하는 일종의 연기를 하고 있다.

어거스틴이 말하길, 아버지가 죽을 때 그 자녀들이 아버지의 의복이나 반지를 소중히 간직하는 이유는 아버지를 사랑하는 자녀들에게 그것이 고인을 향한 자신들의 사랑을 실행하는 하나의 방법이기 때문이다. 육체는 의복이나 장신구가 아니며 "인간 존재의 본성 그 자체"에 속한 것이므로 고인의 육체는 얼마나 더 귀하게 여겨야 하겠느냐고 어거스틴이 말했다.

어거스틴은 예수를 따르던 자들이 그의 육신을 십자가로부터 취하여 무덤 안에 엄숙히 안장했던 것처럼 우리도 죽은 이의 육체를 보살펴야 한다고도 말했다.[22] 제자들이 그와 같이 한 것은 죽은 육체가 무엇을 느낄 수 있어서가 아니라, 그들이 신께서 하고 있다고 믿는, 즉 신께서 모든 죽은 자들의 육체를 보살피듯 예수의 육체도 거룩하게 돌볼 것이라 믿는 바로 그 일을 자신들의 인간적 보살핌을 통해 실천하고 있었던 것이다.

어거스틴의 말이 정말 맞다. 장례예식을 통해 우리는 한 편의 연극 무대를 펼친다. 장례예식이라는 무대는 우리의 삶을 풍요롭게 해 주며, 그 가운데 우리가 가진 깊은 확신을 선언하고, 또한 그것을 통해 이 세상과

---

22 Ibid., par. 5.

그 너머에서 벌어질 것이라고 믿는 일들을 몸으로 표현해낸다. 육체를 궁극적인 것으로까지 여기지는 않겠지만, 이와 같은 것을 통해 우리는 육체를 신중하게, 심지어 신성하게 다루게 된다.

이러한 장례예식을 통해 우리는 죽은 자를 끌어안고 그 위에 안수할 뿐 아니라, 그들이 결국 가야할 곳으로 보내주기도 한다. 장례는 우리로 하여금 울고 웃게 하며, 진리를 기억하고 말하게 한다. 우리는 고인이 여행하여 다가가고 있는 그 땅으로 그를 보내면서 그의 몸에 일어난 것들에 대해 슬퍼하기도 하고 경축하기도 한다. 장례는 우리가 이 세상을 사랑하며 또 한편으로는 다음 세상을 소망하게 만들어준다. 마릴린 로빈슨(Marilyn Robinson)의 소설 『길르앗』(*Gilead*)에서 나이든 회중교회 목회자 존 애임즈(John Ames)는 다음과 같이 말한다.

> 이 세상은 우리를 기다리는 다음 세상에 비하면 그저 망령 같은 것에 불과하다는 것을 나도 압니다. 하지만 이곳은 참 사랑스러운 장소입니다. 이 안에는 인간적인 아름다움이 있습니다. 저는 우리가 완전히 변화되어 썩지 않을 몸을 입게 될 때 우리의 죽을 수밖에 없고 영원할 수 없는 이 육신의 환상적인 상태를, 우리에게 세상 모든 것으로 여겨졌던 탄생과 죽어 스러짐의 이 위대하고 빛나는 꿈을 우리가 잊게 될 거란 말을 도무지 믿을 수 없습니다. 저는 믿습니다. 영원한 나라가 오면 이 세상은 트로이(Troy)와 같을 것이라고. 이곳을 지나쳤던 모든 것들은 우주의 서사시(epic)가 되고, 거리에서 부르는 서정시(ballad)가 될 것이라고. 저는 이 땅의 것들이 그늘 속에 완전히 구겨 넣어지는 것은 상상할 수 없습니다. 그렇게 하려는 시도는 경건한 일이 못된다고 생각하기 때문입니다.[23]

---

23 Marilynne Robinson, *Gilead* (New York: Picador, 2006), 52.

제3부

장의사와 성직자

제5장
우리들의 최악의 적들
— 토마스 린치

제6장
장의사, 누가 그들을 필요로 하나?
— 토마스 G. 롱

곡조 없는 장송곡 (Dirge without Music)

에드나 세인트 빈센트 밀레이 (Edna St. Vincent Millay)

딱딱한 땅 속에 사랑하는 이들을 가두어 두고 숙명이라며 체념할 수는 없습니다.
지금이 작별을 고해야 할 시간인 것은 예전에도, 지금도, 앞으로도 그렇겠지요.
지혜로운 자도 사랑스런 자도 모두 저 어둠 속으로 가버립니다.
백합으로 수놓은 월계관을 쓰고 가겠지만, 그래도 나는 체념할 수가 없습니다.

그대와 마찬가지로 연인들도 철학자들도 저 땅 속으로 들어가 버립니다.
이 모두가 흙먼지와 하나 되어, 둔감해지고 서로 구별도 안 되겠지요.
그대가 느꼈던 것들, 그대가 알았던 것들, 교리도, 찬양도 파편으로나마 남겨지겠죠.
하지만 가장 좋은 것이 스러져버렸네요.

그대의 빠르고 날카로웠던 대답들, 그대의 정직한 표정, 그 웃음, 그 사랑.
사라집니다. 저 장미들에게 밑거름이 되려 사라집니다. 우아하고 굴곡진 그 꽃.
향긋한 그 꽃. 알아요. 하지만 전 인정할 수 없습니다.
이 세상 그 어떤 장미들보다 그대의 눈망울에 일렁이던 빛이 더 소중하니까.

묘지의 어두움 속 아래로, 아래로, 아래로
아름다운 사람도, 상냥한 사람도, 친절한 사람도 고이 내려갑니다.
명석한 사람도, 재치 있는 사람도, 용맹한 사람도 말없이 내려갑니다.
알아요. 하지만 전 인정할 수 없습니다. 그리고 전 체념할 수 없습니다.

제5장

우리들의 최악의 적들

토마스 린치

H. L. 멩켄(H. L. Mencken)은 말의 힘에 관한 자신의 고전적 연구 한 편을 『어메리칸 랭기지』(*The American Language*)를 통해 발표했다. 그는 그 글에서 1932년 1월판 「에디터 앤 퍼블리셔」(*Editor and Publisher*)에 실린 소논문을 다음과 같이 인용한다.

> 「시카고 트리뷴」(*Chicago Tribune*)은 '이 법안은 존중받고 싶어 하는 장의사들의 열망에 대한 공감이 부족해서가 아니라 오히려 그 반대의 이유로 시행되는 것이다. 만약 장의사들이 그들의 사전 편찬자들로부터 스스로를 구원할 만한 감각이 없다면, 우리는 그들을 꼬드겨서 어리석은 짓을 하게 만들었다는 죄책감을 느끼지 말아야 한다'라고 발표했다.[1]

물론 존중받고 싶어 하는 장의사들의 열망은 농부들이나 석공들, 공직 후보자들, 세금 징수원, 혹은 성직자들의 열망과 별반 다를 게 없다. 우리는 모두 신뢰받고 존경받기를 원한다. 멩켄은 선한 의도와는 달리 일

---

1 H. L. Mencken, *The American Language* (New York: Knopf, 1984), 288.

이 반대로 돌아가는 경향을 풍자하고 있다. 그는 19세기 중반까지 사용되던 "언더테이커"(undertaker)라는 호칭이 남북전쟁 이후 "퓨너럴 디렉터"(funeral director)라는 호칭으로 바뀌더니, 20세기 초반에 이르러 "몰티션"(mortician)이라는 호칭으로 진화해 나간 점을 주목하였다.(저자는 본 장에서 undertaker, funeral director, mortician 등 장의사를 가리키는 세 종류의 호칭과 그 안에 담긴 뉘앙스 차이를 언급하고 있음. 역자는 앞으로 문맥에 따라 뉘앙스의 차이가 없을 경우에는 세 용어 모두 장의사로 번역하고, 뉘앙스의 차이가 있을 경우 어감을 살려 각각 청부인[請負人], 장례지도사, 장의사로 번역할 것임 - 역주)

황금기를 누리던 청부인(undertaker)들이 자기들 스스로 화를 자초하지 않도록 막아보려던 멘켄의 노력은 예상한 대로 성공하지 못했다. 지금도 마찬가지겠지만, 우리는 그때 우리 자신의 최대의 적이 되었다. 존중받기를 원했던 우리 장의업계의 선배들은 사용하기 편하고 나름대로 중후한 맛이 있는 '청부인'이라는 호칭을 새로 고안한 호칭으로 바꾸었다. '맡다'(to undertake)라는 말은 스스로에게 특별한 임무나 사업의 의무를 부담시키다(to bind), 그 일이 완수되도록 서약 또는 약속하다(to pledge, to promise), 다른 사람이 나서서 하지 않는 무엇인가를 짊어지다(to take on) 따위의 의미를 갖는다. 그 용어에는 위엄과 목적이 담겨있었으며, 대중들에게는 다음과 같은 의미로 널리 이해되었다.

"당신이 만약 시체가 생길 상황에 처해 있다면 청부인을 불러야 한다."

이 직종은 업계에서 존중받는 위치를 차지하였다. 청부인이라는 호칭은 그들이 하는 일이 무엇인가에 대한 분명한 이해에 근거하고 있었기 때문에, 그리고 대중들 대부분이 거기에 대해 공감할 수 있었기 때문에, 그들이 뭐하는 사람인가에 대해 누군가 크게 오해하지 않도록 해 주었다. 물론 지금과 마찬가지로 그 당시에도 청부인들은 가구점, 상복 판매점, 꽃가게, 술집 등 한두 가지 부업을 병행하기도 했지만, 모든 사람들이 청부인이 무슨 일을 하는 사람인지 알고 있었다. 죽은 자를 보살핌으로써 산 자를 섬기는 바로 그 일 말이다.

멘켄이 편집한 「어메리칸머큐리」(*The American Mercury*)에 엘머 데이비스(Elmer Davis)의 소논문 "장의사"(The Mortician)가 실렸다.

> 대중들이 자신들의 직업을 가벼이 여기는 경향은 장의사(mortician)들과 장례지도사(funeral director)들에게 커다란 슬픔을 주는 요인이 되고 있다. 청부인(undertaker)들은 더 이상 존재하지 않으며, 설령 있다 하더라도 그들은 이렇다 할 비전을 가지고 있지 않아서 고려할 가치가 없다. 죽은 자의 처리는 반드시 수행되어야 할 기능이며, 더 나아가 일정 정도의 의식과 행진이 포함되어 수행되어야 하는 기능이라고 유족들이 일반적으로 느낀다고 장의사들과 장례지도사들은 꽤 합리적으로 주장한다. 장의사는 고객들이 요구하는 세련되고 단정한 외관적 꾸밈을 제공한다. 그런데 나중에 고객들은 청구서 액수를 보고 소리를 지른다. 더 나중에는 사람들의 신경을 거스를 정도의 분개와 조롱으로 장의사를 대한다.[2]

항상 그랬었다. 죽을 수밖에 없음과 돈, 죽음과 달러, 슬픔과 영업이 뒤섞여 있기에 쉽지 않은 사업이다. 「시카고트리뷴」의 편집자들과 엘머 데이비스처럼 멘켄은 우리를 우리 자신(청부인, 장례지도사, 장의사)으로부터 구원하려고, 그리고 대중이 우리에게 무엇을 원하며 우리가 하는 무엇에 대가를 지불하거나 지불하지 않는지를 분별하지 못하는 우리의 실패로부터 우리를 구원하려고 노력했던 것이다.

거의 한 세기 뒤, 미국장의사협회 8,500명의 회원들에게 읽혀지는 「디렉터」(*The Director*)의 2012년 8월호 커버스토리 "고객들에게 귀 기울이기"(Listening to Your Customers)는 "2012년 미국장의사협회 고객선호도 설문조사 결과"(Results of the 2012 NFDA Consumer Awareness and Preferences

---

2 Elmer Davis, "The Mortician", The American Mercury, May 1927, 32.

Survey) 내용을 소개한다. 매달 100쪽 정도 분량으로 발간되는 이 잡지에서, 중간 중간 끼어있는 상당한 분량의 광고를 포함하여 삽화, 원그래프, 본문 내용까지 모두 다하면 거의 17쪽에 걸친 분량으로 설문조사 결과가 수록되어 있다. 이 글은 두 사람이 함께 쓴 글인데, 저자 중 한 명은 미국장의사협회의 전문연구위원인 디에나 길레스피(Deana Gillespie)이고, 다른 한 명은 "설문에 따르면…고객들을 교육할 기회는 있다"(Survey Says… Opportunities Await to Educate Consumers)라는 사설을 쓴 「디렉터」의 편집자 에드 데포르트(Ed Defort)이다.

"장의사를 선택할 때 당신이 가장 중요하게 보는(봤던) 특징들은 무엇입니까?"에서부터 "당신은 매장이나 화장 등에 대한 대안으로 알칼리성 가수분해(Alkaline Hydrolysis)라는 방식도 있다는 것을 알고 계십니까?"에 이르기까지 폭넓은 질문으로 이루어져 있다는 점이 인상 깊다. 조금 전 그 질문에 대해 "예"라고 답한 사람은 7퍼센트 정도였다. 화장, 사전준비(prearrangement), 종교, 연령, 인종 등과 관련된 광범위한 섹션들도 있었다. 전반적으로 말하자면 설문은 잡지의 독자인 미국장의사협회 회원과 직원들이 고객선호도 동향을 파악하게끔, 그리고 더 나아가서 고객들이 원하는 것을 제공해주는 서비스 모델을 구상하게끔 기획되어 있다.

그 커버스토리 중간중간 청동조각상, 유골 단지, 장미꽃 문양의 묵주, 은퇴계획, 추모영상제작회사, 황동 기념 목걸이, 장의학교, 장의업자들을 위한 대출 프로그램을 갖고 있는 은행 등에 대한 홍보 광고물들이 뒤섞여 있다. 앞표지 상단에는 2012년 미국장의사협회 샬롯(Charlotte) 박람회 미리보기라는 안내문구가 적혀있는데, 이 미리보기의 내용은 노스캐롤라이나 주 샬롯 시에서 개최 예정인 박람회에서 전시하기로 되어 있는 판매자들의 리스트이다.

잡지의 또 다른 17쪽 분량이 할애된 이 미리보기에는 박람회에 전시하는 회사들, 그리고 플래티넘, 골드, 실버, 브론즈 등급으로 분류된 후원사들이 알파벳 순서로 정리되어 각 회사의 로고와 간략한 회사연혁과 함께

수록되어 있다. 뿐만 아니라 잡지의 정중앙 부분(centerfold)에는 전시 부스별로 숫자가 매겨져 있고, 주점과 매점 등의 위치가 세부적으로 표기된 박람회장 안내도가 있다. 또 다른 광고들도 나오는데, 0.5톤짜리 바디리프트(body lift)를 홍보하는 전면광고, 금융업체, 유골 단지, 장의차, 배송 서비스, 건축회사 등을 광고하는 반면 혹은 4분면 광고가 있다.

그러니까, 17쪽 분량의 소비자 설문 분석, 또 다른 17쪽 가량의 관련 업계 홍보. 박람회 그 자체도 마찬가지이지만 「디렉터」 8월호는 장의업계 내에서 종종 나란히 놓여 상충하는 이해관계를 이상하리만치 가깝게 모아 놓은 장이 되고 있다. 한쪽에서는 더 나은 서비스를 강조하고, 다른 한편은 더 나은 영업을 강조하고 있는 것이다.

서비스 제공과 제품 판매 사이의 이러한 긴장관계는 많은 사업들에 있어서 그 중심에 놓여 있다. 내 경험으로 볼 때, 장의사들이 대중적 신뢰를 잃는 일은, 고객들의 이득이 판매자들의 이득보다 적을 때, 즉 고객들의 말에 귀 기울이기보다 물품 공급자들의 말에 주의를 기울이기 시작할 때 발생한다. 환자들보다 제약회사 대표들과 더 많은 시간을 보내는 의사가 있다고 한번 생각해 보라.

1. 장례와 관

내가 40년 전에 장의학교에 다닐 때 강력한 지배력을 휘두른 것은 관(棺) 회사들이었다. 다른 그 무엇보다 관이나 볼트(vault) 등, 상자를 판매하는 일에 모든 자금과 에너지와 공간이 할당되었다. 우리가 받았던 수업 가운데에는 학생들이 모형 전시 공간에 들어가서 각각의 관의 차이점들을 묘사하는 훈련을 받는 것도 포함되었다. 이와 같은 수업은 학생들의 미래를 위한 훈련이었다. 관 회사들에 의해 제공되는 상품 지식이 연장교육이라는 미명하에 주어질 훗날 말이다.

미국 최대의 관 제조사인 베이츠빌 관 회사(Batesville Casket Company)는 장의사들을 비행기에 태워 남부 인디애나(Indiana)에 위치한 자사 복합단지에 보내서 몇 일간 공장 견학과 훈련을 받게 했는데, 일정이 끝난 후 집에 돌아가는 참가자들의 손에는 "보호"(protection)라는 개념을 골자로 하는 새로운 판매 전략이 쥐어졌다.

20세기 중반 무렵, 베이츠빌 관 회사는 고무 개스킷(gasket, 접합부 따위를 메우는 데 쓰는 얇은 판 모양의 패킹 – 역주)이 부착된 관을 고안해 냈는데, 홍보전단에 적힌 바에 따르면 공기와 습기를 차단하기 위해 밀폐된 관이었다. 이 회사는 "모노씰"(Monoseal)과 "모노가드"(Monogard)라는 제품명으로 구리, 청동, 스테인리스 스틸 등의 "귀한" 금속들은 물론이고 다양한 게이지(gauge), 다시 말해 다양한 두께의 강철들로 제작된 수많은 색깔과 모델의 관들을 출시하였다.

더 나아가 일부 모델들은 "캐소딕 프로텍션"(cathodic protection) 방식으로 제작되었다. 설명하자면, 마그네슘 막대가 관의 바닥 부분에 클립으로 고정되어 있어서, 관이 긁혀서 발생할 수 있는 녹과 부식현상을 방지하게 된다. 관의 내부는 소나무라든가 기도하는 손 모양이 수놓인 벨벳 천과 크레이프 고무(crepe, 일반적으로 구두창 등에 쓰이는 잔주름 잡힌 얇은 고무판 – 역주) 등으로 장식되어 있다. 어떤 관에는 무엇인가를 잠갔다가 다시 열었다 할 수 있는 "열쇠"도 있다. 우리 장의사들은 관을 밀폐시킨 후 종종 그 열쇠를 유족들에게 건네준다.

아버지께서 나를 데리고 우리 장례식장의 관 진열실을 따라 걸으면서 베이츠빌 관 회사의 담당자에게 배운 대로 상품 소개 문구를 소리내어 말씀하시던 기억이 난다. 그 담당자는 고상하고 친화력이 있는 남자였는데, 아버지에게 보여주기 위해 새로운 상품이나 판매에 도움이 될 만한 자료를 들고 2주에 한 번 꼴로 방문했다. 벨벳으로 덮여 있는 관 덮개를 들어 올리고는 그 모서리와 고무 봉인 등을 보여주었다.

그의 설명은 이렇게 시작한다.

"어떤 관들은 소위 '봉인된'(sealed) 혹은 '보호된'(protective) 관들입니다. 어떤 이들에게 이 점은 매우 중요하답니다. 또 다른 어떤 이들에게는 아무 의미도 없을(nothing at all) 테지만요."

그 담당자 말이 맞다면, 바로 이 지점에서 유족인 구매자가 고인을 "매우 중요한 분"으로 여겼는지 "아무 의미도 없는 사람"으로 여겼는지가 갈리며, 그에 따라 적절한 구매가 이루어진다는 것이다.

이쯤에서 확실히 해야겠다. 나는 관에 대해 매우 우호적인 사람이다. 관이야말로 유족들이 고인의 죽음과 관련하여 뭐라도 선택하고 정할 수 있는 몇 안 되는 것들 중 하나라고 생각한다. 나는 형제들과 함께 아버지 댁 주차장에 모여 서서, 위층에서 죽어가고 계시던 어머니를 위해 어떤 종류의 관을 사용하면 좋겠냐며 의논하던 생각이 난다.

그때 누이들이 위층에 계시는 어머니 곁에서 그녀를 돌보고 있었는데, 그 누이들이나, 주차장 쪽에 서 있는 우리 형제들이나, 밤마다 어머니 곁을 지키던 아버지나 할 것 없이 모두 어찌할 수 없는 동일한 무력함을 느꼈다. 어머니의 관에 대해 얘기하는 것은 비록 아주 작은 보상일 뿐이지만, 그것은 어머니의 암에 대해 뭐라 할 말이 전혀 없는 것에 대한 보상이 되었다.

또한 나는 관을 사용하여 죽은 사람을 한 지점에서 다음 지점으로 편리하게 옮겨주는 그 방식에 대해서도 매우 우호적이다. 나는 관에 손잡이가 있는 점도 마음에 든다. 더욱이, 나는 도매나 소매, 그리고 판매에 따른 수익 등에 반대하지 않으며, 관 제작회사나 최종 공급자들에 대해서도 우호적이다.

단지 내가 생각하기에는 장의업계에 몸담고 있는 수많은 동료들이 관을 검토하는 데에 너무 많은 시간을 보내다 보니 관이라는 것이 자신들이 취급하는 제품의 중심이자 이윤창출의 중심이라고 믿게 되었다. 그리고 대중들도 마찬가지의 결론, 그러니까 우리 장의사들이 상자의 판매에 혈안이 되어 있으며, 좋은 다이아몬드와 좋은 결혼을 헷갈리듯 좋은 관과 좋은 장례예식을 연결지어 생각하는 것 아니냐는 결론에 이르게 되었다.

베이츠빌 관 회사가 어떻게 보호라는 개념을 판매에 이용하게 되었는지 이해하기는 쉬운 일이다. 당시는 2차 세계대전과 한국전쟁이 끝나고, 베트남전과 냉전이 시작되는 등 국가적으로 위기와 위기의 연속인 시기였다. 폭격 은신처, 생명보험, 다이아몬드 반지, 겨드랑이 냄새제거제, 탐폰(tampon), 백신접종, 또는 베이츠빌 관에 이르기까지, 보호와 영구함이라는 개념은 큰 호응을 받았다.

우리는 침략, 침수, 누출, 난파 등이 뜻하지 않은 곳에서 우리를 기다리는 위험한 세상을 살고 있었다. 그와 같은 세상 속에서, 두께 18게이지(약 1.27mm)의 부식방지 강철 재질로 제작된, 50년간 밀폐가 보장되는 관은 괜찮은 주택보험만큼이나 일리있어 보인다. 물론 관을 구매하는 거래의 본질적 특성상, 일어날 수 있는 최악의 일은 이미 일어나 버렸지만 말이다.

베이츠빌 관 회사의 표현대로라면 연장교육이라고 할 수 있는 한 두 시간의 교육을 참고 들어주는 대신 칵테일이 곁들여진 저녁식사를 무료로 제공하는 지역 세미나에 참여했던 게 아직도 기억난다. 발표자는 전시실을 가득 채운 베이츠빌 제품들이 "최적 투자 수익"을 위한 최선의 선택이었으며, "도매 투자"를 많이 할수록 수익이 높았다는 주장을 하고 있었다. 그의 주장은 다른 시장을 작동시키는 '싸게 사서 비싸게 팔라'는 소매 원칙과 차이가 있는 것 같았다. 더욱이, 그는 소비자들에게 관들의 유일한 차이는 밀폐가 되는가 아닌가, 다시 말해 "보호해주는" 관인가 "보호해주지 않는" 관인가에 있다고 주장했다.

이런 그의 주장이 말이 안 되는 것 같아서 나는 손을 들어 그에게 내 생각을 밝혔다. "만약 어떤 유족이 유독 푸른 색깔의 관에 관심을 보인다면요?"하고 그에게 물었다. 이 질문에 발표자는 수십 가지 종류의 다양한 모델에, 수십 가지 단계의 다양한 푸른색을 적용한 관들을 회사가 보유하고 있다고 대답했다. 그 말에 나도 말했다. 그렇다면 그 가족에게 수많은 관들의 유일한 차이점은 그 관이 밀폐가 되는지 그렇지 않은지에 상관없이 푸른색 관인가 아니면 다른 색 관인가의 차이밖에 없는 것 아니냐고. 나의 주장에 발표자는 별로 설득되지 않는 듯 보였다.

그래서 나는 계속하여 이렇게 말했다.

"그렇다면 만약 고인이 입버릇처럼 참나무 관 혹은 소나무 관, 제일 싼 관 혹은 제일 비싼 관, 이런 식으로 말했었다면 어떻게 해야죠? 그러면 유족들에게 있어서 유일한 차이점은 참나무인가 소나무인가, 얼마나 비싼가 얼마나 싼가 아닐까요?"

발표자가 대꾸했다.

"뭐 글쎄요. 무엇이 가장 중요한 것인지 사람들이 항상 알고 있는 건 아니랍니다. 바로 그렇기 때문에 고객들에게 잘 알려드리는 것이 우리가 해야 할 일인 거죠."

물론 어느 정도는 나도 그 발표자 말에 동감한다. 사람들은 이런 우연한 돌출적 일들에 대해 별로 준비되어 있지 않다. 그래서 믿을 만한 정보를 가진 사람들이 이런 어려움을 겪는 가족들에게 큰 도움이 된다. 하지만 나는 그것과 관 사이에는 별 상관관계가 없다고 생각했을 뿐이다. 관 제조사들은 전국의 장의사들과 그들이 운영하는 장례식장이, 인력 면에서나 시설 면에서 잘 정비된 관 판매점이 되게 하려고 노력하는데, 한편으로 볼 때 이런 노력은 배척되어야 하겠지만, 다른 한편으로는 이해할 만도 하다.

장의사들은 장례서비스를 제공하기 원한다. 장의사들마다 다 똑같지는 않다. 마찬가지로, 공급자들이 장의사들을 그들의 협력자 내지는 판매 담당자로 삼으려는 노력은 새롭지도 않을뿐더러, 비단 그런 현상이 장의업계에만 한정되는 것도 아니다. 의사들은 최신 약품이나 실험, 절차, 수술법의 판매원이 된다. 그것들 중 일부는 전혀 필요한 것이 아닌 경우에도 말이다.

"보호"를 내세운 수십 년간의 영업술책은 1960년대부터 향후 50년간 이어진 시체 처리 방식에 관한 소비자 선호도 변동을 주도했던 많은 요소들 가운데 한 가지에 불과하다. 1960년에 거의 100퍼센트 매장을 선호하던 것이 화장률 40% 중반대로 추세가 바뀌면서, 온통 관에만 집중되었던 비용과 에너지와 관심 때문에 소비자의 선호도와 판매자의 이익 사이에 불균형이 생겼다.

화장 선호도가 증가하는 추세에 대한 반응으로, 베이츠빌 관 회사는 작은 규모의 목재 관 제작회사를 사들이면서, 날로 확장되고 있던 화장 시장에 자신들의 표현대로 하자면 "옵션"을 내놓는다. 때마침 전국적으로 사람들의 대화에서 "선택"이라는 개념이 영구함 또는 보호라는 개념을 대신하기 시작했다. 물론 목재 관들은 도매점에서건 소매점에서건 어디에서나 값이 비쌌고, 소비자들에게 주어진 그 옵션이라는 것도 처음에는 전형적인 금속관들에 비해서도 결코 싼 것이 아니었다.

장례식에 시신이 있는 예식을 거행하려면, 어쨌거나 관은 구매해야 했다. 장례식장 측에서 관을 대여하는 경우에도 소매가의 사분의 일 수준이고 대여하는 관들은 대개 높은 사양의 제품들이기 때문에 실제로 유족들이 절약할 수 있는 금액은 아주 제한적이었다. 주된 수익원으로 관 판매에 의존하는 장의업자들의 태도는, 의미있는 장례예식을 치르기 위해서는 "상자세"(box tax)를 납부해야 한다는 대중적 관념을 낳았다.

그래서 대중들은 선택이라는 측면에서 장례와 화장을 생각하기 시작했다. 만약 당신이 시신의 보존을 방부 처리하고 밀폐된 관 속에 안치하는 것을 원한다면, 밀폐된 관과 밀폐된 볼트를 위해 상당한 금액의 지출을 하는 것이 가치있는 일이라고 생각할 것이다. 그러나 만약 보호와 영구함이라는 개념이 죽은 인간의 육체에 무슨 소용 있겠냐고 생각하고 있는데, 시신을 두고 예식을 거행하려 할 때 관을 위해 지출하지 않아도 되는 선택사항들이 거의 주어지지 않는다면, 사람들이 일반적으로 선택할 수 있는 옵션은 시신도 상자도 없이 장례예식을 치르는 것이 되었던 것이다.

따라서 시신과 상자를 두고 거행하는 장례 방식에 대한 대안으로서 추모식은 편리하고, 비용 면에서 효율적이며, 지각있는 선택이 된다. 저가의 관을 옵션으로 제공하지 않은 관 제작회사들의 잘못, 화장을 선택하려는 유족들에게 관을 위해 상당한 금액을 지불하지 않고도 시신이 있는 장례식을 치를 수 있게 하는 대안적 관, 즉 비싸지 않지만 미학적으로도 괜찮은 수준의 대안적 관을 요구하지 않은 장의사들의 잘못, 이와 같은 점들이 주요인이 되어 장례식에서 시신이 내쫓기고 없는 장례문화가 들어왔다. 이것은 고객의 소리를 들었다면 사태가 달라졌을 수 있었음에도, 판매자들의 소리에 귀를 기울이다 생긴 많은 사례들 가운데 첫 번째 사례였다.

2. 사전수요 판매 프로그램

또 한번의 똑같은 계산착오가 발생한 것은 장의용품과 장례서비스의 예약 판매(advance selling)가 큰 붐을 일으키면서이다. 소위 사전수요(preneed)라고 하는 개념은 1980년대에 시작된 거대 기업들이 장례식장들에 대한 인수합병을 실시한 것과 관련되어 있고 그 시기도 일치한다. 마니토바(Manitoba, 캐나다의 한 주 - 역주)의 레이 로웬(Ray Loewen), 루이지애나 주의 프랭크 스튜어트 주니어(Frank Stewart Jr.), 텍사스 주의 로버트 월트립(Robert Waltrip) 등은 각각 가족들이 운영하던 각 지역의 기업들을 모아 더 크고, 때로는 다국적의 유명 회사를 세웠다.

주식을 팔아 거둬들인 자본금과는 별도로, 장례식장과 공동묘지를 운영하여 매일 매일 발생시키는 현금 흐름은 장례용품과 장례서비스의 공격적 예약 판매로 인해 증가되었는데, 그런 대부분의 예약 판매는 수수료를 챙기는 영업사원들에 의해 시행되었다.

상자와 관련하여 고객들이 원하는 바를 분별하지 못했던 시장의 실패와 마찬가지로, 장례 계획의 선택에 있어서 고객들이 원하는 바를 분별하지 못한 실패는 장의사들의 대중적 이미지에 복구불능의 타격을 입혔고, 장의업계를 향한 회복 불가능한 독설과 스캔들이 난무하는 환경을 조성하고 말았다.

1980년대 인수합병 및 통합의 광란은 사전수요 영업이 폭발적으로 확장하는 데 기름을 끼얹었다. 사람들은 시장 자체를 늘리지 못할 때, 시장점유율을 높이려 한다. 물론 죽음을 돌보는 거대 기업들은, 공급과 분배와 소매점 사이의 새로운 시너지 효과를 창출하던 햄버거 체인들, 서점들, 그리 그 밖의 확장일로에 있던 시장들이 이끌어가는 대로 따라가고 있었다.

골목 상권의 서점들이 사라져 가는 사이 반즈앤노블(Barnes & Noble)은 도매업체인 인그램(Ingram)의 구매를 시도하고, 베르텔스만(Bertelsmann)은 랜덤하우스(Randon House, 출판회사 - 역주)를 사 들이고난 후 반즈앤노블 온라인(Barnes & Noble On-Line) 부문을 사들인다. 전국 최대의 장의업체인 서비스코포레이션인터네셔널(Service Corporation International)은 베이츠빌 관 회사와 큰 폭의 할인을 위한 거래를 성사시키고, 자회사인 크리스천퓨너럴서비스(Christian Funeral Service)를 통해 인수합병 기업의 원조 격이라 할 수 있는 가톨릭교회와 또 하나의 거래를 체결하여 장례 관련 세부사항 관리를 맡게 된다.

교회 내에 영적인 교통량(traffic in souls, 새로 신앙을 갖고 교회에 들어오는 베이비붐 이후 세대의 수 - 역주)은 한산해졌지만 육체적인 교통량(traffic in bodies, 기존 신자 가운데 죽음을 맞아 시신이 되어 장례식을 치르기 위해 교회에 들어오는 베이비붐 세대의 수 - 역주)은 늘어날 것이라고 생각한다. 주교들도 다국적기업들이 보는 것과 동일한 인구통계를 보고 있다. 누구든 베이비붐 세대의 마지막 순간을 대비하고 있는데, 현재는 미국 연평균 사망자수가 2백 5십만 명이지만 베이비붐 세대가 마지막을 맞이할 2010년부터 2040년 사이에 연평균 사망자 수는 3백만 명에 도달할 것이다. 합병된 기업에 자금을 대고 그 기업들의 향후 시장점유율을 약속하는 것은 바로 장의용품 및 서비스의 예약판매인 것이다.

바로 그때, 자신들은 어떤 사람이 죽을 때까지 기다려주었지만, 누군가는 동네 주민들에게 예약판매 형식으로 접근할지도 모른다는 사실에 놀란 전통적 장의사들이 그들 나름의 사전수요 영업프로그램을 급히 만들어 내놓았다. 통신판매 전략들에 맞서기 위한 통신판매 전략을 만들고, 광고우편물을 무력화시키기 위해 광고우편물을 보내고, 다른 경쟁사의 방문판매원을 한 방 먹이기 위해 방문 판매원을 내보내는 등에 사용하기 위해 이들은 자신의 부동산을 담보로 융자를 하여 자금을 확보했다. 각 주와 전국의 장의사들을 중재하는 전국단위 협회는 아무 일도 하지 않는 것 외에는 달리 알려질 것 없던 종전의 명성에 걸맞게 아무 일도 하지 않았다. 장의업계 언론매체에는 경고와 저주로 가득했다.

아버지와 어머니로부터 장의업을 물려받은 2세대, 3세대 장의사들은 지역에 들어와 있는 다국적 기업과 경쟁하기 위한 노력도 했고, OSHA(Occupational Safety and Health Administration, 직업안전보건법령 - 역주)와 FTC(Federal Trade Commission, 연방통상위원회 - 역주)의 규정을 따르기 위해 기민하게 대응도 했지만, "몰투어리캠"(Mortuary-Cam)이라 불린 지역 뉴스 네트워크의 끈질긴 고발카메라를 지켜보는 등 몇 년을 흘려보낸 후 결국 대기업에게 그들의 상호를 팔고, 그들이 준 현금과 스톡옵션을 받은 후 영업을 종료하는 사례들이 매해 생겨났다.

바로 이와 같은 과정을 통해 20세기의 마지막 20년 동안 장의업계에 사전수요 거품이 부풀어 올랐으며, 이제 새로운 천 년을 맞는 첫 번째 10년 동안 그 거품에서 조금씩 바람이 새더니 급기야 그 거품이 터지기 시작했던 것이다.

3. 당신 방식대로 하세요

자, 이제 나는 또 다른 사실관계 하나를 분명히 하고자 한다. 나는 미리 계획을 세워 준비하는 것에 대해 온 맘으로 찬성한다.

인류라고 하는 종(species)이 자신은 죽을 수밖에 없는 존재이며 그것이 인간의 조건 일부라는 사실을 처음으로 알게 된 이래로 장례 사전준비는 계속 있어왔다. 고인돌, 피라미드, 패시지 툼(passage tomb, 돌로 묘실 입구 통로를 만들어 놓은 무덤 – 역주), 공동매장지, 교회 뜰, 카타콤(catacomb, 지하묘지 – 역주) 등이 우리 행성의 표면 여기저기에 점점이 찍혀 있다.

죽게 될 것을 알고 우리 조상들은 적절히 계획을 세워야 했다. 자신들의 장례예식을 대비하여 필요한 비용을 적잖게 미리 마련했다. 처음부터 우리는 얼마간을 떼어 우리의 '남겨질 것'을 처리하는 데 지불되도록 모아두었다. 약간의 보험, 침대 매트리스 밑에 찔러넣어 둔 돈, 무덤 파는 자를 위한 수고비, 설교자의 사례비 등. 하지만 장의용품의 예약판매는 20세기 후반의 발명품으로서, 요즘 표현으로 하자면 "죽음 보살핌 산업"(death-care industry)이라고 불리는 분야에 속해 있는 판매자들의 이해관계와 대형 합병업체들의 현금 필요 때문에 적극 추진되고 있다.

장례식을 위한 사전 계획은, 죽음에 앞서 미리 준비를 해놓는 것이 지각있는 행동이고, 덜 위험한 일이며, 훨씬 깔끔하다는 미트포드의 조언에 적잖이 기초하고 있다. 더 나아가 그녀는 장의사들이 감정에 치우치지 않는 사전 구매자에게는 최근에 상을 당한 사람들에게 하는 것처럼 전횡을 일삼지 못할 것을 알았다. 그녀는 장의사들이 방금 전에 발생한 슬픔(fresh grief)을 먹잇감으로 삼는 데에 더 열심 내는 것을 보았기 때문에, 감정에 얽매이지 않는 구매를 선호했다.

사람들은 준비되어 있길 원한다. 그래서 지각있는 노령의 고객들에게는 사전에 준비해 두려는 충동이 있다. 그들은 시장에서의 다양한 소매 경험을 통해 자신의 실존적 관심에 맞아떨어지는 계획을 준비해 두려한다. 그들이 시장에서 만날 수 있는 소매 경험으로는 공인사전계획상담사와 추모상담가 등이 있는데, 사전계획상담사는 보험판매원과 장례서비스판매원을 합쳐 놓은 듯한 느낌이라면, 추모상담가는 추모용 부엌 싱크대만 아니라면 무엇이든 미리 팔고 싶어 안달이라서 위탁영업사원이라고 부르는 게 더 적당할 것이다.

시설물 건립을 위해 빌렸던 부동산 담보 대출을 아직도 갚아 나가고 있으며, 손상되지 않은 오랜 명성도 가지고 있는 지역 기반의 전통적 장의사들은, 맡은 자로서 죽은 자를 돌봄으로써 산 자를 섬긴다는 책임감, 뭐 대단히 높은 수준은 아니더라도 그런 책임감을 가져달라는 지역 고객들의 기대에 부응하기 위해 노력해 왔다. 반면 다른 주에 있는 본부와 연결해 주는 회사 윗선에게 책임이 있고, 거래에 필요한 서류가방과 예상 고객 명단 정도만 가지고 다니는 "새로운 죽음 보살핌 전문가들"은 계약 체결을 위해 해야 할 일을 해내도록 교육받았다. 왜냐하면 그들의 향후 사업이 모두 그 계약 체결에 달려 있기 때문이다.

그들은 항상 저녁 식사 중에 전화를 걸어온다. 그리고 그들 이름에는 항상 친근하고 녹색의 이미지가 담겨 있다. 예를 들면 윌로우파크(Willow Park, 버드나무공원), 헤리티지크릭(Heritage Creek, 유서 깊은 시냇가), 오클랜드힐스(Oakland Hills, 참나무 동산), 포레스트론(Forest Lawn, 숲 속의 잔디밭) 등등. 그리고 그들이 뭘 팔려고 하는지 명확하게 말하지 않는다. 이를테면 골프회원권, 회원제 별장, 뉴에이지 종교, 요양원 등 말이다. 그들이 대는 이름은 항상 애매하기 일쑤다. 어쩌면 그들은 위 모든 것을 팔지도 모른다. "보호…불가피한…궁극적 실재" 의미심장한 개념어들이 쏟아진다.

십중팔구 그 전화는 나에게 "추모 부지"를 팔려는, 고속도로에서 10마일쯤 떨어진 곳에 위치한 공동묘지에서 걸려온 것이다. 전화 속 그녀의 표현대로라면 나의 "마지막 경비지출"을 위한 "새천년의 할인"이라든가 "세기말의 절약"에 관련하여 안내해 주는 보드라운 목소리가 흘러나온다.

나는 항상 그들에게 내가 장의사이며 나를 위한 관과 볼트(vault)와 유골함을 갖고 있다고, 그것도 도매가격으로 마련해 두었다고 말해준다. 그러나 이런 말로 포기하지 않는 사람들이다. 자기가 보고 있는 원고의 빈 칸에 내 이름을 열심히 집어넣어가며 원고 첫 페이지의 중간쯤까지 내려간다.

"린치 씨. 필요가 떠오르기 전, 아직 아직 머리가 냉정함을 유지하고 있을 때 이것을 해두는 것이 훨씬 좋답니다. 선생님 가족의 상심을 이용하려는 누군가에게 가족 분들이 노출되기 전에 말입니다. 우리 상담원이 직접 선생님 댁에 기꺼이 방문해 드릴 거예요!"

사실 어느 가정에 일어난 죽음은 고객을 흥정에서 밀리는 위치로 몰아간다. 어쨌든 처리해야 할 시체가 집에 있으니까. 그래서 힘든 일이 닥쳤을 때 도움을 청하기 위해 사람을 부르면, 그들 중에는 시종일관 정직한 사람들이 있는가 하면 그렇지 못한 사람들도 있다.

"사전계획은 당신이 가족들을 위해 해 줄 수 있는 일입니다. 식구들은 당신이 이렇게 어려운 결정들에 미리 관심 갖고 직접 결정을 내려준 것에 대해 언제나 기억할 것입니다. 당신은 모든 일이 당신이 원했던 바로 그대로 처리될 것이라는 점을 믿고 안심하셔도 됩니다."

그녀의 목소리에는 내 아이들이 나에게 적절한 조치를 취하지 않을 것이라는 암시가 담겨 있기 마련이다. 아이들이 너무 싼 비용을 지불하면서 그 모든 책임을 나에게 돌릴 것이라는 얘기다("우리가 아빠를 이 관에 모시지 않으면 아마 다시 돌아와서 우리 주변에 계속 나타나실걸!"). 혹은 내 아이들이 너무 과한 비용을 지불할 것이라는 거다. 내가 내 미래의 손자들의 대학 등록금에나 쓰이길 원했던 돈을 관과 감정 따위에 낭비해 버릴 거라는 얘기다. 둘 중 어느 쪽이든, 내 자녀들이 일을 제대로 못할 거라는 것이다.

그녀가 부드러운 저음으로 읽고 있는 원고 어딘가에서, 세대간 불신과 자기 시대에 대한 나르시시즘이 섬광처럼 번득인다. 내가 내 문제들을 처리할 수 있다는 것은 나에게 위안이 되라고 한 말이었다. 마치 버거킹(Burger King)이나 프랭크 시나트라(Frank Sinatra)처럼, 그녀는 "당신 방식대로 하세요"(Have it your way)라고 말하는 듯 했다.

내 아버지는 평생토록 장례예식을 집행했다. 그리고 아버지는 당신을 위해 어떻게 해드리길 원하시냐고 우리가 물으면 항상 이렇게 답하셨다.

"너희들이 다 알아서 하게 되겠지."

물론 우리는 그렇게 했다.

우리는 울고 웃고 아버지를 추모하며 철야를 했고, 그를 교회에 모시고 가서 아버지보다 2년 먼저 가신 어머니 옆에 묻어드렸다. 우리는 아버지와 관계된 사람들의 대화 속에 아버지 이름이 살아계시도록 했으며, 우리가 봉사하는 여러 지역에서 우리 스스로 책임 있는 자세를 보이려고 아버지의 이름을 장례식장 간판에 계속 남아있도록 했다.

"우리에게는 선생님이 고르실 수 있는 아주 많은 옵션들이 있답니다. 수십 가지 다양한 지불방법도 있고요."

그녀는 나와 같은 베이비 붐 세대들의 마음을 움직이는 데에 필요한 알맞은 버튼을 누르고 있었다. 가족계획, 결혼 전 예식, 사전 준비된 장례. 우리 세대는 이런 것들을 좋아한다. 출산이나 사랑, 그리고 슬픔과 같은 말끔하지 않고 잠재적으로 당혹스러운 역학관계들, 그 감정들을 우리가 미리 느껴볼 수 있다는 항상 소망적인 개념. 울먹거림과 어린아이와 같은 투정, 예상할 수 없는 실존적 사건들을 숫자, 가격, 그리고 언제든 그 위에 추가할 수 있는 기준선 등을 통해 관리가 가능한 구매 경험으로 변화시킬 수 있다는 생각. 사실 우리가 선택할 방법이 없는 우리의 본질의 일부분인 죽을 운명에 대해 곰곰이 생각하면서도 뭔가 선택할 수 있다는 이 개념은 매우 큰 위로를 준다.

"자녀들께 짐이 되길 원치 않으시죠, 맞죠?"

이것은 항상 통신판매원들이 써먹는 "자비의 일격"(coup de grace, 죽음의 고통을 덜어주는 최후의 일격 – 역주)이다. 디즈니월드(Disney World)에, 치료전문가에게, 피부과 의사에게 충분히 데리고 가지 못했던 것에 대한 죄책감. 아이들과 의미있는 시간을 한 번도 충분히 보내지 못했던 것에 대한 죄책감. 조랑말이나 새 차 등을 사주지 않았던 것에 대한 죄책감. 사립학교에 보내주지 못한 것에 대한 죄책감 등, 부모의 마음 깊은 곳에 자리잡고 있는 죄책감을 건드리는 일격 말이다. 내 자신의 장례예식을 사전에 준비하여 자녀들이 끝내 떠안아야 할 모든 어려운 결정들의 부담으로부터 그들을 해방시켜줌으로써 이 모든 미안한 일들을 한 방에 보상해 줄 기회가 온 것이었다.

4. 부담이 되면 왜 안 돼?

나는 지금 나의 갑작스러운 그리고 어쩌면 영웅적인 죽음의 소식에 가슴 쓰라린 아픔을 느끼고 있는 내 사랑하는 아들들, 내 적극적인 딸들을 떠올려 본다. 그 애들을 생각하면서 그들이 가지고 있는 휴대전화, 우수고객용 신용카드, 높은 학력, 그리고 그들이 물려받은 유산도 생각해 본다. 그리고 이런 생각이 든다.

"애들에게 내가 부담이 되면 왜 안 되는 거지?"

내 아이들은 이제껏 나에게 부담이었다. 사랑스런 부담, 어느 한 녀석 빼 놓지 않고. 귀 아플 때, 마음이 상할 때, 뼈가 부러질 때, 실망할 때, 나는 그 애들을 돌보아 주었고, 그들의 대학 학비, 무용 수업료, 자동차 보험료도 냈다. 그 애들은 나에게 항상 부담이었다. 나는 그 아이들이 당연히 그래야 했다고 생각한다.

지난 세월동안 나는 그 아이들의 할아버지 할머니의 죽음에 대해 설명해 주어야 했었고, 학급 친구의 자살도, 그 친구의 부모가 이혼한 것에 대해서도, 나라의 정치 지도자들의 수치스런 행동들도, 그리고 사랑은 얼마나 아픈 것이며 삶은 공평하지 않다는 것 등에 대해 설명해주었다. 나는 그 아이들을 차에 태워 등교시켜주었고, 점심 도시락도 만들어주었으며, 대답하기 벅찬 질문들에 대답해주었다.

나는 그들이 마음 상한 일을 당했을 때 다독거려 주었고, 동네 리틀 야구단에 데리고 다녔고, 학부모간담회도 참석했다. 그들이 인생에서 직면하는 진실들, 그리고 결정해야 할 어려운 선택들에 대해 토론해주었다. 때때로 이런 일들은 정말이지 너무 힘이 들었다. 때때로 나는 그들에게 말해야 했다. 나도 잘 모르겠다고.

이런 사랑의 부담들, 슬픔의 부담들을 짊어지는 것은, 나에게 살아있다는 느낌을 주었고, 한 번도 예상해 본 적 없는 방식들로 그들의 삶에 관여하게 해주었다. 그 짊어짐은 나로 하여금 내가 필요한 존재이며 가족의 일부라는 느낌을 갖게 했다. 그 짊어짐은 나로 하여금 내가 부모의 "소명을 받았다"는 느낌을 갖게 했다. 그 부담은 나를 대머리로 만들었고, 거의 파산 지경에 이르게 했으며, 꽤나 당황스럽게 만들었지만, 그만큼 놀라움과 축복과 감사의 마음도 내게 주었다. 모든 것을 떠나, 그동안 내가 했던 그 어떤 일들보다, 그동안 내가 맡았던 그 어떤 지위보다, 나의 삶에 더 많은 의미를 가져다준 것은 내가 이 아이들의 아빠였다는 사실이다.

내가 죽으면, 나를 묻든 태우든 사이버공간에 날려 보내든, 그 부담은 우리 자녀들의 것이 되어야 한다. 나의 장례식은 그들에게 속한 것이다. 내 장례식을 위해 감정적으로든, 재정적으로든, 그리고 실제적으로든 그들이 부담해야 한다. 그 결정들을 평생 끌어안고 살아야 한다고 해서, 그들이 직접 결정하지 말아야 할 이유는 무엇이란 말인가?

내가 이제껏 할 일을 잘 해왔다면, 그들도 무엇을 해야 할지 잘 알고 있을 것이다. 만약 그들이 내가 그들의 출생으로 인해 느꼈던 달콤한 부담감을 기꺼이 짊어졌을 때와 마찬가지의 자신감을 갖고 나의 죽음이라는 부담을 명예롭게 감당한다면, 나는 혼자서도 충분히 잘 떠나주는 호의를 그들에게 베풀어 줄 수 있을 것이다.

이런 이야기를 전화기 반대편에 있는 누구인지 모를 통신판매원에게 해주자, 그녀는 조용히 침묵을 지키고 있었다. 이런 상황은 원고에 안 나와 있기 때문이리라. 그녀가 전화를 끊는다. 우리는 아직 남겨진 우리의 삶, 우리의 시간으로 다시 돌아갔다.

5. 확장될 수 없는 시장

영업활동을 열심히 하는 것, 사업을 정리하고 다른 사람에게 팔아버리는 것, 또는 경쟁 중인 대규모 합병회사를 위해 일하는 예약판매자들에게 자신의 사업이 습격당하는 것을 그저 지켜보는 것. 장의사들은 이 가운데에서 선택해야만 했다. 그리고 계속 나쁜 선택을 하고 있는 것처럼 보였다. 신뢰할 만한 서비스와 고객과의 공정한 거래라는 기초 위에 사업을 세워왔던 업체들이, 탁월함을 통해 이제껏 어렵게 구축했던 평판만으로는 이제 충분치 않은 것 아니냐며 두려워하기 시작했다.

대기업은 미래의 시장점유율을 확보하는 문제에 있어서라면 은행에 비축된 돈이 대중적 신뢰보다 낫다는 개념에 기초한 성장전략을 갖고 있었다. "지금 구입하시고, 돌아가시는 건 나중에"라는 식의 패키지 상품은 장례서비스의 판매와 그 서비스의 실시 사이의 연결고리 단절, 구매자와 신뢰할 만한 고객보호를 제공하던 판매자 사이의 직접적인 신뢰관계의 상실을 의미했다.

과거에는 거래의 당사자들이었던 서비스의 수취인(유족)과 서비스 공급자(장의사)가 이제 거래 당사자에서 배제된다. 왜냐하면 거래는 위탁판매사원과 방금 고인이 되신 분 사이에 이미 몇 년 전 체결되어 있었기 때문이다. 이와 같은 상황에서는 진정한 책임 있는 신뢰관계란 기대할 수 없게 된다.

관 제작사들이 장의사들을 관 판매원으로 삼으려 노력하는 것과 마찬가지로, 금융업체 또는 보험업체들은 장의사들을 보험판매원 혹은 대출담당자로 삼으려한다. 이들 업체들은 말쑥한 차림을 하고 있고, 지역의 신뢰를 얻고 있으며, 자신들의 시장점유율을 지켜내는 일에 매우 적극적이다. 또한 그들 대부분은 좋은 서비스를 제공하려는 마음보다는 상품을 판매하는 일에만 열심이다. 예전에는 누군가 죽으면 그 사실을 장의사에게 알리는 '첫 번째 전화 통화'가 고인의 가족을 통해 걸려왔었지만, 이제는 종종 예약 판매를 담당하는 공인사전계획상담사(certified preplanning consultant)에게서 걸려온다.

애초에 충분한 자본 없이 사업을 시작한 업체들, 혹은 재정 압박으로 어려움을 겪고 있는 업체들 손에, 당장 몇 달 혹은 몇 년 내에 제공될 필요가 없는 서비스와 상품들을 위해 적립된 고객들의 뭉칫돈이 들려질 때, 고객을 우롱하는 행태 혹은 범죄 행위와 같은 돌이킬 수 없는 일들이 발생하는데, 실제로 그런 사례들이 언론을 통해 매우 자주 보고되곤 한다.

다시 얘기하지만, 판매자의 이해관계와 고객의 이해관계를 구분하는 것이 중요하다. 판매자는 장례 관련 상품의 예약판매에 관심을 기울인다. 반면 고객은 장례예식을 미리 준비하는 일에 관심을 둔다. 그리고 많지는 않지만 어떤 고객들은 메디케어 가입을 위한 스펜드다운(spenddown, 노년층과 장애인을 배려한 미국의 의료보험제도인 Medicare는 일정 수준 이상의 자산을 보유한 자의 가입을 제약하고 있는데, 약간의 차이로 메디케어에 가입할 수 없는 중산층들의 경우, 의료 관련 비용을 자산규모 평가 시 차감해 주는 예외조항을 활용하여, 자산규모를 메디케어 가입 기준에 맞게 낮추기 위해 의료 관련 소비활동을 적극적으로 하는 행위를 스펜드다운이라 함 – 역주)의 일환으로 장례 관련 상품에 미리 대금을 납부하는 경우도 있다.

21세기의 시작을 전후로 수십 년 동안 관, 묘지, 장례서비스, 묘지 서비스 관련으로 공격적으로 이루어진 예약판매는 장의업계의 부실채권이 되었고, 그와 관련된 스캔들은 지역 및 전국 뉴스매체에 오르내리게 되었다. 장의사들과 고객들에게 가해진 그 모든 손상에도 불구하고, 장의사들과 대규모 합병기업들이 여전히 예약판매제도에 열광하고 있다는 점은 주목할 만하다. 이런 일이 어떻게 일어날 수 있는지 잘 조사해 보면 우리 스스로가 우리 자신의 최악의 적이 되려는 경향성을 치유하지는 못한다하더라도 예방은 할 수 있을 것이다.

미리 계획하세요.
미리 지불하세요.
이것을 구매하세요.
여기 서명하세요.
모두 당신이 원하시는 그대로 정확히 처리가 될 겁니다.

이와 같은 홍보문구는 사전수요라고 하는 장의업계에 일반화된 개념을 홍보하기 위한 적합한 메시지가 되었다. 장례업계의 협회들이 그런 문구를 좋아하는 이유는 자신들이 개최하는 대형집회에 보험회사들과 마케팅회사들을 끌어 모을 수 있기 때문이다. 그런 회사들은 집회의 강연자를 초대하는 일에 후원을 하거나, 업계 인쇄물에 전면 광고를 내 주거나, 때때로 판매수익금 일부를 협회에 수수료로 주기도 한다. 위 문구를 인수합병 기업들이 좋아하는 이유는, 약간의 창의적인 회계기법이 동원되면 사전수요와 관련한 영업 활동이 증가하고 있으니 그 시장 자체도 커지고 있다는 환상을 월가(Wall Street)쪽에 줄 수 있기 때문이다.

1990년대 후반 어떤 투자 전문가가 나에게 전화를 걸어온 기억이 난다. 당시 전국에 걸쳐서 지역 회사들을 사들이고 공개적으로 거래하는 회사들이 있었고, 몇몇 관 제작회사들도 공개적으로 거래되었는데, 그는 나에게 장례와 관련된 산업 분야에서 상대적으로 가치 있는 투자처에 대한 자문을 구했다. 그가 이 분야에 대해서는 아는 바가 없음은 명백해 보였다. 그는 나에게 열정적으로 말했다.

"누구든 한 번 죽는 겁니다!"

나는 똑같은 말이지만 천천히, 그리고 강조점을 달리 해서 다음과 같이 다시 말해보라고 대답했다.

"누구든 한 번 죽는 겁니다!"

그에게 말해주었다. 이 쪽 시장은 확장될 수 없는 시장이라고. 한 고객당 한 번의 죽음만 있고, 대부분의 사람들에게 즐겁거나 흥겨운 죽음이란 없는 거라고. 무료 주차 제공에, 큰 폭의 할인율, 탁월하다는 명성을 갖춘 장례식장도 시장점유율은 바꿀 수 있겠지만, 시장 규모 자체를 바꿀 수는 없는 거라고. 이것은 고집스럽게도 바뀌지 않을 거라고. 히브리서 9:27은 다음과 같이 분명하게 말한다.

> 한 번 죽는 것은 사람에게 정해진 것이요(히 9:27).

6. 광란과 폐해

그럼에도 불구하고, 더 많은 시장 활동은 어떤 식으로든 실제 시장을 넓혀 줄 것이라는 생각은 사전수요 영업이라는 광란을 만들어냈다. 관 제작업체나 보험회사들은 이런 논리에 찬성한다. 왜냐하면 그들은 의학 분야에 있어서 제약회사나 HMO(Health Maintenance Organization, 건강유지기구 - 역주)가 갖는 위상을 장례서비스 분야에서 차지할 준비가 되어 있었기 때문이다. 전문적인 돌봄과 서비스라는 강아지를 흔드는 금융회사와 제조회사라는 꼬리랄까(강아지가 꼬리를 흔드는 게 당연한데, 꼬리가 강아지를 흔드는 형국이라는 냉소적 표현이다 - 역주).

갈수록 제약회사와 보험회사가 의료서비스 전반을 장악하고 있는 것처럼, 갈수록 관을 만드는 회사와 보험회사가 장례서비스 전반을 장악하고 있다. 승인 가능한 처치의 리스트를 들고 있는 블루크로스(Blue Cross, 미국의 건강보험조합 - 역주) 담당자가 전화로 어떤 처치는 보험처리가 되고 어떤 건 안 되는지를 의사에게 말해주는 것처럼, 누군가 전화를 해서 문상에 필요한 비용은 보험처리가 되고, 운구도 보험승인이 되지만, 시체를 두고 치르는 장례의 경우 전액 고객 부담이라고 알려줄 시대가 머지않아 올 것이다.

대학교육이나 도제훈련, 시험이나 면허 등의 번잡한 과정 없이 일종의 준 장의사 격이라고 할 수 있는 장례서비스전문가가 되려고 훈련을 받는 사전수요 상담자들이 많이 있었다. 협회들은 돈을 받고 하루 만에 그런 일을 해주었으며, 심지어 신청자의 이름이 적힌 공식 문서도 발행해 주었다. 공인사전계획상담사는 장의업계의 위탁판매자이다.

장의사들을 보험판매자 내지 관 판매자가 되게 하려는 노력은 결국 관 판매자와 보험판매자가, 이건 좀 맘에 안 들지만, 장의사처럼 보이게 만드는 효과를 만들어냈다.

모두 동의했다. 장례관련 협회들, 다국적 인수합병 기업들, 관 제작사들, 금융업자들, 업계 보도매체들, 그리고 그 매체에 기고를 하고 연장교육훈련을 제공하던 전문가들 모두 말이다.

미리 계획하세요.
미리 지불하세요.
이것을 구매하세요.
여기 서명하세요.
모두 당신이 원하시는 그대로 정확히 처리가 될 겁니다.

사전수요에 대해 최종 승인된 광고 문구였다. 나머지 반대 의견은 묵살되었고, 검열되었고, 주변으로 밀려났고, 무시되었다.

다른 많은 전문 직업군과 마찬가지로, 장례서비스도 이런 과정을 거쳐 거품을 생성시켰다. 소리가 잘 울리는 자기들만의 방 안에서, 바깥세상에는 잘 알려지지 않는 그런 말들을 서로 주고받고, 또 그 말에 서로 맞장구쳐 주는 식으로 거품을 생성시켰다.

전미은퇴자협회(American Association of Retired Persons)의 잡지인 「모던 머투어리티」(Modern Maturity) 2000년 3–4월호는 제목만 들어도 무슨 내용인지 단번에 알만한 "RIP Off"라는 제목의 글을 실었다(영어로 RIP 는 "Rest in peace"의 약자로서 '삼가 명복을 빕니다' 정도의 의미를 가진 관용적 표현임. 그런데 영어의 rip off라는 표현은 "훔치다, 속이다" 등의 의미가 있음. – 역주). 이 글은 수백만 독자를 향해 선불 장례식에 심각한 문제가 있다고 경고한다. 장례 관련 협회들은 전미은퇴자협회를 비난했고 항의서한도 썼다.

같은 해 봄, 장례와 매장과 사전수요에 관한 이틀간의 TV 공개 청문회가 미 상원의 주관으로 열리고, 그 자리에서 문제점을 지적하는 증언이 뒤따르자, 협회들은 이번에는 상원의원들을 비난하며 항의서한을 보냈다.

2001년 2월 "에이비씨 뉴스"(ABC News)는 그 내용을 짐작할 수 있게 하는 "죽음의 고비용: 강매, 속임수, 악용으로 비난받는 장례업자들"이라는 방송을 저녁뉴스 시간의 한 꼭지로 내보냈다. 뉴스는 장례업체들이 흔히 약속하는 그 유명한 문구를 되풀이하는 한 지역의 장의사가 나오는 장면에서 시작한다.

"수많은 가족들이 제게 와서 '이것을 수년 전에 미리 해두길 참 잘 했어요. 정말 우리가 원하는 그대로 모든 것이 정확히 처리되었거든요'라고 말합니다."[3]

보도의 나머지 부분은 왜 수년 후에나 공급될 물품과 서비스를 위해 장의업자에게 미리 돈을 지불하는 것이 소비자로서 할 수 있는 최악의 결정인지를 입증하는 데에 시간을 사용했다. 물론 인터뷰에 나오는 장의사는 그가 대표하고 있는 장례 관련 협회가 그러하듯 약간 멍청해 보였다. 당연하지만 이 보도에 대해서도 협회는 항의서한을 보냈다.

스캔들 관련 보도가 끊이지 않고 사전수요 영업에 대한 공신력 저하에도 불구하고 장의업계 내에 부는 사전수요의 광풍은 쉽게 사그라지지 않았다. 보험회사들, 신용대출회사들, 고령에 이른 고객들에게 일련의 추모 패키지 상품을 팔게 하도록 새로운 판매자를 교육하는 컨설턴트들은 장례업계 내의 보도매체들을 매수했고, 주 단위 혹은 전국 규모의 박람회 주관사들에게는 전시 수익을 안겨주었다. 종종 대출회사나 보험회사에 연관되어 있는 소위 "생각을 이끄는 사람"(thought leader)들은 협회 모임에는 프로그램을, 그리고 업계 보도매체에는 그들 잡지와 뉴스레터에 실을 기사 거리를 제공했다. 물론 많은 주 단위 협회들은 사전수요조합의 집행자로서 대부분의 운영경비와 이사진 특별수당을 판매 수익금에서 충당했다. 사전수요 영업에서 나오는 단물을 빨아먹으려고 너도나도 덤벼들었다.

종전에는 상품과 서비스의 공급자들 간에 분배되던 장례 관련 수입과 지출의 파이는, 이제 두 자리 숫자의 이윤을 만들지 못했다. 파이 조각들

---

3 "The High Cost of Dying: Funeral Homes Accused of High-Pressure Sales Tactics, Fraud and Abuse", interview with funeral director, Mike Ruck, ABC Evening News, June 23, 2012.

이 더 많아졌고, 그래서 그 크기는 작아졌다. 수수료를 챙기는 판매업체에게 한 조각, 고객을 소개하거나 발굴한 사람을 위해 한 조각, 사전수요 계좌의 마케팅 및 관리 담당 쪽으로 한 조각, 그리고 당연하지만 대출 혹은 보험과 같은 금융회사에게 한 조각. 장례서비스나 상품에 대한 지불이 아닌 이러한 "거래 비용"은 장의사, 성직자, 꽃집, 신문사, 성악가, 공동묘지 쪽에서 자기 것을 달라고 줄을 서기도 전에 먼저 빠져 나가는 돈이다. 문서를 뒤적거리는 데에 들어가는 돈인 것이다.

또한 계좌에 이자가 쌓여야 미래의 서비스가 보장될 수 있을 텐데, 이 자율이 하락함으로써 시장에 차질이 생기고 말았다. 현재의 가격에 맞춰 비용을 "동결"하는 것이 실제 장례보다 앞서서 대금을 지불하도록 만드는 가장 강력한 유인책이었다. 구매자나 판매자 모두가 상생(win-win)하는 것으로 보였던 것이다. 몇 년 전에 팔린 예약판매 상품이, 고객이 그것을 사용할 시기가 될 때쯤 그 현금 가치가 떨어져 있다는 점을 적지 않은 장의사들이 깨닫게 되었다.

고객이 원하는 대로 모든 것이 처리될 것이라는 보장 문구는, 당초 예상과는 달리 사전수요 상품이 오히려 현재수요 상품 영업(at-need sales)으로부터 원조를 받게 된 상황을 깨달은 적잖은 운영자들을 쫓아다니며 괴롭혔다. 사전수요 상품은 장례식장들의 후원 하에 팔렸었는데, 기대한 것보다 많이 팔리지 못하는 바람에 손해를 입었다.

그들은 또한 자신들이 수년 전 수수료를 받아 어딘가에 써버린 후, 실제 죽음이 발생하자 수익이 축소되었다는 것도 알게 되었다. 게다가 금융시장은 얼어붙고 불경기가 지속되자, 장례식장의 서류파일에 보관되어 있는 예약판매 포트폴리오가 자산이라기보다는 부채처럼 보이게 되었다. 당연히, 전에 사전수요 프로그램을 추천하던 바로 그 분석가들, 컨설턴트들, 전문가들이 이제는 "지금 구입하고 나중에 죽으라"(buy now and die later)는 취지의 이 상품이 유족에게나 장례서비스 제공자 모두에게 공멸(lose-lose)의 상황을 만들 것이니 주의하라는 의견을 내기 시작했다.

우편이나 전화를 통한 통신판매회사들이 자신들의 서비스를 장례식장 측에 팔 때 이런 설명을 했다. 수천 장의 편지나 전화를 하면 수백 건의 응답이 있고, 응답자 가운데 실제로 수십 명이 예약을 신청하며, 예약한 사람들 가운데 열 명 내지 스무 명 정도는 자신들의 장례예식을 위한 사전준비 상품을 구매한다는 것이다. 그리고 바로 이 때 상품판매 및 수수료가 생긴다는 것이다.

그러나 이러한 사전수요 전문가들이 절대 말해주지 않는 사실 하나가 있다. 광고 우편물이나 전화를 받는 수천 명의 사람들 가운데 실제로 반응하는 사람의 숫자는, 미래에 받을 화학요법, 심장 바이패스 시술, 또는 방사선 치료에 대비해 미리 관련 상품을 사두라는 권유에 반응하는 사람의 숫자나 다를 바 없다는 점 말이다.

장례는 이와 같은 돌발적인 일들을 권유하는 것과 비슷한데, 장례서비스 전문가들은 아직 그런 생각을 한 번도 해보지 않은 것 같다. 아무래도 디즈니랜드나 포코노(Poconos, 미국 펜실베이니아 주의 휴양지 – 역주)로의 여행을 권유할 때보다 성공률이 떨어질 수밖에 없다. 그럼에도 성공률에 대한 평가를 내리는 보고서들은 성공한 몇 건의 영업실적에 대해서는 떠벌리면서도, 기분 제대로 상한 수천 명의 고객들에 대해서는 입도 뻥긋하지 않는다.

만약 보고서들이 할 일을 제대로 했더라면 권유 메시지의 내용이 수정될 수도 있었을 것이며, 모든 슬픔을 영업 기회로 여기고 모든 장례예식을 판매 행사로 간주하는, 우편과 전화 권유를 통한 예약판매 장례서비스 상품은 장례 자체를 위해서도, 장례예식을 치르는 고객을 위해서도, 장의사들을 위해서도, 그리고 장례관련 협회들을 위해서도 좋지 않은 것임을 업계 측에서 빨리 인정했을 것이다.

한창 저녁식사를 하고 있는데 장례 상품 판매를 위해 전화를 걸어오는 사람들, 그리고 가족 중에 돌아가신 분이 있다고 알리는 한밤중의 전화를 받는 사람들, 이 둘 사이에는 언제나 차이점이 존재해 왔다. 이러한 차이점을 인식하지 못하는 장의사들과 협회의 잘못으로 인해 우리는 스스로 우리 자신에게 최악의 적이 되었다.

더욱이, 장례와 매장 관련 물품 및 서비스의 사전 영업과 관련하여 빈번하게 일어나는 부정행위와 범죄행위는 모든 장의사들의 공신력과 공적 이미지에 회복불능의 손상을 입혔다. 기금을 보험회사나 제3의 신용기관에 예치해 두기보다는, 당장의 운영비로 사용하거나, 장례서비스업에 종사하는 사람으로서는 감당할 수 없는 사치스런 삶을 영위하는 데에 써버린다든가, 마약이나 도박에 탕진해버리는 등의 스캔들이 작은 지역 단위에서 터지기 시작했는데, 이것은 곧 더 큰 규모의 절도와 사기행각으로 이어졌다.

인터넷 구글 검색에서 "메노라 가든즈"(Menorah Gardens) 또는 "클레이튼 스마트"(Clayton Smart) 또는 "엔피엘 프리니드 스캔들"(NPL Preneed Scandal)이라고 쳐 보면 천만 달러에 달하는 범죄행위에 대한 글들이 쭉 뜰 것이다. 세 번째 사건을 예로 들자면 이 스캔들로 인해 이미 해당 기금은 사라진 지 한참 지났는데 그 기금으로 처리해야 할 장례서비스의 책임이 고스란히 정직한 중개인이나 명예를 지켜왔던 장의사들 부담으로 남게 되었다.

신탁요건, 허용가능한 수수료의 범위, 상품을 갈아탈 수 있는 이동가능성, 취소 관련 약관, 그리고 거래와 관련된 그 밖의 다양한 사안에 대한 주 정부의 입법 활동은 사전수요 영업시장의 빠른 변화에 비해 대처가 느렸다. 많은 경우는 신탁계좌나 보험기금을 운용해서 생기는 수수료로 운영되는 주(state) 단위의 장의사협회들에서 발생하는 잦은 스캔들 때문에 지역 장의사들의 공신력은 더욱 악화되었다.

일부 주에서는 생각있는 장의사협회들과 고객들의 압력활동에 자극받아 사전수요 거래에서 영업 수수료를 없애려는 움직임이 있다. 이러한 노력은 사전수요 거래에 이윤이 남아서는 안 되며, 영업 수수료라는 당근이 거래에서 사라지면 적극적인 판매를 유도했던 인센티브가 없어져서 사전계획은 다시 응당 그것을 담당해야 할 공공 기관과 전문 단체의 소관으로 돌아갈 것이며, 그로 말미암아 판매자의 이해가 아닌 고객의 이해를 중심으로 시장이 돌아갈 것이라는 취지로 펼쳐지고 있다.

건강보험 혜택자격을 얻기 위해 자산을 "스펜드다운"(spenddown)을 하려는 것이든, 더 큰 자산에서 자금 일부를 따로 떼어 놓기 위한 것이든, 유족들에게 자기가 나중에 죽게 되면 무엇이 중요하고 무엇이 중요하지 않은지 알게 하기 위해서든, 흔히들 많이 추구하는 마음의 평화를 위해서든, 거래를 시작하는 쪽은 판매자가 아닌 구매자 쪽이어야 한다.

7. 사전수요 판매 프로그램에 대한 재고(再考)

모든 잠재적 슬픔들을 영업기회로 여겼던, 1980년대와 90년대 전국적으로 판매된 "지금 사두고 나중에 죽기"(buy-now-die-later) 상품은, 21세기 들어 기록적인 악용과 스캔들을 만들어냈고, 급기야 전에는 사전수요 개념을 옹호하던 '생각을 이끄는 사람들', 분석가들, 대형 집회에 초대되는 전문가들까지도 자신들이 보내던 환호에 대해 다시 생각하기 시작했다.

21세기 들어서면서 연방통상위원회(Federal Trade Commision), 회계감사원(General Accounting Office), 노화문제상원특별기구(Senate Special Committee on Aging), 소비자동맹(Consumers Union), 뉴욕시소비자보호위원회(New York City Department of Consumer Affairs), 그리고 에피스코팔라이프(Episcopal Life)부터 컨슈머리포트(Consumer Reports)에 이르기까지 다양한 보도매체들은 제멋대로 돌아가는 사전수요 영업행태와, 장례업계와 묘지업계의 다양한 "먹튀" 상품들을 감찰하여 보고했다.

때마침 미국장의사협회는 그들이 마련해 놓은 약관들이 현실과 맞지 않는 부분이 있다는 것을 발견하고 이른바 "사전수요 현상(懸賞) 토론회"를 열어 본 주제에 찬성하는 사람들과 반대하는 사람들이 토론하는 자리를 최초로 마련하였다. 이듬해 국제묘지화장장례협회(The International

Cemetery, Cremation, and Funeral Association, ICCFA)도 자신들의 연례대회에서 사전수요 토론회를 개최했다. 이러한 행사들은 장례서비스 관련단체들이 사전수요에 대한 반대 의견도 경청할 의지가 있다는 것을 알리는 최초의 신호들이었다. 물론 그와 같은 우려의 소리들은 이미 수년 전부터 있어왔지만 말이다.

『죽음에 관한 미국적 방식』이 출간된 후 10여 년 동안 제시카 미트포드와 논쟁을 벌였고, 1948년부터 1983년까지 미국장의사협회의 전무이사직을 수행한 하워드 래더(Howard C. Raether)는 아마 장례서비스에 대해 가장 풍부한 지식을 가진 해설자이며 대변자일 것이다. 1999년에 죽기 전까지 그는 협회를 위해 글을 쓰고 조언을 했으며 장례관리와 윤리적 직무 수행에 관한 책도 몇 권 썼다.

예전에 장례 사전준비를 강력하게 찬성했었던 제시카 미트포드는 1980년대 초반 장의사협회 연례대회에서 래더가 했던 다음과 같은 말을 인용하였다.

> 만약 장의사들이 계속해서 장례사전수요 상품을 판매하면, 사실 그들은 자기들의 직업에 대한 장례식을 사전준비하고 있는 셈이다.[4]

이 말을 하기 20년 전, 장례 사전수요라는 주제와 관련해 1964년 국회에서 행한 증언에서 래더는 사기, 악용, 새빨간 속임수 등의 사례가 만연하고 있으므로 각 주는 시민들을 보호하기 위한 보호법령을 통과시켜야 한다는 취지로 다음과 같이 분명하게 밝혔다.

> 국민들이 어떻게 당하고 있는지 (메서스와 벨과 카펜터의 증언에 대한 보충으로) 몇 가지 실례를 살펴보기에 앞서, 한 개인이 언제, 어디서, 어떤 상

---

[4] Elaine Woo, "Obituary: Howard Raether, Funeral Industry Advocate" *Los Angeles Times*, October 10, 1999.

황 속에서 죽게 될지, 그리고 자신의 장례예식을 누가 책임져줄지 알 수 없다면, 죽음에 앞서 마련해 놓은 준비들은 문제를 피하게 해주기보다는 오히려 문제를 만들어 낸다는 점을 분명히 말씀드려야겠습니다. 장례대금선납 제도는 이윤을 빨리 뽑아내기를 바라는 회사들에게 기회를 제공해 주었는데, 그로 인해 수많은 컨설턴트들과 거래소와 그 밖의 개인이나 단체들이 한 마을에 와서 될 수 있는 한 재빨리 단물을 빨아먹고 그 다음 지역으로 이동하게 하는 결과를 낳았습니다.[5]

법률가이자 학자요 장례서비스에 대한 맹렬한 지지자였던 래더는 유족과 그들을 만족시키기 위해 열정과 성의를 다할 장의사 사이의 거래에서, 위탁판매원과 앞으로 죽음을 맞이할 사람 사이의 거래로 그 틀을 바꾸게 될 사전수요 프로그램은 장차 장례서비스 업계의 불량식품이 될 것임을 이해하고 있었다. 지금 실재하고 살아있는 사람이 죽고 없는 사람과 맺었던 조항에 충실하기를 기대하는 것은 위험천만한 일이며, 이미 그 안에 악용 가능성이 잠재하고 있다는 것을 래더는 이해했던 것이다.

슬프게도 래더의 충언은 무시되었다.

커져만 가는 전국적 스캔들을 직면한 후에, 그리고 아무 것도 하지 않거나, 너무 적게 했거나, 너무 늦게 했거나, '위험 회피'라는 미명하에 관련성 없음만을 주장하며 수십 년을 보낸 후에서야, 미국장의사협회의 정책결정 이사진은 장례와 관련된 준비업무는 사망 전이든 사망 후이든 관계없이 장의사들에 의해서, 그것도 오직 장의사들에 의해서만 수행되어야 한다고 공표하기로 결의하였다.

이 선언은 오직 변호사만 변호업무를 취급해야 하고, 회계사만 회계업무를 처리하고, 항문의사만 항문 병리학을 다룰 수 있다고 말하는 것만큼

---

5 Preneed Burial Service: Hearing Before the Subcommittee on Frauds and Mispresentations Affecting the Elderly of the Special Committee on Aging 88th Cong. 17-20 (1964) (testimony of Howard C. Raether, executive secretary, National Funeral Director's Association of the United States, Inc.).

이나 특별한 선언이다. 하지만 사전수요 로비세력들의 격렬한 항의 소리는 매우 소란스러웠고 열렬했으며 즉각적이었다. 그러나 어쨌든 면허를 가진 장의사들은 교육을 받고, 테스트를 통과했으며, 관리감독을 받고, 면허를 부여받고, 주 단위 혹은 전국 단위 이사진과 협의체로부터 감찰을 받는다. 장의사들은 잃을 것이 있기 때문에 신중하게 일하기 마련이다.

그럼에도 불구하고 새로 채택된 정책은 사전수요 판매를 경계하는 장의사 측과 시장의 확대를 원하는 사람들 사이의 분열의 골을 넓혔다. 거대한 사전수요 포트폴리오를 구축하고 있는 사람들에게 밝은 미래가 있을 것이라 믿는 사람들과, 장례서비스는 장의사들이 각자의 지역에서 유지하고 있는 신용도가 관건이 될 것이라고 믿는 사람들 사이의 논쟁이 업계의 저널과 뉴스레터들을 가득 채웠다.

전자의 진영에 있는 사람들은 지대추구(地代追求, rent seeking, 어느 영역의 기득권을 선점한 개인이나 집단이 자신의 독점적 이익을 계속 유지하기 위해 인위적으로 공급을 제한하거나 비탄력적으로 만드는 행위 - 역주) 문제와 그것이 어떻게 장례 시장에 관련이 있는가에 대한 주제로 「뉴스위크」(Newsweek)지에 칼럼을 기고한 보수적 칼럼니스트 조지 윌(George F. Will)의 말을 적극적으로 인용한다.

윌은 다음과 같이 수사(修辭)적으로 질문한다.

> "만약 면허를 받은 장의사들만이 유일하게 자격을 갖춘 사전수요 판매자들이라면, 의사들만이 유일하게 자격을 갖춘 의료보험 판매자가 되어야 한다는 말입니까?"[6]

윌의 질문에 대한 답변은 자명하다. 하지만 사전수요를 주장하는 사람들의 질문에 대한 답변은 자명하지 못하다. 왜냐하면 사전수요에 대한 이

---

6 George F. Will, "Of Death and Rent Seeking", *Newsweek* 135, no. 20 (May 15 2000): 82.

해방식과 시행방식이 매우 다양하게 변형을 보이며 계속 변해가고 있기 때문이다. 전직 대통령(빌 클린턴 대통령을 지칭함 - 역주)이 한 말을 인용해서 말하자면 이렇다.

"이 문제는 사전수요라는 말이 무엇을 의미하는가에 달려 있다."

만약 사전수요라는 것이 인간은 누구나 죽음을 피할 수 없는 존재라는 사실에 입각해서 구입하는 보험에 국한된다면, 서류가방과 보험계리인(actuary, 확률과 통계 등을 사용하여 보험료 및 보상지급금을 평가하고 산출하는 사람 - 역주), 그리고 보험업자(underwriter, 보험 증권을 인수하는 일을 하는 사람 - 역주)만 있으면 누구나 할 수 있는 일이다.

예전에는 우리가 이들을 가리켜 흔히 '보험 중개인'이라고 불렀지만, 이제 그들을 부르는 호칭은 '장례서비스 전문가'가 되면서부터 그들에게 부여된 역할의 경계가 불분명하게 되었다는 것은 자명한 사실이다. 의심할 여지없이 멘켄은 무덤 속에서 낄낄거리며 웃고 있을 것이다. 하지만 사전수요란 보험증권 그 이상이다. 그것은 무엇이 실행될 것인가에 대한 결정과 그 실행을 위해 어떻게 자금이 운용될 것인가에 대한 결정을 묶어준다. 그리고 앞에서도 언급했다시피, 사전수요 상품은 장례서비스의 제공행위를 거래 행위로부터 분리시킨다.

아마 좀 더 가슴에 와 닿는 수사의문문들은 다음과 같을 것이다.

당신은 당신에게 건강보험을 판매한 보험사에게 당신의 심장판막 교체 수술을 맡기시겠습니까?
당신에게 치과보험을 판매한 사람에게 신경치료를 맡기시겠어요? 당신에게 자동차보험을 판 사람에게 당신 뷰익(Buick, 승용차의 한 종류 - 역주)의 브레이크 수리를 맡기실 겁니까?
당신이 어떤 소송을 당했을 때 당신에게 책임보험을 판매한 사람이 그

소송을 맡아야 할까요?
당신은 당신의 주택보험사로부터 당신 집의 건축이나 시공에 대한 조언을 받으시겠습니까?

월 씨의 표현을 이용하여 말해 보면, "당신에게 윙팁(wing-tips, 남성 정장 구두의 종류로서 구두 앞코에 W자 모양, 즉 날개 모양의 패턴이 있는 구두 - 역주)을 판매한 점원이 당신의 건막류(bunion, 엄지발가락 부분에 생긴 혹 - 역주)를 제거하거나 건염(tendonitis, 다리 힘줄에 생긴 염증 - 역주)을 치료해야 할까요?"

한 가정에 발생한 죽음은 그저 소매영업 이벤트나 보험거래 그 이상이다. 우리가 장례에 관한 결정을 상품이나 자금 투자와 연계시킬 때, 우리는 장의사도 소비자도 지난 20년 동안 의료보험이 걸었던 것과 똑같은 방향으로 나아가게 할 것이다. 지금 너무나 자주 벌어지고 있는 일은, 보험회사 본부에서 전화상으로 약관과 보장내용을 읽어주는 19살의 젊은 직원에 의해 적절한 의료 보장에 관한 결정들이 내려지는 것이다. 또는 그런 결정들이 그 직원이 염두에 둔 알약의 가격에 의해 결정되기도 한다. 우리는 의사의 전문가적 지위가 추락하고, 법률소송의 수가 늘어나며, 의료보장의 품질이 의료보험회사들의 이윤에게 자리를 내주는 동안 의료보장 비용이 오르는 것을 지켜봐왔다. 의학이란 알약과 보상범위 그 이상이다.

장례란 상자(棺)와 청구서 그 이상이다.

물론, 관 제작회사들과 거물급 보험회사들, 그리고 장의사의 역할을 재정의하려는 다국적기업들은 많은 부분 성공을 거두고 있다. 관을 팔든지 보험을 팔든지 간에, 그들은 말 잘하고, 잘 차려입고, 지역에서 신뢰받고 있으면서, 면허를 소지한 장의사들을 자신들의 영업팀에 최적으로 배치하여 사용하고 있다. 좋은 마케팅이 좋은 상담의 옷을 입고 있을 때가 매우 자주 있다. 그러나 고객(유족)은 더 좋은 서비스를 받지 않고 있다. 그들은 그저 더 좋은 판매 대상이었을 뿐이다. 거기에 차이점이 있다.

사전수요 프로그램은 고객과 장의사들에게 피해를 입혔을 뿐 아니라, 가족과 지역사회가 죽음에 반응하는 효과적 행위인 장례 그 자체에도 손상을 주었다. 우연일지 연관이 있는지 아니면 원인이 되었는지는 몰라도 지난 30년 동안 장례상품 예약판매가 널리 확산되는 동안, 죽은 자의 의도적 처리(purposeful disposition)로서의 장례는 이제 우리의 종교적, 공동체적 지형에서 점차 사라지고 있다. 요컨대, 장례예약판매가 더 열기를 낼수록, 우리는 더욱 더 장례식을 보는 것이 어려워진다.

예전에는 대체로 공동체와 종교적 관습과 조화를 이루면서 가족과 친구들에 의해서 이루어졌던 결정들이 많은 경우 자기도취적(narcissistic, 죽음을 맞이할 당사자가 자기 죽음에 대한 사전 준비를 한다는 측면에서 - 역주) 선택들로 대체되고 있다. 우리들 중 누군가 죽을 때 우리가 무엇을 해야 하는가에 관한 질문은 내가 죽을 때 나는 나에게 어떤 일들이 행해지기를 원하는가에 관한 질문에게 자리를 양보하고 있다.

나이 들고 병든 사람들은 죽은 자의 처리에 관하여 결정해야 할 부담을 다른 사람에게 부담주지 않기 위해 미리서 자신의 죽음을 준비해 두어야 한다는 압박감에 시달리고 있다. 이러한 압박에는 은연 중 세대간 불화가 내포되어 있음을 느끼면서, 갈수록 더 많은 사람들이 가능하면 장례식 규모를 작게 하도록 결정한다. 자신이 참석하지도 않을 모임에 왜 돈을 지불하겠는가?

사전에 계획하고 사전에 지불하는 시장을 위해 일해서는 안 된다고 수년 전 하워드 래더가 조언했는데, 아마도 그는 이미 그때 이 모든 것을 직감적으로 알고 있었던 것 같다. 그는 장례라는 것이 본질적으로 반응을 보이는 예식이라는 점을, 즉 죽음과 슬픔은 불가피하며, 사전에 계획하는 우리의 노력 여부와 상관없이 우리는 우리의 감정을 미리 느낄수는 없다는 점을 이해했다. 래더는 사려 깊은 사람들은 부주의한 결정보다는 신중한 결정을 한다는 것을 알았다. 어찌 되었든 방금 전 사망한 고인은 자신의 장례에 대해 더 이상 신경 쓰지 않을 것 아닌가?

장의사들, 그들의 공급업체들, 그들의 '생각을 이끄는 사람들', 그리고 그들의 협회들은 사전수요 프로그램을 열렬히 환영하며 받아들였다. 즉 장례관련 상품의 예약판매에 열을 올린 것이다. 이것은 장의사라는 직업이 하나의 독특한 직업군으로 떠오른 이래로 한 세기 반 동안 장의업계가 입은 상처들 가운데 가장 심각한 상처이며, 게다가 그 상처는 자기가 자기에게 스스로 가한 상처이다. 우리가 그렇게 될 것이라고 H. L. 멘켄이 예측한 그대로, 우리는 우리의 핵심적인 사명과 목적을 잃어버렸다.

우리의 문화적 지형에서 장의업계 종사자의 명성과 장례가 차지하고 있는 위상에 미트포드, 연방정부 혹은 주정부의 감시 소홀, 화장에 대한 선호도 증가, 변화하는 사회적 종교적 규범 등이 입힌 손상은, 슬픈 얘기지만, 우리 스스로가 입힌 손상에 미치지 못한다. 마찬가지로, 사전수요 프로그램은 가족에게 일어난 죽음과 관련된 고객 학대의 '그라운드 제로' (ground zero, 핵무기 피폭지점 또는 대재앙의 현장을 의미 – 역주)가 되었다. 멘켄과 래더의 말이 맞았음이 입증되었다. 우리는 우리 스스로에게 최악의 적이 되었다.

8. 장례, 맞춤형 이벤트?

시장에서 "보호해주는"(protective) 관과 사전수요 판매의 매력이 사라진 후 개인화(personalization)라는 개념이 새롭게 떠올랐다. 탁상출판(desktop publishing), 그래픽디자인 프로그램, 비디오와 사진기술의 발전 등 테크놀로지의 변화는 모든 것을 고객 개인의 취향에 맞추는 일(customizing)을 너무나도 쉽게 만들어주었다. 대형집회의 연사들은 '판에 박힌 듯한' 장례식과, 관에서부터 추모사에 이르기까지 대량 제작된 천편일률적인 똑같음에 대해 성토했다.

바야흐로 우리는 장례가 행위예술이 되는, 그래서 모두가 자신만의 유일한 무언가를 하도록 격려받는 시대에 들어섰다. 내 동료인 토마스 롱이 "죽은 자의 처리를 둘러싼 사회적 종교적 은유의 제의적 실행"이라는 뜻으로 이름붙인 "신성한 공동체 극장"은 아첨과 어리석음의 극장으로 퇴색했다. 최후(last things)에 대해서는 가볍게 다루는 반면, 작은 장식품들로 가득한 추모이벤트를 만들기 위해 (극장의) 기념품 가게는 가라오케와 나란히 놓인다. 어리석은 짓거리들이 신성함의 자리를 차지하고, 가볍게 듣기 좋은 노래들이 종말론에 관한 진지한 논의를 대신한다. 그래서 "마이웨이"(My Way)는 이 이벤트에서 가장 많이 요청되는 노래이기도 하다.

신학은 취미와 운동경기의 은유에 의존하는 테마가 있는 이벤트에 의해 대체되었다. 천국은 19번째 홀과 같은 곳이 되었다. 다시 말해 만약 당신이 점수를 정직하게 기록해왔고, 멀리건(mulligan, 비공식 골프 시합에서 티 샷이 실패로 돌아갔을 때 허용되는 다시치기 - 역주)을 너무 많이 하지 않았으며, 당신 삶의 샌드 트랩(sand trap, 골프 코스 가운데 모래가 채워진 장애물로서, 다음 사람을 위해 자신의 스윙 동작이나 발자국 등으로 패인 부분을 갈퀴로 정리하여 평평하게 하는 것이 예절임 - 역주)을 갈퀴로 잘 정돈했다면, 그 천국의 빗장이 당신에게 열릴 것이며, 당신 친구들이 모두 모인 가운데 마침내 당신에게 트로피가 주어지는 그런 곳이 되었다.

우연찮게도, 이런 일은 전후(戰後) 베이비붐세대가 그들의 죽어가는 부모를 위해 장례준비를 더 많이 하게 되고, 자기 자신의 장례예식을 예행 연습할 수 있는 시기에 도달했을 때 일어났다. 이 세대는 부모님의 장례든 본인의 장례든 완전히 맞춤형 이벤트, 즉 유례가 없는 매우 독특한 이벤트가 되기를 원했다. 장례 시장은 이런 흐름을 기꺼이 받아들였다.

그래서 취향에 따라 교체될 수 있는 관의 모서리 장식들이 관 카탈로그를 가득 채웠다. 예를 들면, 낚시 도구 상자, 정원 관리 도구, 골프백, 농어, 개인적 추억이 담긴 서랍장, 그리고 카무플라주(camouflage) 패턴의 고무장식 등. 매장 순서를 앞두고 추모사를 맡은 사람이 스탠드업 코미디(우스꽝스런 행동이 아닌 오직 말로써 웃기는 코미디의 한 종류 – 역주)를 약간하는 것과 마찬가지로, 백파이프 연주자와 비둘기를 날려 보내는 순서는 빠져서는 안 될 요소가 되었다.

여기서도 베이츠빌 관 회사는 선도적 역할을 한다. "액세서리"라고 이름 붙여진 이 회사의 카탈로그에는 "비지테이션 비네트"(visitation vignettes, 수태고지, 즉 천사가 마리아에게 찾아와 처녀의 몸에 신의 은총이 임하여 아기 예수를 수태하게 되었음을 고지하는 장면을 그린 그림이나 장식물로서, 원래 visitation은 천사가 마리아를 찾아 온 것을 뜻하지만, 여기서는 조문객들의 방문, 즉 문상을 가리키고 있음 – 역주)가 포함되어 있다. 이 "비지테이션 비네트"에서는 십자가나 초승달 또는 다윗의 별이 아닌 베이츠빌 사의 "생활 상징" 모서리 장식이 부착된 관이 무대의 중심에 놓여진다.

어떤 "생활 상징"은 참나무 관의 모서리에서 뛰어오르는 무지개송어 모양도 있고, 정원 가꾸기를 좋아했던 고인을 위해서 화분에 담긴 작은 플라스틱 국화도 있다. "운동 좋아하는 아빠" 비네트도 있는데, 맥주 로고가 있는 차고(車庫)라든가, 팀 깃발, 농구골대나 아이스하키 스케이트, 그리고 옆으로 늘린 남성용 속옷 모양의 관도 있다. 오토바이를 타던 사람을 위한 것도 있고, 널리 알려진 "빅 마마 키친"(Big Mama's Kitchen) 상징에는 모조 가스레인지, 식탁, 조문객을 위한 애플파이 등이 부착되어 있다.

감리교도인가 무슬림인가, 독실했는가 그렇지 않았는가, 이런 것을 대신해서 고인이 골프를 즐겼는가, 정원 가꾸기를 좋아했나, 오토바이를 탔었나, 볼링을 즐겼나 등이 중요해졌다. 유족도 가족, 친구, 동료 신자들이기보다는, 취미를 같이하고 비슷한 일에 열정을 함께 나눴던 사람들이 유족인 것이다. 장의사는 추모식 캐디(caddy) 역할을 맡아서, 죽은 자는 보이지 않는 곳에 조용히 내보내고 산 자들은 성스럽지도 속되지도 않지만 갈수록 우스꽝스러워지는 극장 안으로 모아놓는 일을 하게 되었다. 그 극장에는 본질 대신 장식이, 실체 대신 잡동사니가, 진짜 대신 가짜가 판을 치고 있다. 죽은 자는 축소되거나, 사라지거나, 추모용 미니어처 취급을 받으며 값싼 장식품으로 둔갑해버렸다.

9. 인격적 장례와 개인화된 장례의 차이

앞에서 했던 것처럼, 이번에도 확실히 짚고 넘어가려고 한다. 나는 인격적 장례식을 적극 찬성한다. 사랑을 주고받던 실제 인격체들, 즉 막 숨을 거두신 분, 그리고 그 분을 막 떠나보낸 유족들이 참여하고 있는 장례식 말이다. 그러나 "개인화"는, 장의업계의 다른 전략들과 마찬가지로, 당신이 구매한 이 관, 이 볼트, 이 납골함, 이 비디오, 이 인쇄물, 이 파티 취향 등이 독보적인 이벤트를 만들어 준다는 개념에 근거하고 있다.

물론 여기 열거된 것들 따로따로는 동일한 종류가 아니지만, 그것들이 함께 어우러져 동일한 종류가 된다. 그 때문에 비록 그것들이 고인의 개인적 상황에 맞을 수는 있지만,(예를 들어 그는 "골프를 좋아했습니다", "그녀가 가장 좋아한 색깔은 복숭아 색이었어요", "그들은 항상 Bette Midler의 노래를 사랑했답니다", "그는 항상 우리가 파티 하는 것을 원했어요" 등등) 그 맞음이라는 것은 프롬(prom, 미국 고교생의 졸업 댄스파티 - 역주)을 위해 남학생이 빌려 입은 턱시도처럼, 아니면 여학생이 처음 시도해 본 가운, 머리스타일, 하이힐처럼 사랑스럽지만 약간 불편하고, 어색하지만 꼭 맞는, 그런 맞음을 의미한다.

무엇이 어떤 장례예식을 독보적인 것으로 만드느냐면, 다른 것으로는 대체 불가능한 이제는 고인이 된 사람과, 그의 죽음을 중요하게 생각하여 그곳에 모인 사람들이다. 그리고 장례예식은 산 자와 죽은 자로 하여금 변화된 상태가 만들어 놓은 미로를 헤쳐나갈 수 있게 해 준다. 현재가 과거가 되며, 전에 여기 있던 것이 멀리 사라지고, 아내는 과부가, 아들과 딸은 갑자기 고아가 된다.

내가 묻어준 아이의 가족이 생각난다. 그들은 아이가 죽기 몇 달 전 무엇을 어떻게 해야 하는지 물어보려고 내방했다. 매장과 화장, 철야와 장송곡에 관한 토론이 끝난 후, 나는 그 젊은 부부에게 그들의 부모, 즉 죽어가는 아이의 조부모에 대해 물었다. 할머니는 요리나 청소를, 할아버지는 집안 이곳저곳 수리할 곳을 찾는 일 등에 도움을 주고 계시다는 게 그들의 대답이었다. 우리는 죽음 앞에서 지금부터 얘기하는 것과 같은 방식으로 우리의 무기력함과 비참함을 표현한다.

나는 아이 아빠에게 할아버지더러 아이의 매장 또는 화장을 위해, 아이를 그 안에 넣어 반듯하게 눕힐 상자, 아이를 교회로 그리고 최종 처리 장소로 데려갈 수 있는 그런 상자 하나가 필요하다고 말씀드리라고 했다. 할아버지께서 물어보실 게 있으면 얼마든지 나에게 전화해도 좋다고 말해주었다. 아이가 죽기 며칠 전, 거의 내 나이쯤 되어 보이는 아이의 할아버지가 완벽하게 제작된 작은 관, 금빛 나는 작은 손잡이와 거기에 어울리도록 금빛 십자가가 뚜껑에 달려 있고, 펄(pearl)이 들어간 흰색 에나멜페인트가 칠해진 그런 관 하나를 들고 장례식장을 찾아왔다.

관 내부에는 여러 색을 섞어 짠 정사각형의 퀼트 장식이 있는데, 양가의 할머니들, 이모들, 그리고 아이 엄마의 여자 친구들이 만든 자수품들이 꿰매어져 있었다. 그 남자는 이 일을 하도록 제안해줘서 내게 뭐라 감사의 말을 충분히 할 수 있을지 모르겠노라고 말했다. 그것을 하는 내내 자신이 자신의 아들과 손자에게 줄 선물을 만드는 것처럼 느꼈다는 것이다. 그 일이 그 늙은이로 하여금 자신이 필요하고 쓸모 있는 존재라는 느낌을 주었다는 것이다. 그가 말한다.

"내 비록 힘은 없지만, 쓸모는 있더군요."

이것이 바로 인격적(personal) 서비스와 개인화된(personalized) 서비스의 차이이다. 첫 번째 것은 진짜배기고 두 번째 것은 형편없는데도 종종 값은 비싼 대체제이다. 하나는 실재(real)이고 다른 하나는 가상(virtual)이다. 전자는 선물이고 후자는 구매이다.

하나뿐인 맞춤형 장례식은 우리 각자가 "한 종류 가운데 유일한 하나" (the only one of a kind)라는 개념에 근거한다.

"팻(Pat) 이모님 같은 분은 어디에도 없을 거예요."

그래서 우리는 바나나 빵을 만드는 데 그녀의 조리법을, 카나스타 (canasta, 두 벌의 카드로 하는 카드놀이의 일종 – 역주) 게임에 그녀의 요령을, 베고니아를 키우거나 교회 바자회를 치를 때도 그녀의 방법을, 그리고 그녀를 다른 사람과 다르게 만들어주는 취미나 여가생활, 단점과 약점 등을 최대한 장례식에 활용한다. 그러나 우리는 특히나 사회적, 과학적, 종교적 의미에서 볼 때 "같은 종류 가운데 그저 하나일 뿐"(only one of a kind)이기도 하다.

어떤 측면에서 보면 우리는 다양한 문화와 지리와 시간에 걸쳐있는 사랑스럽고 익숙한 "기질들"(characters)의 다양한 변형들이다. 오직 하나뿐인 어머니나 아버지의 죽음을 엄수하려는 어느 가족의 의도와, 우리 모두를 신의 아들 딸의 자리에 두려는 교회의 의도는 서로 평행선을 달리고 있을 뿐이란 말인가? 우리가 유아세례에서 아기에게 입힌 세례 가운처럼, 우리가 관을 덮는 데에 사용하는 뚜껑은 불가피한 개인적 차이를 불분명하게 만들어주는가 하면, 우리의 명백한 정체성을 더욱 명백하게 만들어주기도 한다.

예를 들면, 인간이고, 신자이며, 기독교 신자이고, 루터교도며, 미주리 노회에 속해 있다는 등등의 개인적 정체성을 덮은 채, 시민임을, 전쟁 중임을, 어느 나라인지를, 목적이 무엇인지를 표방해주는 깃발들도 마찬가지의 경우이다. 게티스버그(Gettysburg, 남북전쟁과 관련하여 역사적으로 유서 깊은 지역으로서 국립묘지가 있음 – 역주)와 알링턴(Arlington, 미국 수도 워싱턴 D.C.의 인근 지역으로서 국립묘지가 있음 – 역주)에 있는 비석들은 그러한 일체성을 보여주고 있고, 안장된 후 오래도록 개별적 목소리를 차단시켰다.

우리가 아는 사람이건 그렇지 않은 사람이건 죽은 사람과 관련하여 행해지는 가족 예식, 군사 예식, 부족의 관습 등에서 오래된 동일성(ancient sameness)이 발견되는 것은 이러한 이유 때문이다. 즉, 우리 모두는 한 종류

가운데 유일한 하나이면서 동시에 같은 종류 가운데 그저 하나일 뿐이다.

내가 3P로 부르는 보호(Protection), 사전수요(Preneed), 그리고 개인화(Personalization)는 각각 최신 유행(du jour)의 일부분들이다. 더 새로워진 새 상품이 장의사들에게 공급되고, 장의사들은 그것을 지역에 내다 판다. 이 세 가지는 내가 장의업계에 몸담은 지난 40년을 수놓았던 "빛 좋은 개살구"요, 불량식품이며, 반짝 성공이었다. 셋 다 나름대로 가족 내에 일어난 죽음을 죽음 아닌 것, 즉 소매 구매, 사전 계획된 이벤트, 행위예술 등으로 만드는 데에 일조해 왔다. 또한 셋 다 나름대로 그것을 팔려는 장의사들을 우스꽝스럽고, 탐욕스러우며, 가학적이고, 이상한 사람들로 보이게 만들었다.

그 다음 새로운 것은 애완동물과 관련이 있다. 지나간 새로운 것을 과도하게 추구하다 줄어든 수익을 보충하기 위해 뭔가를 늘 찾고 있던 몇 몇 장의사들은 코커스패니엘(개의 한 품종 – 역주), 잉꼬, 고양이에 관심을 두게 되었다. 모든 슬픔은 영업의 기회가 된다는 생각. 그런 생각들이 얼마나 위태로운지 생각해 보지도 않고 말이다.

「워싱턴포스트」(the Washington Post)는 미군이 이라크나 아프가니스탄, 그 밖의 장소에서 사망한 미군 병력의 유해를 애완동물 화장을 겸하여 실시하는 시설에서 화장한 사실을 폭로했다.[7] 인간 유해는 애완동물과는 별도의 시설에서 화장되고 있었지만, 어쨌거나 그 시설의 이름은 "영원한 친구 애완동물 화장서비스"(Friends Forever Pet Cremation Service)였다. 이 소식이 언론과 국회에 알려지자, 군은 변화를 선언했다. 현재 펜타곤(Pentagon)은 장례식장과 함께 위치하고 있는 화장시설 이외에서의 미군 병사 유해 취급을 더 이상 허용하지 않고 있다.

화장과 관련하여 부적절한 처사가 있었을 아주 낮은 가능성만으로도 펜타곤의 심기는 불편해졌다. 군대 문화에서는 전사자에 대해 존경심을

---

7 Ann Scott Tyson, Some War Dead Were Cremated at Facility Handling Pets, *Washington Post*, May 10, 2008.

보이는 것이 극도로 중요하고 엄숙한 의무이다. 관에서 국기를 제거하여 고인의 가족에게 전달하는 것과 같은 장례예식은 철두철미하게 수행되며, 전사자에 관한 소식은 가족에게 가서 친히 전달하는 것도 존경심을 표현하는 방식 가운데 하나이다.

아버지는 우리에게 다음과 같은 사실을 주지시키는 것을 좋아했다.

"서비스에 신경 써라. 그러면 영업은 저절로 따라올 것이다."

아버지는 먼저 유가족들로부터 신뢰를 얻었고, 자신도 자신이 봉사하는 유가족들을 신뢰했다. 위에 열거했던 판매 전략들은 먼저 영업에만 신경 쓰고, 서비스는 안중에 없었다. 지난 5년 동안 자꾸만 새로운 것을 추구하려는 유혹에 저항하지 못한 결과, 산 자가 죽은 자에게서 멀어졌고, 한 가족 내에서 발생한 죽음에 대한 인간적 반응을 초라하게 만들었으며, 장례와 죽은 자의 처리가 갖고 있는 본질적 특성이 제거되었다.

만약 우리가 지난 반세기 동안 사람들에게 무언가를 사도록 압박하기보다 그들이 무엇인가 할 수 있도록 도우면서 시간을 보냈더라면, 우리는 계속 장례식을 담당하게 될 것이다. 우리의 할 일이 영업이었던 적은 단 한 번도 없다. 우리가 할 일은 사람들을 담대하게 하여, 그들이 육체적 자선 행위를 할 수 있도록 돕는 일이었다. 산 자의 육체가 죽은 자의 육체에게 빚진 일, 이 마지막 예절, 이 사려 깊은 은혜, 이 단정한 처리와 같은 일들 말이다.

10. 장례의 퇴화

우리가 진정 무의미와 어리석음의 파국으로 치닫고 있는 장례예식을 구해내려 한다면, 우리는 먼저 장례의 퇴화에 우리가 기여한 바 있음을 인정하는 일부터 해야 한다. 상품과 진정한 가치를 혼동했고, 사전지불을 잘한 일로 잘못 알았으며, 액세서리와 본질적 요소를 구별치 못했던 장의사들이 고객과 자신에게 엉터리 상품을 파는 사기를 쳤던 것이다.

장례의 가치절하에 가담했었던 장본인은, 슬픔을 당한 믿음의 사람들을 권면할 때 시체를 앞에 두지 않고 산 자들에게 설교하는 일이 더 쉽다고 여긴, 혹은 용이성과 편리성이라는 미명하에 자신이 주관하는 장례식으로부터 고인을 추방한, 그도 아니라면 신앙을 가진 가족들이 입회하지 않고도 고인을 최종적 처리장소로 보내도록 허용한 성직자들이다. 좋은 의도로 그러는 것이겠지만, 유족들이 "슬픔 회복" 그룹에 가입하고, "종결"의 느낌을 갖게 해주는 추모행사를 계획하는 동안 고인의 시신은 입회자 없이 처리되도록 하는 것이 좋겠다고 조언하는 호스피스 사역자들은, 산 자가 죽은 자에게 응당 해주어야 할 지극히 인간적인 의무는 갖다 내버리고 사용자 편의 위주의 유사 장례식을 은밀히 들여오고 있는 셈이다.

이처럼 죽은 육체를 산 자들의 죽음에 대한 반응으로부터 분리시키는 것이 지금 우리가 장례와 관련하여 신물 나게 보고 있는 어리석음의 핵심이다. 우리가 진정 장례 본래의 목적 그 비슷한 것이라도 회복하고자 한다면, 그 회복의 노력은 가족, 친구, 지인, 교우(教友)들이 어우러져 공동체를 형성하는 것으로부터 시작될 것이다. 여기에는 그들이 삶의 끝자락에서 가장 자주 상의하게 되는 보건진료, 호스피스, 종교, 장례 분야 일선 전문가도 포함되어야 한다.

그런 공동체가 할 일은, 유족들로 하여금 작별의 마지막 지점까지 (그것이 무덤이든, 묘실이든, 불속이든, 바다 밑이든) 고인을 모시고 함께 가도록 모두 격려해 주는 일이다. 죽음과 상실, 사랑과 슬픔, 신비와 기억에 관한 진실이 가장 잘 선포되고 실현되는 곳은 바로 무덤가요, 불 곁이다. 바로 이와 같은 장소에서 움직일 수 있는 육체와 쉼을 얻은 육체 사이의 육체적 일이 가장 명확하게 표현될 수 있다.

그렇지만 공동묘지들, 특히 회사가 소유하고 운영하는 도심지와 교외 지역의 대규모 공동묘지들이 따르는 절차들은 매장을 거의 비현실적인 것처럼 보이게 만들었다. 소예배실이나 도로변 하관식(chapel/roadside committal, 실제 시체가 묻히는 무덤가에 가서 관을 내리는 예식을 거행하는 대신 별도로 마련된 공간에서 시행하는 하관식 – 역주), 가족과 친구들이 잘 해낼 수 있는 일인데도 기계와 중장비를 설치하고 과도하게 사용하는 잘못, 이런 것들이 시체의 매장을 인간적인 일이 아닌 발굴 작업처럼 만들었다.

일부 공동묘지에서는 유족들이 실제 무덤에서 멀리 떨어져 있어야 할 이유로 최신 유행하는 만능 핑계거리인 책임 문제를 거론한다. 번지점프에서 일어날 수 있는 부정적인 사고에 대비해 보험을 들어두는 사회라면, 무덤가 하관예배에서 일어날 수 있는 최악의 시나리오도 처리할 수 있어야 한다는 것을 잊은 채로 말이다.

성도들의 무덤 주변에 설 수 있는 자신의 자리를 주장해야 할 기독교 성직자들, 그리고 그들과 함께 일하는 장의사들은 바로 이 지점에서 무척 소심해지고 말았다. 유대인들에게 죽은 자의 매장은 손으로 직접 만지며 하는 거룩한 일이며, 그 일에 믿음의 공동체는 분명한 호출을 받는다.

> 대부분의 랍비들은 문상객들이 하관하기 전에 장례식장을 떠나지 못하도록 노력하는데, 거기에는 종교적, 심리학적 이유가 있습니다. 시신을 매장하는 미쯔바(mitzvah, 선행)를 보수 받고 일하는 낯선 자들의 손에 전적으로 맡겨두겠다는 생각은 유족으로부터 케봇 하멧(kevod hamet, 죽은 자에 대한 존경)의 마지막 순간을 박탈합니다.
> 더욱 중요한 사실은, 무덤을 메꾸는 일을 돕는다는 것은, 이제 당신이 하지 않고 남겨둔 일 없이 모든 것을 다 했다는 것을 의미합니다. 당신이 삽에 얹어진 흙을 당신이 사랑하던 이의 관 위로 털어 넣은 후에 죽음을 부정하는 것은 불가능합니다. 그리고 이제 비로소 당신 안에 치유가 시작될 수 있습니다.

대서양 양안(兩岸, 미국과 유럽을 의미함 – 역주)에서 일어나고 있는 녹색 혹은 자연친화적(natural) 매장문화추진운동은 이처럼 실제적이고 감성적 상황에 대한 이슈들에 대해 다루려하고 있다. 휘발유 값이 갤런당 4달러 선을 돌파했고(2012년 미국의 상황임 - 역주), 지구는 기후변화로 위기에 처했으며, 도심지 확대현상은 농장지대를 쇼핑몰과 택지로 바꾸어 놓고 있는 이때에, 자연보호와 자원보호, 재활용, 친환경적 생활은 현재의 문화 속에서 옥토를 찾아냈다.

과거 한때 이론과 실제 모두에서 자연으로 돌아가려는 급진적 환경 보호 운동가와 환경론자들의 분야였던 것이, 이제는 건축부터 의약, 교통문제에서 교육, 재정에서 식품, 그리고 물론 장례와 시체의 최종처리에 이르는 모든 것들에 있어서 소비자와 정책입안자들에게 어떤 가용한 선택들이 있는지 알려주는 역할을 하고 있다.

장의업계가 어떻게 변화하는 소비자의 선호도에 적응하는가는 다른 문제이다. 역사를 참고한다면 우리는 몇 가지 예측을 할 수 있다. 어떤 이들은 전통적인 관습으로부터 변질되었다고 비난할 것이며, 미국적이지 않다고, 혹은 종교적이지 않다고, 그것도 아니면 그 둘 다라고 주장할 것이다. 이런 부류들은 뒤꿈치로 땅을 파고 거기 있는 모래 속에 자기 머리를 숨기며 변화가 가장 좋은 것은 아니라고 주장한다.

다른 부류도 있는데, 그들은 자기 공동체는 그런 일시적 유행(fad)에 관심 없고, 필요에 부응하기 위해 생겨난 새로운 서비스와 제품들에 말려들지 않을 것이라고 주장한다. 고객들은 자신들이 원하는 것을 얻기 위해 다른 어디든 찾아갈 것이다. 변화에 발맞추는 데에 성공하기 위해서 첫째로 전문가 연장교육이 필요하다. 둘째로 최상의 의식을 거행하겠다는 헌신과, 고객이 녹색 혹은 자연친화적 장례 및 매장 공법과 관련하여 어떤 방식을 선호하든지 그들이 원하는 바로 그 지점에서 고객을 응대하겠다는 준비된 마음이 필요하다.

그러나 언제나 그렇듯이 가장 큰 성공은 두 가지 모두 잘 결합될 때 일어난다. 모든 유족들이 다 똑같은 것은 아니다. 최고의 전문가라면 고객이 선호하는 주파수 대역에 맞춰 반응할 수 있어야 한다.

자연친화적 매장 방식이 다양한 만큼이나 그 방식을 선택하게 하는 동기부여 요인도 다양하다. 지난 40년 동안 화장 비율의 상승 원인은 경제, 사회, 종교적 변화뿐 아니라 자연친화적 매장과도 관련이 있다.

고인을 불에 태워 보낸 모든 이들이 화장을 좋아하거나, 전통적 장례식을 반대하거나, 매장을 꺼려하는 것은 아니다. 방부처리 없이 또는 밀폐된 관이나 시멘트로 묘실 바닥공사를 하지 않고 매장하기를 원하는 이들 모두 자연보호와 재활용에 열광하거나 남달리 지구온난화를 염려하는 것은 아니다.

상품 선택보다 더 의미 있는 이슈들에 중점을 두는 근본적 의식과 관습으로 회귀하고자 하는 열망이, 화장과 자연친화적 매장을 선택하게 만드는 보이지 않는 동인(動因)이 된다는 것을 장의사들과 묘지운영자들은 여전히 알아채지 못하고 있다.

11. 섀넌 머튼의 경험담

예를 들어, 섀넌 머튼(Shannon Merton)의 경험을 생각해 보자. 그녀의 어머니가 2006년에 죽자, 섀넌은 그녀가 대학시절 이후로 계속 영국에 살고 있으면서도 아직 "고향"이라고 부르는 나라로 돌아가는 비행기를 잡아타기 위해 자신의 집이 있는 영국 북동부 지역에서 런던으로 내려가는 열차에 몸을 실었다.

긴 여정 끝에 그녀는 장례식장에 도착했고, 어머니의 시신을 볼 수 있냐고 질문한다. 하지만 장의사는 준비가 다 될 때까지 기다려야한다고 말했다. 장의사는 그녀에게 관, 볼트, 맞춤형 감사카드, 꽃 장식을 보여주는 몇 장의 사진을 보여주었다. 그녀가 선택을 끝내자 장의사는 "문상"을 위해 다음날 오라고 말한다.

장례식장에서 뷰잉(viewing, 문상객들이 단정하게 준비된 고인의 시신을 바라보며 작별을 고하고 유족에게 조의를 표하는 행사 - 역주)을 마친 후 시신은 교회로 옮겨졌다. 그곳에서 섀넌은 그녀가 비행기 안에서 써온 짤막한 추모사를 예배 도중 낭독할 수 없다는 말을 사제로부터 듣는다. 교회 규정상 그런 순서가 예식 가운데 포함되는 것이 금지되어 있기 때문이라고 한다. 사제는 아마 묘지에서는 가능할 것이라고 귀띔한다.

공동묘지는 고속도로에서 30분 정도 떨어져 있는 교외지역에 있었다. 섀넌은 조카들과 함께 렌터카를 타고 운구 차량을 뒤따라 갔다. 섀넌의 어머니를 위한 마지막 기도는 그녀의 무덤가가 아니라 도로 곁에 설치된 금속 텐트 아래에서 낭독되었다. 어머니의 관도 그녀가 묻힐 실제 무덤에서 상당한 거리를 두고 떨어진 이곳 텐트 아래에 있었다. 짤막한 위탁(committal, 고인을 신에게 맡긴다는 의미 - 역주)의 말이 있은 후, 조문객들은 가까운 식당으로 가서 유족과 함께 있어주라는 요청을 듣는다. 그리고 거기 있던 모든 사람들은 각자의 차량으로 돌아가도록 안내를 받는다.

섀넌은 뭔가 잘못되었다고 생각했다. 그녀는 그녀의 어머니가 땅 속으로 들어가는 것을 보기 위해 먼 길을 달려왔다. 그런데 그녀는 지금 왜 모든 사람들이 아직 끝나지 않은 일을 뒤로 남겨둔 채 자리를 떠나고 있는지 의아한 생각이 들었다. 사제는 장의사와 함께 운구 차량에 탑승하고 멀어져갔다. 분명 그들의 의무는 끝이 났다.

섀넌은 묘지 관계자에게 묻자, 그는 "실제 매장"은 모든 사람이 떠나고 나면 확실하게 처리될 것이라고 안심시키면서, "저희가 다 알아서 처리하도록 하겠습니다"라고 말한다.

하관예배가 왜 무덤가에서 실시되지 않았느냐고 묻자, 묘지 직원의 단답형 대답이 돌아온다. "책임!" 섀넌이 직원에게 자신은 모든 것이 다 끝날 때까지 자리를 뜨지 않겠다고 으름장을 놓자, 그럼 안전거리를 유지하고 길에 서 있으라는 말을 듣는다. 그리고 그 직원은 "우리 보험으로는 고객님이 보장되지 않습니다"라고 말한다.

잠시 후 중장비 부대가 나타났다. 포클레인과 거기 대롱대롱 매달린 커다란 회색 시멘트 박스가 보인다. 녹색 옷을 입은 일꾼들과 흙을 실은 덤프트럭도 왔다. 운구 요원들이 임시 못자리에 두었던 섀넌 어머니의 관을 덤프트럭과 함께 나타난 일꾼 넷이 들어올렸다. 임시 못자리란 일종의 관을 땅 속으로 달아 내리기 위한 일종의 하강장치인데, 길 곁에 녹색 인조 잔디를 깔아두고 그 위에 이 장치가 설치되어 있었다.

어떤 주에서는 이것을 가리켜 "폴스셋업"(false setup)이라 하고, 다른 주에서는 "더미셋업"(dummy setup)이라고도 하는데, 여기에 비꼬는 의미는 담겨있지 않다. 일꾼들은 시신이 담긴 반짝거리는 관을 줄로 고정하고 회색 시멘트 박스 안으로 달아 내렸다. 일꾼들이 뚜껑을 시멘트 박스 위에 씌우고 그것을 포클레인의 버킷 부분에 쇠사슬로 연결된 고정 장치에 결합시키자, 포클레인은 시멘트 박스를 들어 올려 어머니의 무덤이 위치할 지점의 구멍 쪽으로 이동했다.

포클레인이 어머니의 관을 최종적 위치에 내려놓자, 곧 추모용 덤프트럭이 후진하며 들어와서는 덤프트럭들이라면 응당 할 일을 해 놓는다. 섀넌은 속으로 "흙은 흙으로, 재는 재로, 쓰레기는 쓰레기로"(dump to dump) 이런 생각을 했고, 어머니 묘 속에 자기가 먼저 흙 한 줌 뿌려 넣을 수 있었더라면 얼마나 좋았을까 아쉬워했다. 일꾼들이 떠난 후 그녀는 짤막한 추모사를 어머니 묘를 향해 큰 소리로 낭독했고 기도를 한 후에 자리를 떠났다.

섀넌 머튼의 어머니가 죽었을 때부터 그녀를 묻은 땅이 고르게 다져질 때까지, 장례식장, 교회, 공동묘지에 소속된 다양한 전문가들이 고인을 위해 각자의 일을 처리하는 동안, 가족 중 누군가에게 다가와 그냥 서서 지켜보는 것 말고 무엇인가 할 수 있도록 격려하는 사람은 아무도 없었다. 그들 각자는 자신들만의 서비스와 시설과 담당자가 있었다. 그들 각자는 자신들로서는 최선의 선의를 보였고 합리적인 비용청구를 하였다. 그들 각자는 자신들만의 기준과 절차가 있었다. 또 그들 각자는 그들 나름의 방법으로 섀넌이 자기 어머니의 죽음을 직접 보살피는 일에 가까운 곳에 있을 수 있도록 해주었다.

편리성, 비용 효율성, 안전, 또는 책임과 참여를 제한하는 절차상의 이유 때문에, 심지어 옆에서 지켜보는 아주 간단한 인간적 행위까지도 종종 금지되기도 한다. 관, 볼트(vault), 비디오, 꽃, 비석, 기념조형물 등 무엇을 구매해야 하는지에 있어서 그녀에게는 다양한 선택권이 주어졌지만 무엇인가를 할 수 있는 선택권은 거의 없었다.

12. 위치혼란을 겪는 매장과 화장

이와 같은 경험들이 자연친화적 매장, 그리고 그것과 사촌격인 "직접 치르는 장례"(do-it-yourself) 혹은 "가정식 장례"(home funeral) 등의 트렌드를 만들어낸 보이지 않는 동인(動因)인 것이다. "자연으로 돌아가려는" 열망은 나라 곳곳에서 시신의 최종적 처리가 갖고 있던 본래의 특성이 조직적으로 훼손된 데에 기인한다.

무심코 일어난 일이지만, 장례서비스 시장은 산 자를 죽은 자에게서 멀리 떨어뜨려 놓았기 때문에 사람들은 땅에 더 가깝고, 자연에 가깝고, 심지어 최고로 유능한 전문가들로부터도 방해받지 않을 수 있는 기존의 방식으로 돌아가려는 열망을 갖게 되었다. 반세기 전의 화장의 경우와 마찬가지로, 자연친화적 매장과 직접 치르는 장례의 인기는 더 확산될 것인데, 이는 장의사들과 묘지운영자들이 지원과 방해, 도움주기와 고압적 태도, 본질과 액세서리 사이의 차이점을 이해하지 못한 것과 직접적인 관련이 있다.

우리는 너무나도 자주 개념, 가치, 원리를 한 묶음의 상품 제공과 혼동한다. "개인화"(personalization)가 관에 부착하는 상징물, 영상물, 이름의 머리글자가 새겨진 유골함 그 이상이듯이, 자연친화적 매장도 버드나무가지를 엮어 만든 관, 생물분해제(biodegradables), 자연 보호 등으로 모두 설명할 수 있는 것은 아니다. 장례는 사랑하는 사람이 죽을 때 무엇을 살 것인가에 대한 것이기보다 무엇을 할 것인가에 대한 것이고 늘 그래왔다.

장례서비스가 더 의미 있고, 자연친화적이며, 가족이 중심이 되고, 체험적이며, 참여하는 서비스를 원하는 고객들의 요구사항에 부응한다면, 장례 및 묘지 전문가들이 변화하고 있으며 더욱 친환경적이 되어가는 장례서비스 시장에서 번성하게 될 것이다.

매장의 경우에는 우리가 그것의 본성을 변질시켜 버렸다면, 화장에 있어서 우리는 그것을 완전히 손상시켜 버렸다. 장의업계 전반에 걸쳐, 화장이라는 것은 1950년대에 출산을 기다리고 있는 아빠들에게 분만실이 그러했던 것처럼, 대다수의 유족들에게 동떨어지고 알려지지 않은 것이다. 산 자들이 죽은 자의 처리장소까지 동행하도록 권하거나 초대하는 장의사들은 거의 없으며, 죽은 자를 묻기 위해 무덤에 갈 기회가 많은 성직자들이라 할지라도 시신의 최종 처리를 화장으로 한다면, 전혀 없는 건 아니겠지만, 거의 따라가지 않는 경우가 많다.

그런 이유로 화장은 가족 주도적이고, 명예를 중요하게 생각하고, 공개적이기보다는 업체 주도적이고, 효율을 중요하게 생각하며, 비공개로 진행된다. 열린 무덤이 자연스럽고 조용하며 아름다운 경관을 제공하면서 그 주변에 둘러 모여 고인을 추모할 수 있는 공간이라면, 열린 화덕은 제의적인 분위기보다는 공장 같은 분위기에 위치하고 있다. 거룩한 불이라기보다는 아궁이다.

식구든 친구든 목회자든 장의사든 그 누구도 지켜보는 이 없이, 죽은 자는 화장터에 운반된 후 오헤어(O'Hare, 미국 시카고의 공항 - 역주)의 포장도로 위에 세워진 비행기들처럼 자기 순서를 기다리도록 홀로 남겨진다. 고인의 유해가 처리되고 나면, 살아있을 때 모습보다 훨씬 줄어든 형태가 되어 돌아온다. 이 모든 과정을 관장하는 사람들은 "묻지도 않고, 말하지도 않는" 초연함으로 이 일을 해낸다.

북미인들은 어디에서, 누구에 의해, 어떻게 이루어지는지 전혀 알지 못한 채 화장을 실시하는 몇 안 되는 문화 가운데 하나에 속해 있다. 그래서 그들은 우리 인류라는 종이 "불!" 하면 떠올렸던 따뜻함, 밝혀줌, 영적 임재와 정화 등의 예로부터 치유효과가 있는 위로를 모두 잃어버렸다.

우리는 화장을 어떻게 하면 더 잘 할 수 있는지 오래도록 알고 있었던 다른 사람들로부터 무엇인가 배울 수 있을 것이다.

> 시신에는 깨끗한 옷이 입혀져 있고, 죽은 이는 옛 옷을 벗었으며 그가 했던 착한 일들을 기억하고 있음을 상기시키는 노래가 울려 퍼졌다. 머리카락과 턱수염과 손톱은 다듬어졌고, 두 엄지손가락은 서로 포개어져 장례용 침상에 묶여졌다. 그러면 시신은 화장하는 곳으로 운반된다. 예전에는 황소 두 마리가 끄는 수레로 하도록 되어있지만, 요즘 들어서는 친족들이 시신을 관대에 뉘어 옮긴다. 이때 장손은 집에서 떼는 불에서 붙여가지고 온 횃불을 들고 앞장선다.
>
> 화장은 신들(gods)에게 드리는 희생제사로 이해되었고, 천국의 축복을 비는 주문을 외웠다. 사람들은 푸샨(Pushan, 인도의 신화에 나오는 목축의 신 - 역주) 신에게 희생제물을 받으시고 죽은 자의 혼을 인도해 달라고 요청한다. 사람들은 또 아그니(Agni, 인도의 신화에 나오는 불의 신 - 역주) 신에게 육체적 몸은 불태우시고 천국에서 그 육체의 본질은 다시 회복시켜 달라고 요청한다.
>
> 그런 후에 장례 일행은 집으로 돌아가서, 집에서 사용하던 옛 불은 꺼버리고, 새로운 불을 지펴서 장례식으로 인한 부정(impurity)의 시간이 끝났음을 알리며 축하한다.[8]

---

8 Richard P. Taylor, *Death and the Afterlife: A Cultural Encyclopedia* (Santa Barbara, CA: ABC-CLIO, 2000), 134-35.

우리는 또한 미국에서보다 훨씬 오래 전부터 화장이 표준이었던 문화권에서 전해 내려오는 교훈적 이야기를 마음속 깊이 새겨야 할 것이다.

> 오늘날 영국에서 화장은 표준적 제의이다. 인구의 72퍼센트의 마지막 길이 화장인데, 이 수치는 지난 1세기 동안 빠르게 이 방법을 받아들인 후 올라갈 수 있는 상한선인 것 같다. 최근에는 화장의 타당성에 대한 근거로서 무덤에 의해 쓸모없이 파편화되고 있는 토지를 절약할 수 있다는 점, 야단법석을 부리지 않는 단순성, 그리고 유해를 처리하는 더 나은 선택의 창출이라는 점 등이 언급된다. 그런 "실용적인" 견해들은 시체에 대한, 죽은 자의 중요성에 대한, 그리고 종교적 신앙에 대한 태도에 있어서 복잡한 변화를 보이고 있는 현실과는 이율배반적이다.
> 유골함과 안치소와 기념패의 획일성, 이름 모를 추모의 정원에서 유해를 뿌리는 것…이 모든 것이 죽은 자의 위치혼란(dislocation)과 익명성에 기여한다…그리고 유족에게도 사생활이 보장되어야 한다는 생각이 커지고 있다. 그 은밀함 가운데 직계가족과 친구들이 그들의 슬픔을 침범받지 않도록 해주자는 것이다.[9]

이러한 위치혼란과 죽은 자의 익명성은 2006년 발표된 영국 영화 "더 퀸"(The Queen)의 중심이야기였다. 스티븐 프리어스(Stephen Frears)가 감독한 이 영화는, 피터 모건(Peter Morgan)이 시나리오를 썼고, 엘리자베스 2세 여왕(Queen Elizabeth II) 역으로 헬렌 미렌(Helen Mirren)이 출연했다.

영화는 1997년 8월의 사건을 묘사하고 있는데, 이야기는 다이애나 황태자비(Princess Diana)의 죽음을 어떻게 처리할 지를 둘러싸고 영국 대중들과 왕실이 가진 의견 차이에 초점을 맞추고 있다. 여왕은 조용하고 은밀한 장례예식을 원했지만, 그녀의 아들인 찰스 황태자(Prince Charles)는 자기

9　Michael Parker Pearson, *The Archaeology of Death and Burial*, Texas A&M University Anthropology Series, no. 3 (College Station: Texas A&M Press, 2000), 42.

아들들과 나라 전체를 위해 보다 온전한 존경의 표시를 담아 진행되어야 한다고 주장했다. 그리고 이 주장에 새로 선출된 토니 블레어(Tony Blair)도 합세했다.

왕조를 상실한 대서양 이쪽 편(미국 – 역주)을 보자. 우리 또한 우리의 죽은 자들로부터 떨어져 위치혼란(dislocation)을 경험하고 있다. 그리고 이러한 현상은 "살아있는 죽은 자"에 관한 책과 영화의 양산으로 이어졌다. "트와일라잇"(*Twilight*) 같은 좀비 영화들이 지금 미국인들을 열광시키고 있는데, 그들은 아마도 진짜 시신을 한 번도 보지 않은 채 나이 사십 줄에 이를 가능성이 많다. "씩스 핏 언더"(*Six Feet Under*)를 우리에게 선사했던 알란 볼(Alan Ball)도 "트루 블러드"(*True Blood*)라는 제목의 뱀파이어 영화 프로젝트에 착수했다.

13. 있어줌의 선물

우리가 "집중치료"를 위해, 환자 곁에서 정말로 그 환자를 신경 쓰는 사람이 함께 있게 함으로써 질병과 죽어감에 인간미를 더했던 것처럼, 매장과 화장에 인간미를 불어넣으려면 우리가 더 담대하게 그 안으로 들어가 살아야 한다. 죽어가는 자로 하여금 익숙한 공간을 사용할 수 있도록 그를 집으로 데려오면 가족과 친구들이 다가가고 참여할 여지가 생긴다. 마찬가지로 산 자들을 담대케 하여 죽은 자를 보살피고, 장송곡과 시신의 처리에 참여토록 하면 개인과 인류라는 종 모두에게 유익이 된다.

어떤 자리에 모습을 드러내 참석하는 것, 거기 있어주는 것 등으로 표현되는 "있음"이라는 것은 종종 우리가 할 수 있는 전부일 때가 있다. 항상 그런 것은 아니지만 그것만으로도 충분하다. 죽어가는 자, 죽은 자, 남겨진 자를 돌보는 일 그 어딘가에 있는 우리의 자리를 찾아가도록 우리는 요청받고 있다. 우리 중 누군가는 묘지를 파고, 꽃을 나르고, 냄비요리를 만

제5장 우리들의 최악의 적들   235

들고, 관을 만든다.

또 다른 누군가는 기도하고, 노래하고, 목이 메어 소리조차 나지 않는 이들을 위해 자기 목소리를 빌려주고, 애가(哀歌)를 불러서 죽은 자 둘레로 산 자들이 모여들게 해준다. 누군가는 들어 올리고 운반하며, 또 누군가는 끌어안고 떠받친다. 그 자리에 나타난 모든 이들이 각자 인간이라면 응당 부담해야 할 자기의 몫을 다한다. 그리고 그곳에 있는 모두는 우리가 서로서로에게 마땅히 되어야 할 선물(gift)이 된다.

새 무덤에 예수를 두다

아리마대 사람 요셉은 예수의 제자이나
유대인이 두려워 그것을 숨기더니
이 일 후에 빌라도에게 예수의 시체를 가져가기를 구하매
빌라도가 허락하는지라
이에 가서 예수의 시체를 가져가니라
일찍이 예수께 밤에 찾아왔던
니고데모도 몰약과 침향 섞은 것을 백 리트라쯤 가지고 온지라
이에 예수의 시체를 가져다가 유대인의 장례 법대로
그 향품과 함께 세마포로 쌌더라
예수께서 십자가에 못 박히신 곳에 동산이 있고
동산 안에 아직 사람을 장사한 일이 없는 새 무덤이 있는지라
이 날은 유대인의 준비일이요
또 무덤이 가까운 고로 예수를 거기 두니라

(요 19:38-42).

제6장

장의사, 누가 그들을 필요로 하나?

토마스 G. 롱

> 시신의 오염은…세계 여러 지역에서 무덤을 파고 시신을 취급하는 일이 특정 계층, 즉 종교의식과 관련된 이유로 기피대상이며 일반적으로도 멸시받는 계층에 의해 수행되는 이유가 된다…전 세계적으로 장의사는 공동체의 다른 구성원들을 오염시키지 않도록 도시 외곽지대에 거주하는 특정인들의 일로 제한된다.[1]

현대적 장례 트렌드에 대한 주제로 공중파 라디오 쇼에 다른 두 성직자와 함께 출연했는데, 대담이 끝난 뒤 진행자는 청취자들과 전화연결 시간을 가졌다. 그 시점까지 거의 한 시간동안 이어져 왔던 대화에서 우리는 이상할 정도로 간소해진 장례 의식, 오늘날 "삶의 경축"(celebration of life)이라고 부르는 예식의 참을 수 없는 경박함, 화장률의 드라마틱한 증가세, 죽은 자의 육체를 성인영상물 보듯 여기는 문화적 관점, 자신의 죽음을 기념하기 위해 어떤 예식을 원하느냐는 질문에 어떤 예식도 원치 않음이라고 답하는 사람들 수의 증가, 자연친화적 장례에 대한 관심 증가 등 우리

---

[1] 파스칼 보이어(Pascal Boyer)의 『종교 해설』(Religion Explained) 중 일부

들이 보기에 사회적 영향력이 크다고 여겨지는 이슈들에 대해 의견을 나눴다. 전율케 하는 주제들이었다고 우리는 생각했다.

하지만 전화를 걸어온 청취자들은 우리가 던진 미끼를 물지 않았다. 그 분들은 우리 주제를 남김없이 한 쪽으로 쓸어버리고 급소를 찌르듯 자신들이 크게 관심 갖는 주제를 향해 나아갔다. 바로 장의사들에 대한 분노였다. 그들은 거의 만장일치였다. 장의사들은 탐욕스럽고, 간살부리며, 이윤을 남겨먹기 위해 기꺼이 동정심을 보이는 척하고, 가장 상처받기 쉬운 순간을 보내는 사람들을 이용해 먹을 준비가 되어 있으며, 불필요한 상품과 서비스로 사기치려 한다며 전화를 걸어오는 족족 불을 뿜었다. 짧게 말하자면, 이렇게 말하기 뭐하지만, 장의사들은 속임수에 능하고 탐욕에 찌든 최하층민이라는 것이다.

물론 우리가 논의하던 주제를 그들 맘대로 건너뛰어 버린 것 때문에 약간 기분은 상했지만, 이런 의견에 대한 나의 첫 번째 반응은 고개를 끄덕이며 인정하는 것이었다. 나는 이런 불만들을 예전에도 들어본 적이 있는데, 장의사에 국한된 것은 아니었다. 사실 전화로 연결된 청취자들이 장례 전문가들을 향해 쏟아붓는 비난은 장의사라는 직업이 있지도 않던 오래 전 수백 년 동안 성직자들을 향해 터져 나온 불만들과 흡사하다.

아첨하는 듯한 말투?

동정심을 보이지만 언제나 헌금바구니에만 관심을 두려고 하는 것?

상처받기 쉬운 사람들을 상대로 자기에게 유리한 쪽으로 대화를 이끌어 가는 것?

맞네, 맞지, 맞아.

예를 들어보자. 어쩌면 오늘날의 장례 전문가들처럼, 16세기 사제들이 탐욕스럽고, 신실하지 못하고, 면죄부 같은 것들을 신성한 물건이라며 값을 단단히 받고 팔러 다님으로써 무방비상태의 사람들을 착취하는 데나 열심을 내는 것으로 사람들의 눈에 비치도록 자기 무덤을 팠다. 그리고 그와 같은 것들은 종교개혁이 급속히 진행되게 하는 부분적인 요인들이 되었다.

오늘날도 여전히 신성한 것을 돈 받고 제공하려는 위선적이고 정직하지 못한 종교인들이 대중문화의 상투적인 캐릭터가 된다. 예컨대 모든 방송의 말미에 "오! 신이시여. 이들 많은 사람들이 넉넉한 헌금을 바치도록 마음을 어루만지소서. 또한 신이시여. 그들이 그 헌금을 캘리포니아 주 파사데나(Pasadena) 사서함 313으로 보낼 수 있도록 그들의 마음을 주장하소서"라고 기도한 것으로 악명높은 전설적 라디오 전도자와 같은 캐릭터 말이다. 그와 같은 탐욕스런 종교인에 대한 풍자만화는 캐딜락(Cadillac) 리무진을 몰고, 검은 양복을 갖춰 입고 금색 손잡이의 지팡이를 들고 다니는 장의사들의 전형적 모습과 공통점이 많다.

힘든 시간을 지나고 있는 상처받기 쉬운 사람들을 돌보는 것을 생업으로 삼고 있는 사람들은 위태로운 바위 위에 서 있다. 만약 그들이 까딱 잘못하여 대중의 신뢰를 잃게 되면 그들은 깎아지른 듯한 벼랑 아래로 떨어질 것이다. 중세 사제들이 사람들의 신뢰를 잃었을 때, 분풀이를 쏟아낼 라디오 쇼도 없던 당시의 대중들은 지금보다 훨씬 더 드라마틱한 결말을 만들어냈다.

루터(Luther)는 발 빠르게 95개 조항을 들고 나왔고, 가톨릭교회는 이리저리 나뉘었으며, 한 세기 이상 지속된 피비린내 나는 종교 전쟁이 시작되었고, 유럽의 판세는 다시 짜였으며, 난민들은 이 모든 것을 끝내고 종교적 자유를 갖고자 위험한 대서양을 횡단하여 신세계를 찾아 나섰다. 따라서 오늘날 장례 전문가들의 협회에 소속된 홍보담당자들이 장의사에 대한 대중들의 광범위한 분노에 대처하기 위해 수많은 밤을 초조하게 지새우는 것도 전혀 이상한 일은 아니다.

하지만 사람들이 라디오 쇼에 전화를 걸어 자신들의 불만을 우리에게 퍼부을 때, 그들이 가졌던 분노의 진짜 근원은 무엇이었을까?

그들이 정직하지 못한 장의사에게 사기를 당한 적이 있었던 걸까?

혹은 장례식장의 직원에게 감정적인 학대를 겪었던 걸까?

아니었다. 그들 중 누구도 이런 불만을 말하지 않았다. 물론 그런 좋지 않은 일이 여기저기서 일어나고 있었던 것만은 사실이다.

하지만 전화한 사람들은 구체적으로 어떤 일들을 겪었는지에 대해 말하고 있지 않았다. 그 대신에, 그들을 화나게 만든 것은 장례식장과 장의사들에 대한 특정한 관념(idea)때문이었지, 특정한 경험 때문이 아니었던 것이다. 이런 종류의 사안에 대해 연구하는 사람들이 종종 지적하는 바와 같이, 사람들이 실제로 알고 있고, 함께 일을 치렀던 사람들은 제외하고 그 밖에 모든 장의사들에 대해서 사뭇 부정적인 생각을 갖고 있다는 것은 흥미로운 일이다.

"장의사들은 모두 상어 떼들입니다. 하지만 우리 동네 스미스앤썬즈(Smith & Sons) 장례식장에 근무하는 찰리 백스터(Charlie Baxter) 있죠? 그는 진짜 좋은 사람입니다. 다른 사람들이랑은 딴판이라니까요!"

워싱턴의 정치인들, 석유회사들, 법률가들, 종교단체들, IRS(Internal Revenue Service, 미국 국세청- 역주) 등에 화를 내는 것처럼, 장의업계를 향해 화를 내는 것은 대부분 초점이 제대로 맞춰지지 않은 문화적 반사작용이다. 우리가 느낄만하고, 느끼도록 훈련된 반사작용 말이다.

사실, 그들이 알았든 몰랐든, 토크쇼에 전화를 걸어온 사람들은 40년 전 출판되어 반향을 일으켰던 폭로 서적, 앞에서 여러 차례 토마스 린치가 언급하기도 했던 제시카 미트포드의 책, 장례산업의 구석구석을 파헤쳤고, 장례에 대한 미국인들의 말하는 방식과 생각하는 방식을 바꿔놓은 그 유명한 책 『죽음에 관한 미국적 방식』의 분노와 주장을 흉내내고 있었다.

미트포드의 생각과 그녀의 불쾌감은 대중들이 사용하는 단어들 속으로 스며들어 장례에 대한 태도의 주류를 형성했으며, 그래서 장의사들에 대한 그녀의 책망은 이제 정통적인 견해가 되었다. 전화를 한 사람들이 제시카 미트포드에 대해 들어본 적이 없고 그녀의 책을 단 한쪽도 읽어보지 않았다 할지라도, 그럼에도 불구하고 그들은 그 책의 파급효과로부터 영향을 받아 미트포드의 주장을 사용하고 그녀가 터뜨린 불만을 자신들도 터뜨리게 되는 것이다.

문화역사학자인 개리 래더맨(Gary Laderman)이 지적했듯이, 미트포드의 책은 주로 이미 수십 년 동안 장의사들을 비난했던 내용들을 재활용한 것이지만, 그녀의 통렬한 문체, 길들여지지 않은 위트, 그리고 이목을 집중케 하는 실제 사례들이 독자들 가운데 불을 지폈고, 장의사들을 향한 광범위한 성토를 일으켰다. 래더맨은 이렇게 쓴다.

"미트포드는 한 손만으로 미국 장례산업의 많은 중요한 세부사항들에 있어서 대변혁을 일으켰다. 사실 그녀의 책은 미국에서 죽음에 관한 일반적 형세를 영구히 바꾸어 놓았다."[2]

1. 죽음을 통해 돈 벌기

1963년 『죽음에 관한 미국적 방식』이 출판되었을 때, 어떤 이들은 미트포드의 표적은 장의업계에 썩은 사과들, 즉 업계 전체의 이미지를 망쳐놓는 일부 비양심적인 장의사들이라고 생각했다. 하지만 아니었다. 미트포드에게는 훨씬 큰 야심이 있었다. 책 첫 번째 단락에서부터 그녀는 좋고 나쁨을 떠나 모든 장의사들 그리고 전체 장의업계 생태계를 고발하는 것이 자신의 의도라는 것을 분명히 밝혔다.

> 이곳은 보통은 (미국의 장의업계를 향해 비판하는 사람들이 한결같이 하는 것처럼) 물론 저는 지금 대다수 윤리적인 장의사들에 대해 말하고 있는 것이 아닙니다라고 적는 대목일 것이다. 그러나 이 책은 정확히 그 대다수 윤리적인 장의사들에 대한 책이다. 윤리적이라는 것은 그저 현재 널리 퍼져있는 도덕규범을 준수한다는 것을 의미하는데, 이 경우 지난 세월 동안 장의사들 스스로가 자신들의 목적에 맞게 고안해 놓은 도덕규범

---

[2] Gary Laderman, *Rest in Peace: A Cultural History of Death and the Funeral Home in Twentieth-Century America* (New York: Oxford, 2003), xxvi-xxvii

을 뜻하게 된다. 어느 사업영역에나 존재하는 삼류 사기꾼에 불과한 몇 몇하지 못한 장의사들의 태도보다, 자기 직업의 도덕규범을 준수하는 평균적인 장의사의 태도가 나에게는 더 많은 의미가 있다.³

장례산업에 대한 미트포드의 비판은 기본적으로 돈과 신화창작(mythmaking), 이렇게 두 방향으로 나뉜다. 돈과 관련된 방향에서, 미트포드는 일반적으로 할 수 있는 모든 비난을 펼쳐놓았다. 장의사들은 관, 유골함, 볼트, 옷, 보석, 그리고 기타 상품들에 대해 말도 안 되는 이윤을 강탈한다고 그녀는 말한다. 게다가 그들이 사람들에게 필요하지 않고 때로는 말도 안 되는 서비스, 예컨대 죽은 사람들을 위한 방부처리, 꽃, 편한 신발 등의 명목으로 돈을 청구한다는 것이다.

그렇다면 그녀 말이 맞는가?

돈과 장례식장에 대해 생각해 보자. 이것은 복잡한 문제이다. 한편으로 생각해보면 이 부분에 있어서는 제시카 미트포드에게 감사할 만한 이유가 있다. 그녀의 책 덕택에 일반 대중들이 장례식과 관련하여 상당히 높은 수준의 소비자 의식을 갖게 되었고, 중요한 소비자 보호 방안이 적절히 생겨났다.

예를 들면, 현재 연방통상위원회(Federal Trade Commission)는 장례식장으로 하여금 장례절차 논의 시 고객들에게 항목별 가격표를 제시할 것, 그리고 고객들이 관을 보기 전에 관 가격표를 먼저 보여줄 것 등을 의무화하였다. 장례고객 지지단체들은 조치가 너무 미미하고 너무 늦었다며 온전한 투명성과 경쟁 가격이 정착되기 위해 할 일이 아직도 많이 남았다고 주장한다. 하지만 연방통상위원회가 정기적으로 비밀요원을 장례식장들로 보내서 규정을 어기는 업체들을 찾게 하고 적발 시 법률 소송을 내는 등의 노력이 효력을 발휘하고 있는 것으로 보인다.

---

3 Jessica Mitford, *The American Way of Death Revisited* (New York: Vintage Books, 2000), xi.

우리는 또한 제시카 미트포드가 우리로 하여금 조심하도록 경고해 준 것에 대해 감사할 수 있을 것이다. 이것은 장례식장들이 부패해서가 아니라, 어쨌든 그들도 무언가를 파는 사업체이고, 구매자들은 판매자가 누구이냐에 상관없이 주의하는 것이 바람직하기 때문이다.

최근 장례산업에 도입된 특별한 주의가 필요한 상품 하나는 빠르게 성장하는 선불 장례(prepaid funerals) 상품으로서 보통 "사전수요 준비"(preneed arrangement)라고 불린다. 이것은 언뜻 좋은 아이디어처럼 보인다.

"미리 앞서서 당신의 장례예식을 지금 준비하고 그에 대한 비용도 미리 지불하면, 당신의 마지막 소원들이 분명해지고 인플레이션으로부터 보호도 받으며, 당신의 장례식 비용이 이미 지불되었으므로 당신의 가족들은 당신의 죽음이 가져다 줄 부담 되는 구매와 예기치 못했던 비용지출에서 해방될 수 있습니다."

그러나 「스마트머니」(*Smart Money*)지가 경고하듯, 선불 장례식은 보통 고객보다는 장례식장에게 더 유리한 거래이다.[4] 사전수요 계약은 종종 비싼 보험료를 내야하는 보험 상품이거나, 불리한 신탁조항을 가진 제3자 예탁증서(escrow, 조건이 채워질 때까지 제3자가 보관함 – 역주)인 경우가 많다. 사전수요 영업과 실행에 대한 규정과 감독이 현재로서는 매우 약한 정도이며, 고객들 가운데 원하는 내용에 대해 나중에 마음이 바뀌거나, 다른 지역으로 이사를 하거나, 선불 장례 상품을 구매했던 장례식장이 폐업할 때 불이익을 받는 경우도 있다. 노골적인 사기행각에 대한 고발조치가 벌어진 경우들도 있다.

미국장의사협회는 지혜로운 소비자라면 당연한 권리로 요구해야 할 보호 장치들에 대한 세부적인 리스트를 열거해 놓은 "장례사전준비에 관

---

4 Erika Rasmussen Janes and Lisa Scherzer, "10 Things Funeral Directors Wont Tell You", Smart Money, June 28, 2010, accessed at http://www.smartmoney.com/spend/rip-offs/10-things-your-funeral-director-wont-tell-you-17153/.

한 권리장전"을 발표하였다.⁵ 그러나 미국장의사협회가 협회 홈페이지에 이런 권리장전을 올려놓을 필요가 있다는 건 바람직한 사업 의지의 표현인 것만은 아니다. 왜냐하면 만일 우리가 눈을 가늘게 뜨고 행간을 읽어보면, 이것은 호수 이쪽 편에 언 얼음은 살얼음일 수 있다는 경고 깃발이기도 하다는 것을 알 수 있기 때문이다.

미트포드는 어찌 되었든 장례 관련 거래도 일종의 사업 계약이며 따라서 모든 일반적인 주의와 세심함이 여기서도 필요하다는 점을 우리에게 상기시켰다. 다른 한 편으로 보면, 장례식장의 폭리에 대해 미트포드가 일으켜 놓은 폭풍은 과장되었다는 상당한 증거도 있다.

2011년에 「비즈니스위크」(*Businessweek*)지는 다양한 종류의 기업들의 평균 이윤을 비교하였는데, 그 조사에 따르면 "장례서비스" 범주에 속하는 사업체들(장례식장, 화장터 등을 포함)은 업계 평균 11.87%의 이윤(가족소유의 소규모 장례식장은 이보다 약간 더 적음)을 남긴 것으로 밝혀졌다. 이 수치는 일반적인 소규모 사업 평균에 가깝고, 수의사(11.55%)와 거의 같으며, 주간 보호시설(10.43%)보다 약간 앞선 정도이고, 재정투자 회사(16.11%), 척추지압사(16.14%), 치과의사(17.04%)보다 한참 뒤처지는 수준이다.⁶ 달리 말하면, 사람들이 장례식장을 좋은 사업체로 생각하지 않을 수도 있지만, 상업적 기업으로서 이들의 이윤은 일반적인 수준에 해당한다.

일반적인 수준. 아마 맞는 말일 것이다.

하지만 장례식장의 이윤은 공정하고 도덕적인 것일까?

이에 대해서는 오직 신만이 최종적인 평결을 내릴 수 있을 것이라 생각한다. 이것은 많은 부분, 장례식장들이 우리가 정말 원하고 필요로 하는 서비스와 물품을 제공하고 있는가에 달려 있는데, 바로 이 지점이 미트

---

5 http://www.nfda.org/consumer-resources-preneed/30-bill-of-rights-for-funeral-preplanning.html.

6 Joel Stonington, "Most and Least Profitable Business Types", *Businessweek*, January 18, 2011, accessed at http://www.businessweek.com/slideshows/20110118/most-and-least-profitable-business-types.

포드가 장의업계를 비난하는 두 번째 대목이다. 그러나 우리가 이쪽 방향을 들여다보기 전에, 장의사들에게 그리고 돈에 대해 쏟아붓는 사람들의 분노는 항상 영업 전략이나, 이윤폭, 그리고 가격 인상 때문만은 아니라는 점을 지적할 필요가 있다. 가장 깊은 곳을 살펴보면, 돈과 장례식에 대한 분노라는 가면 뒤로 죽음 그 자체에 대한 분노가 있을 수 있다.

우리는 디너파티 자리에서 아이들에 대해, 직업에 대해, 영화나 책에 대해, 시내에 새로 오픈한 식당에 대해, 또는 지역의 스포츠 팀의 전망에 대해 이야기를 한다. 심지어 우리는 정치나 성 문제, 이웃들 험담까지도 거침없이 한다.

하지만 우리 중 그 누구도 파티를 연 주인에게 "랄프, 요즘 얼마나 벌죠?"라고 하거나 감히 "이봐 글라디스, 이제 당신도 더 이상 영계(spring chicken)는 아니잖아? 점점 다가오고 있는 당신의 죽음에 대해 생각할 때 어떤 느낌이 드나?"라고 질문하지는 않을 것이다.

이런 식의 이야기가 밥 먹는 자리에서 하기에는 너무 공손치 못하다거나 너무 개인적이라고 말하는 게 아니다. 이런 얘기들은 더 강력한 이유로 금지된다. 우리들의 자유분방한 사회에서 죽음과 재물은 금기시되는 주제가 되었다. 이 둘은 모두 우리 자신의 정체성의 근간이 되기 때문에, 자꾸 그것들에 대해 이야기하다보면 우리 자신의 불안정성이 노출된다.

죽음과 재물은 그것들 나름의 방법으로 우리의 자아인식, 우리의 자존감, 인간으로서 우리의 지위, 그리고 우리의 존재 그 자체에 무시무시한 위협이 된다. 그래서 이러한 주제에 대해 너무 자세하게 파고드는 것은 침범하지 말아야 할 울타리를 침범하는 것이 된다. 침묵의 규칙을 어기는 것은 매우 가까운 사람들에게도 허용되지 않는다. 디어 애비(Dear Abby) 칼럼에는 다음과 같은 편지가 실린 적이 있다.

> 저는 2년 째 피임약을 복용하고 있는 스물세 살 된 자유분방한 여성입니다. 약값도 비싸지고 해서 이제 비용을 남자 친구랑 분담할까 하는데,

돈 문제를 이야기해도 될 만큼 우리 사이가 가깝진 않은 것 같아요.[7]

우리는 재정적인 문제에 관한 한 비밀을 유지하면서 평생토록 돈 이야기를 회피하며 살아갈 수 있을지도 모른다. 그러나 죽음이라는 주제는 경우가 다르다. 죽음은 우리 모두를 공개적으로 모욕할 만큼 맹렬하게 자기 일을 해 내며, 우리의 도덕성을 만천하에 노출시킨다. 죽음은 예의를 차릴 줄도 모르고, 비밀을 지켜주지 않으며, 어떤 서약도 따르지 않고, 어떤 제재 조치에도 아랑곳하지 않고, 그 어떤 울타리도 침범해 버리며, 누구라고 특별히 봐주는 것 없이 자신의 실재를 강제로 부과하며, 거리낌없이 우리에게 들이닥친다. 일단 죽음이 우리에게 닥치면 그것을 향해 욕하는 것은 아무 쓸모없는 일처럼 보인다. 결국 죽음이란 얼굴 없고 이름 없는 힘이라서 종국에는 그 차가운 손으로 우리 모두를 움켜쥔다.

하지만 장의사의 청구서는, 죽음과 관련하여 발생한 수고비는 전혀 다른 문제이다. 그 청구서가 우리를 화나게 하는 진짜 이유는…우리에게 선택권이 없었고, 우리가 계획을 미리 세워두지 못했고, 미리 경고를 해 주거나 정당화하지도 않고 불쑥 찾아왔으며, 우리가 아무런 방어를 하지 못한 시점에 이용당했고, 함부로 들이닥쳐서 우리에게 소중한 그 무엇인가를 훔쳐가 버렸고, 매우 냉담하고 무정하게 우리에게 덤벼들었기 때문이다. 물론 바로 이런 것들이야말로 죽음이 취하는 전리품들이다.

우리가 사랑하는 누군가의 죽음을 경험하는 것, 그런 다음 그 죽음에 대해 우리의 슬픔으로뿐 아니라 우리 지갑 안에 있는 돈으로 대가를 지불하도록 요청받는 것은 죽음이라는 배가 자신의 지나간 자국을 따라 퍼뜨려 놓은 무기력, 피해의식, 무능력을 심화시킬 뿐이다.

집안에 결혼식이 있으면 우리는 보다 더 평온한 마음으로 그 비용을 지불한다. 결혼비용이 장례비용보다 보통 세 배 이상 비싼데도 말이다. 결

---

7 Abigail Van Buren, *The Best of Dear Abby* (New York: Andrews and McMeel, 1981), 242.

혼상담가, 꽃집, 웨딩샵 등을 비난하느라 라디오 쇼에 전화를 거는 사람도 거의 없다. 어쨌든 결혼식은 자유와 선택과 사랑과 미래와 기쁨에 관한 것이니까. 그런데 죽음은 바로 이와 같은 보물들을 우리에게서 훔쳐간다. 장례비용에 대한 청구서를 우리에게 발송하는 사람은 장의사이지만, 그 청구서를 작성하는 것은 죽음 그 자체인 것이다.

2. 잠자는 미녀 - 죽음에 대한 신화

제시카 미트포드의 책을 떠올릴 때 사람들은 대개 돈과 탐욕에 대한 부분을 기억한다. 그러나 미트포드의 비판 중 더 심각한 부분은 일련의 신화들, 감성적 이미지들, 완곡한 표현들, "절반 정도 소화시킨 정신과 이론들"과 관계가 있었다. 그녀는 장의사들이 미국인의 죽음의 방법을 다시 만들어내면서 이런 것들을 조작해 냈다고 본다. 여하튼 미트포드의 비판 중 돈에 관한 부분은 바로잡을 수 있다. 장례식장들이 서비스 비용을 과다 청구한다는 것이 사실이라면 더 강력한 법규가 수립되고 가격 정상화를 위해 시장의 다른 경쟁 요인들이 작동되도록 소비자 권익단체들이 나서면 된다.

그러나 미트포드가 장의사들은 신화를 파는 상인들이라고 주장했을 때, 그녀의 주장은 한층 더 파괴적이었다. 그녀는 단지 자신들이 하는 일에 비해 장례식장들이 너무 과다하게 청구한다고 말하고 있었던 게 아니다. 그녀는 장의사들이 하는 일들은 할 가치가 없는 일들이며, 장의사와 그들이 팔고 있는 것들이 불필요하고 해롭다고 말하고 있었다. 이것은 단순한 자상(刺傷) 이상이었다. 이것은 장례산업의 심장부에 꽂힌 칼과도 같았다.

청부인들은 화려한 문장력을 발휘하여 자신들의 끔찍한 영업 행위를 깨끗하게 씻어내고 그 썩는 냄새 위로 향수를 뿌려댔다고 미트포드는 트

집을 잡았다. 그들은 "장례지도사"가 되었고, 시체는 "사랑하는 사람"으로 불리며, 방부처리실은 "풀 서비스 장례식장"으로 변신했고, 관(coffin)은 보석상자 "관"이 되고, 화장 후의 재와 뼈는 "화장 유골"로 불리며, 꽃은 "헌화"가 되었다.

이를 시작으로 온갖 완곡어법들이 터져 나오기 시작했다. 누군가 "돌아가실" 때, "사랑하는 사람"을 "장례식장"에 데려갈 "마차"역할을 하는 "장례지도사"가 찾아온다. 그 "사랑하는 사람"은 "준비"되고, 그에게 옷이 입혀지는데 이 때 따뜻하고 편안한 덧신과 "사후형체회복"을 위한 특별한 브래지어를 선택할 수 있다.

옷 입혀진 후에는 번들거리는 공단 안감과 푹신한 매트리스를 갖춘 참나무 "관"에 눕혀진다. 이는 가족들이 표면적으로 준비된 (cosmetically prepared, 화장 등을 통해 신체의 외관을 단장하는 것을 의미함 - 역주) "사랑하는 사람"을 보고 "아름다운 추억의 사진"을 찍을 수 있도록 하기 위함이다. 그리고 나면 영구 밀폐 개스킷을 작동시켜 관을 닫고, "사랑하는 사람"을 담은 관은 "영원한 볼트"에 들어가며, "영원한 기념비"가 그의 "휴식처"를 표시한다.[8]

장례식과 관련해서 긍정적이며 완곡한 어법을 사용하여 말하는 게 무슨 잘못이란 말인가?

어쨌든 우리는 인생의 중요한 통과의례들과 관련하여 똑같은 일을 하지 않는가?

결혼식을 예로 들어보자. 결혼식에서도 사랑하는 사람을 결혼식장에 데려갈 화려한 마차가 있다. 결혼식에서도 사랑하는 사람은 표면적으로 준비되며, 최고의 옷을 입고, 아름다운 추억의 사진을 찍기 위해 꽃 장식 밑에 도열하고, 이후의 삶을 향해 나아가기 위해 참석자들에게 작별의 인사를 고한다.

---

8 Mitford, *The American Way of Death Revisited*, 16-18 passim.

감성에 대해 이야기하자면, 플로리다 주의 디즈니월드는 결혼식 장소로 인기 있는데, 마치 자신이 포커 게임의 에이스라도 되는 양 다음과 같은 완곡 어구를 구사한다. "디즈니의 마법 같은 명소들에서 당신의 인생을 시작하며 완벽한 동화를 만드세요. 빅토리아 시대의 멋과 왕족적인 우아함으로 당신의 꿈이 이루어질 멋진 무대를 완성하세요. 마법가루(Pixie dust)도 보장해 드립니다."⁹

결혼하는 커플에게 마법가루를 뿌리는 것은 로맨틱한 느낌이 들지만, 미트포드가 밝힌 대로 그 가루를 죽음의 음산한 얼굴 위에 뿌리는 것은 어울리지 않는다. 미트포드가 장례산업에 존재하는 모든 마법가루를 모아 한데 쌓아 올렸을 때, 그것은 조롱할 만했다. 그녀는 장의사들을 감성을 지나치게 남발하는 만화적 인물에 빗대어 재치있게 조롱했다.

미트포드의 눈에 비친 장의사들은 단지 탐욕적인 존재가 아니다. 그들은 노골적으로 어리석고, 지적으로나 문화적으로 파산한 자들이며, 어리석은 신화를 팔아먹는 자들이었다. 미트포드의 비난에 습격당한 장의사들은 분노로 치를 떨었다. 뉴욕의 한 장의사는 흥분하며 말했다.

> "이런 책들을 쓰는 귀부인들은 모든 것을 고깝게 듣는 법이지요. 사람에게서 감성을 떼어내면 죽은 비둘기에 불과합니다. 어쨌든 세상은 감성으로 돌아가거든요."¹⁰

바로 이 부분이 문제였다. 장의사들이 이야기하는 그 감성이라는 것은 1950년대의 세상을 돌리는 동력이었다. 미트포드의 책은 새로 떠오르는 반항적인 세대와 교감을 했다. 그녀의 책은 1963년, 그러니까 베트남에서

---

9   "Disney's Fairy Tale Weddings", as accessed at http://disney weddings.disney.go.com/weddings/florida/wishes/ceremony/magical/ detail.

10 Gregory Jaynes, "About New York; 90 Years Subdued Years of Funerals for the Famous", *The New York Times*, June 8, 1988.

의 군사적 상황이 급박하게 돌아가고 있었고, 같은 해에 존 F. 케네디(John F. Kennedy) 대통령 암살이 일어났으며, 불과 몇 달 후면 비틀즈(Beatles)가 문화적 혁명의 선구자로서 미국을 침공하게 되는 시점에 나왔다. 시대가 변하고 있었던 것이다. 장의사들만이 1960년대의 사회적 격동을 예상하지 못한 유일한 사람들은 아니었다. 그러나 미트포드는 권위와 관습과 겉치레를 뒤집어엎으려는 새로운 세대들에게 이미 구태의연하게 들리는 메시지를 고집하고 있는 장의업계를 불시에 습격하였다.

당시는 롤링 스톤즈(Rolling Stones), 히피, 간이식당, "Tell It Like It Is"("솔직하게 말해요"라는 뜻으로, 1966년 발표된 리듬앤블루스 장르의 노래 - 역주)의 시대였다. 반면, 장의사들과 그들이 만들어낸 신화는 디나 쇼어(Dinah Shore, 1940년대 큰 인기를 누린 대중가수 - 역주), 럭키 스트라이크의 "히트 퍼레이드"(Hit Parade, 담배회사 Lucky Strike가 후원한 음악방송으로서, 1935년부터 1959년까지 라디오와 텔레비전에서 방영됨 - 역주), 훌라후프, 그리고 "When You Wish Upon a Star"(1940년 발표된 영화음악으로서 영화 피노키오에 삽입됨 - 역주)의 시대에 아직도 머물러 있었던 것이다.

당연한 얘기겠지만 장례산업의 마케팅은 반항과 염려로 물든 사회적인 트렌드를 곧장 따라잡았다. 그의 아버지도 장의사인 토마스 린치는, 어떻게 그의 부친이 당시 대공황과 두 번의 세계전쟁을 겪은 사람들에게 "보호"와 "영원"을 강조하면서 관을 판매했는지에 대해 이렇게 적고 있다.

> 아버지께서 관에 대해 저에게 가르쳐주신 후로, 저도 나름대로 관을 팔아 왔습니다. 우리는 이제 더 이상 "보호"라는 개념을 강조하지 않지요. 지금 유행하는 개념은 "선택"입니다. 모든 것이 고객에게 맞춰 개별화되지요. 오늘날 장례용품을 구매하는 세대는 30년 전 그들이 성(sex)과 성(gender)을 재정의했듯, 똑같은 방식으로 죽음을 재정의하고 있습니다.[11]

---

11 Thomas Lynch, "Socko Finish", *New York Times Magazine*, July 12, 1998, 34.

장의사들과 성직자들이 비슷한 또 하나의 부분이 여기 있다. 만약 장의사들이 항상 변화하는 문화적 흐름에 발맞추려 노력한다면, 성직자들도 마찬가지이다. 우리 성직자들도 전에는 장례식과 내생에 대해 이야기할 때 영원이라는 측면을 부각시켰었지만, 지금은 개인화와 선택에 대한 메시지를 주로 한다. 이것은 장례식 설교에서 지금은 우리를 떠난 훌륭한 사람이라는 식의 개인화되지 않은 표현을 사용했던 식민시대의 미국 설교자들을 생각하면 많은 것이 변했다.[12]

오늘날의 목회자들은 유가족에게 "당신 어머니께서 자신의 장례식을 위해 원하셨을 것"을 말해달라고 부탁하고, 고인의 개인적 기념물들을 전시하는 테이블을 마련하는가 하면, "고인이 가장 좋아했던 곡"이던 "내 날개 밑에서 부는 바람아"(The Wind Beneath My Wings)의 한 대목을 회중들이 부르도록 인도한다.

청교도 목사인 코튼 매더(Cotton Mather)는 자신이 시무하는 보스톤 올드노스교회(Old North Church)의 회중들이 자신들의 장례식에서 무엇을 하고 싶어 하는지 물어보는 것을 꿈에서라도 생각해본 적이 없었을 것이다. 그런 질문은 말이 되지 않는다고 생각했을 것이다. 누군가 "내 장례식"을 갖는다는 생각은 허망한 것으로 여겨졌을 것이다.

그것은 마치 매더 목사가 "오늘 당신은 당신의 날씨(your weather)가 어떻기를 원하십니까?"

혹은 "당신은 당신의 태양(your sun)이 동쪽에서 뜨는 것과 서쪽에서 뜨는 것 중 어느 쪽을 더 선호하십니까?"라고 묻는 것과 같다.

과거에는 장례식이 개인적 선택의 대상이 아니었다. 장례란 죽음이 발생했을 때 사람들이 행하도록 오랜 세월동안 학습해온 그 무엇이다. 장례란 필요에 의해 생겨나고, 공동체에 의해 만들어지고 유지되며, 가야할 시간이 되면 사람들을 그들이 가야할 곳으로 이동시키기 위해 디자인되었

---

12 Laurel Thatcher Ulrich, "Vertuous Women Found: New England Ministerial Literature, 1668-1735", *American Quarterly* 28, no. 1 (Spring 1976), 22.

고, 모든 사람이 다닐 수 있도록 한 지방도로(farm-to-market roads) 같은 것이다.

그러나 오늘날, 목회자들과 장의사들은 인테리어 장식가들처럼 서로 공모하여, 고객들이 즉흥적이고 단회적인 자기표현 의식들(ceremonies of self-expression)을 고안해내도록 돕는다.

장의사들과 내 동료 목회자들을 향한 나의 깊은 불만과 우려는 바로 이 지점에 존재한다. 장례의 주된 목적이 무엇인지 보지 못한 채, 우리는 그 목적들이 서야 할 자리에 선택, 개인화, 고양된 감정이라는 설익은 관념들을 채워 넣었고, 사람들이 나면서부터 갖도록 정해져 있는 당연한 권리를 주는 대신, 이것저것 마구 섞어 끓인 잡탕 찌개와도 같은, 죽음과 추모에 대한 혼란스러운 신화를 제공하고 있다.

만약 지금 내가 하고 있는 이야기가 제시카 미트포드에게 동의하는 것처럼 들린다면…부분적으로는 맞는 얘기다. 우리가 꿈같고, 감성적이며, 피상적이고, 결국에는 유해하기까지 한, 죽음과 장례에 대한 신화를 받아들였다는 점에서 그녀는 옳다. 그러나 미트포드는 잘못하기도 했다. 중요한 면에서, 즉 인간의 미래에 피해를 입힌 점에서 잘못하였다.

첫째, 그녀는 장례에 대한 신화 만들기에 대한 모든 비난의 화살을 장례 관계자에게 돌렸다는 점에서 잘못하였다. 장례예식을 낭만적으로 만드는 것과 관련하여 장의사들에게는 온갖 종류의 동기가 있었다. 하지만 그들이 그렇게 하는 동안 나머지 우리들로부터 엄청난 도움을 받은 것도 사실이다. 그들이 죽음의 신화를 마케팅에 활용하는 이유는 우리 사회가 죽음의 의미와 장례의 위치에 대해 모두들 혼란스러워하고 있기 때문이다. 장의사들이 잡초를 퍼트렸는지 모른다. 하지만 그들이 잡초를 심은 곳은 지나칠 정도로 소홀히 여겨지고 있던 정원이었다.

둘째, 미국의 장례에 대한 미트포드의 공격은 목표물 몇 개에 적중했지만, 그 공격은 인간의 죽음과 생명의 본질에 대한 충분치 못한 이해에 기초하고 있었다. 미트포드는 자신들의 방법이 "과학적"이고 "위생적"이라고 주장하는 장의사들을 향해 비웃었다. 그러나 미트포드 자신도 유사 과학자(pseudo-scientist)였다. 그녀는 스스로를 이성과 정신건강의 진정한 수행자라고 보았다. 하지만 그녀는 진리는 차가운 무혈(無血)의 합리주의에 스스로를 드러낸다는 미신을 믿는 초보에 불과했다.

그녀는 미국의 장례에 존재하는 감성주의를 비난했지만, 사실 죽음에 대한 모든 감성이 그녀의 진짜 표적이었다. 그녀는 장의사들이 시체의 외관을 준비시키는 방식에 대해 비아냥거렸지만, 사실 그녀가 경멸했던 것은 인간 생명의 육체적 특성 전반이었다. 다시 말해 우리의 발이 우리를 데려다 놓는 장소와, 우리가 우리 손으로 행하고 우리 입으로 말하며 우리 팔로 안는 것들에 의해 우리의 삶이 정의되는 방식에 대해, 그리고 죽은 자의 육체가 우리의 존중과 돌봄을 받을 가치가 있는 신성한 성전이 되는 방식들에 대해 경멸했던 것이다.

영국 태생인 미트포드는 에드워드 시대(Edwardian, 1900년대 초 에드워드 7세의 재위 기간을 지칭함 – 역주)의 속물들처럼, 미국인들이 죽음을 바라보며 늘어놓는 어리석은 이야기들을 향해 코웃음 칠 준비가 되어있지만, 그 코웃음은 정작 그녀 자신은 해줄 만한 이야기조차 없으며, 그녀 자신이 겪는 상실에 대해서조차 표현할 온전한 슬픔이 없다는 슬픈 사실을 덮어 감추고 있었다.

이상한 얘기지만, 그녀는 우리 시대에 죽음에 관한 가장 영향력 있는 책을 썼으나, 정작 그녀의 책은 죽음에 대해, 진짜 죽음에 대해 거의 언급하지 않고 있다. 그녀는 신랄하고 영리하며, 겉치레에 대한 식견을 가지고 있었지만, 죽음의 신비에 인간들이 어떻게 반응하는지 면밀히 조사하는 것은 그녀가 감당하고 이해하기에는 너무 깊은 문제였다. 그녀는 우리가 죽음을 다루는 어리석은 방식들을 공격하는 데는 뛰어났다. 그러나 죽음의 신화들 너머로 사람들이 간절히 소망하는 참으로 인간적인 꿈이 무엇인지에 대해, 그리고 죽음의 방식이 얼마나 심오하게 삶의 방식과 연결되어 있는지에 대해 그녀는 제대로 이해하지 못했다.

3. 필수적인 것으로 돌아가기

　장의사와 성직자가 없는 장례식을 상상해보면 장례에서 그들의 적절한 역할을 이해할 수 있을 것이다. 그런 상상이 어려운 것만도 아니다. 우리가 기억하기로 얼마 전까지만 해도 장례는 본질적으로 가족들끼리 가정에서 처리하는 일이었다. 누군가 죽으면, 집에서 시신을 씻기고 옷을 입혔다. 이웃 사람들이 찾아와서 위로해주고, 조의를 표하고, 음식들을 준비해 와서 식탁을 채워주었다. 사람들은 관을 만들고, 무덤을 파고, 하루나 이틀 안으로 시신을 묻기 위해 운구하였다.
　때로는 목회자가 무덤가까지 기도를 하거나 몇 마디 말을 해주기 위해 운구행렬에 동참하기도 했다. 하지만 항상 그랬던 것은 아니다. 때로는 지역의 철물점이나 가구점들이 부업의 일환으로 상을 당한 가족들에게 놋쇠 손잡이나 기성품 관을 팔기도 했다. 그리고 만일 묘지가 가족들의 과수원이 아닌 도심지에 위치하고 있다면 약간의 요금을 받고 시신을 벽이 유리로 된 마차에 태워 운구해 주었다. 그러나 이런 것들 중 어느 것도 필수적인 요소들은 아니었다. 죽은 자의 시신을 수습하거나, 그를 위해 기도하는 것, 그리고 그를 묘지로 운구하여 매장하는 것 모두가 가족과 이웃들의 힘만으로도 아무 문제가 없었다.
　우리가 죽음과 관련한 비필수적인 것들을 벗겨내고 나면 그때 우리는 무엇을 보게 될까?
　첫째, 인간으로서의 필수적인 행동. 둘째, 의미로 가득 차 있는 공동체의 드라마. 이렇게 두 가지이다.
　인간으로서의 필수적인 행동에 관해 먼저 말하자면, 사람이 죽으면 그 시체는 반드시 죽음이 발생한 자리에서 다른 어딘가로 옮겨져야만 한다. 무덤이든, 구덩이든, 바다든, 불이든. 죽은 자의 육체는 산 자들 가운데 남겨질 수 없으며, 산 자들에 의해 최종적 처리의 장소로 옮겨진다. 시신을 한 장소에서 다른 장소로 이동시키는 것, 이것은 선택사항이 아니다. 그것은 필수적인 것이다.

그러나 우리가 우리의 인간성을 기억할 때, 이러한 필수적인 행위는 마치 죽은 자는 전혀 중요하지 않다는 듯이, 마치 산 자들이 이런 일을 처음 해 본다는 듯이 아무렇게나 수행된 적이 결코 없었다. 그 필수적 행위는, 이번 죽음에서 그리고 모든 다른 죽음에서 무엇인가 의미를 발견하고 그 의미를 선포하는 끊임없는 과업이었다. 그 행위는 단순하다. 죽은 자를 조심스럽게 보살피고, 그를 씻기고 옷을 입히며, 그 육체를 관 속에 조심스럽게 위치시키고, 가족과 이웃들이 함께 모이며, 죽은 자와 함께 작별의 장소까지 함께 걷고, 지금 여기서 벌어지고 있는 일들이 무엇인지를 말해 주는 단어들을 읊조린다.

그러나 이런 단순한 행위들은 줄로 꿰어지지 않은 구슬처럼 따로따로 떨어진 행위가 아니다. 그 행위들은 모두 한데 모여, 연극에 오를 이야기, 강력한 의미들로 가득 채워진 대본, 지역사회의 극단을 위한 대본을 만들어낸다. 사람들이 이 대본을 따라 각자의 연기를 수행할 때, 그들이 고대로부터 내려온 이러한 행위들을 매번의 새로운 죽음의 상황들 속에서 반복적으로 완수할 때, 그들은 단지 몇 마디 말보다 더 깊고, 단순한 신조보다 더 폭넓은 언어로 다음과 같이 선포하고 있다. 죽은 자는 매우 소중한 사람이었으며, 그가 한 장소에서 다른 장소로 여행을 떠날 때 그와 함께 우리가 동행하고 있다는 것을.

우리는 본능적으로 이것이 인간으로서 마땅히 해야 할 일이라는 것을 안다. 우리는 죽은 자들을 쓰레기더미에 던져버리지 않는다. 우리는 존경의 마음을 담아 죽은 자들의 육신을 다룬다. 우리는 실종된 사람들이 있다면 그들을 찾기 위해 애쓴다. 우리는 그들을 씻기고, 향유로 그들 위에 바르며, 사랑스레 그들의 몸매무세를 가지런히 하고, 존경심을 담아 그들에게 옷 입히며, 그들을 지키기 위해 곁에 깨어서 온 밤을 지새운다. 그러고 나면 우리는 그들을 작별의 장소로 옮긴다. 안음(embrace)과 놓음(release)이 공존한다.

우리는 우리가 사랑하는 이들을 우리 팔로 붙들어 안은 후, 결국에는 우리가 그들이 떠나가도록 보내줘야 한다는 진리 앞에 순복한다. 죽은 자를 최종 처리의 장소로 데려가는 것은 무덤가를 가로지르는 단순한 이동이 아니다. 그것은 이쪽 편에서 저쪽 편으로 건너가는 하나의 여정이다. 이 마지막 통로를 따라 죽은 자와 함께 걸음으로써, 우리는 우리 자신들에게 그리고 듣고 있는 모든 사람들에게, 인생은 시작과 중간과 끝이 있는 하나의 이야기이며, 우리의 삶은 그것이 처음 시작할 때와는 확연하게 다른 끝을 맞을 것이라는 사실을 상기시켜준다.

장의사들과 성직자들은 이와 같은 인간의 필수적 행위와 의미를 담고 있는 드라마에 무엇을 추가시킨 것일까?

없다.

아무 것도 추가시킨 것이 없다.

누군가 죽으면, 사람들은 이미 무엇을 해야 하며 어떻게 그 일을 하는지 알고 있다. 감수성이 제대로 작동하는 사람이라면, 죽음을 둘러싼 필수적 휴먼드라마는 인간으로서 연기해내야 하는 레퍼토리 중 일부이다. 필요한 모든 것은 이미 갖추어져 있고, 사람들은 이러한 필수적인 인간적 행위를 수행하는 데에 필요한 모든 지혜도 가지고 있다.

자신들은 장례 과정에 있어서 필수적 존재가 아니라는 사실을 장의사들과 성직자들이 빨리 인정할수록 더욱 좋다. 우리의 불필요성을 인정함으로써, 우리는 장례에 잘못된 의미와 행위를 억지로 부과시키지 않을 수 있으며, 우리가 사람들과 그들이 수행할 필요가 있다고 알고 있는 인간적 행위들 사이에 끼어드는 일도 방지할 수 있다.

조지 포이(Georgy Foy, 프랑스계 미국인 소설가 – 역주)가 태어난 지 한 달 된 아기를 잃었을 때, 그는 아들의 재를 직접 낸터켓 싸운드(Nantucket Sound, 매사추세츠 주 낸터켓 섬 주변의 바다–역주)가 내려다보이는 언덕의 삼나무 아래에 묻었다. 포이는 장례업체가 제공하는 서비스를 이용하지 않는 대신, 직접 화장용 관을 제작하고, 아들의 시신을 화장터로 데려갔으며, 혼자 힘으로 무덤을 팠다.

그는 장의사들에 관해 말했다.

> 저는 그들 모두, 혹은 그들 대부분이 나쁜 사람들이라고 말하는 게 아닙니다. 하지만 그들 중 많은 사람들이 대형 체인점 소속이고, 그로 인해 그들 자신과 고인, 그리고 고인의 가족들 사이에 일종의 제도화된 단절이 생기는데, 중요한 건 바로 이 단절이라고 저는 생각합니다. 그래서 이것에 반대하여 행동에 옮긴 거죠. 저는 이 아이와 계속 연결되어 있기를 원했던 겁니다. 그 아이는 여전히 제 안에, 그리고 우리 가족들의 삶 속에 아직 살아있으니까요. 그런 연결을 저에게 가능하게 해주는 유일한 방법은 그 아이를 제 손으로 직접 수습하는 것이었습니다.[13]

사실 복잡한 도시에서는 이처럼 간단하고 단순하지가 않다. 모든 일을 손수 담당하고 아들의 재를 삼나무 아래에 묻어주는 그림은 사랑스럽고 목가적이다. 그러나 만약 수백만의 사람들이 자신들이 원하는 곳 어디에나, 예를 들어 양키 스타디움(Yankee Stadium, 미국 메이저리그 뉴욕 양키즈의 전용 야구장 - 역주) 홈 플레이트 밑이라든가, 자기 집 앞뜰, 도서관 정원, 공립 공원, 골프장 잔디밭, 고속도로 중앙분리공간 등에 자신들의 죽은 자를 매장한다고 상상해볼 때, 곧 혼란과 문화적 문제가 야기될 것이다.

규제되지 않은 매장이 가져오는 무정부상태를 이야기하려는 것은 아니다. 지금 이야기하려는 것은 죽은 자를 수습하고 그를 위해 기도해 주는 것은 비법이나 전문가적 기술을 요구하는 뇌수술이 아니라는 점이다. 사람들은 이런 일들을 스스로 할 수 있는 사회적 이해와 지혜를 가지고 있으며, 수세기 동안 우리의 조상들은 사제나 장의사의 도움 없이도 이런 일들을 잘 해냈었다.

---

13 George Foy, transcript of "Do It Yourself Funerals", Morning Edition, *National Public Radio*, December 8, 1997, accessed at http://www.npr.org/programs/death/971208.death.html.

장의사와 사제의 도움이 없이도 사람들이 이런 일들을 적절히 해낼 수 있음을 깨달을 때, 역설적으로 우리(장의사와 사제)들의 적절한 역할이 무엇이며 사람들이 우리와 함께 이런 일을 어떻게 하면 더 잘할 수 있을까에 대한 이해의 폭이 열린다. 그렇다면 그 적절한 역할이란 무엇인가? 간략히 말하자면, 장의사와 사제가 할 일은 사람들이 이런 인간의 일을 더욱 인간적으로 처리할 수 있도록 돕는 것이다.

바로 이런 이유에서, 장례 관련 직업에 있어서 예전에 사용되던 호칭인 "청부인"이라는 용어는 매우 적절하다. 성관계, 출산, 목욕, 음식섭취, 노동, 고난과 일상의 의무를 헤쳐나가기 등과 관련하여 다른 사람에게 "지도받을" 필요가 없는 것처럼, 사람들은 자신들의 장례와 관련하여 지도받을 필요가 없다. 출산 중인 여자에게 출산 지도사(birth director)는 필요치 않다. 그들이 필요한 것은 산파(midwife)이다. 같은 맥락에서 죽은 자를 보살피고 매장하려는 사람들이 필요한 것은 장례지도사가 아니다. 그들은 그들에게 맡겨진 인간의 책무를 잘 완수하도록 돕는 일을 수행하는 청부인이 필요하다.

사람들은 그들의 죽은 자의 육체를 조심스럽게 다루기 원한다. 그들은 죽은 자의 눈과 입이 다물어지고, 그들의 외관이 잘 정돈되기를 원한다. 그들은 죽은 자가 잠들어 있거나 아직 살아있는 것처럼 보이는 것을 원하는 게 아니다. 오히려 그들은 죽은 자가 보물처럼, 성도처럼 보이길 원한다. 왜냐하면 그들은 실제로 보물이며 성도이기 때문이다. 종종 장례절차가 수일에 걸쳐 진행될 수 있는데, 그런 경우 사람들은 죽은 자의 육체가 방부 처리되길 원한다.

사람들은 또한 관을 필요로 하고, 마을 사람들이 모여 죽은 자를 위해 조의를 표할 장소를 필요로 한다. 그리고 그들은 죽은 자를 최종적 처리장소로 옮길 운송수단을 원한다. 누군가는 무덤을 파야하고, 화장터가 예약되어 있어야 하며, 사람들이 앉을 장소와 비올 경우를 대비해 천막 같은 것이 있어야 하고, 사망증명서가 발급되어야 한다.

사람들이 정신을 똑바로 차리고 있다면, 자신들에게 무엇이 필요한지 사람들은 알게 되며 때때로 이런 일들을 스스로의 힘으로 처리하기도 한다. 그러나 사람들은 종종 도움을 필요로 하거나 그것을 간절히 원한다. 최고의 장례지도사는 이런 돕는 일을 맡아서 수행하는 청부인이다.

똑같은 논리가 목회자들에게도 적용된다. 우리 역시 돕는 일을 수행하기로 동의한 "청부인"이다. 더 신학적으로 표현하자면, 우리는 신의 종들이고 신의 사람들이다. 자신의 할 일은 장례식을 더욱 신성하게 만드는 것이라고 생각하는 목회자들은 본질을 완전히 잘못 이해한 것이다. 인간의 죽음과 관련된 의식은 이미 그 자체로 신성하다.

사람들이 필요로 하는 목회자는, 이런 진리를 깨닫도록 돕는 산파로서 섬겨줄 목회자, 이미 이 위대한 드라마에 내재하고 있는 신성함에 확대경을 갖다 대어 사람들이 볼 수 있도록 하는 그런 목회자이다. 죽은 자를 돌보는 인간의 본질적 행위는 그것이 좀 더 큰 종교적 이야기 속에 담겨질 때 훨씬 더 깊은 의미를 갖게 된다.

내가 속한 기독교 신앙 전통에서는 죽은 자는 그저 사랑하는 사람이 아니라 세례받은 성도이며, 무덤으로 가는 길은 단순히 죽음으로 가는 통로인 것이 아니라 부활에 들어서는 관문이다. 우리가 여행하는 그 여정은 단순히 집에서 무덤으로가 아니라 지상의 집에서 하나님과 함께 거하는 집으로 향한 세례적 여정(기독교 신앙에서 세례는 예수 그리스도와 연합하여 그와 함께 죽고 그와 함께 다시 부활하는 것을 상징함 - 역주)이며, 가족식탁과 성만찬식탁에서 천국의 잔칫상으로의 여정이다.

기독교인들은 죽음의 때에 이런 이야기를 하는 것이 그저 조금 더 종교적이게 되는 방법이 아니라, 조금 더 온전한 인간이 되는 방법이라고 믿는다. 복음의 이야기를 다시 끄집어내서 말해주며, 우리가 무덤을 향해 여행을 하는 동안 그 순례의 길을 따라 늘어서 있는 거룩한 이정표들을 가리켜 보여줌으로써 사람들이 다른 사람을 장례 치르는 것과 같은 인간으로서의 행위를 더욱 인간적으로 수행하도록 돕는 것이 기독교 목회자의 할 일이다.

하지만 바로 이 지점에서 장례 관련 청부인(funeral undertaker)과 목회적 청부인(pastoral undertaker) 양자 모두 커다란 도전 한 가지를 만난다. 그것은 죽음에 관한 우리 문화의 기억상실이다. 사람들은 어떻게 장례예식을 지내는지 잊어버렸고, 죽음이 닥칠 때 무엇이 요청되는지에 대한 기억을 지워버렸으며, 우리가 우리 내면 깊숙한 곳에서는 잘 알고 있는 것들을 우리 표면 얕은 곳에서 억눌러버렸다.

참으로 오랫동안 다른 사람들이 우리의 죽은 자의 육체를 준비시키고 묻어주었기 때문에 이제 우리는 죽은 자를 돌보는 일이 우리 인류에게 본질적인 부분이라는 사실을 놓치고 있다.

죽은 자를 돌보는 일은 우리가 한때는 스스로 했으나 이제 대부분의 경우 다른 사람에게 넘겨버린 일, 예를 들자면 신발을 매만져 고치는 것과 같은 그런 허드렛일이 아니다. 오히려 그것은 인간에게 있어서 본질적인 노동이다. 우리가 우리 죽은 자를 돌보지 않는다면 우리는 온전히 살아있는 것도 아니며, 온전히 인간적이지도 않다.

마찬가지로, 참으로 오랫동안 다른 사람들이 기도문을 암송해주고 설교를 해주었기 때문에, 사람들은 이제 우리가 죽은 자가 떠나는 마지막 순례길에 동참할 때 신에게 간구하며 신성한 이야기를 되새기는 것이 인간됨의 본질적 특성이라는 사실을 잊고 말았다. 인간으로서 해야 할 마땅한 일을 수행하려는 그 어떤 열망도 사람들에게 더 이상 남아있지 않을 때, 믿을 수 있는 청부인이 된다는 것, 그리고 사람들이 인간의 일을 더욱 인간적으로 할 수 있도록 돕는다는 것은 어려운 일이다.

무엇을 위해 장례라는 것을 하는지 사람들이 더 이상 기억하지 못할 때, 죽은 자를 돌보는 것과 자신의 인간성 사이가 연결되어 있음을 사람들이 더 이상 보지 못할 때, 우리는 무엇을 어떻게 해야 할까? 장의사가 장례에 관한 어떤 유행을 만들어 내거나 장례예식을 정의하는 더 근사한 정의를 홍보하는 것은 치명적 실수이다.

장의사는 넌지시 이렇게 말한다.

"괜찮아요. 시신에 대해선 걱정하지 마세요. 그건 저희 일이지 당신 일이 아닙니다. 시신을 인계받고, 방부 처리하고, 화장하고, 기증하는 등의 모든 일들을 저희가 합니다. 당신은 평화롭고 아름다운 추억을 간직하기 위해 사랑스런 유골함을 응시하십시오. 아니면 이제 모든 일이 종결되었다는 마음이 들도록 예배당에 앉아서 당신의 사랑하는 이를 추모하십시오. 또는 사랑하는 이의 즐겁고 놀라운 특성들로 인해 당신이 늘 웃고 사랑하고 추억할 수 있도록 삶의 경축을 베푸십시오. 그도 아니면 당신의 사랑하는 이가 이루고 싶었던 마지막 소원을 표명하는 작별의 축제를 계획해 보십시오. 저희는 당신을 위해 이 모든 것을 할 수 있습니다. 왜냐하면 저희에게는 전문성, 동정심, 정직, 신뢰, 위엄, 개인화된 서비스, 헌신, 잘 훈련된 직원, 5대째 내려오는 역사 등이 있기 때문입니다."

여기서 두 가지 문제가 있다.

첫째, 이 대부분은 그저 쓸모없는 일이다. 예를 들면, 죽음에 관한 진지한 예식은 종결이라는 것이 얻어질 수 있는 것도 아니고 바람직한 것도 아님을 분명하게 해준다. 죽음은 흉터가 남는 상처를 만들며, 그 상처는 완전히 치유되지도 않는다. 장례라고 하는 휴먼드라마는 죽은 자의 마지막 가는 길을 동행하던 사람들이 손에서 먼지를 닦아내며 "자, 이제 끝났군요. 잘 처리되었어요"라고 말하면서 끝나는 게 아니다.

오히려 장례라고 하는 공동체 극장은 의미의 장소, 즉 우리가 죽은 자를 우리보다 먼저 우리가 알지 못하는 미래 속으로 보내놓고 그들 없는 채로 한 발 그리고 또 다른 한 발을 내딛으며 되돌아오는 인간적 사명을 수행해내는 의미의 장소로 우리를 데려다 준다. 또한 다른 식으로 말하는 사이비 연구결과도 있지만, 단순히 죽은 자의 시신을 보는 것만으로는 별 가치가 없다. 대신에, 죽은 자의 육체를 조심스럽게 다루고, 그들의 마지막 여정 길을 따라 걸으며, 죽은 자가 움직임과 의미로 가득한 이 드라마 속으로 함께 참여하여 들어왔다는 것을 이해하는 것, 이런 것들이야말로 인간적 가치를 가진 참된 방법들이다.

둘째, 죽음에 관한 이런 멋들어진 말들은 인간의 필요와는 단절되어 있다. 죽은 자의 육신을 이곳에서 저곳으로 옮기는 일, 삶과 죽음에 대한 깊은 이해를 드러내어 말하는 방식으로 그렇게 하는 것이 필요하다. 삶을 경축하고, 아빠의 소원이 무엇이었는지 표현하며, 조용히 앉아서 추억을 끄집어내는 것, 우리가 이와 같은 것들을 하고 싶어 할지는 모르지만, 이런 것들은 본질적인 것이 아니며 죽음과 관련하여 절대적인 필수사항들이 아니다. 우리 삶의 가장 깊은 의식들은 먹기, 씻기, 알리기, 약속하기 등과 같은 필요에 기초하고 있으며, 그 나머지들은 변덕과 유행이다.

인간 경험의 외적 의미와 내적 의미 사이에 흐르는 긴장에 많은 것들이 걸려 있다. 내가 확신하기로 가장 심오한 지혜는 인간이라는 존재는 궁극적으로 육신을 가진 사회적 피조물이라는 것이다. 우리는 그저 어떻게 하다 보니 육체를 가지게 된 사람들이 아니다. 오히려 우리는 육체적 존재들이다. 그러므로 우리가 내적으로 생각하고 느끼는 것과 우리가 외적으로 실행하고 행동하는 것 사이에는 밀접한 관련성이 있다.

어떤 철학자들이 우리에게 상기시켜 주었듯이, "몸은 거짓말하지 않는다." 만일 당신이 사람들의 됨됨이를 알고 싶다면, 그들의 육체를 살펴보라. 결국 그들은 그들의 발이 그들을 데려다 놓는 곳에 가 있을 것이고, 그들은 그들의 손으로 한 일들의 결과물이며, 그들이 입으로 내뱉은 축복과 저주 그 자체가 되며, 그들이 어떻게 다른 사람의 육체를 만지고, 끌어안고, 그들과 함께 누웠는지 그 방식에 따라 그의 됨됨이가 결정될 것이다. 무엇인가가 우리 안으로부터 튀어 나온다면, 그것은 오직 우리 육체로 표현될 때 참된 의미를 지니게 된다. 그리고 우리가 우리의 몸으로 수행한 것은 우리의 내적 자아 속으로 찾아 들어간다.

하지만 어떤 통속적 지혜는 완전히 다른 견해를 취한다. 진정으로 중요한 것은 내적인 생명이고, 나머지는 그저 외부적인 것이라고 많은 사람들이 말한다. 중요한 것은 영혼이고, 몸은 덜 중요한, 그저 껍데기라는 것이다. 더 많은 사람들이 이 말을 믿을수록, 진리와 지혜를 발견하기 위해서 내적 성소에 들어가 내면의 명상 속으로 침잠해 들어가야겠다는 유혹에 더 많은 사람들이 빠진다.

종교계에서 우리 성직자들은 종종 이와 같은 내성(內省, 내적 성찰)의 철학을 사람들에게 알선해줌으로써 우리 자신의 신앙을 약화시키곤 한다. 우리는 이렇게 말해왔다.

"맞아요. 당신 말이 맞습니다. 진정한 의미는 외적으로가 아니라 내적으로 발견되는 것입니다. 모스크도 성전도 교회도 모두 다 그저 제도화되고 물질적인 구조물에 불과합니다. 그곳에 영적 실재를 담아두려고 하는 구조물 말이죠. 인정합니다. 그러나 당신이 예배에 참석한다면 당신은 당신 자신이 영감 받고, 당신의 영혼이 고양되고, 당신의 내적 삶이 새로워지고 있음을 발견할 거예요."

그러나 물론 사람들은 예배당에 찾아오는 별난 사람들과 부대끼거나 그 종교공동체의 요구에 따르고 헌신하면서보다, 숲 속을 거닐거나 워즈워스(William Wordsworth, 영국 시인 – 역주)를 읽거나 바닷가에서 명상하면서 훨씬 더 효과적으로 영감 받고, 고양되며, 새로워질 수 있다는 것을 깨닫는다. 머지않아 그들은 자신을 가리켜 "영적이지만 종교적이지 않은" 사람이라고 정의한다. 그리고 그들은 소식이 끊긴다.

마찬가지로, 장례식장들은 자신들의 위엄과 정직에 대해 하루 온종일이라도 노래 부를 수 있을 것이다. 또한 자신들의 장례식장은 고객들이 개인적 선택을 할 수 있고, 상심한 마음을 표현할 수 있으며, 평소 원했던 바를 풀어놓을 수 있고, 위로를 받을 수 있으며, 추억을 기념할 수 있고, 영혼이 새로워지고 고양되는 경험을 할 수 있다고 광고할 수도 있을 것이다.

잠시 동안은 사람들이 계속 장례식장에 와서 추모예식도 거행하고, 천박한 "삶의 경축" 예식도 거행할 것이다. 그러나 사람들은 재빨리 알아차릴 것이다. 아니 그들은 이미 알아차렸다. 야생화가 피어 있는 들판이나, 혼자만의 내면적 성찰의 고요 속에서, 더 낫게는 아니더라도 꽤 괜찮은 수준으로 이러한 모든 미덕들이 발견될 수 있다는 것을. 그래서 결국에는 내성(內省, inwardness)이라는 제단 앞에 머리 숙이기 위해 그 누구도 장례식장을 (또는 교회를) 필요로 하지 않게 될 것이다.

그러나 만약 우리가 우리의 육체를 두는 곳에서 진정한 지혜가 발견된다면, 만약 삶과 죽음에 대한 심오한 진리란 죽은 자를 돌보고 그들과 함께 작별의 장소를 향해 걸으면서 얻어지는 것이라면, 만약 진실로 우리의 신이 피와 육체 가운데, 인간 공동체 가운데, 우리의 삶과 우리의 죽음 가운데 거하기로 결정한 신이라면, 우리 모두 갈망하는 치유와 의미는 사적인 성소(聖所, sanctuaries)와 내적 느낌으로의 은둔을 통해 얻을 수 있는 것은 아니다.

우리는 우리의 선조들이 오래도록 그리고 훌륭하게 연기했던 그 위대한 공동체 극장의 공적인 무대 위로 올라가야하고, 대본을 암송해야 하며, 자기 배역을 연기해야만 한다. 만약 우리 사회가 그 대본 내용을 잊어버렸다면, 그리고 자신들의 역할이 무엇인지 모르고 있다면, 그때 성직자들과 장의사들은 팀을 이루어 문화적 기억을 새롭게 하며, 우리 동료 인간들에게 장례식이란 어떻게 치르는지 그 방법을 가르쳐 주어야 한다. 그것은 우리 각자의 기관(장례식장과 교회 – 역주)을 살려내고 말고의 문제가 아니다. 더 많은 일들이 여기에 걸려 있다. 즉, 인간되기(being human)가 걸려 있다. 동료 인간을 도와 그들이 인간의 일을 인간적인 방법으로 수행할 수 있도록 하는 일은 가장 심오한 형태의 청부(請負)이다.

제4부

장례예식

제7장
화장의 이론과 실제

— 토마스 린치

제8장
움직임 감각, 의미 감각, 소망 감각: 좋은 장례예식

— 토마스 G. 롱

템페스트(The Tempest)

윌리엄 셰익스피어(William Shakespeare)

이제 여흥은 끝났어.
우리가 본 배우들은 아까도 말했지만,
모두 정령인데
이젠 공기 속에,
엷은 공기 속에 사라져 버렸어.
그런데 이 환상에 보인 가공의 현상처럼,
구름을 인 탑도, 찬란한 대궐도,
장엄한 사원도,
대지 자체도,
아니 지상의 온갖 것은 모두 녹아서
이 허망한 광대 굿 모양 사라지고
자국조차 남기지 않는단 말이야.
우리의 육체는 꿈이나 한 가지 물질로 되어 있고,
우리의 하찮은 인생 또한 잠에 둘러 싸여 있어.

제7장

화장의 이론과 실제

토마스 린치

"나 죽거든 그냥 화장해."

휴이 맥스위건(Hughey MacSwiggan)은 그의 세 번째이자 마지막 아내에게 말했다. 그의 고통을 줄여주지 못하고 있는 모르핀 주사액 조절장치를 호스피스 간호사가 만지작거리는 동안 그의 아내는 그의 침상 곁을 지켜 서있다. 그가 내린 지시에서 중요한 단어는 "그냥"이었다. 그가 특별히 불을 좋아한 것은 아니었다. 딱히 골라둔 유골함도 없었다. 그에게 있어서 불태움이란 매장에 대한 대안적 선택이라기보다 번거로움에 대한 대안적 선택이었다.

그에게는 순간을 위기로 몰고 갈 힘(strength to force the moment to its crisis, "J. 알프레드 프루프록의 연가"라는 T. S. 엘리엇의 시에 나오는 표현 – 역주)이 남아 있지 않았다. 그는 지금 정신이 오락가락하고 있었다. 그는 그저 이 모든 것이 끝나길 바라고 있다. 암도 끝나길 바랐고, 회복할 수 없는 손상을 입은 것이 술 때문인지, 이혼 때문인지, 그 뒤에 일어났던 다른 일들 때문인지 따져보는 일도 끝나길 바랐다.

그에게 믿음이 부족했다고 말하는 것은 아니다. 반대로, 알코올중독자협회(AA, Alcoholics Anonymous)에서의 교제를 통해 수년간 술을 끊고 살았고, 그 후 자신을 향한 신의 뜻을 알기 위해, 그리고 그 뜻을 실천할 힘을 얻기 위해 기도하면서 신에 대한 이해를 얻었으며, 신과의 의식적인 접촉을 늘려가기 위해 기도와 명상의 삶을 살아왔다. 죽음에 즈음하여 그는 기꺼이 죽을 준비가 되어있었고, 감사한 마음을 가졌으며, 너그럽게 되었다. 이미 그는 겪을 만큼 충분히 겪었다. 그는 그저 일어날 일이 일어나기만을 원하고 있었다.

포스트모더니즘의 혼잡 속에 파묻혀버린 자신의 인종적, 종교적 전통들로부터 느슨하게 풀려난 그는 장례와 관련하여 무엇이 "마땅한 일"인가에 대한 특별한 감각을 가지고 있지 않았다. 그는 그저 누구에게도, 적어도 그가 사랑했던 모든 사람들에게는 짐이 되고 싶지 않았다. 그래서 가족들이 그에게 어떤 지시를 내려주기를 강력히 요청할 때, 그가 모두에게 말한 것은 "그냥 화장해"였다. 그리고 가족들은 그렇게 했다.

가족들은 사제도, 운구 행렬도, 관도, 하관예배도, 비석도 없이 장례예식을 치렀다. 케이프 글로스터(Cape Gloucester), 펠렐리우(Peleliu), 오키나와(Okinawa) 등을 누비며 2차 대전에 참전했던 그의 복무 경력 덕분에 그의 장례는 군장(軍葬)으로 치러질 수 있다고 그의 가족들에게 내가 말했을 때, 가족들은 이렇게 말했다.

"해병대 쪽에는 연락하지 않겠습니다. 아빠는 그런 것은 원치 않으셨을 거예요."

깃발도 꽃도 찬송도 리무진도 사망광고도 손님대접도 없었다. 그의 사위가 항공 마일리지가 적립되는 자신의 신용카드로 대금을 지불했다.

그리고 휴이는 그냥 화장되었다. 그의 시신은 얇은 합판 위에 놓여지고, 골판지로 덮여졌으며, 서류를 제출하여 허가증이 발급되자 운구차에 실려 한편에서 화장터를 운영하는 매장용 볼트(vault) 제작 회사가 있는 공업단지로 옮겨졌다. 화장 할인서비스업체들과 다른 장례식장들로부터 실려 온 수십 개의 상자들이 벽을 따라 도열되어 있었는데, 그 안에는 또 다른 순례자들의 시체가 담겨있었다. 그 시체들은 공항의 포장도로 위에 있는 비행기들과도 같이 빈 활주로가 배정되기를, 다시 말해 빈 화장용 가마가 배정되기를 기다리고 있었다.

장례식장의 규정상 죽은 자가 땅 속으로 완전히 들어가 묻히는 것을 지켜봐야하는 것과 마찬가지로 죽은 자가 불 속으로 완전히 들어가 불타는 것을 지켜봐야하기 때문에, 화장터 운영자는 우리가 선을 넘어 안으로 들어갈 수 있도록 허용해 주었다. 우리는 매장의 경우와 마찬가지로 이렇게 할 수 있도록 미리 예약해 두었다. 그것이 우리가 할 수 있는 가장 마지막 일인 것처럼 보였다.

우리 장례식장의 규정에 따라, "모든 일이 적절하게 진행되는지 살펴보기 위해" 가족 모두 혹은 그들 가운데 지정받은 누군가가 함께 화장터에 가자고 내가 초청했을 때 그들은 마치 내가 그들을 치과 신경치료 혹은 돌로 쳐 죽이는 공개처형장에라도 초대한 양 얼굴을 찡그리며 고개를 저었다. 화장터, 신경치료, 공개처형. 필요하긴 하지만 해로운 절차들이며, 적게 언급될수록 더 좋은 일이라는 듯.

그래서 결국 나를 도와 휴이의 시신을 운구차에서 꺼내고 유압식 리프트에 옮긴 건 화장터 직원들 중 하나였다. 그 직원은 내가 주기도문을 암송할 때 내 곁에 묵묵히 서 있었다. 아마도 휴이는 알코올 중독자 모임에서 주기도문을 들어보았을 것이다. 그 직원은 숫자가 부여된 작은 금속판을 골판지 상자 위에 붙였고, 내가 그 상자를 가마 속에 밀어 넣을 때 나를 도와주었다. 직원이 가마 문을 닫고 빨간색 버튼을 누르자 불이 점화되었고 휴이 맥스위건의 시체는 재로 변했다. 세 시간 후 모든 것이 식은 후에 휴이의 큰 뼈 조각들은 더 고운 가루로 "처리"되었으며, 그 과정을 거쳐 남은 모든 잔재들은 그의 이름, 날짜, 화장터 로고가 새겨진 라벨이 붙은 플라스틱 상자 안쪽 비닐봉투 속으로 담겨졌다. 나는 엄청나게 부피가 줄어든 휴이를 인계받고 장례식장으로 돌아와, 이제 이 남겨진 것으로 무엇을 어떻게 할 것인지 가족들의 결정을 기다렸다.

토마스 롱은 미국의 장례 풍습에 관한 자신의 연구 『노래하며 동행하라 – 기독교 장례』에서 "장례식에서 우리는 성도의 몸을 작별의 장소로 옮기는 것입니다"라고 했다.[1] 요컨대, 우리는 사랑하는 자를 신비의 끝자락으로 옮기고 있으며, 마지막까지 함께하도록, 그 길이 끝나는 곳까지 함께하도록 참석자들을 격려해야 한다는 것이다. 만약 시신이 매장되는 경우라면 무덤가까지 가서 시신이 땅 속에 들어갈 때까지 그곳에 머물고, 만약 시신이 불태워지는 경우라면 화장터까지 가서 그 불태움을 목격하라는 것이다.

대학생이든, 성직자든, 호스피스 사역자든, 또는 의료계나 장의업계에 종사하는 사람들이든 동료 미국인들에게 물어보라. 그들 중 얼마나 무덤가에 가서 매장을 지켜보았는지를. 그러면 100명 중 95명이 손을 들 것이다. 언덕과 묘비와 열린 무덤과 검은 옷을 입은 조문객들은 우리가 추모 장면을 생각할 때 빠지지 않고 등장하는 요소들이다. 실제로 보지 못했더라도 텔레비전에서 우리는 매장하는 장면을 충분히 보았기 때문에 어떤 방법으로 진행되는지 알고 있다. 자 그 다음에 다시 물어보라. 그들 중 얼마나 화장터나 화장 가마에 가보았고 화장을 지켜보았는지를. 이번에는 완전히 반대의 답이 나올 것이다. 5% 이하가 그런 경험이 있노라고 답변할 것이다.

사오십 년 전, 미국에서 화장률이 아직 5%도 안 되었을 때는 이런 답변이 이해가 된다. 하지만 전국적인 화장률이 40% 이상이며, 앞으로 10년이 되기 전에 그 비율이 50%에 이를 것으로 예측되는 오늘날, 이런 답변은 앞뒤가 맞지 않는다. 어떻게 그렇게나 많은 사람들이 화장을 선호한다고 말하면서도, 어쩌면 그렇게나 적은 사람들이 화장에 대해 더 많을 것을 알고자 하는 일에 관심을 갖는단 말인가?

우리는 철저히 간단함과 비용 효율이라는 측면에서 화장이라는 개념

---

[1] Thomas G. Long, *Accompany Them with Singing: The Christian Funeral* (Louisville, KY: Westminster John Knox Press, 2009), 177.

을 환영했다. 그러나 우리는 불 그 자체로부터, 모든 비유들과 의미로부터, 그리고 우리 믿음의 여정의 한 정거장이라고 하는 종교적 제의적 의의로부터 철저히 거리를 두고 있다. 세속적인 인본주의자들도 마찬가지이지만, 화장에 대한 국가적 증가세에 있어서 대다수를 차지하는 기독교인들에게는 이러한 단절이 더욱 뚜렷하다.

롱은 『노래하며 동행하라』에서 종교적 관습에 나타난 곤란한 변화 하나를 기록한다. 우리 선진들에게 익숙했던 장례식에는 온전한 시신(full body, 불에 태워 유골로 남겨진 시신과 달리 매장을 위해 준비된 시신 – 역주)이 있고, 온전한 복음이 있으며, 오랜 세월 지녀왔던 신앙이 있고, 상실의 슬픔을 표현하는 흐느낌이 있었다.

그런데 특히 교외 지역에 거주하는 백인 개신교도들을 중심으로 축소되고, 개인화되고, 사용자의 편의가 고려되고, 드라마같은(Hallmarky, 미국 케이블 방송국인 Hallmark Channel의 영화와 드라마들이 과도하게 극적인 특성을 갖는 것을 가리킴 – 역주) 모임이 전통적 장례식의 자리를 대신하기 시작했다. 이런 모임은 고객의 요구에 맞춰져 있고 감정적으로는 중립적이며, 종교적으로는 애매모호한데, 이 추모예식에는 어떤 사람이든지 초대된다. 정작 죽은 사람만 제외하고 말이다.

그들의 개신교 신앙의 맥락에서 볼 때 분명히 맞지 않지만, 죽은 자는 갈수록 장례식으로부터 사라지며, 순전히 기능적인 이유로 인해 화장된다. 산 자들의 편의에 맞춰져 있으며, "삶을 경축하기 위해" 모인 일종의 작은 장례식과 같은 이 모임에서, 치유가 베풀어지고, 종결이 선언되며, 고인의 생애는 신성시되며, 영혼은 고양될 것이다.

화장 처리된 고인의 현존이 예식에서 완전히 사라지지 않는다 해도 최소화되고, 존재감이 약해지고, 부자연스러워지고, 가상화되고, 다루기 쉬워지고, 인지되지 않는다. 좋은 골프 스윙동작을 가졌다거나, 유머감각이 좋았다거나, 아름다운 정원을 가꾸었다거나, 멋진 파티를 열었었다며 고인에 대한 "생각"은 기리지만, 정작 그 죽은 자의 실체인 시신은 은밀하게 사라지고, 지켜보는 증인도 없이 재빨리 처리된다.

화장 이후에 철야, 조문, 교회나 기타의 장소에서의 공개적 예식 등이 뒤따를 때에도, 우리들이 화장터 가는 길에 동행하는 경우는 드물다. 그것은 화장 가마가 종종 추모공원이 아닌 공단지대에 위치하고 있기 때문만은 아니다. 우리가 태운 고인의 시신을 처리하는 것과 관련된 이런 잘못된 경향들은 불에 관한 우리의 모순된 관념들과 관계가 있다. 즉, 불이라는 것은 서구적 감각과 서구의 종교적 전통에서는 아직도 형벌과 파괴로 이해되는 경우가 종종 있는 것이다.

1. 주검(mortals) 보살피며 죽음(mortality) 다루기

롱은 말한다.

> 장례와 관련된 화장의 문제점은 화장되고 남은 유골이 죽은 자의 육신 전체의 대역을 맡도록 요구받는다는 것이다. 이것은 좀 심하게 말해서 랄프 피네스(Ralph Fiennes, "쉰들러리스트"와 "해리포터 시리즈" 등 다수의 영화에 출연했고, 연극 "프린스 햄릿"에서의 연기로 토니상을 수상한 영국 출신 배우 – 역주)의 모자가 햄릿을 연기하는 것과 같다.[2]

롱이 "예배 같은 드라마"라고 부르는 장례의 이러한 축소는 종교적 유행의 변화 그 이상을 의미한다. 문제는 화장이냐 매장이냐에 있는 것이 아니라 복음에 있다. 죽음, 부활, 고통, 구원, 구속, 그리고 은혜에 관한 신성한 경전, 복음. 기독교적 장례가 우리에게 보여주는 신비, 즉 인생의 힘든 여정과 신실한 순례자의 금의환향에 관한 신비가 담긴 신성한 경전, 복음

---

2 Ibid., 174.

말이다. 죽은 자의 실체를, 삽과 어깨로 하는 일을, 무덤이나 장작더미까지의 힘든 여정과 노동을 회피함으로써, 종종 치유요법이 신학을, 편리가 확신을, "모두 모여 추억을 나누는" 추모 가라오케가 목청껏 외칠 수 있었던 믿음의 확신을 대체하는 일이 추모식에서 일어난다.

T. S. 엘리엇(T. S. Eliot)의 유명한 시구처럼 "순간을 위기로 몰고 가는" 죽음의 사실들을 회피하기 위해, 사람들은 "차와 케이크와 얼음"이 준비된 친교실로 몰려간다.³

롱은 이렇게 쓰고 있다.

> 오늘날 백인 개신교도의 선조라고 할 수 있는 19세기 교육받은 기독교인들 중 많은 사람들이 종말론적 용기와 내세에 관한 활력있는 믿음을 잃어버렸으며 우리가 그들의 신학적 예전적(liturgical) 후예들이라는 것은 사실이다.⁴

롱은 유행의 변화가 아니라 기독교 핵심 진리인 영생의 약속에 대한 믿음이 쇠퇴하고 있음을 말하고 있다.

인류 최초의 조문객들이 방금 자신들이 죽은 자를 처리한 구덩이나 동굴이나 불꽃을 들여다보면서 생각한다.

> "여기 이걸로 끝인 건가?
> 이런 일이 왜 일어난 거지?
> 이 일이 나에게도 일어날까?
> 우리한테만 이런 일이 일어나는 건가?
> 그 다음엔 뭐가 있는 거지?"

---

3 T. S. Eliot, "The Love Song of J. Alfred Prufrock", in *Collected Poems: 1909-1962* (New York: Harcourt, Brace, Jovanovich, 2001), 5-6.
4 Long, *Accompany Them with Singing*, 73.

우리 인류의 공식 질문들을 던진 이래로 가족 안의 죽음이 가져온 위기는 변하지 않았다. 시체, 구덩이, 무덤, 그리고 불은 신앙을 가진 이의 삶 속에서 가르침이 가장 잘 이루어질 수 있는 순간과 항상 함께하는 것들이다.

우리는 죽은 자를 다룸으로써 죽음을 다루는 법을 배우며, 슬픔의 여정 길에 있는 한 정거장에서 다음 정거장까지 주검(mortals)을 옮겨줌으로써 죽음(mortality)을 대처하는 방법을 배운다. 시체 없는 장례식이 많은 주류 개신교 교회들에서 표준이 되고 있다는 사실은, 관습과 전통으로부터 편의성의 추구로 이행되고 있는 장례 유행의 변화뿐 아니라, 영생에 대한 근본적 확신이 없어지고 있음도 보여준다. 하나님 계신 본향으로 돌아가는 길에 서 있는 (산 자든 죽은 자든) 모든 순례자들을 돕는다고 하는 장례식의 가장 본질적인 임무가 시체 없는 장례식에는 결여되어 있다.

극도의 슬픔, 영적 절망, 신을 향한 분노, 그리고 심각한 의심은 고통과 상실을 향한 일반적인 반응들이다. 믿음의 삶 속에 의심이란 예외 없이 찾아오고, 가족 중에 죽음이 발생하면 이 의심은 여지없이 찾아오지만, 상실의 아픔으로 흔들리고 있는 신자들을 복음의 약속으로 붙들어주고 담대하게 해주는 것이 목회자와 회중의 역할이며, 더 나아가 기독교 공동체의 존재 이유이다.

이것이 바로 믿는 자들이 추상적 죽음(death in the abstract)과 구체적 죽음(death in the flesh) 모두를 붙드는 방식이다. 우리는 우리의 죽은 자를 한 정거장에서 다른 정거장으로, 그러니까 죽음의 침상에서 장례식장으로, 장례식장에서 제단으로, 제단에서 영생의 가장자리로 붙들고 감으로써 그를 통해 죽음 그 자체를 대하는 방법을 배운다. 죽은 자와 함께 그 먼 길을 함께 감으로써, 우리는 신께서 산 자와 죽은 자를 돌보시리라는 믿음을 갖고 똑바로 걸어가는 법을 배운다.

하지만 롱은 묻는다. 마치 안 보는 것이 믿는 것이라는 듯 죽은 자들이 점차 추방당하고 있는 교회를 산자들이 어떻게 진지하게 생각할 수 있겠는가?

  죽은 교인이 천국을 향해 떠나는 구원받은 성도라면, 우리는 노래를 부르며 그들을 배웅해야 하지 않겠는가?

  우리는 그들을 교회로 데리고 오고, 또한 무덤이든 불이든 그 길 가는 동안 복음을 선포하면서 그들과 함께 먼 길을 함께 가주고, 또한 그곳에서 우리의 죽은 자를 신에게 의탁해야 하지 않겠는가?

  화장이 추모식에 "눈에서 멀어지면 마음에서도 멀어지는 특성"을 가져다 놓은 공범이 되면 될수록, 믿음의 삶과 교회의 사명은 서로 엇갈리게 된다. 물론 문제는 화장에 있는 것이 아니다. 화장은 고대로부터 있었고 명예로우며 효율적이고 효과적인 시신 처리 수단이다. 죽은 자를 태우는 불은 죽은 자를 묻는 땅만큼이나 신이 내려준 자연 그대로의 선물이다.

  문제는 우리가 죽은 자를 화장한다는 사실 그 자체에 있는 것이 아니라, 어떻게 우리가 화장을 예식 측면에서 부자연스럽고, 영적 측면에서 텅 비어 있으며, 종교적 측면에서 소극적이고 빈곤한 것으로 만들어버렸는가에 있다. 재고되어야 하는 것은 우리가 그것을 한다는 것 그 자체가 아니라 우리가 그것을 어떻게 하는가이다.

  미국에서 최초의 현대적 화장이 거행된 것은 도금시대(Gilded Age, 1865년 남북 전쟁이 끝나고 1873년에 시작되어, 불황이 시작되는 1893년까지 미국 자본주의가 급속하게 발전한 28년 간의 시대 – 역주)로 거슬러 올라간다. 1876년 펜실베이니아 주 워싱턴 시에서 배런 드 팜(Baron De Palm)의 시체가 지역 의사가 제작한 화장 가마 안에서 불태워졌다. 100년 뒤, 화장은 7.5% 이하로 여전히 일반적이지 않은 예외적 방식에 머물러 있었다.[5]

  그러나 지난 30년 동안 화장을 받아들이는 사람의 수가 꾸준히 증가하였다. 현재 전국적으로 사망자 삼분의 일 이상이 화장으로 처리된다. 만일 우리가 화장을 전혀 시행하지 않는 유대교, 이슬람교, 동방정교회 신자들

---

[5] See Stephen Prothero, *Purified by Fire: A History of Cremation in America* (Berkeley: University of California Press, 2002), especially 15–45.

과, 대다수가 여전히 매장 방식을 고수하고 있는 가톨릭 신자들까지 고려하면, 화장을 선택하는 개신교 신자들의 비율은 이보다 훨씬 높을 것이다.

이와 같은 변화의 원인은 여러 가지이다. 19세기와 20세기를 살았던 우리 조상들에게 토지란 기초가 되는 것이었다. 경계도 울타리도 신앙도 모두 고정되었다. 그러나 현대 미국의 문화는 쉬지 않고 움직이며 흘러가고 있는 것으로 보인다. 우리는 우리 조부모들보다 더욱 유동적이고, 한 자리에 덜 붙어 있는 편이다. 우리의 인종적 종교적 가족적 결속은 지난 시절보다는 느슨해졌다.

우리는 동시에 여러 가지 일을 하고 하루가 멀다 하고 끊임없이 변화하고 있는 것으로 보이는 삶 속에서 가벼이 옮겨 다니고 있다. 직업적 경력은 5년 단위로 계획된다. 신원 확인을 위한 열쇠 역할을 하던 출생지(home place)는 홈페이지(home page)로 대체되고 있고, 사회관계망(social networks)이라고 하는 가상적 실체가 공동체가 되고 있다.

결혼과 가정도 재구성되고 있다. 화장은 우리 많은 사람들에게 더 잘 어울리는 듯 보인다. 그것은 우리에게 더 많은 이동성을 가져다주고, 나눌 수 있게 해주고, 흩어지기 쉽게 만든다. 기술적 측면에서 볼 때 화장 과정은 냄새 없고, 연기 없고, 더욱 효율적인 것으로 발전하였지만, 예식의 측면에서 볼 때 화장 문화는 여전히 표류 중인데 그 이유는 불의 사용에 있어서 공개적이고 예식적 방식보다는 대부분 은밀하고 공업적 방식을 취하고 있기 때문이다.

인도와 일본의 힌두교 신자들과 불교 신자들처럼 화장이 공개적으로 진행되는 문화권에서는, 화장의 강력한 비유적 가치들(정화, 해방, 자연미, 일치)이 유족들이 받아들이는 종교적 이야기들에 더해진다. 부모의 사체를 불태우기 위해 장자가 집에서 불을 채화해 오는 발리(Bali, 인도네시아의 섬 - 역주)와 캘커타(Calcutta, 인도 최대의 항구도시 - 역주)의 공개적 화장의 장작더미 주변을 예전적, 사회적 전통들이 둘러싸고 있다.

하지만 다른 곳에서 화장은 은밀하게 진행되며, 불은 의도적으로 닫힌

문 뒤쪽으로 그 자리가 제한된다. 전통적 장례는 사체와 조문객들을 장례식장에서 제단으로, 그리고 다시 최종 처리 지점으로 이동시키지만, 미국에서의 화장은 순례의 여정에 놓인 그러한 정거장들을 모두 통과하지 않고, 건너뛰어 둘러가는 것이 일반적이다. 우리는 이제 그 여정과 드라마와 비유의 모두는 아닐지라도 대부분을 잃어버렸다.

물론 이런 상황은 서비스보다 판매실적에 더 관심을 보이며, 본질보다는 물질 쪽으로 경도되어 있고, 진정한 의미보다 홀마크(Hallmark) 식의 과장된 감성에 더 맞춰진 장례업체들에 대한 소비자 불만족과 일정 정도 관계가 있다. 여전히 한 가족 내에서의 죽음이란 판매 사건이 아니라 실존적 사건이며, 상품이기보다는 핵심가치에 관련된 일이다. 인간의 예식 가운데 으뜸가는 이러한 예식에 관여하고 참여하는 방법들 대신, 시장은 예상 판매물품과 그 가격을 카탈로그에 정리하는 데 더 많은 시간과 에너지를 쏟는다.

2. 본질적인 것, 부수적인 것

믿음을 가진 사람들에게 좋은 장례의 본질적 요소는 몇 가지 친숙한 것들로 요약된다.

첫째로는 죽은 순례자. 둘째로는 그 죽음을 중요한 것으로 여기는 살아있는 자. 셋째로는 사제, 목사, 랍비, 이맘, 베너러블 마스터(venerable master, 프리메이슨의 직분 – 역주), 또는 동료 순례자 등 죽은 자와 산 자들 사이에서 신비를 중재하며 영혼의 새로운 상태를 선언하는 사람. 그리고 이러한 본질적 요소들 가운데 마지막으로는 당면한 임무, 즉 죽은 자와 산 자를 각자 그들이 있어야 할 것으로 보내는 일이 있다.

각자 있어야 할 곳이란, 죽은 자에게는 무덤이나 불이나 바다를 의미할 것이고, 산 자에게는 그 죽은 자 없이 살아야 하는 일상적 삶의 자리를 뜻할 것이다. 죽은 자의 복 받은 육신은 무덤이나 불이나 바다에 맡겨지고, 그의 영혼은 신에게 의탁될 것이다. 그 나머지 것들은 모두 부수적인 것이다. 관도, 꽃도, 부고 기사도, 추모사도, 백파이프 연주자도, 비둘기 날려 보내기도, 오르간 연주도, 스테인드글라스 창문도, 장례식장도, 장의사도 모두 다 부수적인 것들이다. 확실히 도움이 되고 가끔은 위로도 되고 어쩌면 교훈적이기도 하지만, 비싸건 저렴하건 이 모든 것들은 그저 부수적인 것들이다.

시체, 장례식 참석자, 복음, 운구. 이것들은 필수이다. 그 나머지는 모두 부수적인 것들이다. 화장을 기독교화하기 위해서 필요한 것은 오직 기독교인들이 (성직자든 평신도든 간에) 화장을 번거로움의 대안이 아닌 매장의 대안으로 여기는 것뿐이다. 무덤가와 마찬가지로 불가는 성도의 죽음, 믿음 있는 순례자들의 입회, 그리고 산 자가 죽은 자에게 작별을 고하는 종교적 맥락으로 인해 거룩하게 된다.

롱은 다음과 같이 쓴다.

> 죽은 자 곁을 끝까지 지키는 것에 대한 저항은, 가마 속에서 타는 불이 완전히 소멸되도록 끝까지 자리를 지키고 싶어 하는 사람들에 대해 익숙하지 않은 몇몇 화장터와, 무덤가로 터벅터벅 걸어가는 것은 직원들의 일을 방해하는 비효율적인 시간 사용이라고 보는가 하면 무덤 안에 있는 관 위로 흙이 덮이는 순간 가족들이 참석하고 자리를 지키는 것을 좋아하지 않는 몇몇 묘지들에서 발생한다. 이러한 묘지들은 장례행렬이 무덤가에서가 아니라 플라스틱으로 지어놓은 예배당 비슷한 곳에서 끝나는 것을 훨씬 더 선호한다. 예식이 이곳에서 신속하게 끝나면 참석자들이 지체 없이 돌아가고, 그로 인해 매장 담당직원들이 원활하게 일할 수 있어서 자신들의 사업에 방해가 없기 때문이다. 이와 같은 일명 예배당(아니, 말을 조심스럽게 할 필요 뭐 있겠나?)은 편리의 전당(Chapel of Convenience)이요 방해받은 장례의 성당(Cathedral of Funeralia Interruptus)

이다. 묘지 주인이나 화장터 관리자에게 말하라. 물론 친절하게. 순례자들의 갈 길을 막고 있으니 좀 길을 비켜달라고. 당신은 이 성도가 세례를 받던 날부터 함께 걸어 왔었다. 당신이 할 수 있는 최소한의 일은 하나님의 자녀 된 그와 함께 무덤가까지, 끝까지 가주는 일이다. 그들이 거절할지도 모른다. 그러나 죽은 자와 함께 마지막 그 몇 미터를 함께 갈 수 있게 해 달라고 적잖은 수의 성직자들이 요구한다면, 변화는 일어날 것이다.[6]

내가 최후에 대해 알고 있는 대부분은 성직자들로부터 배웠다. 어려운 일이 생길 때 이들 하나님의 사람들은 자신이 하고 있던 일을 내팽개치고 달려와 준다. 이들이야말로 지역의 영웅들이다. 한밤중이든, 저녁식사 중이든, 이미 너무나 바쁜 하루의 일과 중이든, 와 달라는 요청만 들어오면 그곳이 침상이건 길가건 중환자실이건 응급실이건 요양원이건 호스피스 병동이건 가정집이건 상관하지 않고 그 요청에 응해 달려온다.

그리고 말도 안 되는 일들을 겪고 있는 사람들이 그 일의 의미를 납득할 수 있도록 돕기 위해 애쓴다. 그들은 소망과 두려움 사이에 벌어지는 피와 살이 튀는 전투의 최전선에 서 있는 거룩한 위생병들이다. 그들의 믿음은 전염성이 있고 용기를 준다. 그들의 함께 있어줌은 향유요 기름부음이다.

루터교 목사 그에게는 무덤가 하관예배에서 항상 부르는 찬송이 "만복의 근원 하나님"이다. 그의 찬송이 말할 수 없는 슬픔의 열린 목구멍에서 불려진다. 그 찬송의 위로와 확신에 깜짝 놀란다.

천주교 사제 그가 고양된 목소리와 고대의 언어로 천상과 지상의 군대를 불러내기 위해 그레고리안 성가와 "인 빠라디슘"(In Paradisum, 낙원의 노래 – 역주)을 라틴어로 읊조리는 동안 그의 인도를 따라 운구행렬이 무덤가

6　Long, *Accompany Them with Singing*, 177.

로 나아간다.

젊은 침례교 목사 그는 도대체 무슨 말을 해야 할지 몰라, 자신의 하모니카를 꺼내어 찬송가 "큰 죄에 빠진 날 위해"의 애달프고 친숙한 멜로디를 우리 마을에서 가장 유명한 죄인들 중 한 명의 관 위로 연주한다. 슬픔에 잠긴 가족들에게는 조용한 약속으로, 지나치게 의로운 척하는 사람들을 향해서는 기습적인 공격으로 이렇게 읊조린다.

"등자와 바닥 사이에서, 자비를 구하여 자비를 찾았네"

(Between the stirrup and the ground, mercy sought and mercy found. 갑자기 찾아온 죽음의 짧은 순간에도 하나님의 자비를 경험할 수 있다는 내용의 시구. 여기서 등자란 말을 타고 앉았을 때 두 발로 디디게 되어 있는 물건을 지칭함 - 역주).

3. 목회적 돌봄으로서의 주검 보살피기

성공회 사제였던 내 친구 제이크 앤드루스(Jake Andrews)는 수년 전 죽었지만 지금도 기억되고 있다. 그는 그의 담당 교구를 섬기는 것 외에도 소방경찰국 담당목회자였고, 우리 지역에서 교회를 안 다니거나 신앙이 식어버린 사람들에게 담임목사요 믿음직한 사람(go-to guy)이 되었다.

앤드루스 신부는 항상 나와 함께 영구차를 탔다. 무덤이 몇 분 거리에 있든 몇 시간 거리에 있든, 날씨가 좋든 궂든, 들을 사람이 수백 혹은 수십 명이 모여있든 아니면 달랑 우리 둘 뿐이든 그는 마치 그렇게 하는 것이 자신에게 주어진 일인 듯 서서 성경을 읽었다.

다른 데서도 마찬가지였지만 그의 마을 사람들과 교인들에게 화장이 규범으로 자리 잡자, 그는 산 자들을 차와 케이크와 얼음이 준비되어 있는 교구 강당에 있게 하고, 나와 함께 죽은 자를 데리고 화장터로 갔다. 그곳에서 그가 사제직을 수행할 때 보여준 확고한 믿음과 깊은 인간애는 그리스도의 재현인 듯 보였다.

목회적 돌봄에는 자신이 매장하고 화장하도록 부탁받은 성도들을 돌보는 것이 포함된다고 제이크 앤드루스는 믿었다. 세례와 혼례는 "쉬운 의무"인 반면, 장례는 "수영장의 깊은 쪽"이라고 그가 말했다. 나는 우리 모두가 그렇듯 그에게도 영혼의 음침한 밤, 천사와의 씨름, 이성적 의심들이 있을 것이라고 생각한다. 그가 가장 좋아했던 성경 연구도 욥기(the book of Job)에 대한 것이었으니까.

하지만 그는 죽은 자들이 그리스도 안에 살아있다고 믿었다. 그는 문에서 조문객들을 맞이하며 탄식하는 그들에게 천국을 역설했다. 그 자리에 와 주는 것, 협력하는 것, 무슨 짐이든 나눠 져주는 것, 산 자와 죽은 자와 함께 그 길 끝까지 가주는 것 등 함께 있어 줌의 힘(the power of presence)을 나에게 가르쳐 준 것은 바로 제이크였다. 육체의 부활과 빈 무덤을 믿는 살아있는 신앙을 가졌다면 죽음으로 인한 기본적인 의무들에서 벗어나려 해서는 안 된다고 그가 내게 가르쳐주었다.

4. 어디에나 있으면서 어디에도 없는 존재로 뿌려지다

결국 휴이 맥스위건은 스코틀랜드에 뿌려졌다. "항상 원했지만 한 번도 가지 못했던 여행"이라고 가족들이 내게 말했다. 그들은 내가 글을 쓰러 영국 제도(British Isles)에 종종 간다는 것을 알고 있었다.

"다음에 가실 때 그를 데려가 주세요."

그의 셋째 부인의 말이었다. 그래서 나는 그렇게 했다. 에든버러 페스티벌(Edinburgh Festival)에서 책을 출간하기 위해 초대받았던 것이다.

공항 엑스레이 검색대에서 내 가방 안에 "약간 짙은 농도의 소지품"이 발견되었을 때, 나는 보안요원에게 그것은 휴이 맥스위건의 화장 분골인데, 혹시 그녀가 더 정밀하게 검색하기를 원하는지 물었다. 그녀는 머리를 저은 뒤 나를 통과시켰다. 나는 히드로(Heathrow) 국제공항 세관에서 휴이를 신고하지 않았고, 북쪽으로 올라가는 기차에서도, 채닝스(Channings) 호텔에 체크인하면서도 그냥 잠자코 있었다.

나는 프린세스 스트리트(Princess Street) 쪽의 정원들, 혹은 어쩌면 성곽 구석 어디쯤에 뿌려주는 것은 어떨까 생각해보았지만 8월 중순의 인파로 인해 그곳은 불가능했다. 휴이에게 천국은 다시 술을 마실 수 있는 장소를 의미하지 않을까 하는 이론에 근거해 웨이벌리 역(Waverley Station)근처의 선술집에서 그를 보내주는 것은 어떨까 생각해보기도 했다.

하지만 나를 손짓하여 부른 것은 딘 브리지(Dean Bridge)에서 내려다보이는 풍경이었다. 그 깊은 골짜기. 그 장소를 딘(Dean)이라고 부르게 한 유래가 된 깊은 골짜기. 유유하게 늘어진 나무 아래로 강물이 길을 뚫어 만들어 낸 골짜기. 나는 그곳을 "사망의 음침한 골짜기"(구약성경 시편 23편의 표현 – 역주)라고 생각했다.

나는 벨그레이브 크리센트(Belgrave Crescent)쪽으로 내려가서 은밀한 정원으로 들어서는 잠겨있지 않은 문 하나를 발견했다. 하지만 그곳은 지나치게 완벽했다. 너무 장미정원 같고 잔디도 잘 손질되어 있었다. 그때 나는 물 떨어지는 소리에 이끌렸다. 그곳을 나가서 딘 패리쉬 처치(Dean Parish Church)와 거기 있는 무덤가를 지났다.

작은 길가에 흐르는 물을 따라 걸어서 다시 다리 쪽으로 돌아가다가 나는 아주 작은 낙수(waterfall)를 발견했다. 외관상으로 보이기는 옛날에 물레방아가 있던 자리인 듯했다. 나에게 맡겨진 의무를 수행하기 위해 나는 휴이의 분골을 꺼내서 쏟았다. 일부는 구불구불 쏟아지는 위쪽 물에 떨어졌고, 나머지는 휘돌아가는 아래쪽 물에 빨려 들어갔다.

공기의 흐름을 따라 진주 빛깔의 구름이 재빨리 움직이던 것이 생각난다. 아마 당신이 연어가 알을 낳는 장면을 보았다면 그것과 비슷하다. 휴이의 남겨진 잔해들이 하류 쪽으로 사라지는 것을 보면서, 나는 내가 어린 시절 보았던 카우보이 드라마에서 이야기가 끝날 무렵, 마스크를 쓴 사람이 말을 타고 멀리 달려 사라질 때 사람들이 항상 하던 말이 기억났다.

"빛의 속도로 달리는 불같은 말, 먼지 구름, 그리고 호탕하게 '가자, 실버!'를 외치는 사나이…론 레인저(The Lone Ranger)!"

이제 저 아래로 휴이가 떠나간다. 나는 생각했다. '가지, 실버!'를 외치며 멀어진다고. 작은 뼈의 파편들, 그의 일부였던 조각들이 레이드 강(the Waters of Leith) 자갈바닥에서 빛나고 있었다. 그러는 동안 그의 먼지 구름은 재빨리 길을 재촉해 하류로 흘러가 결국 포스(Forth) 하구에 도달하고, 다시 북해(North Sea)로 들어갔다가 온 세상을 떠도는 바닷물(diasporic waters, 전 세계에 흩어져 사는 유대인 디아스포라를 빗대어 말한 비유적 표현 – 역주)에 합류될 것이다.

이제 모든 요소(흙, 바람, 불, 물)를 가진 존재가 된 휴이는 성령 하나님과도 같다. 어디에나 있으면서 어디에도 없는. 살아있는 모든 것 안에 거하면서 어디에도 없는. 언제까지나 우리와 함께이지만 항상 혼자이신. 복 되시며 복 주시는 성령 하나님 말이다. 그럼에도 불구하고 나는 기도했다. 있기도 하고 없기도 한 존재가 되는 그의 첫 순간의 모습을 바라보면서.

묵상 17(Meditation XVII)

존 던(John Donne)

교회가 한 사람을 묻을 때, 그 행위는 나와 관련이 있다. 모든 인류는 한 저자가 쓴 한 권의 책이다. 한 사람이 죽는다고 그 책에서 한 장이 찢겨나가는 게 아니다. 그저 더 훌륭한 언어로 번역되는 것이다. 그리고 모든 장은 반드시 번역되도록 되어 있다. 하나님은 여러 번역가를 고용하신다. 책의 일부는 나이라는 번역가가 맡고, 다른 부분은 질병이, 또 다른 대목은 전쟁이, 그리고 또 어떤 부분은 정의라는 번역가에 의해 번역된다. 하지만 모든 번역 가운데에 하나님의 손이 함께하신다. 모든 책이 서로를 향해 열려 있는 채로 정리가 되어 있는 그 도서관에 진열되기 위해, 우리 모든 흩어진 페이지들은 하나님의 손에 의해 다시 제본된다. 그러므로 설교 시작을 알리는 저 종소리는 설교자만을 부르는 것이 아니다. 회중들더러 오라고 부르는 것이기도 하다. 그 종소리는 우리 모두를 부르고 있는 것이다…그 누구도 외딴 섬인 사람은 없다. 모든 사람은 대륙의 한 자락이요, 전체의 부분이다. 흙 한 덩어리가 바다에 씻겨 나가면, 유럽은 그만큼 작아지는 것이다. 해안 절벽 하나가 떨어져 나가는 것만큼이나, 그리고 당신 친구의 대저택, 혹은 당신 자신의 대저택이 무너져 내리는 것만큼이나 말이다. 어느 누구의 죽음이건 그것은 나를 줄어들게 한다. 왜냐하면 나도 인류에 속해 있기 때문이다. 그러므로 누구를 위하여 종은 울리나 알아보려고 사람을 보내지 말라. 그 종은 바로 그대를 위해 울리는 것이니까.*

---

* 시구의 일부가 헤밍웨이의 소설 『누구를 위하여 종은 울리나』(*For whom the bell tolls*) 의 제목으로 사용됨 – 역주.

제8장

움직임 감각, 의미 감각, 소망 감각: 좋은 장례예식

토마스 G. 롱

내가 20대 초반이었을 때 치료사 에른스트 샤흐털(Ernst Schachtel)에게 찾아가서 얘기하고, 얘기하고, 또 얘기를 나누었던 기억이 난다. 어느 날 그가 내게 말했다.
"그런데 당신이 원하는 건 뭐죠, 브로야드 씨? 뭘 원하세요?"
나는 말했다.
"저는 변모되길 원합니다"
(변모, 變貌, transfiguration, 마태복음 17장 등에 소개된 사건으로서, 제자들과 산에 오른 예수가 그전 모습과는 확연히 구별되는 모습으로 변화된 것을 지칭하는 특정 표현 – 역주).

아나톨레 브로야드(Anatole Broyard)의
『나의 질병과 생사에 관한 다른 이들의 글에 취하여』(*Intoxicated by My Illness and other Writings on Life and Death*) 중에서

1. 당혹스런 종(種)과의 근접 조우
(Close Encounters of the Bewildering Kind*)

지구인들의 생활 방식을 연구하는 데 관심을 가진 화성인 여행자가 미국의 전형적 장례식을 염탐하러 온다면, 그는 아마도 그 경험으로 인해 엄청나게 혼란스러워 할 것이다. 그는 무엇을 관찰하게 될까? 그의 우주선이 보통의 백인들이 모여 사는 교외 지역에 착륙한다면, 그는 아마도 전통적인 의미에서의 장례식은 전혀 볼 수가 없을 것이고 대신 추모식을 보게 될 것이다. 다시 말해 추억에 대한 예식(service about memories)이다. 왜냐하면 죽은 사람, 그녀 이름을 엘리자베스(Elizabeth)라고 하면, 죽은 엘리자베스는 이 행사에 나오지 않는다. 그녀의 육신은 이미 이 행사가 열리기도 전에 은밀하게 화장되거나 매장되거나 기증되었기 때문이다.

우리의 화성인 손님은 사람들이 어딘가에 (교회, 장례식장, 강당 등) 모여 각자 자리를 잡고 조용히 앉아 기다리고 있는 것을 보게 될 것이다. 어쩌면 피아니스트, 오르간연주자, 실내악단 등에 의한 연주, 혹은 디지털 방식으로 녹음된 음악이 모임의 시작을 준비하기 위한 배경음악으로 깔릴 것이다. 그 다음에는 제스쳐, 연설, 상징, 작은 예식 등이 뒤따르게 된다.

우리의 화성인은 아기 때 사진, 결혼사진, 여행 다니며 찍은 사진 등 엘리자베스의 모든 것을 담고 있는 이미지들이 번쩍 번쩍 지나가는 영상물 하나를 볼 수도 있다. 행사장으로 들어서는 입구에 놓인 탁자에는 골프채, 좋아하던 요리책, 동호회에서 받은 메달, 좋아하는 스포츠 팀의 삼각 깃발, 그녀가 손수 코바늘로 뜬 옷가지 등 엘리자베스의 삶을 보여주는 전시물들이 놓여 있을 수도 있다.

예식이 계속 진행되면, 다른 행성에서 온 우리의 손님은 몇 사람이 엘리자베스에 대해 이야기하기 위해 마이크 앞으로 나오는 것을 볼 수도 있

---

* 외계인과의 조우를 다룬 영화인 "클로스 인카운터"(*Close Encounters of the Third Kind*)의 제목에 대한 패러디 - 역주

다. 그들 중 일부는 짓궂은 이야기를 하거나, 포복절도하게 하는 농담을 한다. 그리고 또 다른 어떤 이는 손으로 직접 적어온 원고를 읽는다. 떨리는 손과 겨우 억누르는 흐느낌이 느껴진다.

우리의 화성인이 주의 깊게 들었다면 그는 엘리자베스가 커뮤니티 병원(Community Hospital)에서 화요일 날 죽었으며, 이제 예전의 그녀와는 다른 존재, 이를테면 "절대로 잊히지 않을 영원한 기억" 또는 "반짝이는 별처럼 저 하늘의 빛" 또는 심지어 "우리를 내려다보고 있고 그녀의 아이들을 보호하고 있는 천사"가 되었다는 것을 알게 되었을 것이다. 엘리자베스는 "웃음과 즐거움을 사랑했던" 사람이었기 때문에 "우리가 오늘 슬퍼하는 것을 원치 않을" 것이라는 말도 화성인이 들었으리라는 점은 의심의 여지가 없다. 심지어 울고 있던 사람들도 그렇다고 말할 것이다.

시나 성경 구절, 또는 노래 가사, 그도 아니면 감동적인 인용구가 낭독될 것이다. 왜냐하면 그것은 "엘리자베스가 가장 좋아하던" 것들이니까. 양초가 밝혀지고, 음악도 연주된다. 이 예식을 진행하는 사회자는 아마도 종교 지도자거나 가족의 일원 중 한 명일 것이다. 하지만 우리의 화성인 방문자가 만약 새로운 예식 사회자로 부상하고 있는 "셀레브런트"(celebrant, 예식진행자)가 진행하는 추모식에 가 있는 경우라면, 그는 심지어 이런 말을 듣게 될 것이다.

> 자유를 얻은 엘리자베스의 영혼이 음악에 담겨 돌아왔습니다. 헨리(Henry)는 그녀가 좋아하던 노래들을 모두 모아 멋진 CD 한 장을 만들었습니다. 아무쪼록 여러분들이 그녀를 생각하시면서 음악을 감상하시고, 춤도 추시고, 엘비스(Elvis Presley)와 비틀즈(The Beatles)와 플리트우드 맥(Fleetwood Mac)의 음악을 맘껏 즐겨 주시기 바랍니다. 좋아요 여러분, 제가 셋을 세면 여러분 모두…"당신을 펑키타운에 데려가겠어요"(Let

me take you to Funky town)라고 외쳐 주십시오. 하나, 둘, 셋.²

"이게 다 도대체 무슨 뜻이지?"

염탐 중이던 우리의 화성인은 분명 어리둥절하게 될 것이다. 사망 예식과 같은 인간의 복잡한 예식이, 그가 화성(Mars)에서 왔건, 혹은 미네아폴리스(Minneapolis)에서 왔건, 혹은 모잠비크(Mozambique)에서 왔건 관계없이 외부인이 이해하기에는 너무 어렵기 때문일 수 있다. 이런 예식행사는 다른 사람들은 알아챌 수 없는 내부자들의 암호(insider code)로 가득 차 있기 마련이다.

독일 여행객이 뉴욕 양키스의 야구 경기를 처음으로 보게 되면 안타, 도루, 실책 등은 금방 이해하겠지만, 이중 도루, 희생 번트, 7회 초와 7회 말 사이의 휴식 타임 등에 담긴 신비를 모두 이해하는 것은 더 많은 경기를 관람한 후에나 가능한 것처럼, 죽음의 예식도 마찬가지다. 죽음의 예식은 제스쳐, 신화, 감정, 생각, 추억, 기대 등이 복잡하게 뒤엉켜 있는 혼합물이다. 그리고 그 안에 담긴 의미는 경험이 있는 사람들만 충분히 이해할 수 있다.

하지만 우리의 화성인을 어리둥절하게 만드는 것은 복잡성 때문만은 아닐 것이다. 엘리자베스의 추모식이 그를 혼란스럽게 하는 것은 솔직히 오늘날 다른 유사한 예식들도 그렇지만 그녀의 추모식은 당혹스런 엉망진창이었기 때문이다. 심지어 선의로 가득 찬 상냥한 사람들에 의해 만들어진 경우에도 이런 예식들은 종종 일관성을 결여하고 있다.

심한 경우 형식도 없고 목적도 없으며, 전통이나 구조도, 돛이나 키도 없다. 그런 예식들은 고등학교 장기자랑대회나, 부자연스런 야외극, 계류장에서 풀려나 하류로 떠내려가는 부스러기 같은 종교의식들이 버무려진

---

2 These words are taken verbatim from a representative "memorial ceremony" offered by a Celebrant training agency as an example of what a Celebrant-led service might contain. All names, however, have been changed, and some punctuation altered.

감상적 동작들처럼 마구잡이 잡동사니가 되어버리기 십상이다. 많은 경우 이러한 예식들은 분위기를 돋우는 진행자가 있는 일종의 즉흥극 공연장이 되어버린다.

엘리자베스의 추모식을 구성하고 있는 것은 무엇인가?

예식을 하나로 묶어주는 구조는 어디에 있는가?

브로드웨이 공연에서 연기는 구조화된 순서를 가지고 있다. NFL(National Football League) 미식축구 경기에도 킥오프와 2분 경고 따위가 있어 논리적으로 진행된다. 법정의 재판도 첫 번째 변론으로부터 최종 판결에 이르기까지 논리적으로 진행된다. 이런 모든 공적 행사들은 플롯 구조로 짜여 있어서 이야기를 만들어낸다. 예를 들자면, 소년이 소녀를 만나고, 베어스(Chicago Bears, 시카고를 연고로 한 미식축구 팀 – 역주)는 뒤지고 있다가 역전승을 거두며, 바람을 피운 사람이 결국 죄책감에 시달린다는 둥의 이야기들 말이다.

그러나 그에 비해 엘리자베스의 추모식의 리듬과 흐름은 제멋대로이고 구조화되지 못한 듯하다. 우주를 여행해 온 사람이나, 문화인류학자나, 심지어 엘리자베스의 가족까지도 그녀의 추모식이 어떤 이야기를 풀어내고 있는지 정확하게 이해하는 것은 어려울 것이다. 심지어 이번 예식을 계획한 사람들도 아마 유행을 따르고 있을 뿐, 자신들이 당초 어떤 이야기를 하고 싶었는지, 어떤 진지한 의미를 담아내고 싶었는지 확실히 모르고 있다. 물론 그들이 삶의 경축을, 그리고 엘리자베스에 대한 추억들을 무대에서 표현하고 싶었던 것만큼은 알 수 있지만 말이다.

실제로 이 예식을 통해 드러난 것은 (이것이 문제들 중에 하나인데) 있는 그대로의 진짜 엘리자베스가 아니라, 모호하고 흐릿하며 더러운 곳은 깨끗하게 닦아낸 엘리자베스이다. 그녀는 이곳에 없다. 육체적 인간, 실제로 살았던 엘리자베스, 일상의 책임들로 짜여 있는 삶을 살았던, 그러나 이제는 정말 죽은, 그런 엘리자베스는 없다. 이 예식의 엘리자베스는 활기차지만 부재중인 엘리자베스다.

우리의 소망 섞인 상상 속에서 회상되지만 조목조목 낱낱이 기억되지는 않기를 갈망하며, 사람들이 알아봐주되 모든 것이 기록되지는 않기를 바라고, 사람들이 자신을 그리워하되 진실로 애통하지는 않기를 바라는 꾸며진 엘리자베스이다. 체셔 캣(Cheshire Cat, "이상한 나라의 엘리스"에서 항상 히죽거리며 웃는 고양이 - 역주)처럼 웃음을 빼곤 모든 것이 다 사라져 버린 엘리자베스가 이 예식에서 추모되는 엘리자베스이다.

그리고 예식 자체에 대해 말하자면, 양초와 농담, 영상물과 팝음악, 시민종교와, 얄팍한 영성이 있지만, 이 예식에는 이야기 흐름이 결여되어 있다. 이 예식은 엘리자베스의 삶과 죽음에 담긴 의미에 관한 이야기라기보다, 벽에 던져 뭐라도 하나 붙어주기를 바라는 마음으로 내던진 스파게티처럼, 우리가 갈망하는 긍정적 느낌을 일으킬 무언가가 터져주길 바라면서 이것저것 버무려 놓은 의식의 스파게티라고 할 수 있다.

2. 땅에 대한 필요한 감각

엘리자베스의 추모식에 대한 조금 전의 비판에 대해 가능한 반응 몇 가지를 우리는 상상해 볼 수 있다.

첫 번째 반응은 다음과 같다.

"그래서 뭐요? 맞아요. 어쩌면 이 예식은 시와 일화들과 회상들과 추모사와 재치 있는 이야기들과 팝 음악으로 이어 붙여놓은 조각 이불과 같을 수도 있어요. 하지만 당신이 뭔데 일관성이 미덕이라는 거죠? 결국, 이 추모식은 정말 엘리자베스가 어떤 사람인지를 알고 있는 사람이 그녀를 사랑했던 사람들을 위해 실행한 거예요. 그녀에 대한 추억에 초점이 맞추어지고, 그녀의 가족과 친구들에게 긍정적인 느낌을 주는 데 초점이 맞추어진 말들과 행위들을 한데 모으는 것, 이런 의식에서 요구되는 것들은 바로 그런 것들 아니던가요? 죽음으로 인한 상실과 고통을 겪고 있는 사람들에게는 하고 싶은 일과 해야 할 일들이 있습니다. 어쩌면 그 결과는 비록 매끄럽거나 전문적이지 않을 수 있겠죠. 하지만, 진심어린 추모식이었고, 사람들로 하여금 엘리자베스의 생애를 경축하게 해주었습니다. 바로 이런 것이 '좋은' 장례 아닌가요?"

우리의 비판에 대한 두 번째 반응은 이렇다.

"맞습니다. 가족과 친척들이 아무렇지도 않은 척 했다는 것 외에, 엘리자베스의 추모식에 특별한 의미가 없었다는 것은 사실입니다. 그 예식으로 그들의 기분이 좀 더 나아졌다니 뭐 좋습니다. 우리는 그것에 대해 못마땅해 하지 않습니다. 하지만, 이 추모식에 어떤 깊은 의미가 없었던 이유는 간단합니다. 발견할 만한 깊은 의미란 원래 없는 거니까요."

정확히 이런 식으로 느끼는 사람들이 우리 사회에 갈수록 더 많아지고 있는데, 그들은 죽은 자를 위해 그 어떤 예식도 치르지 않기로 결정하고 "예식 없음" 옵션을 택한다. 장례식과 추모식은 환상과 희망사항에 기초하여 행해지는 것이므로 잘한 경우 불필요한 것이며 최악의 경우 해롭기까지 하다고 그들은 결론짓는다. 죽음은 예상했던 사건, 즉 생물학적으로 피할 수 없는 사건 그 이상도 그 이하도 아니기에, 그저 용감하게 맞이해야만 하는 것이라고 그들은 말한다. 그 외에는 어떤 심오한 문화적, 사회적, 또는 종교적 의미가 도출될 수 없다는 것이다.

그들의 주장은 계속된다.

"어떤 여인이 임신하면 우리는 교회나 회당이나 산부인과 병동에 모여, 시를 낭송하거나 노래를 부르거나 이야기를 하지는 않습니다. 하나의 정자가 하나의 난자를 만나 수정체를 만든 건데, 그게 전부입니다. 그것은 우연히 일어난 일인데, 이러한 생물학적 사실은 그 나름의 생물학적 의미가 있습니다. 그것이 기쁜 일이든, 그렇지 않든 말입니다. 생명의 끝도 마찬가지입니다. 한 사람이 죽으면 그 생물학적 사실 또한 그 나름의 생물학적 의미가 있습니다. 그런데 왜 모여서 노래를 하고 그것을 위해 시를 낭송해야 한다는 거죠? 죽음이 우리로 하여금 슬픈 느낌을 일으킬 수 있겠죠. 하지만 그 죽음에 대한 반응으로 그 어떤 추억과 애통이 생겨나든, 그런 것들은 개인적이며 내부적이며 시간이 흐르면 사라지는 경험들입니다. 따라서 그런 것들은 공적 예식이라는 광대놀음 없이 개인적으로 경험되는 것이 가장 바람직합니다."

세 번째 반응은 내가 믿기로 다른 반응들보다 더 많은 지혜가 담겨 있다. 엘리자베스가 죽었을 때 그녀의 죽음은 단지 생물학적 사건이 아니고 단지 개인적인 사건도 아니었다. 오히려, 엘리자베스의 죽음을 포함하여 그 어떤 인간의 죽음이든지 그 죽음은 사회라는 옷감의 찢겨짐이다.

그리고 그것은 두 가지 커다란 필요를 발생시킨다. 그 둘 다 매우 공적이다.

첫째, 그 육체는 보살핌과 처리가 필요하다.

둘째, 공동체는 죽은 사람의 삶의 이야기, 그리고 우리가 인간으로서 죽음과 삶을 어떻게 이해하는 지에 대한 더 크고 더 오래되고 가슴에 품어 왔던 이야기를 다시 한 번 말할 필요가 있다.

육체를 보살피는 것과 이야기를 말하는 것, 이 두 가지 필요는 분리될 수가 없다. 그것들은 한 동전의 앞뒷면과 같다. 육체를 보살피는 것은 우리가 그 거대한 이야기를 말하는 방법의 일부이며, 삶과 죽음의 의미에 대한 그 거대한 이야기는 우리가 그 육체를 어떻게 돌볼 것인가 그 방법을 결정한다.

베라 스미스(Vera Smith)라는 이름의 65세 된 뉴올리언스(New Orleans, 미국 남부 루이지애나 주의 중심 도시 – 역주) 여성은 허리케인 카트리나 (Hurricane Katrina)가 2005년에 그 도시를 강타한 후 혼란스러웠던 어느 날 뺑소니차에 치여 죽임을 당했다. 생명을 위협하는 응급사건들, 확산되는 약탈같은 보다 더 시급한 문제들로 정신이 없던 경찰은 이미 죽은 누군가를 위해 시간을 낼 수가 없었다. 그래서 그들은 그녀의 시체를 수습해 달라는 베라 이웃들의 반복되는 요청을 무시했다. 그녀의 시체는 5일 동안이나 길거리에 방치된 채 있었다. 방치된 그녀의 시체를 찍은 사진이 신문을 통해 전국적으로 알려졌을 때 그녀는 카트리나의 참상과 그 도시의 무력함을 나타내는 아이콘이 되었다.

결국, 베라의 이웃들은 무엇인가 해야 하는데 외부에서는 그 어떤 도움도 오지 않을 것이라는 결론을 내렸다. 그래서 그들은 그 책임을 자신의 것으로 받아들여, 누군가 죽으면 인간으로서 해주어야 할 그런 일들을 해주었다. 주변에서 흙과 돌멩이와 벽돌을 모아 베라의 육체를 덮고 비록 임시적인 것이긴 하지만 그녀를 위한 무덤을 만들어 주었고, 그 장소를 "베라의 모퉁이"(Vera's Corner)라고 이름 붙였다.

베라의 이웃들이 그녀의 시신을 덮는 일을 하면서, 그들은 그녀가 멕시코에서 태어나 어떻게 남편인 맥스(Max)와 함께 뉴올리언스로 이주해 오게 되었는지, 그녀가 얼마나 화려한 색깔의 옷을 입었으며 과감한 장신구를 착용했었는지, 그리고 그녀가 얼마나 잘 웃었으며 그 웃음은 얼마나 전염성이 있었는지 등의 이야기를 서로 주고받았다. 그녀의 두 강아지들에게 그녀가 얼마나 헌신적이었는지에 대해, 또한 그녀가 지역 가톨릭교회의 미사에 정기적으로 참석하던 신자였다는 사실에 대해서도 이야기했다. 그녀의 무덤을 가리키며 어떤 이웃이 말했다.

"저기 베라 부인이 있습니다. 우리는 그녀를 압니다."

마침내 베라의 육신은 화장되었고, 그녀의 분골은 텍사스에 있는 그녀 부모들의 무덤가에 뿌려졌다. 하지만 베라의 가족들이 이처럼 더 품위있게 화장처리를 해주기 전까지, 그녀의 이웃들은 극단적인 상황에서 그들이 할 수 있는 최선을 다해 그녀의 육체를 보살피며, 그녀에 관한 이야기를 나누는 이 두 가지 중요하고 꼭 필요한 조치를 수행해냈다. 그들은 베라를 묻었던 무덤 양쪽에 무궁화 두 그루를 심고, 무덤 옆 인도에 다음과 같이 썼다.

"베라 이곳에 눕다. 신이시여, 우리를 도우소서."[3]

---

[3] The story of the burial of Vera Smith is drawn from two news stories of the event: Anna Badkhen, "Tired of Waiting for Authorities to Help, Citizens Rescue the Living, Bury the

베라 스미스의 매장에 관한 이야기는, 우리가 인간으로서 죽은 자를 위해 무엇을 해야 할지 본능적으로 알고 있음을 보여주는 하나의 지표일 뿐이다. 베라의 뉴올리언스 이웃들처럼 우리가 느끼는 첫 번째 충동은 그 일을 관계당국에 맡기는 것, 즉 죽은 자 돌보는 일을 다른 사람의 책임으로 떠넘기는 것이다.

그러나 우리가 그 일을 자력으로 해야만 할 때, 무슨 일을 해야 하는지 우리는 우리의 DNA 저 깊은 곳에서부터 이미 알고 있다. 우리는 또한 상황이 덜 극단적이고, 고맙게도 죽음과 관련한 필수적인 일들을 우리가 수행하도록 도와줄 사람들(장의사, 목회자, 묘지작업자 등)이 주위에 있을 때에라도 이러한 인간의 임무를 수행할 책임은 궁극적으로는 인간으로서 우리 자신들에게 있음을 알고 있다.

윌리엄 카를로스 윌리엄스(William Carlos Williams)는 자신의 시 "영송"(詠誦, Tract)에서 이렇게 읊조린다.

> "나의 주민들이여, 나는 그대들에게 어떻게 장례예식을 실행하는지에 대해 가르칠 것이오. 그대들은 땅에 대한 필요한 감각을 가지고 있소."[4]

진정 우리는 "필요한 기본적 감각" 즉 죽음을 당하여 지혜롭게 행동하는 데 필수적인 사회적 기억을 가지고 있다. 문제는 오늘날의 많은 죽음의 예식들이 이러한 기본적 감각으로부터 단절되어 있고, 우리에게 무엇이 요구되는지를 잊어버렸다는 것이다.

그 결과, 우리는 마치 우리가 전에 이 길을 한 번도 걸어본 적이 없다

Dead", *San Francisco Chronicle* (September 4, 2005) and Andrew Buncombe, "Dignity at Last for Vera Smith, the Iconic Victim of Hurricane Katrina", for *Independent News & Media* (November 18, 2005), both accessed at http://www.deadlyroads.com/memorial/vera_smith.html.

4 William Carlos Williams, *The Collected Poems of William Carlos Williams: Volume 1 (1909-1939)* (New York: New Directions Books, 1986), 72.

는 듯 이제 우리가 모든 것을 새롭게 만들어내야 한다고 생각하는 지점에까지 오고 말았다. 따라서 우리는 지혜롭게 보이지만 사실은 이해하기 힘든 죽음의 예식들을 즉흥적으로 만들어냈고, 죽음과 슬픔과 소망의 실재(reality)를 하찮아 보이도록 만들었다.

3. 좋은 장례예식의 가능성

어쩌면 "좋은 장례예식"이라는 표현은 이상할 뿐 아니라 심지어 죽은 자에게 불경한 것처럼 보일는지 모른다. 어찌 되었든 상실과 슬픔을 가져온 상황인데 어찌 그 장례가 좋을 수 있겠는가? 하지만 어떤 장례예식을 "좋다"라고 부르는 것은 그 장례가 어찌어찌하여 상실의 고통을 감추어 주었다거나, 그 예식이 여흥적인 측면에서 즐길만한 "좋은 시간"(good time)이었음을 의미하는 것은 아니다. 최고의 음악과 최상의 시로 꾸며져 예술적으로 탁월한 예식이었다고 말하는 것은 더더구나 아니다.

장례라는 예식이 마땅히 수행해야 할 일을 수행하고, 그 예식의 합당한 목적을 달성할 때, 우리는 그 장례예식을 가리켜 "좋은" 장례예식이라고 말할 수 있다. 토마스 린치는 설득력있게 말한다.

"좋은 장례예식은 죽은 자로 하여금 그가 가야할 곳에 가게 하고, 산 자들로 하여금 그들이 있어야 할 곳에 있게 하는 장례예식이다."

몇 년 전, 아내와 나에게는 링컨센터에서 뉴욕 필하모닉 오케스트라와 웨스트민스터 합창단이 협연하는 멘델스존의 "엘리야"(Elijah) 공연 입장권이 있었다. 이 공연은 전설적 지휘자 레너드 번스타인(Leonard Bernstein)이 뉴욕 필하모닉 지휘자로서 하는 마지막 공연이었다. 하지만 슬프고 뜻밖에도 번스타인은 공연을 불과 몇 주 앞두고 암으로 인한 합병증 때문에 숨을 거두고 말았다.

번스타인의 빈자리를 대신하기 위해 커트 마수르(Kurt Masur)를 유럽에서 급히 불러들여 수석 지휘자 자리를 맡겼다. 준비할 시간이 매우 짧았기 때문에, 마수르는 매일 많은 시간을 들여 악보를 샅샅이 연구하고 연주자들과 리허설을 하면서 맡겨진 일에 혼신의 힘을 다해 매달렸다.

공연이 있던 밤, 그는 지휘자석에 올랐고 긴박한 에너지로 가득했다. 그는 지휘 그 이상을 해냈다. 흥분에 찬 그의 몸은 연주자들을 향해 활처럼 움직였고, 그의 지휘봉은 전기에 충전이라도 된 듯하여, 합창단과 오케스트라로부터 모든 가능한 노력과 탁월성을 불러내었다. 마수르의 지휘는 공기처럼 가벼움과 육중한 강렬함을 동시에 갖고 있었고, 그가 이끌어낸 연주는 숭고했다.

공연이 끝날 즈음, 그의 몸은 땀으로 범벅이 되어 있었다. 관객들이 기립하여 떠나갈 듯한 갈채를 보내자, 그는 마치 축도하는 성직자처럼 그의 팔을 벌려 한 손으로는 솔리스트들을, 다른 한 손으로는 모든 연주자들을 향했다. 그의 노력 덕분에 우리는 선물 하나를 받았다. 그것은 그저 멋진 오케스트라라는 선물도, 훌륭한 합창단이라는 선물도, 심지어 커트 마수르의 재능이라는 선물 정도가 아니었다. 이 모든 것들은 이 공연의 더 큰 목적의 달성에 기여하였다. 멘델스존의 "엘리야"라는 선물 말이다.

마찬가지로, 어떤 장례예식을 좋은 장례예식이 되게 하는 것은 연설이 좋아서, 긍정적인 분위기 때문에, 혹은 음악이 잘 맞아서라기보다는, 그 모든 것들이 그리고 그 이상의 것들이 한데 협력하여 장례라는 음악의 본질을 연주해 낼 때, 다시 말해 죽은 자의 육체가 이별의 장소까지 이르도록 동행하는 일과, 그의 삶과 죽음이 무엇을 의미하는지 잘 이야기하는 일, 장례가 갖는 이 두 가지 기본적 목적이 성취될 때, 우리는 그 장례예식을 가리켜 좋은 장례예식이라 말할 수 있을 것이다. 우리가 이 두 가지 기본적 목적을 염두에 둔다면, "좋은 장례예식"의 몇 가지 특징을 알아 볼 수 있을 것이다.

1) 움직임 감각

좋은 장례예식은 정적이지 않다. 우리가 계속 얘기해왔듯, 죽음에서 가장 필요한 것은 죽은 자의 육체를 이곳에서 저곳으로, 즉 죽음의 자리에서 최종 처리의 자리로 옮기는 것이다. 전 세계 대부분의 지역에서, 그리고 인간 역사를 통틀어서 볼 때도, 울며 노래하며 애통하며 기도하면서 죽은 자의 육체를 무덤이나 불이나 산으로 옮기는 것은 장례 전이나 장례 후에 이루어지는 일이 아니다. 바로 그 움직임 자체가 장례이다.

시체는 반드시 옮겨져야 하는 것을 우리는 안다. 그것에 대해서는 선택의 여지가 없다. 그렇지만 그 육체를 어떻게 옮길 것이며, 그 옮기는 행위에 어떤 의미를 부여할 것인가에 대해서는 우리에게 선택권이 있다. "눈에도 안 보이고 마음에서도 멀어진" 방식으로 은밀하게 시체를 옮기는 것이 오늘날의 추세다. 오직 가까운 가족들만 참관한 채 엘리자베스는 화장되든 매장되든 혹은 의학계에 기증되든 할 것이다. 그게 아니라면 어쩌면 심지어 가까운 가족들마저 참석하지 않은 채, 오직 장의사나 묘지의 매장 담당자나 화장터의 가마 운영자만 엘리자베스의 시신 처리 현장을 지킬 것이다.

하지만 이렇게 은밀하게 시신을 처리하는 것에는 두 가지 의심할 만한 결정이 수반된다.

첫째, 엘리자베스의 시신을 전면에 드러내는 것이 우리가 이루고자 하는 일에 방해가 된다고 생각하거나, 더 심하게는 우리가 원하는 활기찬 분위기를 망치는 당황스러운 대상으로 여기는 태도가 여기에 깔려있을 수 있다. 그러나 엘리자베스의 육체는 엘리자베스 자신과 그녀의 삶의 표시이자 상징이다. 엘리자베스는 남편에 대한 그녀의 사랑을, 자녀들을 향한 그녀의 애정을, 초등학교 교사로서의 그녀의 일을, 혹은 친구들에 대한 그녀의 동정심을 "내가 지금 영혼으로는 너와 함께하고 있는 거 알지?"라는 말과 함께 이메일이나 팩스로 전송하지는 않는다. 그녀의 삶의 본질은 육체 속에 담겨 있다.

　엘리자베스는 그녀의 팔로 남편을 끌어안고, 축복하는 마음을 담아 자녀들을 쓰다듬으며, 사랑의 마음으로 그리고 물리적 신체로 그녀 학생들 앞에 서 있으며, 친구들과 함께하기 위해 발을 움직여 그들 곁으로 간다. 엘리자베스는 육체화된 인격이며, 그녀의 몸이 있는 장소, 그녀의 몸이 행하는 행동이 그녀가 누구인지를 규정한다. 엘리자베스의 죽은 육신이 예전 그대로의 엘리자베스가 아닌 것은 우리도 알고 있다. 하지만 그 육신은 그녀의 신성한 잔재이고, 만질 수 있고 물리적인 그녀 인생의 상징이다. 그래서 우리가 그녀의 육신을 어떻게 돌보는가는 그녀를 향한 우리의 존경의 표현인 것이다. 우리가 만약 엘리자베스를 기리기 원한다면, 우리는 반드시 그녀의 육신을 존중해야 한다.

　둘째, 은밀한 처리에 수반된 의심할 만한 결정은, 엘리자베스의 육체에 발생한 일이 오직 가족들과 그녀와 친밀하게 교제하던 몇몇 적은 사람들에게만 의미가 있다는 듯, 보다 넓은 공동체에서는 들어설 자리가 없다고 보는 점이다. 하지만 우리가 베라 스미스의 경우에서 보듯, 한 사람의 육신에 일어난 일은 하나의 사회로서의 우리가 보다 일반적인 차원에서 인간의 생명을 얼마나 중시하고 있는가를 드러내 보여준다는 것이다. 죽은 자의 육체를 정성껏 보살필 줄 아는 사람이 살아있는 사람의 육체에 대해서도 자비심을 보일 것이라는 점은 거의 확실하다.

　장례행렬이 고속도로를 지날 때, 다른 운전자들은 존경심을 표하기 위해 길 한 쪽으로 차를 붙인다든지, 도로에 운구차가 지나는 동안 보행자들은 엄숙한 침묵을 지키며 자리에 멈춰 서는 것과 같은 오래된 전통이 미국의 어떤 지역들에서는 아직도 지켜지고 있다.

　이와 같은 전통은 보다 일반적인 진리를 가리키고 있는데, 즉 한 사람의 죽음은 우리 전체 공동체의 후퇴라는 점, 또한 우리가 죽은 자를 향해 존경을 담아 머리 숙임으로써 인생의 덧없음에 대해 그리고 생명과 죽음에 담긴 의미에 대해 다시 한 번 되새기는 계기가 된다는 점을 가리키고 있다.

심지어 이런 전통이 더 이상 준수되지 않는 곳에서도 한 사람의 죽음은 그와 같은 진리를 상기시켜 준다. 엘리자베스의 죽음은 그녀에게 가까웠던 사람들에게 더 큰 영향을 끼쳤을 것이 분명하지만, 그럼에도 불구하고 그녀의 죽음은 사회 전체의 손실이며 인간이 죽음을 피할 수 없음을 보여준다.

이와 같은 점에서 장례는 혼례와 적어도 한 가지 특징을 공유한다. 혼례에서 결혼 당사자들은 예식을 들어올 때 혼자 입장했다가 나갈 때는 함께 걸어 나간다. 이 예식은 결혼이 결혼 당사자와 그들을 둘러싼 공동체 모두에게 만들어낸 변화를 연기해내는 공동체 극장의 일부분이다.

이 커플은 오늘 하루를 공식적 미혼으로 시작하지만, 하루를 마칠 때는 하나로 연합되어 공식적 기혼으로 마친다. 그리고 나머지 우리들은 이제 그들을 다르게 생각하며, 그들에게 다르게 대하며, 그 두 사람의 결혼을 설명하기 위해 공동체의 이야기를 변경해야 한다.

장례도 마찬가지다. 우리는 이곳에서 저기로 옮겨가는 한 사람의 드라마를 다시 한 번 연기한다. 육체적 임재로서 우리 가운데 살았던 한 사람이 이제 이전과 같은 방식으로는 더 이상 우리 가운데 거할 수 없는 그런 장소로 옮겨가고 있다. 우리는 그 사람을 그 장소까지 조심스럽게 데려가고, 거기서 우리는 그를 보내준다. 이 죽은 한 사람을 보살피는 것뿐만 아니라 이미 그 길을 걸어갔던 모든 사람들을 생생하게 기억하면서, 그리고 우리 또한 그 길을 여행하게 될 것임을 마음속으로 명심하면서 죽은 이와 함께 행진하며 걸음으로써 우리는 죽음에 대한 이해를 갖게 된다.

이런 일을 "눈에도 안 보이고 마음에서도 멀어진" 방식으로 처리한다는 것은 지금 벌어지는 진실로부터 우리 얼굴을 숨기는 것일 뿐 아니라, 그 길의 마지막 걸음까지 죽은 자와 동행함으로써 얻을 수 있는 지혜와 치유를 우리 자신과 타인들에게서 박탈하는 처사이다. 그런 맥락에서 볼 때 좋은 장례예식이란 죽은 자의 육체를 존중하는 장례예식일 뿐 아니라, 더 적극적인 의미에서, 죽은 사람이 여기에서 저기로 옮겨가고 있으며 그 길을 따라 남은 우리들도 그와 함께 동행하고 있다는 것을 명확히 하는 장례예식이다.

내 어머니께서 몇 년 전 돌아가셨을 때, 나는 바로 이 점에 있어서 우리와 함께 장례예식을 준비하던 장의사를 설득해야만 했다. 그는 자신의 장례식장 건물이 유도하는 안무(choreography, "동선" 정도의 뜻으로 생각할 수 있음 - 역주)를 무척 만족스러워했다. 그런데 그 안무는 효율적인 장례식을 만들어내는 안무일지는 몰라도 드라마의 연기이라는 측면에서 애매모호하고 결국에는 오해하게 하는 안무였다.

이 장례식장에서의 일반적인 절차는 장례에 참석한 사람들을 장례식장에 마련된 예배당에 착석시키고, 그런 다음 연단 왼쪽에서 관이 입장하여 조문객들의 정면 중앙에 잘 보이도록 위치시키는 것이다. 그런 다음 어떤 종류의 예식이든지 예식이 집행되며, 그 예식이 마쳐지면 관은 다시 무대 오른쪽으로 옮겨져서, 묘지로 떠나기 위해 운구가 대기하고 있는 중앙 승차대로 연결되는 문을 통해 관이 퇴장한다.

하지만 이러한 움직임, 무대 왼쪽에서 무대 오른쪽으로 진행되는 움직임은 무엇을 의미할 수 있을까?

헛간을 가로질러 날아가는 새 한 마리?

그리고 왜 관은 마치 가구점 쇼윈도에 있는 소파처럼 무대 정면에 전시하듯 횡으로 위치시켜 놓는 것일까?

이러한 무대 구성은, 장례식이란 죽은 자에 대한 거의 움직임이 없는 짧은 묵상의 시간이라는 점을 보여주고 있다.

조문객들은 각자 자리에 앉아있고, 전면 중앙으로 입장한 관은 이 묵상의 시작을 알리며, 예식의 말미에 관이 휙 빠져 나가는 것은 그 묵상이 끝났음을 표시한다. 관이 들어오면, 묵상 시작. 관이 나가면, 장례식 종료. 정말 이런 게 장례라면, 오늘날 확산되고 있는 풍습, 즉 죽은 자의 육체를 보이지 않도록 하는 풍습은 충분히 이해가 된다.

예식이 거행되는 방의 앞쪽으로 관을 움직여 들여오고 내어가는 번거로움 없이도, 사람들은 죽은 자의 생애에 대해 관이 있을 때만큼 잘, 아니어쩌면 관이 있을 때보다 없을 때 더욱 더 잘 묵상할 수 있을 것이다. 더구나 부분적으로는 관 없이 진행할 때 추가적인 장점이 있을 수 있는데, 관의 가격이라든지 꽃 장식의 화려함 등에 대한 끝없이 이어지는 추측을 제거할 수 있다는 것이다.

그렇지만 좋은 장례는 정적인 체험이 아니다. 그것은 움직임이며 행진이다. 그러므로 우리는 어머니 장례식을 위해 다른 종류의 안무를 원했다. 우리는 어머니가 죽음의 장소에서 작별의 장소로 여행을 떠나는 동안 우리가 그녀와 함께 동행하고 있다는 것을 표현하고 싶었다. 우리가 그 예배당에서 행했던 것들은 그저 장례의 일부분에 지나지 않는다. 기도하고, 노래하고, 예배하기 위해 가는 여정에서 잠시 멈추었던 것이다. 예배당에서의 예식이 끝나고 나서 우리는 어머니가 묻힐 곳, 우리가 작별을 고해야 할 곳, 그리고 우리가 어머니를 하나님의 손에 맡겨드릴 그 곳으로의 행진을 다시 시작했다.

영국 국교회의 『공동기도서』(*Book of Common Prayer*)의 19세기 판에 나오는 다음과 같은 장례예식서를 살펴보라.

> 사제와 부제들은 교회 뜰 입구에서 시신을 맞이하고, 교회로 들어올 때든 무덤으로 나갈 때든 그 시신 앞에 서서 나아가며, 다음과 같이 노래하거나 말해야 한다. "나는 부활이요 생명이니…"[5]

한번 생각해보자. 이 장례식은 조용하거나 정적인 모임이 아니다. 이것은 행진이다. 사제는 무덤으로 가던 중인 시체를 맞이한다. 이 장례는 장의사가 진행자에게 모든 것이 준비되어 있다고 손으로 신호를 보낼 때 시작하는 것이 아니라, 관이 들려지고 무덤으로 향한 여정이 개시될 때 시작한다. 사람들은 죽은 이의 몸을 주로 죽은 이의 집에서부터 무덤까지 운

---

5 *The Book of Common Prayer* (Oxford: Oxford University Press, 1897), 294.

반한다. 사제는 이미 진행 중인 그 행렬을 맞이하러 나간다.

행렬이 교회 뜰에 도달할 때, 그 행렬은 이제 무덤으로 향할 것이다. 여기서 어떤 경우에는 교회 건물 안으로 들어와 기도와 찬양을 올리는 짤막한 시간을 가질 수 있는데, 이것은 음악에서 잠시 쉬는 간주와 같은 것이다. 행렬이 다시 발을 떼, 무덤을 향해 가차 없이 나아가기 전 일시적 정지인 것이다. "곁에 대기하고 있던 사람들이 시신 위에 흙을 뿌리면" 사제는 그 시신을 대지에 위탁하며 말한다.

"흙은 흙으로, 재는 재로, 먼지는 먼지로."

그래서 우리는 어머니의 장례에서 이 점을 명확히 하기로 결정했다. 그녀는 여행을 떠나는 것이며, 우리는 그녀를 따라 함께 여행길을 동행하는 것이다. 우리는 어머니를 측면 입구가 아니라 장례예배 참석자들이 모두 사용하는 바로 그 문을 통해서 예배당으로 들여왔다. 우리는 다른 사람들이 모두 사용하는 중앙 통로를 통해 어머니의 관을 이동시켰고, 우리는 어머니와 함께 걸었다. 이 여행길에서 어머니는 예배의 장소에 오신 것이었고, 우리도 그녀를 따라온 것이었다.

예배당에서의 예식이 끝나자, 우리는 어머니의 관을 돌려 모든 참석자들이 사용하는 중앙 통로를 따라 이동시켰고, 우리가 어머니를 묻을 묘지에 이르도록 계속 어머니 곁을 지켰다. 달리 말하자면, 우리는 어머니의 장례식 안무가 그 날 실제로 일어나고 있는 일, 즉 어머니가 이곳에서 저곳으로 여행하고 있으며, 그런 어머니의 가는 모든 길을 따라 우리가 함께 동행하고 있다는 점을 명확히 보여줄 수 있는 안무가 되게 만들고자 노력했다.

따라서 좋은 장례란 실제로 벌어지고 있는 움직임을 보여주며, 그 장례식 안무는 한 공동체 된 사람들이 그들 가운데 죽은 자를 죽음의 장소에서 작별의 장소로 운반하고 있다는 진실을 (감추기 보다는) 모두가 볼 수 있도록 드러내는 장례이다.

2) 의미 감각

죽은 자의 육신을 죽음의 장소에서 처리의 장소로 옮기는 일은 죽음이 우리에게 부과한 의무이다. 그러나 한 사회가 건강한 사회라면 이 일을 그저 집에서 무덤으로 향하는 아무런 장식도 하지 않은 여정으로 보거나, 그저 시신을 처리한다는 관점에서만 보지는 않는다. 장례식 안무는 삶과 죽음에 관한 한 사회의 가장 진지한 확신을 상징한다. 장례식에서 우리는 쓰레기를 치우고 있는 게 아니다. 우리는 단지 죽은 자의 육체를 무덤이나 불가에 데려가는 것 이상의 일을 하고 있는 것이다. 우리가 그 슬픔의 길을 따라 여행할 때 우리는 이 죽음이 우리에게, 죽은 이에게, 그리고 우리 사회 전체에 어떤 의미를 갖는지 말하고 노래하려 노력한다.

장례식은 고대 그리스의 비극(tragic drama)과 모종의 유사성을 갖는다. 철학자 마르타 누스바움(Martha Nussbaum)은 그녀의 책 『사랑의 지식』(*Love's Knowledge*)에서 브로드웨이 극장의 연극을 보러 가는 것과 고대 그리스인들이 극장 공연을 참관하는 것을 대조하고 있다. 그녀는 이렇게 쓴다.

> 우리가 극장에 갈 때, 우리는 종종 어두워진 공연장, 외부와 완전히 차단된 환영(illusion) 속에 앉는다. 거기서 펼쳐지는 극적인 연기는…인공적인 조명 속에 둘러싸여 환상과 신비의 별세상처럼 보인다.

그에 반해, 그리스의 드라마는 백주대낮에 공연된다. 무대는 빙 둘러 모여 있는 마을 주민들의 정중앙에 위치하고 있어서, 고대 그리스인들은 "무대에서 펼쳐지는 연기 너머로 동료 시민들의 얼굴을 보았다."[6]

누스바움에 따르면, 고대 그리스의 연극은 아무 때나 펼쳐지는 것이 아니라 엄숙한 사회적, 종교적 축제 기간 동안에 무대에 올려지는데, "그

---

[6] Martha Nussbaum, *Love's Knowledge: Essays on Philosophy and Literature* (New York: Oxford University Press, 1992), 15.

축제의 주요 행사들은 관중들로 하여금 지금 이곳에서 공동체의 가치들이 검토되고 소통되고 있다는 것을 느낄 수 있도록 구성되었다."[7] 따라서 한 편의 연극을 관람한다는 것은 그저 시간을 한가하게 보내는 방법이 되거나, 몇 시간짜리 여흥을 즐기며 긴장을 풀기 위함이 아니었다.

"그것은 사회적으로, 개인적으로 중요한 목적과 관련하여 공동체가 함께 질문하고, 숙고하고, 느끼는 과정 속에 참여하는 행위였다."[8]

당시 사람들은 마치 연극이 저기 저쪽에서 펼쳐지고 있으니 한 번 가서 볼까 하는 식으로 극장에 간 것이 아니라 오히려 그 드라마의 사건 속에 참여하기 위해 갔던 것이다. 그리고 "이러한 사건에 반응하는 것은 하나의 삶의 방식을 인정하며, 그것에 참여하는 것을 뜻했다."[9]

이런 의미에서, 좋은 장례예식이란 브로드웨이 연극 쪽보다는 그리스 비극에 더 가깝다. 우리가 강당에 앉아서 엘리자베스의 생애 중 흥미롭고 감동적인 부분을 모아놓은 한 편의 프레젠테이션을 보는 것에 그쳤다면 우리는 좋은 장례예식에 간 것이 아니다.

우리가 그곳에 가는 목적은 엘리자베스의 죽음이라는 것이 계기가 되어 펼쳐진 공동체의 극장에서 펼쳐지는 연극에 참여하여 각자의 역할을 연기해 내기 위함이다. 그 연극에서 우리가 연기를 하는 동안, 삶과 죽음에 대해 우리는 무엇을 믿고 있는지, 삶과 죽음에 있어서 서로를 향한 우리의 실천적이고 윤리적인 책임들은 무엇인지, 그리고 지금 어떤 사람이 되도록 요청받고 있는지를 묻기 위해 그녀의 장례식에 간다.

좋은 장례예식은 삶과 죽음에 대해 어떤 의미를 전달하는가? 죽음의 공동체적 의미는 각 전통마다 독특한 점들이 있다는 것은 분명하다. 인본주의자의 장례식이 전달하고자 하는 의미는 침례교인, 불교도, 혹은 유대인의 장례식이 전달하는 의미들과는 사뭇 다를 것이다. 그럼에도 불구하

---

7 Ibid., 16.
8 Ibid., 15.
9 Ibid., 16.

고 어떤 장례식의 외부 치장들을 걷어내고 나면 남게 되는 안무, "여기"에서 저기로 죽은 자를 옮기는 바로 그 행위는 다음과 같은 네 가지 함축적인 의미들을 포함하고 있다.

(1) 장례 의식에 방향과 움직임이 수반된다는 사실은 죽은 자가 어딘가를 향해 가고 있다는 진리를 전달한다.

죽은 자를 최종 처리장소로 데려가는 필수적 일을 하나의 드라마로 만들기 위해, 즉 여기에서 저기로의 움직임을 상징적인, 심지어 신성한 용어로 다시 만들어내기 위해 사람들은 처음부터 시와 노래와 기도를 사용했다. 죽은 자는 지금 그저 수레로 태워 구덩이나 불이나 강가로 옮겨지고 있는 것이 아니다. 그들은 지금 다음 세상을 향해, 또는 신비를 향해, 혹은 저 넘어 더 큰 곳으로, 또는 천국으로, 혹은 성도의 교제를 향해, 또는 적어도 역사적 유산 속으로 여행하고 있는 것이며, 우리는 지금 그들과 함께 그들이 가야할 마지막 몇 마일을 동행하고 있는 것이다.

(2) 좋은 장례예식에서는, 시신을 준비하고 그것을 처리장소로 옮기는 일에 많은 사람들의 수고가 수반된다는 것이 드러난다.

음식을 마련하고, 자녀를 갖고, 거처를 마련하며, 어두운 밤들을 견뎌내는 등의 다른 일상적 상호작용들과 마찬가지로, 죽음의 의식은, 만약 제대로 거행되는 것이라면, 우리가 함께해야만 하는 일일 뿐 아니라, 조금 더 깊이 들여다보면, 우리가 함께하도록 특권으로 부여받은 일이다. 삶과 죽음 가운데 서로의 짐을 함께 져주는 것은 인간이라면 당연한 일이다. 솔 벨로(Saul Bellow)의 소설 『새믈러 씨의 행성』(*Mr. Sammlers Planet*)에 나오는 홀로코스트 생존자 아르투르 새믈러(Artur Sammler)는 그의 친구 엘랴 그루네르(Elya Gruner)의 장례식에서 이렇게 말한다.

신이시여, 엘랴 그루네르의 영혼을 기억하소서. 그는 가능한 한 기꺼이, 그의 능력이 닿는 한 능숙하게, 심지어 지나칠 정도로, 숨 막혀 죽을 지경에 이르기까지, (제가 이 말을 하는 것을 용서하소서) 심지어 유치하리만큼, 그리고 때로는 노예처럼 보일만큼 굴욕적으로, 자신에게 요청되는 일들을 해내었나이다. 그가 최선을 다하여 보여주었던 친절과 제가 최선을 다해 보일 수 있는 친절을 비교하면, 이제껏도 그래왔지만, 저는 앞으로도 그만큼 친절할 수는 없을 것입니다. 우리가 빠르게 통과하고 있는 이 모든 혼란과 볼품없는 광대짓 속에서, 그는 그가 맺은 계약(contract)의 조항들을 충족시켜야 함을 알았고, 실제로 충족하였나이다. 각자가 마음 깊은 곳으로부터 알고 있는 그 조항들. 저는 저의 조항을 알며, 우리 모두 각자의 조항을 알고 있나이다. 그것이 진리임을 우리 모두는 알고 있습니다. 신이시여, 우리는 압니다. 우리는 압니다. 우리는 압니다. 우리는 압니다.[10]

새믈러가 말하고 있는 것은, 우리는 우리의 "계약"의 조항들을, 즉 우리의 상호적 의무들, 서로서로를 친절함으로 보살피는 것에서 발견되는 인간성을 우리의 깊은 자아 속에서 알고 있다는 점이다. 친절은 그저 생각이나 선한 의도쯤이 아니다. 친절은 물질적 형체를 갖는다. 지친 나그네를 위로하기 위해 수프 한 그릇을 준비하는 것, 이웃집 아이를 차에 태워 학교에서 데려와 주는 것, 열이 끓는 이마 위에 차가운 수건 한 장을 올려놔 주는 것, 건너편 밭에 있는 농부가 폭풍으로 부서진 헛간을 수리할 때 도와주는 것이 친절이다. 따라서 우리가 마음에 품고 슬퍼하는 고인을 옮기기 위해 다른 이들과 함께 수고할 때, 친절과 사랑으로 서로의 짐을 기꺼이 지고자 하는 우리의 의지는 비로소 물리적으로 표현된다.

---

10 Saul Bellow, *Mr. Sammler's Planet* (New York: Penguin Classics, 2004), 260.

(3) 대지를 가로지르는 행렬의 이동이 수반되는 장례식의 안무는, 삶과 죽음과 소망에 관해 연기된 이야기를 이야기해준다.

죽은 자가 "이곳"에서 "저곳"으로 가는 길에 동행하는 것은 시작과 중간과 끝이 있는 제의적 이야기를 재현하는 것이다. 시작에는 엘리자베스가 있다. 중간에는 애가(哀歌)와 새로운 현실을 향한 느린 걸음이 있다. 그리고 끝에는 보내줌이 있다. 즉 우리는 엘리자베스를 땅에게 내어주고, 강 건너편에 보내주고, 신에게 보낸 것이다.

장례가 이야기 구조를 취한다는 사실은 파편, 깨어진 약속들, 그리고 새블러가 말하듯 존재의 "혼란과 볼품없는 광대짓" 가운데에도 인간의 삶은 궁극적으로 일관성과 일체성을 가지고 있다는 확신을 선물한다. 문학 비평가 아나톨레 브로야드(Anatole Broyard)가 전립선암 말기에 이르렀을 때 다음과 같이 썼다.

"소설가가 자신의 염려를 다스리기 위해 그 염려를 이야기로 만들 듯, 병자는 자신의 질병을 치료하려는 노력의 일환으로 자신의 질병에 관해 이야기를 만들 수 있다…나는 나를 즐겁게 했던 한 의사를 좋아한다. 나는 그를 위해 좋은 이야기가 되고 싶다."[11]

물론 거의 모든 장례식들은 이러한 이야기적 일관성을 극대화하며, 그것을 성경구절, 노래, 설교, 추모사 등을 통해 진술한다. 우리는 이러한 언어들을 통해서, 인간의 경험 가운데 가장 예측 불가능한 경험인 죽음, 이 죽음이라고 하는 무례한 끼어듦 속에서도 그의 삶은 우리에게, 신에게, 그리고 그를 사랑하는 자들의 눈에 의미 있는 삶이었다는 사실을 증언한다.

마태복음의 저자는 예수의 삶에 대한 이야기를 이상한 방식으로 시작하고 있다. 그것은 족보라는 방식이다. 그는 아브라함부터 예수에 이르는 세대들을 차례차례 언급한다. 예를 들면, 요담(Jotham)은 아하스(Ahaz)의 아버지이고, 아하스는 히스기야(Hezekiah)의 아버지이며, 히스기야는 므낫

---

11 Anatole Broyard, *Intoxicated by My Illness* (New York: Random House, 1992), 20, 45.

세(Manasseh)의 아버지이고 하는 식으로 끝없는 인간 탄생의 물줄기를 보여준다.

우리 각자는 누구나 이러한 물줄기의 끝에 서 있으므로, 우리는 우리의 계보를 형성해준 아주 우연적인 계기로 이루어진 배우자 결정에 대해 잘 알고 있다.

"우리 어머니 마르타(Martha)는 알칸사스(Arkansas) 주의 파인블러프(Pine Bluff) 태생인데, 고등학교 무도회에서 제 아버지가 될 로버트(Robert)라는 소년과 사랑에 빠졌어요. 로버트의 아버지인 필립(Phillip)은 미주리(Missouri) 주에서 알칸사스 주로 이사를 온 농기구 판매인이었죠. 필립의 어머니 이름은 노라(Nora)인데, 그녀는 열여덟 살에 세인트루이스(St. Louis)에서 온 증기선 선장과 결혼하셨답니다. 그들의 만남은 그 선장이 노라의 사촌인 월터(Walter)의 집에 방문했을 때 우연히 이루어졌다고 해요."

인생의 우연과 불확실성은 계속 이어진다.

"네 삼촌 빌(Bill)이 로스앤젤레스로 떠나는 비행기를 가까스로 잡아타지 못했다면, 그는 당시 그 비행기의 승무원이었던 지금의 네 이모 낸시(Nancy)를 만나지 못했을 거야. 네 증조모 유니스(Eunice)가 여섯 살 나이로 디프테리아로 죽어가는 절체절명의 순간에 기도 받지 못했다면, 그녀는 자라서 어니스트(Ernest)와 결혼하고, 지금의 네 할아버지인 프랭크(Frank)를 낳지 못했을 거야."

예수의 경우도 마찬가지였다. 위기일발의 연속인 족보, 베레스(Perez)부터 엘르아살(Eleazar)까지의 우연적인 혼인 관계들. 그러나 마태가 그 물줄기의 끝(마 1:17)에 이르렀을 때, 그는 깊은 숨을 들이쉬고, 그가 지금껏 호명한 너덜너덜한 리스트 저 너머를 돌아보며 다음과 같이 진술한다.

그런즉 모든 대 수가 아브라함부터 다윗까지 열네 대요 다윗부터 바벨론으로 사로잡혀 갈 때까지 열네 대요 바벨론으로 사로잡혀 간 후부터

그리스도까지 열네 대더라(마 1:17).

그런데 사실 숫자 계산이 맞지 않다. 이름들을 계수해 보면, 열네 대씩 세 묶음이 나오지 않는다. 어떤 신약학자는 자신의 마태복음 주석에서 "마태는 수를 셀 수나 있는 것일까?"라며 감히 질문하고 있다.[12] 하지만 마태는 여기서 수학적 진술을 하고 있는 것이 아니다. 그는 지금 인간적 진술, 그리고 마침내는 신학적 진술, 즉 인간의 삶이란 무질서하고 아무렇게나 파편적으로 펼쳐지는 것처럼 보이지만 뒤돌아볼 때(in retrospect), 그리고 특히 하나님의 눈으로 볼 때 의미있는 형태를 갖는다는 신학적 진술을 하는 것이다.

위대한 유도라 웰티(Eudora Welty)는 그녀의 자서전『어느 한 작가의 시작』(One Writer's Beginnings)에서 자신의 삶에 대해 글을 쓰는 일은 한 밤중에 기차를 타고 산 속을 지나는 것과도 같았다고 말한다. 처음에는 그저 암흑과 불확실성 밖에 없다. 그러나 "커브를 틀고 있는 기차 뒤로 갑자기 빛 한 줄기가 비춰, 당신 뒤로 당신이 달려왔던 그 길에 의미의 산(a mountain of meaning)이 솟아오르고 있었고, 지금도 솟아오르고 있음을 알려주었다. 그 의미의 산은 뒤돌아 볼 때 드러나게 된다."[13]

뒤돌아볼 때 의미의 산이 솟아오르는 것을 발견할 수 있는 것과 마찬가지로, 이야기 구조를 갖는 장례식의 여정을 따라 행진하며 걸음으로써 우리는 믿음, 적어도 삶의 신성함과 고결함에 대한 믿음을 암묵적으로 고백하게 된다. 아무리 망가지고 부서진 삶이었다 하더라도, 그 사람의 시신을 따라 이쪽부터 저쪽까지 끝까지 동행함으로써 우리는 그가 육체를 가진 사람이었으며, 그에 삶에 대해 이야기할 가치가 있다는 진실을 증언하고 있는 셈이다.

---

12 Raymond E. Brown, *The Birth of the Messiah* (New York: Doubleday, 1979), 81.
13 Eudora Welty, *One Writer's Beginnings* (Cambridge, MA: Harvard University Press, 1998), 90.

하지만 결국 한 인간의 삶 전체는 성취(achievement)가 아니라 신적 은혜의 선물(gift)이다. 신학자 길버트 메일랜더(Gilbert Meilaender)는 동료 신학자가 쓴 자서전에 대해 서평을 한 적이 있다. 그 저자가 가까운 친구였기 때문에 메일랜더는 개인적 서한의 형태로 서평을 작성했다. 그 자서전에서 친구는 인생의 모든 파편적인 일들을 하나로 묶어주고 거기에 의미를 부여해줄 이야기의 핵심을 모색하고 있는 것으로 보인다고 메일랜더는 지적한다. 그 탐색에 대해 경의를 표하면서도 메일랜더는 그 친구에게 우리들의 삶의 전부는 오직 하나님만 아실 수 있다는 점을 상기시킨다. 그는 이렇게 썼다.

> 물론 그대가 이 자서전을 통해 모색하던 것, 즉 그대의 삶에 형태와 일관성을 부여하는 패턴을 찾아내는 일에 정말 결국에는 성공했는지에 대해서는 말하지 않겠네. 그대가 여기 적어 놓은 것들을 읽는 동안 내가 누렸던 그 즐거움이 반감되지 않도록, 나는 그대가 그것을 찾았는지 여부는 중요하지 않다는 정도만 말하고자 해. 어거스틴(Augustine)이 얘기하듯, 마음을 잡아 붙드시는 하나님은 우리가 우리 자신을 아는 것보다 더욱 우리를 알고 계신다네. 그는 우리 삶의 패턴을 간파하고 있으며, 그 이야기를 마무리함에 있어 실수가 없으신 분이지.[14]

장례의 안무는 우리 삶에 이야기로 표현될 수 있는 어떤 형태가 있음을 믿는 우리의 믿음을 고백한다. 그렇다고 해서 우리가 이 신앙고백의 길을 따라 걷기 위해 반드시 공식적으로 종교적인 사람이 될 필요가 있는 것은 아니다. 안드레 듀버스(Andre Dubus)의 단편 소설 『아버지의 이야기』(*A Father's Story*)에 나오는 걱정 많은 아버지이자 오래된 가톨릭 신자인 루크 리플리(Luke Ripley)는 아침 미사에 참석하여 다음과 같은 사실을 깨닫는다.

---

14 Gilbert Meilaender, "A Dedicated Life", *First Things: A Monthly Journal of Religion & Public Life*, 203 (May, 2010), 17.

"저를 25분 동안 내내 미사의 설교 말씀에 집중하고 있는 영적인 사람이라고 생각하지는 마세요."

그는 예배드리는 매 아침, 제단 앞에 있는 사제를 바라볼 때 일상적인 일들, 이를테면 날씨나 추억 더듬기 등 지금 이 성례와는 아무런 상관도 없는 일상적인 일들이 자신의 집중력을 흐트러뜨릴 것을 알고 있다고 말한다. 하지만 루크는 그의 이러한 흐트러짐 속에서도 미사의 리듬과 구조가 자신을 계속 인도해갈 것이라는 것을 인식하며 이렇게 말한다.

> 나는 예식의 필요와 기적을 모두 알게 되었다. 한마디 말도 못하는 남자로 하여금 사랑의 예식을 거행할 수 있게 해주는 것이 춤(dancing)인 것처럼, 자신을 세속적인 것으로부터 꺼낼 수 있는 힘이 없는 자들로 하여금 영적인 일을 수행할 수 있도록 해주는 것이 의식이다.[15]

좋은 장례예식이란 한 마디 말도 못하는 자들에게 사랑의 예식을 춤추게 하여 "영적인 일을 수행"토록 하는 것이다. 그리고 장례 의식은 이야기로 구성되기 때문에, 우리는 무덤이나 불이나 혹은 바다로 향하는 그 길을 따라 죽은 자와 함께 끝까지 동행함으로써 그 이야기의 전체를 모두 다 이야기하는 것이 절실하다.

몇 년 전 나는 미드웨스턴대학교(Midwestern University)의 한 캠퍼스에서 개최되는 목회자 컨퍼런스에서 기독교 장례에 관한 내 책을 소재로 강의를 하기 위해 공항버스에 올라타 있었다. 버스 중앙통로를 기준으로 내 좌석의 반대편 쪽에 젊은 아빠와 그의 아들이 타고 있었.

그 둘은 올랜도(Orlando)에 있는 월트디즈니월드에서 판매하는 미키마우스 귀와 티셔츠를 착용하고 있었다. 그들은 분명히 매직 킹덤(Magic Kingdom)을 다녀오는 길이었던 것 같다. 둘 다 좋은 사람들인 것 같았는데

---

15 Ibid.

그 아이 아빠가 나에게 즐거운 목소리로 말했다.

"저기, 어디 가시는 중이세요?"

내가 대학 이름을 알려주자 그는 "정말요? 잘 됐네요. 거기서 뭐 하실 건데요?"라고 했다.

나는 미키마우스 귀를 하고 있는 젊은이에게 내가 죽음과 장례에 대해 강연을 할 것이라고 말하고 싶지 않아서 간단히 말했다.

"거기 컨퍼런스가 있는데 제가 강연을 맡았습니다."

그는 나를 놔주지 않고 물었다.

"흥미롭군요! 무엇에 대한 강연인가요?"

그래서 결국 나는 고백하는 수밖에 없었다.

"제가 기독교 장례에 대한 책 한 권을 썼는데요, 목회자들을 대상으로 장례의 중요성에 대해 강연을 할 겁니다."

이 젊은 아빠는 갑자기 엄숙해졌고, 부드러운 태도로 다음과 같이 말했다.

"전 위스콘신(Wisconsin)에 있는 제가 출석하는 작은 모스크에서 죽은 자들의 육체를 씻겨주는 특권을 가진 사람입니다."

그는 잠시 말을 멈췄다가 다시 덧붙여 말했다.

"나는 기독교인들을 이해할 수가 없어요. 당신들은 일이 다 끝나지도 않았는데 가버리죠."

나는 움찔했다. 그의 말이 맞았기 때문이다. 장례에 관한 한, 오늘날 대부분의 기독교인들은 연극의 중반부에 도착해서, 제2막 동안에는 잘 있다가, 드라마가 다 끝나기도 전에 자리를 뜬다. 제3막은 죽은 자의 가까운 가족들만 남아서 치르는 외로운 의식이다. 그리고 때때로 시신은 화장터로 보내지고 가마에 들어갈 자기 순번이 될 때까지 창고에 남겨지기도 한다. 아무도 끝까지 머물지 않는다.

그러나 만약 장례식이란 것이 "경의를 표시하기"나 덧없고 인위적인 "삶의 경축" 예식에 참여하는 것 이상이라면, 그리고 만약 그것이 죽은 자의 짐을 짊어지고 작별과 완성(farewell and completion)의 이야기를 이야기하는 것이라면, 우리는 죽은 자를 위해 그리고 우리 자신을 위해 그 예식이 끝날 때까지 함께할 필요가 있다. 토마스 린치는 자기 자신의 장례예식을 다음과 같이 상상하고 있다.

> 나는 눈 위에 만들어진 엉망진창을 원한다. 그러면 땅은 상처를 입은 것처럼, 그리고 억지로 벌려진 것처럼, 그래서 마뜩찮은 동참자인 것처럼 보일 것이다. 천막 따위는 잊어버려라. 날씨에 노출된 채 서 있으라. 덩치 큰 중장비들은 치워버려라. 그건 우리를 산만하게 할 뿐이다. 흙과 무심함이 온몸에 달라붙어 있는 무덤지기로 하여금 만반의 준비를 하고 있게 하라…삽에 의지해서 구멍을 메우는 자들은 관습과 오래된 기도문에 의지하는 자들과 같아서, 그들 각자는 한 분야의 전문가들이다. 그리고 당신은 그것을 끝까지 지켜봐야 한다. 실내에서, 묘지의 예배당에서, 교회 제단 곁에서 작별의 인사를 고하려는 유혹을 견뎌내라. 그 어떤 것도 안 된다. 날씨 때문이라며 발뺌하려 하지 마라. 우리는 날씨가 더 안 좋을 때도 낚시도 했고 축구경기 관람도 했다. 오래 걸리진 않을 것이다. 땅에 파놓은 구멍 있는 곳까지 가라. 그 구멍 앞에 서라. 그 안을 들여다보아라. 생각하라. 그리고 냉정을 유지하라. 그러나 이 모든 것이 끝날 때까지 자리를 지켜라. 그 일이 모두 끝날 때까지.[16]

(4) 장례는 시간을 따라 움직이기 때문에, 변화의 약속을 말한다.
일반적인 추모식의 정적 속에서, 우리가 암묵적으로 해야 할 일은 생각하는 것, 아무런 움직임 없이 자리에 앉아서 죽은 자에 대한 적당한 기억들을 떠올리는 일에 집중하는 것이 된다. 하지만 장례는 움직이는 것이고, 그렇기 때문에 장례는 하나의 다른 약속을 상징한다. 그것은 마지막

---

16 Thomas Lynch, *The Undertaking: Life Studies from the Dismal Trade* (New York: W. W. Norton, 2009), 197.

날이 되면, 모든 것은 바뀌고 우리 모두 변화할 것이라는 약속이다.

물론 종종 사람들은 장례식이 시작할 때 그랬던 것처럼 여전히 슬픔에 붙들려 있고, 여전히 화가 나 있으며, 여전히 아무런 말을 할 수 없다. 장례의 절차를 다 마쳤다고 해서 마법적으로 상처가 치유되는 것은 아니다. 그러나 모든 다른 위대한 의식들과 마찬가지로, 장례는 우리를 위한 약속을 보관하고 있다. 장례는 이미 진실이 된 것을 선언하는 육체적 행위이다. 비록 그 참석자들이 그런 결론에 아직 도달하지 못했다 해도, 그들은 그 진리 가운데 온전히 거할 수 있으며 그 진리를 향해 여전히 살아내야 한다.

엘리자베스의 육체를 부여잡고 대지를 가로지르는 일은 시간과 공간을 필요로 하는 움직임을 수반한다. 그리고 이 대지 위에서의 움직임과 시간의 흐름은 그녀의 가는 길을 동행하는 우리들에게 일어날 변화(transformation)를 상징한다. 뉴올리언스 재즈 장례식이 낮고 느리게 시작했다가, 높고 불처럼 빠르게 움직여서, 끝에는 성도의 행진을 즐겁게 선포하는 것처럼, 모든 장례식들은 감정적 변화와 치유를 약속한다. 그 일은 몇 주, 혹은 몇 년, 혹은 평생이 걸릴지 모른다. 하지만 엘리자베스와 함께 "여기"에서부터 "저기"까지 걷는 우리의 걸음은 우리 역시 슬픔과 소망 가운데 "여기"에서 "저기"로 움직이고 있다는 확신을 가져다준다.

장례식에서 시간의 흐름 가운데 걷는 이 움직임을 통해, 우리는 우리 도덕성을 인식하고 우리의 영혼을 성숙시키며 의미있는 장면을 연기해 낸다. 장례식이 시작할 때, 우리는 엘리자베스를 끌어안았다. 우리는 그녀의 육신을 씻기고 옷 입혔고, 그녀를 들어 올려 작별의 장소까지 그녀를 데려온 후 그녀를 보내주었다. 장례식은 안음에서 놓음으로 움직여나갔다. 그것은 우리가 인간이 되기 위해 살아있는 자를 사랑으로 끌어안으며 죽은 자를 소망 가운데 보내주는 것을 배워야 한다는 것을 상징한다.

대부분의 종교적 전통들은 우리가 사랑하던 자와의 관계는 그의 죽음에 의해 파괴되지 않지만 극적인 변화를 겪는다고 고백한다. 엘리자베스는 그녀가 이제껏 우리와 함께 있었던 것과 똑같은 방식으로는 더 이상 우리와 함께할 수 없다. 우리가 장례식 여정의 끝에 이르면 우리는 반드시 손을 벌려 그녀를 보내주어야 한다.

장례식에서 시간에 따르는 이러한 움직임은 우리 안에서의 변화뿐 아니라 엘리자베스 안에서 일어날 변화도 약속한다는 점을 우리의 종교적 전통들은 약속한다. 우리는 그녀를 공허 속에 들여보내는 것이 아니라, 신의 생명 속으로 보내는 것이다.

우리는 이것이 무슨 의미인지 그다지 잘 알지 못한다. 그러나 신은 신뢰할 만한 존재이고 엘리자베스는 잘 지내게 될 것임을 우리는 안다. 우리의 제한된 시야로 볼 때, 엘리자베스는 살아 숨쉬던 사람에서 이제는 죽은 사람으로 변화한 것이다. 그러나 믿음의 눈으로 볼 때, 엘리자베스는 단지 변화된(changed) 것이 아니다. 그녀는 변모(變貌, transfigured) 되었다.

제5부

슬픔

제9장
슬픔과 의미 찾기
― 토마스 G. 롱

제10장
모든 성도들, 모든 영혼들: 종결부
― 토마스 린치

마음이 상한 자의 기도

내 날이 연기 같이 소멸하며 내 뼈가 숯 같이 탔음이니이다
내가 음식 먹기도 잊었으므로 내 마음이 풀 같이 시들고 말라 버렸사오며
나의 탄식 소리로 말미암아 나의 살이 뼈에 붙었나이다
나는 광야의 올빼미 같고 황폐한 곳의 부엉이 같이 되었사오며
내가 밤을 새우니 지붕 위의 외로운 참새 같으니이다
내 원수들이 종일 나를 비방하며 내게 대항하여
미칠 듯이 날뛰는 자들이 나를 가리켜 맹세하나이다
나는 재를 양식 같이 먹으며 나는 눈물 섞인 물을 마셨나이다
주의 분노와 진노로 말미암음이라 주께서 나를 들어서 던지셨나이다
내 날이 기울어지는 그림자 같고 내가 풀의 시들어짐 같으니이다
여호와여 주는 영원히 계시고 주에 대한 기억은 대대에 이르리이다
주께서 일어나사 시온을 긍휼히 여기시리니
지금은 그에게 은혜를 베푸실 때라
정한 기한이 다가옴이니이다
(시 102:3-13).

제9장

슬픔과 의미 찾기

토마스 G. 롱

2008년 대통령 예비선거의 마지막 라운드가 거의 끝날 무렵, 버락 오바마(Barack Obama)와 힐러리 클린턴(Hillary Clinton)간에 펼쳐진 민주당 경선의 판세는 오바마 쪽으로 완전히 기울었다. 힐러리의 패배가 예상되자 그녀를 적극 돕고 있던 래니 데이비스(Lanny Davis)는 망연자실하게 되었다. 빌 클린턴(Bill Clinton)의 특별 자문역이었던 데이비스는 힐러리의 선거운동에 많은 힘을 실어주었다.

그는 크게 낙심했다. 그는 너무나도 고통스럽고 미칠 것만 같아서 구글(Google)에 들어가 "엘리자베스 퀴블러 로스의 슬픔의 다섯 단계"(Elisabeth Kübler-Rosss five stages of grief)란 문구를 검색해 보았다. 지금 자신이 감정적 여정 가운데 어느 지점에 와 있는지 가늠해보고자 함이었다.

그가 중얼거린다.

"부정? 맞아. 분노? 정말 그렇지. 타협? 뭐, 그런 것 같군. 그리고 우울? 이거야말로 내가 지금 겪고 있는 상태 아냐!"

오바마가 전당대회 승리 연설을 하는 가운데 힐러리에 대한 찬사를 쏟아낼 때에야 비로소 데이비스는 자신이 퀴블러 로스가 제안한 마지막 단

계, 즉 수용(acceptance)의 단계에 다가서고 있음을 알아차렸다.[1]

이 이야기는 눈을 번쩍 뜨게 해주는 룻 데이비스 코닉스버그(Ruth Davis Konigsberg)의 저서 『슬픔에 관한 진실: 다섯 단계법의 신화 그리고 상실에 관한 새로운 과학』(*The Truth about Grief: The Myth of Its Five Stages and the New Science of Loss*) 첫머리에 소개되고 있다. 이 책은 트라우마 상담사들과, 장례식장의 "요양"(aftercare) 지도사들, 그리고 슬픔의 세찬 파도를 헤쳐나가도록 유족들을 돕는 그 밖의 사람들 사이에 많은 논쟁을 일으켰다. 코닉스버그가 도전하는 것은 깔끔하게 도식화된 퀴블러 로스의 슬픔의 단계 이론 뿐 아니라, 슬픔은 어떤 단계를 지나고 있든지 치료적 측면에서 볼 때 관리가 가능한 과정이라는 생각 전반에 대한 것이었다.

코닉스버그가 이야기하듯, 죽어가는 사람들이 거치는 감정적 단계를 약술하고 있는 퀴블러 로스의 책 『죽음과 죽어감』(*On Death and Dying*)은 근거가 불분명하며, 기묘하고, 사실보다는 대단히 인상에 의존하는 연구이다. 그 책은 조용히 잊힐 수도 있었지만 예기치 않게 대중들의 상상력에 불을 붙였다.

퀴블러 로스의 불안정한 이론은 대중적 상상력 속에서 그 자신의 생명력을 유지했다. 사람들은 죽어감의 다섯 단계를 가져다가, 그것을 죽음으로 인한 슬픔의 단계로 변신시키더니, 결국 모든 종류의 상실에 대한 슬픔의 단계로 바꿔버렸다. 과학자로서의 퀴블러 로스는 자신이 원래 주장했던 내용의 진의를 정확히 전달하려 이따금 노력했지만, 대중매체 인기인으로서의 퀴블러 로스는 자신의 이론을 제멋대로 확장한 사람들의 생각에 동조하는 모습을 자주 보였다.

---

1 Ruth Davis Konigsberg, *The Truth about Grief: The Myth of Its Five Stages and the New Science of Loss* (New York; Simon and Schuster, 2011), 1.

그녀는 1981년의 한 인터뷰에서 다음과 같이 진술한다.

"여러분께서는 이혼이라든지, 직장을 잃거나, 여자 친구를 잃거나, 앵무새를 잃어버린 것 등에 대해서도 똑같이 말할 수 있을 거예요."[2]

가내수공업 수준의 유족 상담사나 슬픔 관리자(grief manager)가 늘어났다. 상처를 치유하는 치료계획들과 더불어, 새롭고 개선된 구성을 갖춘 슬픔의 단계들이 속속 제시되었다. 유족들에게는 슬퍼할 권리, 그리고 슬퍼하기 위해 충분한 시간을 가질 권리가 있다는 논리가 득세하였다. 역설적이게도, "슬퍼할 권리"는 굳이 틀에 맞춰진 치료계획에 따라 슬퍼하지 않을 수 있는 권리의 상실을 가져왔다고 코닉스버그는 말한다.[3] 예를 들어, 이혼했던 사람이 "너무 빨리" 재혼하겠다고 하면, 사람들은 그가 건강한 슬픔(healthy grief)의 적절한 단계들을 건너뛰어 버리고 있다고 쑥덕거린다.

문제는 슬픔의 단계에 대한 이러한 이론들이 참이라는 확고한 증거는 그 어디에도 없다는 데 있다. 사실 우리가 정말로 가지고 있는 증거들은 슬픔이란 그 형태나 강도에 있어서 예측 불가능하며, 거칠고, 길들여지지 않는 것이라는 점을 지지하고 있다고 코닉스버그는 말한다. 즉, 슬픔은 우리에게 폭풍처럼 밀려왔다가 아무런 이유도 없이 잠잠해진다. 심각한 병리학적 슬픔을 예외로 한다면, 치료법을 동원하여 슬픔을 관리하고자 하는 시도들은 대부분 아무런 소용없을뿐더러, 사람들을 돕기보다는 그들에게 해를 끼칠 수 있다.[4]

논쟁적인 코닉스버그의 견해가 담긴 그녀의 책에 대해 일부 목회자들, 치료사들, 슬픔 상담사들은 부정, 분노, 타협 등으로 반응했다. 퀴블러 로스의 업적에 의문을 제기한 최초의 사회심리학자들 중 한 명인 리처드 슐

---

2 Ibid., 9.
3 Ibid., 46-47.
4 Ibid., 123.

츠(Richard Shultz)에게, 모든 과학적 증거들에도 불구하고 왜 다섯 단계 이론이 여전히 지지를 얻고 있는지에 대해 코닉스버그가 묻자, 그는 "다섯 단계 이론은 굉장히 직관적인 호소력을 가지고 있으며, 그 이론에 들어맞는 사례들을 찾아보기가 쉽기 때문입니다"라고 대답했다.[5]

신학자들은 퀴블러 로스의 견해에 대해 오래 전부터 반대의견을 제기해 왔다. '수용'이라는 평온한 단계에 이르기까지 지옥 같은 물줄기(Stygian stream, 지상과 지하세계를 연결한다는 Styx 강의 거센 물줄기 – 역주)를 따라 항해해야 한다는 개념은 경험적 관찰도 아니고 상식적으로도 맞지 않다. 오히려 그런 생각은 아주 나쁜 신학, 즉 죽음을 "배설물 가방"과 같은 인간의 육체로부터 자유를 향한 영혼의 탈출로 보는 신플라톤주의 사상에서 퀴블러 로스가 슬며시 가져온 생각이다.

하지만 기독교 신학에서 대문자 D로 시작하는 사망(Death, 성경에서 사망은 인격을 갖춘 존재로서 표현되는 경우가 있는데, 이 때 대문자 D를 써서 표현하기도 함 – 역주)은 어떤 의미에서든 친구가 아니다. 소문자 d로 시작하는 사망(death)은 간혹 친구로 찾아오기도 한다. 극심한 고통으로부터 놓임을 받도록 해주는 친구로서 말이다. 하지만 대문자 D로 시작하는 사망(Death)은 모든 생명을 구덩이에 빠뜨리는 권세이며, 생명의 파괴자이고, 언약의 파기자이며, 사랑과 교제의 학살자이다. 사망(Death)은 안고 환영해줄 대상이 아니고, 최후의 적으로서 대항하고 싸워야 할 대상이다.

또 다른 이야기를 해 보자면, 슬픔이 특정 종류의 단계화된 과정을 거쳐 결말에 도달한다는 개념은 종교적 소망보다는 어쩌면 미국적 낙관주의에 더 많은 신세를 지고 있을 것이다. 하지만 슬픔이란 심리치료적 전개과정이 아니다. 슬픔은 위험하고 다스려지지 않으며 감정적으로 위험을 수반하는 이야기 작업(narrative task)이다.

우리 모두는 휴먼드라마, 즉 대부분은 일상적인 것들이지만 그러나 장

---

5 Ibid., 11.

엄함과 진지한 파토스(pathos)로 채워지기도 하는 휴먼드라마에 출연하는 연기자들이다. 어떤 사람이 죽게 되면, 그 플롯 구조가 흐트러지며, 이야기는 엉망진창이 되고, 그 이야기의 일부분인 우리들은 산산 조각이 된다. 우리가 슬퍼할 때, 우리는 단지 우리가 사랑했던 자를 잃은 것에 대해서만 슬퍼하는 것이 아니다. 우리는 또한 그것에 따라 우리의 삶을 살아가고 있던 이야기의 상실에 대해서도 슬퍼하고 있는 것이다.

우리는 우리의 삶의 드라마가 펼쳐질 때 그 드라마의 일부를 연기해 왔던 그 사람에게 의지하여 매일매일 살아내고 있었다. 그런데 이제 그 배역을 맡은 구성원이 더 이상 드라마에 출연할 수가 없다. 그리고 그 연기는 가고 있던 흐름에 맞춰 계속 진행될 수 없게 된다. 따라서 슬픔이란 일정 부분은 이 드라마에서 중요한 역을 맡았던 그 사람 없이 어떻게 이 드라마를 계속 진행해 나가야 할지, 어떻게 삶의 이야기를 계속 살아내야 할지에 대한 불안과 혼란이라고 할 수 있다. 무엇을 말해야 할지, 무엇을 해야 할지, 우리는 알지 못한다. 그럼에도 삶은 계속 진행된다. 슬픔이 하는 일은 이제 소중히 여기던 이가 없지만 조각난 것들을 모으고, 이야기를 다시 써나가는 것이다.

슬픔을 우울, 불안, 절망, 냉담 등과 같은 치료 가능한 심리학적 증상으로 생각하는 것으로부터 멀어지는 것이 최근 많은 슬픔 심리학자들(grief psychologists) 가운데 일어나고 있는 주된 변화이다. 슬픔의 정신적 고통은 이제 출산과도 같은 것으로 간주되고 있다. 출산의 고통은 괴물처럼 끔찍하지만, 그것은 정상적인 것이며, 그 경험을 하는 대다수의 사람들은 약간의 도움만 받으면 지속적인 손상 없이 그 고통을 극복한다.[6]

물론 어떤 경우에는 그렇지 못할 수 있는데, 복잡한 슬픔의 경우에는 심리적 치료가 도움이 될 수도 있다. 그러나 사랑했던 이를 잃는 청천벽력

---

[6] Colin Murray Parkes, "The Historical Landscape of Loss: Development of Bereavement Studies", in ed. Robert A. Neimeyer et al, *Grief and Bereavement in Contemporary Society: Bridging Research and Practice* (New York: Rutledge, 2011), 2.

과도 같은 일반적인 슬픔을 겪는 사람들에게 한 가지 사실에 대한 자각이 전면에 부각되어 관심을 얻고 있다. 즉 슬픔에는 한 가지 임무가 수반되어 뒤따른다는 자각인데, 그 임무란 바로 의미 만들기(meaning-making)이다. 콜린 머레이 파크스(Colin Murray Parkes)는 이렇게 주장한다.

> 우리는 "내가 지금 어디로 가고 있으며 누구와 함께하고 있는지 알고 있다"고 생각한다. 우리가 사랑하던 이를 잃고, 우리가 더 이상 어디로 가고 있는 것이며, 누구와 함께 가고 있는지를 모르게 되는 경우를 제외한다면 말이다. 상실을 겪은 후 세상에 대해 갖는 우리의 내적 모형을 재건하고, 새로운 의미들과 새로운 이야기와 새로운 가상의 세상을 발견해 가는 점진적 과정에 대한 연구들로부터 우리는 중요하고 새로운 이해를 얻게 되었다.[7]

심리학자 로버트 니마이어(Robert A. Neimeyer)와 다이애나 샌즈(Diana C. Sands)는 다음과 같이 동의한다.

"삶을 변경시켜버리는 상실의 여파로, 남겨진 자들은 공통적으로 급격하게 의미의 탐색에 빠져듭니다."

이러한 탐색은 다방면에 걸쳐지는데, "내 사랑하는 자가 어떻게 죽었는가?"와 같은 매우 실천적인 질문들, "이제 나는 더 이상 한 사람의 배우자가 아닌데, 나는 누구인가?"와 같은 관계적 질문들, "신은 이런 일이 일어나도록 왜 허용하셨는가?"와 같은 보다 더 깊은 영적, 실존적 문제들에까지 탐색해 들어간다. 이런 모든 질문들과, 그것들을 일어나게 하는 세상의 깨어진 부분들을 찬찬히 들여다봄으로써 얻게 되는 결과는 "자기 이야기 개정판"(a revised self-narrative)이다.[8]

---

[7] Ibid., 4.
[8] Robert A. Neimeyer and Diana C. Sands, "Meaning Reconstruction in Bereavement: From Principles to Practice", in ed. Robert A. Neimeyer et al, *Grief and Bereavement in Contemporary*

이 같은 개정판 이야기의 추구는 왜 우리가 날마다 보는 길 건너 이웃의 죽음에는 별로 감흥을 느끼지 못하면서, 단 한 번도 인격적인 만남을 갖지 않았으며 실제로 잘 알지도 못하는 사람이 죽은 것에 대해 깊은 슬픔에 빠져드는지에 대한 이유를 설명해준다. 그 이유는 그 길 건너 이웃은 우리의 개인적 이야기 속으로 깊이 들어와 있지 않지만, 가수의 노래, 스타의 영화, 정치인의 사상은 우리 삶 깊숙한 곳에 얽혀 들어와 있기 때문이다.

하지만 우리는 우리 삶의 이야기를 재건하는 일을 홀로 하지는 않는다. 슬픔의 광야 가운데에서, 하나님은 우리로 하여금 계속 걸어갈 수 있도록 격려하기에 충분한 모양과 의미를 갖춘 이야기의 만나를 내려주며, 헝클어진 실타래 같은 영혼을 다시 바느질해주고 우리를 고아처럼 내버려두지 않으시는 위로자(the Comforter, 성령 하나님을 의미함 – 역주)를 보내신다. 남겨진 자들은 종종 종결을 구하고 있노라고 말한다. 하지만 종결을 구하기보다는 하나님의 은혜로, 사랑했지만 떠나갔던 이들이 거대한 끝없는 이야기 속으로 다시 모여지기를 기도하는 것이 기독교적 신앙이다.

Society, 11.

황혼: 건초 작업을 마친 후에(Twilight: After Haying)

제인 캐년(Jane Kenyon)

그래, 건초더미에 붙어 있던
긴 그림자들이 사라져간다.
그래, 육체에 붙어 있던 영혼도
떠나야 한다.
별 도리 있겠어?

남자들은 건초기계 옆에 팔 벌려 눕는다.
너무 지쳐 밭을 떠날 수가 없다.
이야기도 하고 담배도 피운다.
담배 끄트머리에서는
밤의 공기를 가르며
작은 장미꽃 마냥 불꽃이 탄다.
밤의 공기는 그들이 알아채기도 전에
도착하여
그들 사이에 자리 잡았다.

달이 나온다.
건초더미 수를 세어보려고.
둥지 빼앗긴 쏙독새들은
먼지 뒤집어쓴 그루터기에 앉아
"쏙독 쏙독" 노래한다.

이런 일들은 우연히 일어나며
영혼의 기쁨과 고통은 한데 얽혀있다.
마치 풀들처럼.

큰조아재비 풀과 살갈퀴 풀이 내쉬는
마지막 달콤한 숨은
새의 노래와 함께 사라져간다.
약탈당한 들판은 이슬에 젖어간다 .

제10장

모든 성도들, 모든 영혼들: 종결부

토마스 린치

1964년 내가 15세 되었을 때 나는 아버지의 검정색 승용차 뒷좌석에 타고 있었다. 우리는 방금 목회자인 헤럴드 드윈트 박사(the Reverend Dr. Harold DeWindt)를 차에 태웠다. 그는 교인들 중 한 사람을 위한 장례식을 집전한 직후였고, 우리는 그를 하관예배가 있는 묘지로 태워서 가는 중이었다.

드윈트 박사는 옛 멜로스 수도원(Melrose Abbey) 자리에 저 웅장한 커크 인더힐스교회(Kirk in the Hills)를 건축하고 그 안에 가구를 갖추는 일을 10년 가까운 시간 동안 감독하였다. 강을 바라보는 40에이커(약 5만 평 – 역주) 땅 위에 13세기 스코틀랜드 풍의 건축양식으로 지어진 이 교회는, 디트로이트(Detroit)의 정재계 인사들이 모여 사는 블룸필드 힐즈(Bloomfield Hills)에 위치하고 있다. 축복받고 선택받은 그들은 예배도 그들이 사는 것처럼 화려하게 드리길 원했다.

이제는 거룩한 유적으로 남게 된 멜로스 수도원에 로버트 브루스(Robert the Bruce, 14세기 초 잉글랜드에 맞서 독립전쟁을 이끈 스코틀랜드 국왕 – 역주)의 방부 처리된 심장이 묻혀 있다면, 디트로이트 교외의 주민들이 "더 커크"(the Kirk, 원래는 스코틀랜드 교회를 뜻함 – 역주)라 즐겨 부르는 이 교회에는 헤럴드 드윈트 목사의 지문들이 묻어 있고, 매사에 있어 앵글로

색슨계 백인 신교도(WASP, White Anglo-Saxon Protestant)의 우월성이 긍정적으로 받아들여진다.

개인 도로를 따라 막 목사관을 빠져나온 우리는 수도원과 식당과 뾰족지붕의 본당으로 구성된 "더 커크"를 지나 화이트채플묘지(White Chapel Cemetery)를 향해 동쪽으로 달렸다.

그때 목사님이 목청을 가다듬으며 아버지에게 질문을 했다.

"에드워드, 오늘 어떤 종류의 관을 교회로 가져오셨지요?"

목사님의 하얀 머리 색깔, 오번(Oban)이나 벨파스트(Belfast) 억양이 느껴지는 풍부하고 설교하는 듯한 바리톤 음성, 그리고 벨벳으로 깃을 장식한 망토와 모자 때문에, 목사님은 나에게 모세처럼 보였다. 분명히 그 분은 바닷물을 가르며 하나님의 음성을 대변할 것 같았다.

"검은 호두나무로 만든 관입니다. 미국산 검은 호두나무 원목이요"라고 아버지는 대답했다.

못마땅하다는 듯 목사님은 고개를 천천히 좌우로 저었다. 조심스럽게 야단치듯 목소리를 낮춰 말했다.

"에드워드, 그건 필요하지 않습니다. 지나치군요. 필요하지 않아요."

말과 말 사이에 들어가는 중단과 침묵은 책망의 강도를 최고조로 증폭시켰다. 장례식에 돈을 들이는 것은 영적인 종교개혁 가치들에 반하는 세련되지 못한 물질만능주의 볼품없는 표현일 뿐이라는 당시 교회의 전통적인 상식이 목사님의 말 가운데에 담겨있었다. "더 커크"를 건립하기로 뜻을 정하고 자금을 확보하기 위해 수년을 보냈던 터라, 헤럴드 드윈트는 모든 필수적이지 않은 비용의 집행이 과연 "하나님의 명예와 영광"을 위해 어떤 기여를 할 수 있는가를 놓고 따지게 되었다.

"둘 다 아닙니다. 박사님, 둘 다 아니에요."

조금 전 우리가 죽은 순례자를 운구해 내온 화려한 고딕 양식의 건물을 향해 고개를 끄덕이면서 아버지가 대답했다. 스테인드글라스가 되어 있고, 플라잉버트리스(flying buttress)로 받혀져 있으며, 파이프오르간과 종탑을 갖추고 있을 뿐 아니라, 드넓은 조경으로 둘러싸여 있는 그 고딕건물을 아버지는 "대건축물 복합단지"라고 불렀다.

탁 트인 들판, 꿇려진 무릎, 준비된 마음. 이것들은 종교적 감정에 필수적이다. 반면, 세례반(baptismal font) 아래쪽으로 보이는 호두나무 원목에 손으로 새겨 만든 교회 쥐라든가, 교회 입구의 복도에 비치된 천연 기름, 파이프오르간, 스테인드글라스 등은 교인들의 신앙과 헌신, 그리고 그 목회자의 모금 능력을 보여주는 부가물들이요 액세서리들이다. 죽은 교인의 돈을 성가대 가운이나 수도원 서재에 놓을 예술품을 새로 구입하는 데 쓰면 더 좋을 텐데, 왜 관에다 쓰냐고?

제시카 미트포드의 『죽음에 관한 미국적 방식』이 오백만 부 팔리고, 케네디 대통령의 장례예식이 미국 역사상 최초로 텔레비전 생중계로 방영된 이후, 이와 같은 주장들이 유행했다. 온 나라가 장례와 그 비용에 대한 이야기로 가득 찼고, 많은 목회자들에게 유족을 위한 목회적 돌봄이란 교인들이 관이나 장례식에 필요한 물품들을 구입할 때 가장 좋은 값에 그것들을 구입할 수 있도록 도와주는 일이 되었다.

그 후 20여년이 흐르는 동안, 교외 지역에 자리 잡은 백인 위주의 주류 개신교 교회의 목회자들은 효과적인 방식으로 시신을 상자에 담아 매장하였다. 장례식에 들어가는 지출을 줄이는 가장 좋은 방법은 시신에 대한 상대적 중요성을 낮추는 것이었다. 그리하여 인류 역사 최초로 우리는 시신의 부재 가운데 거행되는 장례식을 보기 시작하게 되었다. 우리는 이러한 새로운 예식을 가리켜 "추모식"(memorial services)이라 불렀다.

1. 슬픔을 수반하는 사랑

제시카 미트포드의 책이 나오자 그에 대한 반응으로서, 저술가요 학자이기도 한 목회자들이 책을 저술했다. 『장례: 자취 혹은 가치』(*The Funeral:*

Vestige or Value)의 폴 이리언(Paul Irion), 『슬픔 이해하기』(*Understanding Grief*) 와 『기독교 장례』(*The Christian Funeral*)의 에드가 잭슨(Edgar N. Jackson), 『슬픔의 역동』(*The Dynamics of Grief*)의 데이비드 스위쩌(David K. Switzer), 『사랑하는 이가 죽은 자의 삶』(*Living When a Loved One Has Died*)의 얼 그롤만(Earl Grollman) 등을 비롯한 저술가들은 장례예식을 교인과 교인을, 그리고 교인과 교회를 묶어주는 매듭들 중 하나라고 보면서, 미트포드와는 정확히 반대되는 견해를 표명했다. 이들 저자들은 장례식을 세례식, 성인식, 결혼식 등과 같은 다른 통과의례들과 관련지었다.

이 저자들은 인생의 중요한 사건들에는 감정적, 영적, 종교적 의미들이 담겨 있다고 보았다. 제2차 세계대전 중 육군 군목으로 복무했으며 숙련된 심리치료사이자 감리교 목사이기도 한 애드가 잭슨은, 사별과 그에 따른 슬픔은, 남겨진 자가 떠나간 이에게 투자했던 감정적 자본을 회복하는 것이며, 그 회복은 감정적 자본이 새로운 관계에 재투자되기 전에 반드시 완수되어야 할 필요한 과정이라고 본다.

잭슨 박사를 비롯한 다른 저자들의 슬픔과 애곡에 관한 패러다임은 죽음과 상실이라는 현실을 직시하는 데 있어서, 힘든 감정을 솔직히 표현하고 공동체의 도움을 받는 장을 공급하는 데 있어서, 그리고 죽음으로 촉발된 사회적, 심리적으로 복잡한 문제들에 대한 치유의 과정에 시동을 걸어주는 데 있어서 장례식이 수행하는 역할에 많은 관심을 기울였다. 하지만 이런 책들은 사람들의 폭넓은 관심을 받지 못했다. 미트포드의 저작은 몇 백만 부씩 팔려나간 반면, 목회자 저술가들이 쓴 책의 판매고는 수십 권에 불과했다.

스위스 혈통의 미국인인 엘리자베스 퀴블러 로스의 베스트셀러 『죽음과 죽어감』(*On Death and Dying*)이 1969년에 출판되었을 때, 그녀가 제안한 "상실의 다섯 단계"(five stages of loss)는 원래 죽어가는 환자들의 경험을 중심으로 수립된 것이었지만, 곧 "슬픔의 단계"(stages of grief)로 변형되었다. 따라서 유족들은 부정, 분노, 타협, 우울, 수용이라는 우리에게 익숙한 단계들을 따라 걸어가고 있는 것으로 비쳐지게 되었다.

장례 행위에 대한 미트포드의 비평처럼, 슬픔으로부터의 회복을 위한 퀴블러 로스의 5단계 모델은 사람들에게 통용되는 전통적인 상식으로 받아들여졌다. 그로부터 30년이 흐른 뒤 리처드 존 뉴하우스(Richard John Neuhaus)는 자신의 묵상 모음집 『영원한 가여움』(The Eternal Pity)의 서문에서 다음과 같이 진술한다.

> 죽음과 죽어감은 이상하리만치 대중적인 주제가 되었다. 유족을 위한 "지원단체"들이 사방에서 생겨났다. 죽어감에 어떻게 "대처"해야 하는지는 텔레비전 토크쇼의 단골메뉴이다. 이것이 우리 인구에서 노년층의 비중이 커지고 있다는 사실과 관련 있다는 것은 의심할 여지가 없다. 사망산업(death industry)의 상업적 착취에 대해 에블린 워(Evelyn Waugh)의 『사랑하는 자』(Loved One)는 통렬한 풍자를, 제시카 미트포드의 『죽음에 관한 미국적 방식』은 맹렬한 공격을 가했다. 이로부터 몇 년 후인 1969년 엘리자베스 퀴블러 로스가 슬픔의 다섯 단계를 제안했을 때, 심리학적 사망산업(psychological death industry)에 대해서도 유사한 비판들이 쏟아지기 시작했다. 많은 사람들이 유가족을 위한 공식적 혹은 비공식적 치료법들로부터 도움을 받았다고 느꼈을 것은 의심의 여지가 없다. 만약 그들이 도움 받았다고 느낀다면 그들은 아마도 하찮다고는 할 수 없는 방법으로 도움을 받았을 것이다. 울지 않고 하루를 잘 지낼 수 있게 되는 것은 하찮은 일이 아니다. 하지만 이것 또한 가장 중요한 것은 아니라고 어떤 이는 주장할 것이다. 나는 사람들이 지금 이 다섯 단계 중 자신이 어디쯤 가고 있는지에 대해 거의 의료진 수준으로 자세히 말하는 것을 들어본 적이 있다. 죽음과 사별은 "단계를 거쳐 처리"(processed)된다. 계속 살아가기 위해 죽음에 대처하는 방법을 다룬 수백 권의 자습서들이 있다. 나의 책은 그런 책들 중 하나는 아니다.
> 어느 정도의 침묵은 필요하다. 자신의 죽음이든 타인의 죽음이든 그것

에 대해 무엇인가 조치를 취해야 한다거나 그것을 극복해내야 한다는 조바심을 느끼지 않고 그저 그 죽음 앞에 가만히 서 있어야 할 때가 있다. 전도자(the Preacher, 구약성경 전도서의 저자가 자신을 가리켜 부르는 호칭 – 역주)의 말이 맞다. "범사에 기한이 있고 천하 만사가 다 때가 있나니 날 때가 있고 죽을 때가 있으며…슬퍼할 때가 있고 춤출 때가 있으며"(전 3:1-4). 슬퍼할 시간은 그 나름대로 충분히 주어져야 한다. 부활소망에 대한 결연한 확신으로 슬픔을 대신하고, 문제 자체를 이해할 시간도 주어지지 않았는데 미리 준비된 답을 공급해줌으로써 서둘러 춤추는 곳으로 나아가도록 만드는 오늘날의 장례 의식의 근저에 깔려 있는 사상에 대해 우리는 의문을 가져보아야 한다.

가장 최악의 것은 슬픔도, 상실도, 가슴 찢어짐도 아니다. 죽음을 직면하고도 그 직면으로 인해 아무 것도 변하지 않는 것이 더 나쁘다. 우리에게는 그 경험을 통과하기 위해 복용할 수 있는 알약들이 있다. 그러나 여기서 알아야 할 위험은, 그 알약을 먹으면 우리가 경험을 통과하는 것이 아니라 에둘러 가는 것이라는 사실이다.[1]

미트포드의 경우처럼, 퀴블러 로스의 슬픔의 단계 모델은 이와 같은 비평에 의해 방해받지 않고 사람들의 관습적인 지혜와 상식적인 지식이 되었다. 그 모델은 사용하기 쉽고, 이해하기 쉬우며, 개념적으로도 깔끔하고, 실용적이었다. 토크쇼나 전문가들의 연례회동의 단골손님이 된 퀴블러 로스는 미국 전역의 유수한 대학들로부터 거의 스무 개에 이르는 명예박사학위를 수여받았고, 불과 몇 년 후에는 슬픔과 그 슬픔의 단계들을 지혜롭게 관리하는 것이 가족들에게 일어난 죽음을 둘러싼 모든 조처들의 핵심적인 활동이 되었다.

---

1 Richard John Neuhaus, ed., *The Eternal Pity: Reflections on Dying* (Notre Dame: University of Notre Dame Press, 2000), 3-4.

죽음을 다차원적인 관점으로 바라보는 것, 즉 죽음이란 죽는 당사자에게뿐 아니라 그 죽음을 안타깝게 생각하는 많은 사람들(가족, 친구, 동료 교인들)에게 일어나는 사건이라고 보는 관점은 분명 도움이 되는 일이다. 하지만 유족들이 겪는 슬픔을 깔끔하게 단계별로 구분하는 일에 에너지를 집중시키다보면, 내 동료 토마스 롱이 가족 내에서의 죽음을 둘러싼 "신성한 공동체 극장"이라고 적절히 명명한 장례식에서 죽은 자가 수행하는 역할을 경시하게 된다.

육체와 영혼을 구별하고, 일단 죽음이 발생하면 "그저 껍질인 걸" 하며 시체는 중요하지 않게 여기는 사고방식으로 설명되는 종교적 이원론(religious dualism)이 생명의 존재론적 사실에 대한 총체적 관점을 놓치고 있는 것처럼, 퀴블러 로스의 책에 대한 우리 문화의 반응은 죽은 자는 적당히 처리될 수 있으며 그보다는 유족들이 최종적인 치유의 단계에 도달할 수 있도록 각 단계별로 세심하게 상담해 주어야 한다는 이원론적 관점으로 죽음을 바라보게 되었다. 죽은 자의 처리가 산 자의 돌봄과 치유로부터 단절된 것이다.

회복으로 나아가는 길을 슬픔 때문에 제대로 걷지 못하는 유족들을 일으켜 세우는 데 도움이 될 무엇인가를 하는 것이 중요하다는 주장에 찬성하는 이러한 "치유적" 모델의 사망 이후 활동(post death activity)은, "적절한" 장례와 매장을 통해 고인을 하나님과 천상의 영원 속에 맡기는 일과 같은 죽은 자를 위한 우리의 종교적 문화적 책무를 방기하고 말았다.

이와 같은 패러다임에서 시체는 불필요한 것이며, 심하게 짓누르는 무거운 짐이고, 방해요인이며, 고통과 아픔과 슬픔으로 가득 차 있기 때문에, 유족들이 그들의 "삶의 경축" 예식을 가벼운 마음으로 치르고, 그들이 통과해야 할 단계들을 시간에 잘 맞춰서 통과하며, 마침내 수용과 회복을 성취할 수 있도록 차라리 없애버려야 하는 대상이 되고 만다. 요컨대 우리 영혼의 지속적인 여정들 가운데 기다리고 있는 심판과 구원과 영원한 복락이라는 정거장으로 구성된 이야기는, 치료와 치유와 회복이라는 유족들의 여정 가운데 놓인 지점들로 구성된 이야기로 대체되어 버렸다.

그러한 맥락 가운데, 문 앞에서 조문객들을 반겨주는 일을 열심히 해오던 교회들도 검정색과 보라색 옷을 입고 거행하는 어두운 진혼미사(requiem)를 흰 가운을 입고 유월절을 주제로 설정한 "부활 목격"(witness to the resurrection) 예식으로 바꾸었다. 심판과 구원을 노래하는 그레고리안 성가 "디에스 이레"(Dies Irae, 진노의 날 – 역주) 대신, 활기찬 부활절 찬송곡들과 천국에서의 상급을 말하는 설교들이 중심이 된 예식으로 변화했다. 삶의 경축이 장례식보다 더 마케팅하기 쉬운 것처럼, 슬픔의 공포와 무기력보다는 무궁한 빛과 영원한 안식이 더 고객의 마음을 사로잡는다.

누군가 죽었을 때 우리는, 한편으로는 소망을 다른 한편으로는 무기력감을, 한편으로는 하나님께 대한 불평을 다른 한편으로는 감사를 느끼는 것이 보통이다. 그런데 이제 우리가 신앙이 있는 사람처럼 믿음을 보이면서도 육신의 사람이기에 슬퍼할 수 있는 여유 공간은 이러한 종교적 문화적 반응 속에서는 찾아보기 어렵게 되었다.

장의업계에서 수년간 종사한 후, 나는 한 가정에서의 죽음이란 단순히 혹은 완전히 심리학적 사건도 아니고, 단순히 혹은 완전히 종교적 사건도 아니며, 단순히 혹은 완전히 사회적, 상업적, 추모적 사건인 것만은 아니라는 것을 이해하게 되었다. 죽음은 이 모든 것을 아우르는 것이다. 존재하기(being)와 존재하기를 멈추기(ceasing to be), 영원을 믿기와 소멸을 두려워하기, 슬퍼하기와 믿음을 갖기, 붙잡음과 놓아줌. 이 모든 것을 수반하는 실존적 사건인 것이다.

죽은 자를 위해 최선을 다해 슬퍼하는 사람들이 결국에는 죽은 자를 위해 자기 역할을 다 해낸다. 죽은 자가 가야할 곳으로 가게 해줌으로써 산 자들은 자신들이 있어야 할 곳에 있을 수 있게 된다. 죽은 자들을 위한 우리의 고대로부터의 책무를 수행함으로써 우리는 그들 없이 살아야 할 우리의 삶의 지점으로 돌아가되, 믿음 안에서 우리 것이라 주장할 수 있는 언약들로 인해 위로를 받으면서, 그리고 우리를 앞서간 사람들에 대한 추억과 우리의 꿈들을 행복하게 떠올리면서 우리의 삶의 지점으로 되돌아갈 수 있다. 이 돌아감은 해피엔딩은 아닐지 모르지만, 그것은 그 나름대로의 삶으로의 복귀이다.

나는 어느 세미나에서 애드가 잭슨이, 목사로서의 오랜 경험에서 나오는 지혜로 다음과 같이 했던 말을 기억한다. "슬픔은 한 쪽에 사랑이라고 쓰인 동전의 다른 한 면입니다." 그 양면 모두 한 동전의 일부분이라는 것이다. 그래서 그 둘은 불가분의 관계에 있다. 즉 당신이 사랑하면 당신은 또한 슬퍼하게 될 것이라는 것이다. 이 수식(math) 외에 우리에겐 다른 선택이 없다.

그러므로 슬픔을 회피하는 유일한 방법은 서로를 회피하는 것, 어떤 감정적 애착 관계도 만들지 않는 것, 혼자 고립되어 있는 것, 진심을 다하지 않는 것뿐이다. 이 격언의 효력은 1969년부터 1980년 사이에 세 권으로 출판된 존 보울비(John Bowlby)의 애착과 분리와 상실에 관한 엄청난 분량의 연구를 내가 다 읽고 난 후에도 여전히 끄떡없었다.

영국 정신과의사의 애착 이론과 아동발달에 있어서 모성박탈에 관한 세 권짜리 저서는, 나이 지긋한 감리교 목사가 언급한 사랑과 고통의 간단한 수식이나, 부들로 앤 펠리스 브라이언트(Boudleaux and Felice Bryant, 컨트리음악을 작곡하는 부부 작곡팀 - 역주)가 작곡하고 로이 오르비슨(Roy Orbison)이 부른 히트송 "사랑은 아파요"(Love Hurts)에 담긴 신비에 대한 깨달음보다 더 깊은 깨달음을 제공한 것이 아무 것도 없다. "예수께서 우시더라"(Jesus wept)에서처럼 "사랑은 아파요"라는 표현에는 슬픔과 인간성의 본질이 두 단어로 응축되어 담겨 있다.

2. 무덤, 필수적인 정거장

우리가 어머니를 묻어드린 날은 올 할로우즈 이브(All Hallow's Eve, 10월 31일에 지키는 명절로서 Halloween이라고 함 – 역주) 때였다. 몇 년 전 일이지만, 우리는 성묘를 마치고 땅거미가 내리고 낙엽이 바스락 거릴 때 온 동네를 돌아다니며 "트릭 오어 트릿"(Trick or Treat, 과자를 주지 않으면 장난을 치겠다는 뜻의 구호 – 역주)놀이를 하기 위해 집으로 돌아오던 기억이 난다. 우리는 서둘러서 어린 두 아들 마이클(Michael)과 션(Sean)에게 의상을 입힌 후에 귀신 복장을 하고 있는 다른 아이들처럼 사탕을 얻으러 다니도록 밖에 데리고 나갔다.

만성절(All Saints, 11월 1일 – 역주)과 위령절(All Souls, 11월 2일 – 역주). 11월의 첫 길목에 있는 이 두 번의 절기는 살아있는 자들과 죽은 자들 사이, 이교도와 신자들 사이, 켈트족과 기독교인들 사이, 뉴에이지 신봉자들과 그렇지 않은 사람들 사이에 평화를 유지토록 하는 축제이다. 우리들 모두에게 있어서 죽은 자들은 완전히 떠나가 버린 존재들이 아니며, 완전히 잊혀져버린 존재들도 아니다.

수확과 썩어짐(한 알의 밀알이 땅에 떨어져 썩어져야만 열매를 맺을 수 있다는 성경의 비유를 가리킴 – 역주), 추수와 암흑, 낙엽과 된서리 등 계절과 관련된 은유들은 우리에게 "죽어야 함을 기억하라"(memento mori)고 새겨진 죽음의 상징물이 되어준다. 우리가 죽었을 때 그 다음에 무엇이 있든 없든, 어느 경우이건 우리가 놀라고 흥분하게 되는 것은 마찬가지이다.

이와 같은 이유로, 이 기간 동안에는 세속화된 유럽부터, 멕시코와 남미 지역에 이르기까지 모든 무덤들은 양초와 신선한 꽃으로 장식된다. 사람들은 오래된 돌들이나 지형지물 근처로 소풍을 가며, 가족 구성원들은 가족묘 주변에 모여 죽은 자들을 추모하고 그들을 위해 기도한다.

우리 인간들은 우리의 역사와 건축물들(기념물들, 기념비들, 무더기들, 카타콤들, 은신처들, 도시의 고층건물들 등)의 원료인 부엽토(humus), 즉 흙에 결속되어 있고, 그것과 동일시될 수 있다. 인간적인 모든 것들은 "흙에 속한" 것들이다. 윌리엄 카를로스 윌리엄스의 시구를 인용하자면, "땅에 대한 감각"은 우리의 인간성의 핵심이다. 우리의 이름과 날짜를 새겨넣은 돌들 하나하나는 죽음과 기억과 신앙에 대한 다음과 같은 인간 고유의 진술을 하고자 하는 노력들이다.

"우리와 같은 종류의 사람이 이곳에 있었다. 그들은 살았으며, 죽었으며, 무엇인가를 이루어냈다. 우리는 그들에게 할 도리를 해주었다. 그들은 잊혀지지 않았다."

고대나 현대나 무덤은 필수적인 정거장이다. 하지만 이제 이곳 미국에서는 덜 그렇다. 우리는 아무렇지도 않은 척하려고 휘파람을 불며 무덤가를 지나가고, 우리 가운데 죽은 자들을 우리가 잘 찾아가지 않을 망각의 자리에 갖다 놓고 멀찍이 거리를 두려 한다. 이제 무덤들은 우리에게서 멀리 떨어져 있고, 부자연스러울 만큼 깔끔하며, 디즈니랜드처럼 꾸며져 있고, 윌로우크릭(Willowcreek)이나 오클랜드힐즈(Oakland Hills)와 같이 대형교회 혹은 골프장 느낌이 나는 이름이 붙여진 추모공원에 있다.

3. 있어야 할 곳에 남기 위해 가야할 곳으로 보냄

노스캐롤라이나 주의 보일링 스프링스(Boiling Springs)에 위치하고 있는 가드너웹대학교(Gardner-Webb University)의 준 홉스(June Hobbs) 교수는 자신의 수업 "미국 문화에서 죽음"(Death in American Culture)을 수강하는 그녀의 학생들과 함께 현장실습의 일환으로 근처 셸비(Shelby)의 선셋 묘지(Sunset Cemetery)를 찾았다. 묘지에는 우리 자신에 대해 말할 거리가 많을 것이라 홉스 박사는 믿는다. 스물 몇 명 정도의 그녀 학생들 대부분에게는 이번이 "말 그대로 그들의 첫 번째 묘지 방문"이다.

홉스 박사는 말한다.

"놀라웠습니다. 우리 지역에는 다른 지역들보다 훨씬 더 많은 남북전쟁 희생자가 있습니다. 죽은 사람이 어디에나 있었죠. 교회 뒤뜰도 꽉 찼고, 일요일 오후에는 묘지를 방문하는 사람들이 참 많았어요. 죽은 자들은 우리 지역의 일부분이었고, 일상적인 대화에 여전히 살아있었습니다."

그런데 지금에 와서 그런 광경은 축소되거나 사라졌다.

그녀는 가족 "응접실"(parlor)이란 말은 "거실"(living room)로, "매장 보험"(burial policies)이란 용어는 "생명 보험"(life insurance)으로, "장례식"(funeral) 대신 어디서나 거행할 수 있고 시체가 보이지 않는 가운데 눈물보다는 한바탕 웃음을 선호하는 감정 코드를 은연중에 강요하는 "삶의 경축"으로 조용히 바뀌어버린 문화의 문제점에 대해 말한다. 편의성과 비용효율성이 민족적, 종교적 관습의 자리를 치고 들어왔다.

죽은 자는 매장되지만 우리는 무덤을 본 적이 별로 없다. 죽은 자는 화장되지만 우리는 불을 본 적이 별로 없다. 전쟁에서 돌아온 전사자의 관에 대한 사진 촬영은 대통령령으로 금지되었고, 그들의 매장 장면을 다루는 뉴스는 방송할 수 없게 되어 있다. 과거에는 성은 개인적인 것이고 장례는 공개적인 것이었던 반면, 이제는 성은 우리 주변 어디에나 널려있고 죽은 자들은 지켜보는 사람도 적절한 의식도 없이 무덤이나 가마로 들어간다. 묘지는 한때 교회나 도시 풍경의 일부였지만, 이제는 은밀한 사업이 되어 사람들이 많이 다니는 길에서 멀리 떨어진 곳에 위치하게 되었다.

한 정거장에서 다음 정거장으로 죽은 자를 보내는 일을 처리함으로써 우리 자신의 죽을 수밖에 없음의 문제를 처리하는 것은 인간에게만 있는 매우 독특한 방식이다. 그 여행은 우리가 알고 있는 삶에서 우리가 상상만 해볼 수 있는 삶, 그곳이 천국이든 행복한 사냥터든 극락이든 발할라(Valhalla)든 죽은 자들이 거하는 그 곳까지의 여행이다. 죽은 자들이 어딘가로 가는 것이든 그렇지 않든, 그들을 우리가 지정한 그 망각의 끝자락까지 데리고 가는 것은 살아있는 자들의 의무이다.

우리 인간들은 항상 스스로를 향해 이렇게 묻는다.

죽은 자들은 어디로 가는 것인가?

모든 성인들과 모든 영혼들은 이러한 궁금증을 공유한다. 그리고 살아 있는 모든 사람들은 이러한 질문들에 시달린다. 우리는 어디서 온 걸까?

우리는 어디를 향해 가는 걸까?

망각으로?

아니면 본향으로?

희미하지만 비석(碑石) 사이로 답이 보인다.

마음의 고통은 늘 있고, 슬픔은 줄어들지 않는다. 매일 6천 명 정도의 미국인들이 죽는다. 그들은 배우자요 부모이고, 딸이며 아들이고, 형제고 연인이며, 이웃이고 친구다. 떠나는 이들은 그들 뒤에 남겨져 그들을 위해 기도하고 기억하고 애통해 해줄 사람들의 의문을 품고 저 세상으로 간다.

가족 내에 발생한 죽음에 대한 종교적, 공동체적 반응이 여러 가지 다양한 원인으로 인해 잘못된 길로 가버렸다는 생각을 롱 박사와 나는 지난 수년 동안 함께 교감해 왔다. 신앙과 느낌, 몸과 영혼, 사별과 믿음, 산 자와 죽은 자 사이의 중요한 공간 사이에서 작동할 바퀴를 다시 발명해내는 일을 스스로 해내도록 유족들은 지나치게 강요받아 왔다. 가족 내에서 죽음은 여전히 분기점이 되는 중대한 사건이어서, 다른 때라면 별로 그러지 않았겠지만 우리로 하여금 최후의 일어날 일들과 진실들에 대해서 생각해 볼 것을 촉구한다.

성직자, 장의사, 호스피스 사역자, 의료진, 가족, 친구들은 누군가에게 어려운 일이 있을 때 자신의 인류애와 믿음과 전문지식을 기꺼이 베풀기 위해 가장 먼저 반응을 보이는 사람들이다. 그와 같은 사람들에게는, 가슴 아픈 일을 당한 사람들로 하여금 신앙을 굳세게 해주는 장례식으로 다시 돌아가는 길을 찾고 슬픔을 관리하도록 돕고, 죽은 자들을 그들이 가야 할 곳으로 가게 함으로써 산 자들을 그들이 있어야 할 곳에 있을 수 있도록 돕는 능력이 있을 것이라는 우리의 소망으로부터 이 책은 탄생하였다.

색인

ㄱ

개리 래더맨(Gary Laderman) 241
거스 니콜스(Gus Nichols) 35, 37
과학 대 종교 166
관(casket) 248
국제묘지화장장례협회(The International Cemetery, Cremation, and Funeral Association, ICCFA) 210
길버트 메일랜더(Gilbert Meilaender) 310

ㄴ

내성(inwardness) 263
내세(afterlife) 104, 105, 169, 170, 273
노래하며 동행하라(Accompany Them with Singing) 67, 96, 270, 271
니키타 후르시초프(Nikita Khrushchev) 170

ㄷ

다이애나 샌즈(Diana C. Sands) 324
데이비드 스위쩌(David K. Switzer) 330
디에나 길레스피(Deana Gillespie) 184

ㄹ

래니 데이비스(Lanny Davis) 319
래더맨 214
레너드 번스타인(Leonard Bernstein) 295
레이 로웬(Ray Loewen) 191
로버트 니마이어(Robert A. Neimeyer) 324
로버트 슬레이터(Robert C. Slater) 64
로버트 우드나우(Robert Wuthnow) 164
로버트 월트립(Robert Waltrip) 191
로버트 잉거솔(Robert G. Ingersoll) 167
로버트 포그 해리슨(Robert Pogue Harrison) 106
로버트 풀턴(Robert Fulton) 64
로버트 하벤스타인(Robert Habenstein) 64
로저 블랙웰(Roger Blackwell) 64
로즈마리 오하라(Rosemary O'Hara) 9, 41, 42
룻 데이비스 코닉스버그(Ruth Davis Konigsberg) 320
리처드 도킨스(Richard Dawkins) 167
리처드 존 뉴하우스(Richard John Neuhaus) 331

ㅁ

마가렛 마일스(Margaret R. Miles) 156
마르타 그래이엄(Martha Graham) 151
마르타 누스바움(Martha Nussbaum) 303
마릴린 로빈슨(Marilyn Robinson) 178
마크 더피(Mark Duffey) 112
마틴 루터(Martin Luther) 93
마틴 루터 킹 주니어(Martin Luther King Jr) 146
매리케이트 코너(Marykate Connor) 158
매장(burial), 50, 62, 79, 103, 112, 117, 134, 139, 142, 156, 157, 172, 176, 177, 184, 190, 205, 208, 217, 219, 224, 230, 234
메간 오루르크(Megan O'Rourke) 115, 117,

121
멘켄(H. L. Mencken) 181, 182, 183, 213
모세(Moses) 87, 98, 328
묘지 18, 19, 177, 297, 300, 302, 313, 327, 337, 338
미시간주장의사협회(Michigan Funeral Directors Association) 14, 15, 23, 35, 62, 66, 70, 183, 184, 210, 211, 243

ㅂ

버클리 주교(Bishop Berkeley) 141
베라 스미스(Vera Smith) 292, 294, 298
부엽토(humus) 104, 106, 136, 336
불교(Buddhism) 19, 20, 46, 77, 142, 153, 154, 276, 304
빌리 그래이엄(Billy Graham) 167

ㅅ

사전수요 판매 프로그램(preneed sales program) 191, 209
삶의 경축(celebrations of life) 13, 103, 120, 140, 237, 261, 263, 289, 312, 333, 334, 338
섀넌 머튼(Shannon Merton) 227, 228, 229, 230
성 어거스틴 175, 177, 310
성직자(clergy) 37, 38, 45, 64, 65, 66, 67, 69, 71, 296
솔 벨로(Saul Bellow) 305
쇠렌 키에르케고르(Søren Kierkegaard) 93
스탠리 피시(Stanley Fish) 84
슬픔 5, 9, 12, 13, 15, 20, 24, 25, 48, 50, 66, 68, 69, 90, 95, 97, 104, 114, 115, 116, 117, 119, 120, 122, 124, 125, 129, 133, 137, 157, 169, 171, 172, 175, 319, 320, 321, 322, 323, 325
시민종교(civic religion) 163, 290
시체(corpse) 149, 153, 154, 155, 156, 158, 159, 161
싯다르타 무커지(Siddhartha Mukherjee) 159
씩스 핏 언더(Six Feet Under) 18, 121, 133, 234

ㅇ

아나톨레 브로야드(Anatole Broyard) 285, 307
아딜 임다드(Adil Imdad) 157
아일랜드(Ireland) 35, 36, 37, 40, 52, 58, 62
아쯔시 치바(Atsushi Chiba) 153, 154, 157
아프리카계 미국인들(African Americans) 150
안드레 듀버스(Andre Dubus) 310
알란 볼(Alan Bal) 121, 122, 132, 135, 234
얼 그롤맨(Rabbi Earl Grollman) 64
에드가 잭슨(Edgar Jackson) 64
에드가 잭슨(Edgar N. Jackson) 330
에드나 세인트 빈센트 밀레이(Edna St. Vincent Millay) 180
에드 데포르트(Ed Defort) 184
에드워드 린치(Edward Lynch) 9
에벌린 워프(Evelyn Waugh) 130
엘리자베스 퀴블러 로스(Elizabeth Kübler-Ross) 319, 320, 321, 322, 331
엘머 데이비스(Elmer Davis) 183
여왕(The Queen) 145, 234
연방통상위원회(Federal Trade Commission)

193, 210, 242
영성(spirituality) 162
예수(Jesus)　11, 53, 68, 90, 91, 155, 156, 176, 177, 218, 259, 285, 307, 308, 335
오덴(W. H. Auden) 59
워커 퍼시(Walker Percy) 78
웬델 베리(Wendell Berry 174
윌리엄 레이머즈 박사(Dr. William Lamers) 64
윌리엄 버클리 80
윌리엄 버틀러 예이츠(William Butler Yeats) 59
윌리엄 윌리몬(William Willimon) 82
윌리엄 카를로스 윌리엄스(William Carlos Williams) 102, 294, 337
윌 캠벨(Will Campbell) 85
유대교(Judaism)　46, 75, 76, 77, 116, 117, 154, 165, 275
유도라 웰티(Eudora Welty) 309
의사 75
이단(heresy) 77
이슬람교(Islam) 46, 77, 80, 157, 165, 275

ㅈ

장례식장　20, 41, 42, 43, 47, 48, 60, 61, 65, 121, 123, 268, 269, 274, 276, 277, 299, 300
장례행렬(funeral procession) 278
장로교(presbyterian)　10, 75, 80, 87, 88, 92, 99
장의사(funeral director)　9, 10, 11, 12, 13, 14, 15, 23, 24, 25, 28, 35, 64, 65, 66, 67, 68, 70, 71, 96, 98, 119, 122, 125, 129, 132, 136, 138, 149, 150, 153, 156, 157, 172, 173, 174, 184,
185, 186, 187, 189, 191, 192, 193, 194, 200, 201, 204, 205, 206, 208, 209, 211, 212, 214, 216,W 222, 224, 225, 228, 230, 231, 237, 238, 239, 240, 241, 242, 244, 246, 247, 249, 250, 251, 253, 254, 256, 257, 258, 260, 264, 294, 299, 301, 339
장의업계(mortuary marketplace) 36, 65, 67, 70, 182, 185, 187, 189, 192, 193, 201, 202, 204, 206, 216, 219, 222, 231
장의협회국제연맹(International Federation of Thanatological Associations)　35
장중함(gravitas) 136
미국장의사협회(National Funeral Directors Association, NFDA)　15, 35, 62, 66, 70, 183, 184, 210, 212, 243
제시카 미트포드(Jessica Mitford)　4, 63, 65, 114, 124, 126, 127, 128, 129, 131, 210, 240, 242, 247, 252, 329, 330
제이크 앤드루스(Jake Andrews) 280
조지 윌(George F. Will) 213
존 던(John Donne) 284
존 보울비(John Bowlby) 115, 335
존 칼빈(John Calvin) 78
종교개혁(Reformation) 238
종교다원주의(religious pluralism) 77, 79
죽은 자의 시신(bodies of deceased)　103, 104, 105, 111, 114, 130, 132, 136, 137, 140, 156, 157, 159, 161, 164, 254, 261
죽을 수밖에 없음(mortality)　104, 110, 141, 183, 338
죽음(death)　149, 151, 152, 158, 169, 172,

173, 174, 177
죽음에 관한 미국적 방식(The American Way of Death)   4, 63, 114, 124, 126, 131, 210, 240, 241, 329, 331
준 홉스(June Hobbs) 337
줄리아 카스도르프(Julia Kasdorf) 34
중력(gravity) 136
지그문트 바우만(Zygmunt Bauman) 110
지오프리 고러(Geoffrey Gorer) 115, 120

ㅊ

찰스 템플턴(Charles Templeton) 167
청부인(undertaker) 70, 182, 183, 247, 258, 259, 260

ㅋ

칼라 할러웨이(Karla Holloway) 150
칼 바르트(Karl Barth) 93
커트 마수르(Kurt Masur) 295, 296
코튼 매더(Cotton Mather) 251
콘스탄틴 카바피(Constantine Cavafy) 55
콜린 머레이 파크스(Colin Murray Parkes) 324
크리스천퓨너럴서비스(Christian Funeral Service) 192
크리스토퍼 히친스(Christopher Hitchens) 167

ㅌ

태드 가너(Thad Garner) 85
테러 공격(terrrorist attacks) 137, 138
토마스 롱(Thomas G. Long) 5, 6, 7, 12, 15, 26, 27, 28, 66, 217, 237, 269, 333
토마스 린치(Thomas Lynch) 5, 6, 7, 9, 28, 96, 99, 240, 250, 295, 312

ㅍ

폴 이리언(Paul Irion) 64, 67, 330
프랭크 스튜어트 주니어(Frank Stewart Jr.) 191
프레드릭 부흐너(Frederick Buechner) 42, 60
피터 드 브리(Peter De Vries) 81
피터 버거(Peter Burger) 77

ㅎ

하관예배(graveside service) 19, 79, 225, 228, 268, 279, 327
하워드 래더(Howard C. Raether) 64, 210, 215
허리케인 카트리나(Hurricane Katrina) 292
헤럴드 드윈트(Harold DeWindt) 327, 328
헬렌 걸리 브라운(Helen Gurley Brown) 173
화장(cremation) 126, 132, 159, 162, 172, 184, 190, 191, 220, 222, 223, 227, 230, 231, 232
후미에 아라이(Fumie Arai) 153
휴이 맥스위건(Hughey MacSwiggan) 267, 269, 281
힌두교(Hinduism) 159, 276

좋은 장례

The GOOD FUNERAL
: Death, Grief, and the Community of Care

2016년 2월 7일 초판 발행

지 은 이 | 토마스 G. 롱·토마스 린치
옮 긴 이 | 황 빈

편   집 | 이종만, 김일근
디 자 인 | 이수정, 김소혜
펴 낸 곳 | 사)기독교문서선교회
등   록 | 제16-25호(1980. 1. 18)
주   소 | 서울시 서초구 방배로 68
전   화 | 02) 586-8761~3(본사) 031) 942-8761(영업부)
팩   스 | 02) 523-0131(본사) 031) 942-8763(영업부)
홈페이지 | www.clcbook.com
이 메 일 | clckor@gmail.com
온 라 인 | 기업은행 073-000308-04-020, 국민은행 043-01-0379-646
           예금주: 사)기독교문서선교회

ISBN 978-89-341-1506-9 (93230)

* 낙장 · 파본은 교환해 드립니다.

이 도서의 국립중앙도서관 출판시 도서목록(CIP)은 서지정보유통지원시스템 홈페이지(http://seoji.nl.go.kr)와
국가자료공동목록시스템(http://www.nl.go.kr/kolisnet)에서 이용하실 수 있습니다.
(CIP제어번호: CIP2015031417)